中国人民大学法学院海商法保险法研究所 主办

海商法保险法评论

第七卷

——纪念我国《保险法》颁布20周年专辑

主编◎贾林青

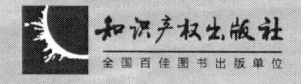

HAISHANGFA
BAOXIANFA
PINGLUN

知识产权出版社
全国百佳图书出版单位

图书在版编目（CIP）数据

海商法保险法评论. 第7卷，纪念我国《保险法》颁布20周年专辑 / 贾林青主编. —北京：知识产权出版社，2016.1
ISBN 978-7-5130-4001-3

Ⅰ. ①海… Ⅱ. ①贾… Ⅲ. ①海商法—研究—中国 ②保险法—研究—中国 Ⅳ. ①D922.294.4 ②D922.284.4

中国版本图书馆CIP数据核字（2015）第315511号

内容提要

《保险法》自1995年颁布至今已经整整20个年头。其间，适应着中国保险市场从初具规模到逐步成熟的发展轨迹，该法已然有两次较大幅度的修改，其内容和体系日益完善和科学，对于规范调整和维护中国保险市场的发展起到了重要的作用。

本书以纪念我国《保险法》颁布20周年为主题，集中了学术界、保险实务界、司法系统等领域的约40位专家、学者基于各自的研究体会和工作经验形成了30余篇成果，编辑成册。既肯定了《保险法》适用中的积极作用，又中肯地提出进一步完善和发展的意见，对于增进我国《保险法》的科学性、权威性和实操性具有积极的价值。

全书包括3个部分：第一编"保险法专论"部分所收录的近10篇论文，以我国保险立法的宏观发展为视角，针对从立法层面落实"新国十条"、我国保险法体系的发展、具体保险法律的建设的制度性问题、我国保险市场上出现的新现象所涉及的专门问题等，进行探索和讨论，发表建设性意见和看法。第二编"保险合同制度的完善与发展"部分，针对保险实务中适用保险合同制度出现的实际问题，选取10余篇具有较高学术价值和代表性的论文。这些论文均围绕需要解决的问题，加以分析和论证，提出了各自的解决方案。它们对于我国保险合同制度的完善和发展具有十分重要的理论价值。第三编"保险业法的健全与适用"部分，着眼于我国保险业法律制度的健全和适用，针对保险监管实践中暴露出的立法疏漏和制度缺陷，进行探讨和研究或者提出改进的看法，或者发表独具特色的解决方案。可见，大家阅读本书的各篇论文都会大受裨益，本书对我国《保险法》的完善和发展的影响不可忽视。

责任编辑：纪萍萍　　　　　责任校对：孙婷婷
　　　　　　　　　　　　　责任出版：刘译文

海商法保险法评论（第七卷）
——纪念我国《保险法》颁布20周年专辑

贾林青　主编

出版发行：知识产权出版社 有限责任公司		网　　址：http://www.ipph.cn	
社　　址：北京市海淀区马甸南村1号		天猫旗舰店：http://zscqcbs.tmall.com	
责编电话：010-82000860转8387		责编邮箱：jpp99@126.com	
发行电话：010-82000860转8101/8102		发行传真：010-82000893/82005070/82000270	
印　　刷：北京中献拓方科技发展有限公司		经　　销：各大网上书店、新华书店及相关专业书店	
开　　本：720mm×1000mm　1/16		印　　张：25	
版　　次：2016年1月第1版		印　　次：2016年1月第1次印刷	
字　　数：450千字		定　　价：75.00元	

ISBN 978-7-5130-4001-3

出版权专有　侵权必究
如有印装质量问题，本社负责调换。

序

1995年和2015年对于我国保险业而言，是两个具有特殊意义的年份。《中华人民共和国保险法》（以下简称《保险法》）于1995年6月30日经第八届全国人民代表大会常务委员会第十四次会议通过，至2015年恰逢该法颁布20周年。应当说，《保险法》作为新中国成立以来的第一部保险领域的基本立法，其颁布和施行标志着以《保险法》为核心的、由相关的法规相配套的中国保险法律法规体系的初步构成，对于初步形成的中国保险市场的完善并逐步走向成熟起到了非常重要的"保驾护航"作用。

客观地讲，中国保险市场的存在只不过30年，而《保险法》颁行只有短短的20年，需要逐步地摸索经验使其不断地充实和完善，并且使其符合我国的国情，同时借鉴和吸取国外保险立法的正反两方面的经验。其间，我国《保险法》经历了2次较为集中的修改。首先是2002年10月的修改，目的是为了履行我国加入世贸组织的承诺，故重点修改的是保险业法部分的一些条文规定。随着我国社会经济的快速发展，保险业也获得同步前进，并产生了一些新情况和新问题，而《保险法》当时的规定未能适应保险市场上的这些发展变化，需要进一步修改完善。于是，2009年2月，第十一届全国人民代表大会常务委员会第七次会议通过了经过修订的新《保险法》。这一次修改是较为全面的修改，其法律条文的数量由原来的158条增加到187条，修改幅度最大的是保险合同部分。

修改后的新《保险法》自2009年10月1日起施行至今又经过了6年。其间，中国保险市场出现了创新性变化。诸如，互联网保险因迅猛发展而在保险市场上占有重要的一席之地；相互保险组织、自保公司、保险销售公司等新的保险机构均在保险市场上初试锋芒；巨灾保险、存款保险、"以房养老"保险等新型保险产品已在保险市场现身，不一而足。这些现象预示着中国保险市场将向多样化、多层次和创新型方向发展，当然，也对《保险法》的规则体系发挥规范调整作用提出了更高的要求，尤其是保险业的监督管理制度，亟待用更加科学完善的规则弥补原有制度的疏漏和不足。因而，我国《保险法》进入新一次的修改过程也就成为必然。不仅如此，再一次修改《保险法》也是出于落实国务院于2014年8月发布的《关于加快发展现代保险服务业的若干意见》（简称"新国十条"）提出的"到2020年，基本建成保障全面、功能完善、安全稳健、诚信规范，具有较强服务能力、创新能力和国际竞争力，与我国经济社会发展需求相适应的现代保险服务业,努力由保险大国向保险强国转变"之发展目标的需要。

为此,本专辑的编辑出版不仅是为了纪念《保险法》颁布20周年,更是为《保险法》的再一次修改来献计献策,贡献大家的微薄力量。参与本专辑编辑的各位作者均是来自于理论界、保险实务界、保险监管机关、司法审判机关的学者、专家、法官等。大家根据各自研究和工作的实际需要,从不同的视角对《保险法》的总体构建和发展,或者对具体的保险法律制度,或者对某一项保险立法规则,进行深入而有的放矢的论证研究,为《保险法》的修改发表了各自的真知灼见,提出了颇有价值的修改建议。特别值得一提的是,针对我国保险业法亟待充实完善,并成为此次修改保险业法重点的需要,本专辑在选择有关修改完善保险业法的研究成果上有所侧重。不过,各位作者的看法只是代表着其一己之见,是否正确和实用则需要与理论界、实务界、司法审判界的同仁、朋友们展开交流讨论,并经过保险实践和司法实践的检验,以求达到进一步提升我国保险立法体系的科学性、严谨性和可操作性的效果。

贾林青

2015年9月1日

目　录

第一编　保险法专论

实现保险强国梦，法制建设需先行
　　——学习"新国十条"的心得体会 ······················· 贾林青　3
我国保险业国际化的路径及法治应对 ···············李祝用　程绍华　35
完善我国强制责任保险体系的策略思考 ···············姚　军　李　弘　46
互联网金融对我国《保险法》适用的影响及其应对 ······贾林青　汪　洋　59
对修改《保险法》总则部分的法律思考 ························ 乔　石　79
人身保险领域若干实务法律问题的探讨 ······················ 高燕竹　86
环境责任保险功效之多维审视 ······························ 孙宏涛　93
财产保全责任保险相关问题初探 ···························· 常　鑫　101

第二编　保险合同制度的完善与发展

要约与承诺在保险合同成立中的适用问题研究 ················ 史卫进　111
保险人提示说明义务新论
　　——以《合同法》、新《消费者权益保护法》的相关规定为比较
　　　对象 ·· 范庆荣　119
论《保险法》上安全防范义务的构成与责任完善 ·············· 蔡大顺　132
论保险事故发生后的通知义务 ······························ 文　杰　143
我国保险损失计量规则之反思与重构
　　——以美国司法裁判中对"实际现金价值"的解读为借鉴 ····· 康雷闪　150
我国保险合同解除权问题研究
　　——兼谈建立被保险人利益保护机制 ···················· 许崇苗　161
保险受益人制度的适用问题研究
　　——兼谈我国《保险法》关于受益人规则的修改完善 ······· 贾林青　173
未指定受益人的情况下死亡保险金之归属 ···················· 刘清元　189
受益人缺失与保险人赔付之处理
　　——以《保险法》第42条第1款为中心 ··················· 梁　鹏　195
互为受益人的被保险人共同遇难时保险金给付问题研究 ········ 张秀全　214

保单质押的基本法律问题探析
　　——实践的审视与规则的梳理……………………………石旭雯　226
中间型定额保险的契约危险问题
　　——中间型保险重复投保引出的话题……………………韩长印　237
城乡居民大病保险制度法律研究……………………………孙东雅　251
"如实告知"义务：在健康保险业务中的理解和实践 … 李铁钢　兰全军　257

第三编　保险业法的健全与适用

保险强国视角下建设我国巨灾保险所需关注的制度环节………贾辰歌　269
巨灾保险偿付能力监管：追征式方法刍议……………………何启豪　277
互联网保险监管的法律思考……………………………王　萍　陈声桂　283
论我国相互保险公司法律制度的建构…………………石东洋　袁　冰　296
论"保险业务"的实质判定标准
　　——兼析经营延保、救援服务是否构成非法经营保险
　　　　业务…………………………………………曹顺明　赵　鹏　311
比较法视野下保险资金不动产投资的
法律监管及其启示………………………………冯　辉　刘思佳　319
我国保险资金境外投资监管制度研究…………………………吴民许　332
比较法视阈下的保险广告监管：宗旨、制度构成与启示
　　——以美国保险广告监管制度为重点…………李青武　于海纯　345
论我国保险中介的发展与监管规制……………………………骆　杰　358
论保险销售公司的市场定位和业务运营方式…………………孙慧珍　365
保险公司风险处置中保险合同移转制度的建构
　　——以保单持有人的保护为视角………………………薄燕娜　372

Contents

Chapter I Insurance Law Monographs

Realizing the dream of being a powerful nation of insurance law,
   legal system should be constructed first
      ——Studying "State Council: strong containment on housing
         prices in some cities" attainment ·················· Linqing Jia Page 3
Globalization path and legalization of China's insurance industry
   ································· Zhuyong Li, Shaohua Cheng Page 35
The strategic thinking of improve China's compulsory
   liability insurance ························· Jun Yao, Hong Li Page 46
The reflection and responding measures of the application of
   China's insurance law caused by Internet Finance
      ································· Linqing Jia, Yang wang Page 59
The consideration of revise the general principles of insurance law
   ··· Shi Qiao Page 79
Study on severel practical legal issues of the personel insurance field
   ··· Yanzhu Gao Page 86
Scan of environmental liability insurance's efficacy through
   multi-dimensional view ························· Hongtao Sun Page 93
Property preservation liability insurance related issues
   ·· Xin Chang Page 101

Chapter II The Development and Improvement of the System of Insurance Contract

Research of the application of offer and acceptance theory in
   establishment of insurance contract ················ Weijin Shi Page 111
The new opinion of insurer's accounting duty
   ——Compared with the relevant regulation in contract law and
      the new consumer protection law ·············· Qingrong Fan Page 119
Improvement of security obligations in insurance law
   ··· Dashun Cai Page 132

Duty of notification after the insurance accident ··············· Jie wen　Page 143

The reflection and reformation of China's measurement rules of insured losses
　　——Use the interpretation of actual cash value in American case law for reference ···························· Leishan kang　Page 150

Research of China's rescission right of contract in insurance contract
　　——To establish the protection mechanism of the interest of the insurant ································· Chongmiao Xu　Page 161

Research of the application of the system of the beneficiary and beneficial estate
　　——To perfect and improve the beneficiary rule in China's insurance law ·································· Linqing Jia　Page 173

The belonging to the Death Insurance when there is no designated beneficiary ······································ Qingyuan Liu　Page 189

The settlement of lack of beneficiary and insurer payment
　　——Centering on Insurance Law Article 42 .Section1
　　·· Peng Liang　Page 195

The research on the insurance payment when insurer who are mutual beneficiary dying as a joint ·············· Xiuquan Zhang　Page 214

Basic legal analysis on the insurance policy pledge
　　——The review of practice and the reorganization of rules ··· Xuwen Shi　Page 226

Risks on Insurance of intermediate
　　——Type-Topics arise from insurance of intermediate type regarded as multiple insurance ············· Changyin Han　Page 237

Legal research on serious disease insurance system applied to urban and rural residents ······························· Dongya Sun　Page 251

"Truthfully inform obligation:" understanding and practice in health insurance ···················· Tiegang Li, Quanjun Lan　Page 257

Chapter III　Perfection the Insurance Industry Law and Taking It into practice

The system and steps that should be taking into consideration of constructing catastrophe insurance in the sight of being

Contents

a powerful nation of insurance law ················ Chenge Jia Page 269

The regulation of catastrophe insurance solvency: Discussion on
imposing retroactive taxes ···················· Qihao He Page 277

Legal thinking about the supervision of Internet insurance
················ Ping Wang, Shenggui Chen Page 283

The construction of legal system of the mutual insurance
company in china ············ Dongyang Shi, Bing Yuan Page 296

The substantial criterion of "insurance business"
——And analysis of whether the extended warranty and the rescue
services constitutes illegal operate insurance business
················ Shunming Cao, Peng Zhao Page 311

Comparison of real estate investment of insurance funds from the
perspective of legal regulation and the enlightenment
················ Hui Feng, Sijia Liu Page 319

The research on the supervision system of overseas investment of
insurance funds in china ···················· Minxu Wu Page 332

Insurance advertising regulation under the perspective of comparative
law: the principle, system composition and enlightenment
——Focusing on the American insurance advertising
regulatory system ············ Qingwu Li, Haichun Yu Page 345

The theory of the development of insurance intermediary and
regulatory rules in china ···················· Jie Luo Page 358

The theory of insurance sales company's market positioning and
business operations ···················· Huizhen Sun Page 365

The construction of Insurance contract transfer system in insurance
company risk management
——In the perspective of the protection of policy holders
················ Yanna Bo Page 372

第一编

保险法专论

实现保险强国梦，法制建设需先行

——学习"新国十条"的心得体会

贾林青[*]

2014年8月，国务院颁布了《关于加快发展现代保险服务业的若干意见》，被称为"新国十条"[❶]。如今在其发布一周年之际，学习"新国十条"会有更加深刻的理解。

由于"新国十条"立足于服务国家治理体系和治理能力现代化，将发展现代保险服务业置于经济社会工作整体布局中统筹考虑，明确了保险业发展的新目标和新定位，即"到2020年，基本建成保障全面、功能完善、安全稳健、诚信规范，具有较强服务能力、创新能力和国际竞争力，与我国经济社会发展需求相适应的现代保险服务业，努力由保险大国向保险强国转变"。可谓是目标宏大、定位全面。然而，要实现保险强国梦，还需要走很长的路，付出辛苦而富有实效的劳动。其中不可缺少的任务之一，就是建设完善的保险立法体系，为实现保险强国梦提供良好的法律环境。

当然，保险立法是一个严谨的、系统化的社会工程，要想建设科学而行之有效的保险立法体系，就需要在符合社会经济生活现实需要的同时预见到社会发展的趋势，而具有一定的超前性。这意味着保险立法应当与社会经济生活的进程相适应，具有渐进式、不断发展完善特色的立法体系，从而实现其为社会经济生活"保驾护航"的作用。因此，我国现阶段的保险立法就必须以确保实现"新国十条"树立的保险强国梦为目标，以中国保险市场发展过程中的实际需要为对象，不断地充实和完善立法体系，规划出20~30年的立法发展方案，构建良好的法律环境。其中，亟待解决的保险立法热点，可以归纳为两个问题：一是保险立法自身的系统化建设问题，二是保险立法与相关立法的配套制度建设问题。

---

[*] 中国人民大学法学院教授，中国保险法学研究会副会长。

[❶] 之所以称为"新国十条"，是相对于2006年6月国务院发布的《关于保险业改革发展的若干意见》而言。

一、保险立法的系统化建设上需要解决的立法问题

众所周知,保险立法是对商业保险领域的专门立法,即国家专门针对规范调整保险行业与社会公众之间的保险活动而制定的法律规范体系。我国现行保险法集中表现为以《中华人民共和国保险法》(以下简称《保险法》)为基本法律渊源,加上《机动车交通事故责任强制保险条例》《农业保险条例》等单行法律法规而构成的保险立法体系。而仅就《保险法》来讲,其立法体例是将保险合同法和保险业法两部分合为一体,形成相对独立的两部分并存的立法特色❶。"因此,我国保险法兼具民商法和行政法性质,内容上是一部民商法律加一部行政管理法"。❷ 该法自1995年6月颁布后,历经2002年和2009年两次修改后,逐步由粗糙简略转向详尽具体,尤其是在2009年修改后,《保险法》的保险合同部分的科学性有了明显的提高,用于规范调整保险活动的效果可谓差强人意。但是,《保险法》的保险业法部分却难以适应中国保险市场的发展需要,其滞后性日渐突出。为此,修改和完善保险业法部分,或者颁行《保险法》下位的单行法规,以求建设具有先进性的、引领保险市场稳健发展和创新改革的保险业管理监督制度也就势在必行。即使是大幅修改后的《保险法》的保险合同部分经过了5年多的适用,其在保险实务和审判实践中引发的争议或者暴露的疏漏亦是很多,对其进行修改完善也就不可避免。这些对于实现保险强国梦更是当务之急,在此笔者仅就如下的重点领域提出相应的完善保险立法体系的建议。

1. 制定巨灾保险立法,用其为提高灾害救助的参与度提供法律依据

相较而言,我国是世界上自然灾害频发、损失十分严重的国家之一,平均每年因发生的各种灾害造成的经济损失高达1000亿元以上,但当前国家处置灾害后果(包括灾害应急管理、救助和灾后重建等)的方式仍然是以"举国体制"为主,即以政府为主体、以财政为支撑,统一动员和调配全国的相关资源进行灾害处置的灾害管理模式❸,而能够获取保险赔偿的比例仅占1%,远远低于36%的平均国际水平❹。究其原因,巨灾保险制度的缺失是理论界和实务界公认的首当其冲,显然与建设保险强国的目标相差甚远。因此,要实现由保险大国向保险强国的转变,就必须尽快建立我国的巨灾保险制度。当然,兵马未动而粮草须先行,制定符合我国实际国情的巨灾保险法便是必须为之的先行

---

❶ 大陆法国家多是将保险合同法置于其民商法典中;英美法国家则多有合同法与业法合并立法的例子(转引自唐金龙主编:《海商法保险法评论(第一卷)》,知识产权出版社2007年版,第143页注释【2】)。

❷ 刘学生:"保险合同法的不足与完善",载唐金龙主编:《海商法保险法评论(第一卷)》,知识产权出版社2007年版。

❸ 王和:《巨灾保险制度研究》,中国金融出版社2013年版,第3~6页。

❹ 贾林青、贾辰歌:"中国巨灾保险制度构想",载《中国经济报告》2015年第2期。

举措。

总结国际经验,"有关巨灾保险的理论研究始于 20 世纪初期,巨灾保险的实践尝试始于 20 世纪 30 年代,大规模的巨灾保险特别是巨灾保险的证券化开始于 20 世纪 90 年代"❶,相应地,不少国家或者地区颁布了各自的巨灾保险法作为规范调整巨灾保险活动的法律依据。因为,巨灾保险是现代保险服务业的一个特定领域,它专指针对因突发性的、无法预料、无法避免且危害后果特别严重的,诸如地震、飓风、海啸、洪水、冰雪等所引发的灾难性事故造成的财产损失和人身伤亡,给予保险保障的风险分散制度。由于再燃灾害所带来的巨灾风险的存在是客观而不可避免的,并能够引发巨大的、广泛的灾难性后果,与此相对应,需要保险业实施较大甚至巨大数额的保险赔偿。例如,按国际风险评估机构预测,2011 年 3 月 11 日的日本大地震可能导致最高 2.8 万亿日元(约合 350 亿美元)的保险损失,几乎相当于 2010 年全球保险行业一年 360 亿美元的保险赔偿额。

鉴于巨灾的消极影响波及范围广泛,关系到整体社会的稳定和发展,当前已经建立巨灾保险制度的数十个国家大多是用法律形式确立了巨灾保险制度的基本框架,并对巨灾保险的运作模式、损失分摊机制、保障范围、政府的支持政策等作出具体规定。尽管这些巨灾保险立法因各自国情的不同而存在差异,但如果从共性上加以归纳的话,可以分为单一巨灾立法与综合巨灾立法两种模式。前者就是针对单一的巨灾种类制定专门的巨灾保险法,其典型代表当推美国的 1968 年《全国洪水保险法》和日本的 1966 年《地震保险法》;而后者则是将多种巨灾的保险事宜统一规定于一部巨灾保险法之中,法国于 1982 年颁布的《自然灾害保险补偿法》几乎涵盖了所有的巨灾风险,均纳入到该立法的保险保障范围内,集中体现了综合巨灾立法的特色。

同样立足于建立巨灾保险制度在实现保险强国目标中的迫切需要,"新国十条"在 10 个方面提出的 32 条的具体意见中,专门就建立我国巨灾保险制度进行了全面阐述(第 10 条),将其列为我国现代保险服务业深化发展的一大战略任务。而尽快在总结近十年试点经验❷的基础上出台我国的巨灾保险法,为建立和适用我国的巨灾保险制度提供法律依据就是该领域的重中之重。那么我国的巨灾保险法应当采用何种立法模式呢?

笔者认为,我国巨灾保险立法模式必须建立在中国国情的基础上。由于我国地域辽阔,各地区之间不仅经济发展的内容和水平存在差异,而且彼此之间的自然环境不尽相同,发生自然灾害的规律和导致灾害的主要巨灾也有所不

---

❶ 任自力:《中国巨灾保险法律制度研究》,中国政法大学出版社 2015 年版,第 5 页。
❷ 中国保监会历经近十年的研究,先后批准深圳、云南地区开展巨灾保险试点,探索、建立适应我国国情需要的完善的巨灾保险制度体系。

同，具有明显的地域性特点。因此，不宜采取综合立法来统一规定我国的巨灾保险制度，而应当采用单项巨灾立法与多层次立法体系相结合的巨灾立法模式。首先，针对发生较为频繁的、造成损害后果比较重大的、影响程度巨大的地震、台风、洪水、干旱等各项巨灾，分别制定各个全国性巨灾保险法。其次，在遵守全国性巨灾立法规则的前提下，各级地方立法机构在各自的立法权限内，根据本地区发生的巨灾风险和造成损害后果的不同，制定适合本地区的地方性巨灾保险法规。这一巨灾保险立法模式的优点集中表现在各项专门立法的适用对象和适用范围均具有特定性，并可以根据各项巨灾发生的规律确立有针对性的巨灾保险规则，而各级地方性巨灾保险法规又具有突出的针对性，能够将全国性巨灾保险制度加以具体化，提升各项巨灾立法的科学性和可操作性。

2. 构建恰如其分的责任保险制度体系，发挥其风险管理的作用，实现其社会治理的功能

应当说责任保险是保险家族中较为年轻的一员。世界上最早的责任保险单1855年产生于英国❶，至今仅有160年的历史。不过，它伴随着人类社会的大机器工业、城市化进程、制造业和交通运输业的高速发展而后来居上，得到惊人的长足发展。在经济发达的西方国家，责任保险的适用范围几乎覆盖了社会的所有领域，甚至成为衡量一个国家保险业发展水平以及该国经济发达程度的标志。究其原因在于责任风险在近现代人类社会生活中日益增加，而责任风险的重要特征就是无法对潜在风险作出充分精确的衡量和准确的预先评估，这导致人们的各种社会活动都可能面临诸如产品（食品）安全责任风险、生产安全责任风险、公众安全责任风险、职业责任风险等各种潜在的责任风险。因此，了解产生各类责任风险的因素非常重要，"只有掌握了风险的信息，才有可能识别出各种风险的来源，虽然有时只能对潜在损失的大小作出估计"❷。

责任保险在中国保险市场的存在时间更为短暂，从20世纪50年代曾经实行的强制财产保险起算，至今只不过几十年。并且责任保险作为独立险种加以适用更是始于1979年，而且，其中占绝大比例的属于各类交通运输工具第三者责任保险，其他责任保险或者只适用于特定范围内，或者社会公众投保比率过低均难以达到预期的社会效果。这表明责任保险在我国尚处于起步阶段，市场的发展潜力巨大。因此，为扩大责任保险的市场领域，丰富责任保险的保障内容和品质类型，完善责任保险市场体系，"新国十条"将发展责任保险作为其十大方面之一来加以阐述。从发挥保险的风险管理功能、完善社会治理体系

---

❶ 许谨良主编：《财产和责任保险》，复旦大学出版社1993年版，第428页。
❷ ［美］所罗门·许布纳、小肯尼思·布莱克、伯纳德·韦布：《财产和责任保险（第四版）》，陈欣等译，中国人民大学出版社2002年版，第368页。

的高度，提出了发展各类责任保险的规划，以便达到"充分发挥责任保险在事前风险防范、事中风险控制、事后理赔服务等方面的功能作用，用经济杠杆和多样化的责任保险产品化解民事责任纠纷"❶。当然，发展责任保险不能一拥而上、一蹴而就。笔者认为应当根据各类责任保险与社会公众利益的联系和影响的不同，区分情况，循序渐进，优先解决急迫的社会问题，尤其要重视责任保险法律制度的建设，从而，构建符合我国实际需要的责任保险体系。具体建议如以下三点：

第一，及时总结适用经验，修改完善交强险制度。

大家知道交强险的全称为机动车交通事故责任强制保险，它是根据2006年7月1日施行的《机动车交通事故责任强制保险条例》而在全国范围内统一适用的首个强制保险险种，用以取代此前在各地区依据地方性法规来强制适用的"机动车第三者责任保险"。总结交强险适用9年以来的经验，交强险确实发挥了维护道路交通制度、保护社会公众合法权益的效果，但它也是全社会不断引发讨论和争议的保险领域之一。分析其原因，一方面是随着我国社会经济的迅速发展，各类社会组织和公众个人的汽车保有量呈现上升趋势，国家针对我国汽车时代发布的相关政策和法律自然要引起重大的社会反响；另一方面是广大社会公众对于交强险的性质、特点和保障内容还不太了解，而各级政府对于交强险的宣传普及又较为欠缺。具体表现就是，用于规范调整交强险关系的《机动车交通事故责任强制保险条例》在保险实务和司法审判中的适用过程中，经常因其规则内容存在的疏漏导致人们理解的不同或者适用标准的不一致，例如，认定交通侵权责任的规则和原则是什么？交强险所应适用的赔偿范围是什么？交强险是否采取法定的分项赔偿规则？交通事故受害人是否享有直接赔偿请求权？而如何理解交强险的性质和特点等都需要在立法上明确无误地做出规定。

首先需要说明的是，在道路交通领域强制适用机动车因交通事故所需向第三人承担赔偿责任的强制保险并非我国特有，二是该险种普遍存在于众多国家，国际上通常称之为汽车第三者责任强制保险。诸如，德国是依据《车主赔偿责任保险法》予以强制推行；在日本，针对机动车的交通事故赔偿责任，该强制保险的保障范围限于机动车造成的人身伤亡的赔偿；而号称"超级汽车王国"的美国，自1927年由马萨诸塞州颁布实施《强制汽车责任保险法》至今，汽车责任强制保险已经在美国各州盛行。可见，有关机动车交通事故责任的强制保险是维护现代社会的道路安全秩序不可或缺的保险法律制度。因此，在我

---

❶ 《国务院关于加快发展现代保险服务业的若干意见》（国发【2014】29号），载《中国保险报》2014年8月14日第2版。

国，交强险这一保险制度就应当成为我国责任保险领域的必要组成部分，因其存在的实际问题需要解决，面对修改和完善交强险条例的呼声❶，应当尽快修改和完善交强险条例，提高交强险的科学性和实操性，统一保险实务和司法审判的适用标准，增强交强险的适用效果。

第二，亟须建立推广食品安全责任保险制度。

应当说食品安全是近年来国人经常谈及的话题，由此表现出人们对保险保障提出了新的要求。近年来困扰人们的一系列食品安全问题❷，不仅暴露出企业生产经营者天良沦丧的丑恶嘴脸，显现出我国食品安全监督管理体制的诸多漏洞；更反映出社会公众在食品消费安全领域的需要亟待满足。正如中国公众环保民生指数显示的，82％的公众都高度关注食品安全，38％的公众在日常生活中"遭遇"过食品安全问题。可以说，能否有效地解决食品安全问题已经成为关乎我国经济社会稳定和睦发展的重要因素。

当今工业化社会的社会公众在食品消费领域不可能脱离人类加工的食品产品。相应地，人们的食品消费观念也发生了重大改变。随着社会发展和科技水平的提高，人们秉持的"民以食为天"的食品消费要求已经不再满足于"有食果腹"和符合食品产品的标准，而是提升到食品安全的高度。可见，社会公众作为消费者在食品消费过程中遭遇食品安全事件，并由此遭受损害，受害的消费者依据《侵权责任法》的相关规定，有权向食品产品的生产经营企业进行追索，寻求法律的保护。

所以，中国政府出于保障食品安全的需要，强调严历查处食品生产中的非法添加物，严格食品质量标准，并加大了惩处力度，专家学者和社会公众也纷纷为此献计献策。笔者亦建言如下，我国经营财产保险或者专营责任保险业务的商业保险公司应当适应社会公众对食品安全的保障需求而尝试创设和推出食品安全责任保险。因为，面对一再出现的食品安全事件，政府处理得当与否，其首要的表现就是受害的消费者能不能得到及时有效的医治救助和充分的经济补偿。不过，为达到此一效果，仅仅依靠政府的财政拨款和行政命令经常会感到独木难支，而借助保险制度就可以取得有效的社会支持。中国的保险市场作为我国社会主义市场经济的组成部分，以其独有的社会保障功能向社会经济活动的各个领域和广大社会公众提供着保险服务。其中，食品安全责任保险作为责任保险领域的新成员，发挥其转移和分散食品安全事件所造成的社会损害后果的功能，使广大遭受食品安全事件损害的消费者能及时得到保险赔偿，从而可以在处理食品安全事件的过程中让大家体会到来自于现代责任保险制度的积

---

❶ 社会各界，包括理论界、实务界、司法界、律师界以及社会公众，均要求尽快修改和完善交强险条例，甚至有学者呼吁应重构我国的交强险制度。

❷ 例如，三鹿奶粉事件、三聚氰胺事件、双汇瘦肉精事件、地沟油事件，等等，不一而足。

极效果。

借助食品安全责任保险的保障功能和条款设计还能够督促包括食品产品的生产、经营、运输、仓储和销售的企业认真履行其依法所应承担的食品安全责任，为广大消费者创造安全的生活环境。因为，推出产品安全责任保险有利于督促相关企业履行其依法承担的食品安全责任。这些企业作为食品安全责任保险中的被保险人，要想获得保险人提供的保险保障，就必须履行该责任保险所赋予的包括在食品产品生产经营过程中的安全注意义务等诸多义务，客观上提高食品产品的安全质量，降低发生食品安全事件的概率，维护广大消费者消费利益。

不过，给予食品安全责任保险恰当的市场定位却是一个现实问题。笔者提出：

首先，应将食品安全责任保险纳入商业保险的范畴。因为，推出食品安全责任保险的立足点是中国保险市场在我国经济生活中的市场功能和社会需求。一方面，食品安全责任保险是基于其具有对我国食品行业企业以及涉及食品产品的运输、仓储、销售等环节的经营活动提供保障的功能而推出的新型保险险种，借助此责任保险的约定内容来督促食品生产经营企业在食品的生产经营过程中认真履行谨慎注意义务，实现食品行业正常的生产经营秩序；另一方面，作为社会再生产终端的消费环节是使各类商品的使用价值得以实现的必经途径，保护消费者的权益已经成为各国政府实施社会管理的重要内容。其中食品消费更是广大社会公众至关重要的消费内容，并且，随着社会政治经济和科学技术的不断发展，各国对广大消费者在食品消费过程中的利益保护已经从关注食品产品的质量合格与否提升到食品安全（包含食品质量在内，而不限于食品质量）的高度。显然，这对消费者在食品消费方面的权益保护的深度和广度已经与单纯的食品质量保护阶段不可同日而语，也标志着社会的发展与进步。因此，确认食品安全责任保险是我国商业保险家族的一员，保险公司经营该责任保险的过程，包括运作机制、保险内容和经营模式均应当按照中国保险市场的经济发展规律进行操作。

与此相适应，食品安全责任保险就不属于社会保险。虽然适用食品安全责任保险的初衷是为了落实国家的食品安全政策，保护食品消费者权益，但是，食品安全责任保险不是国家政府经办的社会保险，而是由商业保险公司自主经营的商业保险业务，它是按照中国保险市场的发展规律和社会公众获取该责任保险保障的需求来经营食品安全责任保险的，追求盈利是其作为商事经营者必然追求的经营目的。从而，将食品安全责任保险与社会保险加以区别，是其准确的市场定位所需的必要步骤。

同样，食品安全责任保险也应排除在政策保险范围之外。因为，食品安全责任保险并不是由国家设立的专门性保险机构或者授权商业保险公司经营相应的政策性保险业务来贯彻特定的政策性立法内容的保险活动。

其次,食品安全责任保险应当在财产保险范围内取代产品质量责任保险。因为按照保险法理论,食品安全责任保险作为独立的保险险种,其保险标的——基于食品安全事件行为导致食品的消费者(第三人)的人身伤害和财产损失而需要对该第三人进行民事赔偿——决定了其应当属于财产保险的范畴。故而,商业保险公司经营食品安全责任保险就应当保持财产保险的运行特点,确保其填补性的实现,并与人身保险(人寿保险)突出的给付性和返还性区分开来。

再次,食品安全责任保险是一种全新型的责任保险类型。它所针对的是食品生产经营企业因过失而违反食品安全义务的行为而设立的责任保险,而不仅仅限于食品质量责任。当前,我国保险市场上即使是个别保险公司推出了食品安全责任保险❶,但是也因缺乏完善的制度设计和理论支持而影响甚微。原因在于其市场定位存在问题。

进一步讲,为了充分实现食品安全责任保险作为责任保险领域内新成员的作用,笔者对其市场定位就是以食品安全责任保险取代现有的产品质量责任保险的身份加入中国保险市场上的责任保险行列。相形之下,食品安全责任保险中的食品安全责任能够向食品消费者提供的保险保障不仅可以完全覆盖现有的产品质量责任保险涉及的产品质量责任的内容,可以满足社会公众的食品消费安全的社会需求而带来高效率的经营效果,更能够从保险公司经营的角度将保险资产和人力资源投入到该新型责任保险的经营,实现这两大生产要素的结合,争取尽可能多的经营性产出,实现保险公司资产的增值。显然,以食品安全责任保险取代现有的产品质量责任保险符合我国社会市场经济条件下的社会资源优化配置的要求。

最后,食品安全责任保险投入保险市场,适宜采取自愿保险与强制保险并存的市场格局。

针对目前现状,大多数学者认为,食品安全责任保险应当一律定性为强制保险的观点存有异议❷,笔者的看法是,需要确认食品安全责任保险在中国保险市场上的适用,应当建立自愿保险与强制保险并存的格局,即以自愿保险为

---

❶ 2007年,上海安信农业保险公司推出我国首个农产品食用安全保险;2008年,平安财产保险股份有限公司开办了食品安全责任保险;2009年,我国长安责任保险股份有限公司亦于《食品安全法》颁布后开设了食品安全责任保险。

❷ 李华:"论我国食品安全强制责任保险制度的构建";潘红艳:"食品安全强制责任保险的几点思考",载中国人民大学法学院海商法保险法研究所与中国保险法学研究会:《责任保险在中国的适用与发展——暨产品安全责任保险研讨会论文集》。卢燕:"构建食品安全强制责任保险的必要性和可行性",载《商业时代》2009年第32期。段胜:"构建我国食品安全强制责任保险之我见",载《上海保险》2009年第1期。

主，而特定范围内则适用强制保险。

之所以食品安全责任保险应当以自愿保险为主，取决于中国保险市场的基本规律，即在保险立法和相关立法未有明文规定的情况下，食品安全责任保险适用贯彻自愿原则，赋予当事人自愿决定的权利，任何一方都不得强制对方投保该责任保险。当然，针对社会公众的食品安全责任保险需求，只要经营食品安全责任保险的财产保险公司和责任保险公司进行切实有效的宣传和推广，让食品生产经营企业准确了解该责任保险的保险内容、运行机制和保障效果等，就能够将投保食品安全责任保险的思想意识纳入企业各自的经营理念中，让企业主动投保该责任保险。

而法定范围内的食品安全责任保险宜适用强制保险，其原因在于政府为保护特定社会公众群体在食品消费过程中利益的需要。因为，强制保险实质上是对合同自由的限制，它不应当成为市场活动的普遍现象，而应当属于例外，适用于需要用政府的社会公益政策施加影响和干预的特定情况。具体到保险领域，强制保险也就应当带有特定性。为此，不宜将所有的食品安全事件一律纳入食品安全责任强制保险的适用范围。正确的处理方法是：区别各类不同的情况，针对特定的范围适用强制保险。笔者设想：

其一，根据食品行业的企业规模确认食品安全责任强制保险适用于大中型企业。从我国的社会现实角度讲，食品行业领域内的大中型企业因其生产经营的食品产品的规模大、品种多、销售范围广、影响力巨大，一旦涉及食品安全事件，其处理这些事件的成本更高，商誉损失更大，所以，这些企业接受食品安全责任强制保险的阻力会相对较小。同时，将食品安全责任强制保险适用于大中型食品企业，可以借助这些企业的社会影响力产生较好的示范效果。特别是大中型食品企业的影响力决定了与其有关的食品安全事件所产生的负面影响往往会引发社会公众对食品行业、甚至是对政府的信任危机，故应对食品行业大中型企业适用强制性食品安全责任保险。

其二，根据食品产品的种类和消费群体的不同确认食品安全责任强制保险适用的特定范围。例如，儿童食品、老年食品、康复食品等应纳入食品安全责任强制保险的适用范围。理由是众所周知的，构成儿童食品的消费群体是儿童，这些无行为能力人尚不具备正确的分析判断意识，且求知欲和好奇心极强，其身体极易遭受侵害。一旦遭遇食品安全事件，所需医疗费用和相关费用也较大。因此，对儿童食品适用食品安全责任强制保险符合对儿童的身心健康实施特殊保护的精神。

其三，应当适度发展强制责任保险制度。

在现代商业保险领域，强制保险是与自愿保险相对应的保险类型，表现为根据国家的有关法律法规的规定，特定范围内的社会群体或者行业领域内的社会组织承担着投保特定保险的义务,无论其是否愿意,都必须参加该保险。显然,强制保险区别于自愿保险的特殊性就在于其适用上具有法律的强制力,"强制要求符合条件的人员投保相应的保险,并进而通过保险分散相关行业的风险,减少社会矛盾,以实现和谐社会的基本目标"[1]。责任保险基于其保护受害人利益、解决社会矛盾、维护社会秩序的功能而成为强制保险的适用区域,特别是因为随着现代工业社会的有限责任理念的形成和侵权责任的社会化发展趋势,越来越多的责任保险品种具有了强制性内容,改变了其原有的自愿保险的属性,成为落实国家特定政策的工具。因此,无论是在美国、英国等普通法系的代表性国家,还是德国、日本等大陆法系的代表性国家,各自的商业保险市场上均存在着强制责任保险,只不过除了汽车责任强制保险以外,其他强制责任保险的种类、适用范围和覆盖区域因各国的经济发展水平和法律传统的差异而不尽相同。

就我国现有的强制责任保险的适用情况看,因其受到责任保险制度总体发展的影响而有明显的局限性,主要集中在机动车第三者责任、船舶污染责任、煤炭和建筑等高危行业的意外伤害责任、旅行社职业责任等。涉及强制责任保险的立法也有出法律、行政法规,特别是表现在地方性立法和部门规章等多个层面,因此,这些有关强制责任保险的规范性文件大多具有明显的地域性,规则内容过于简单,缺乏可操作性,并且往往是与人身意外伤害保险相混同的。如果要改善我国强制责任保险落后的局面,首要环节就是加强涉及强制责任保险的立法水平。

需要强调的是,强制责任保险的适用对于强化受害人保障体系、实现和谐社会建设和分散风险、实现政府的社会管理政策确实有特殊的意义,不过,针对特定领域的风险责任决定是否要借助强制保险手段加以转移,应当持谨慎的态度。原因在于,以保险转移特定风险毕竟是通过合同方式来完成的,应当主要建立在双方当事人自愿的基础上。而强制责任保险仅仅是责任保险市场上的一种类型,不应当成为责任保险的主流发展趋势。尤其是在中国的责任保险领域,切忌过分夸大强制责任保险的作用,更不能期冀利用行政命令来强推责任保险。否则,动辄就采取强制责任保险的结果必然是淡化了强制责任保险的市场价值,不利于责任保险市场的稳定发展。

正因在此意义上,笔者认为应当适度发展我国的强制责任保险制度,这也符合"新国十条"将"探索开展强制责任保险试点"作为发展我国责任保险体系的任务之一。当前我们要重点做好两方面的工作:一是努力提升现有的强制责任保险的科学性和可操作性,强化其适用效果。例如,前文所讲的全国统一

---

[1] 郭锋等:《强制保险立法研究》,人民法院出版社 2009 版,第 1 页。

适用的交强险，再有就是适用于特定行业的强制船舶污染损害责任保险、强制旅行社职业责任保险等，完善相应的立法内容来提供法律保障。二是谨慎地扩大新的强制责任保险的适用领域。即衡量强制责任保险的适用范围时，具体的标准应包括，特定的社会群体或者特定行业所面对的责任风险是否属于高于一般责任风险的高危程度？只有在日常的工作或生活中承担着难以控制的、一旦发生会造成很大损害后果而又无法定免责事由的高风险，才能够纳入强制责任保险的范畴。再有就是这种高危风险是否与公共利益密切相关？像环境污染责任、食品安全责任、医疗责任等都与社会公众的利益关系密切，对整个社会会产生巨大的不利影响，故而才属于强制责任保险的适用范围。而上述以外的一般社会风险，则应当在立法上对其加以引导，使得相应的社会公众树立投保的自觉意识，适用自愿责任保险。

3. 实现保险中介市场的改革需要相应立法的保驾

从严格意义上讲，以 20 世纪 90 年代初美国友邦保险有限公司利用保险代理人进行保险营销为起点❶，我国的保险中介队伍不断发展壮大，已经逐步形成相对独立又与保险业密不可分的保险中介市场，与保险业的保险市场并驾齐驱。如今活跃在保险中介市场上的中介主体类型多样，有保险代理人、保险经纪人和保险公估人，而保险代理人亦包括保险代理公司、兼职保险代理人和保险营销员（个人保险代理人）等类型，甚至还出现了新型的保险销售公司。可见，我国的保险中介市场生机勃勃，对促进我国保险市场的深化发展意义重大。

不过，保险中介市场上也存在着这样那样的问题，成为影响保险中介市场功能进一步发挥的消极因素。其中，相关法律不规范当属根本性原因。所以，完善保险中介立法，健全保险中介制度体系就是建设保险强国的任务之一。在此，笔者提出当务之急的两点建议：

第一，用立法改革现行的保险营销员管理体制。保险营销员群体自1992年美国友邦保险有限公司率先将保险营销员制度引入中国保险市场后，1996年即在我国保险行业内得以大规模推广适用，存在于中国保险市场已经 20 余年，成为中国保险市场的重要组成部分。截至 2013 年，全国存在于保险市场上的保险营销员队伍的总人数维持在 289.9 万人左右，其中人身保险领域的营销员达到 250.9 万人，财产保险领域的营销员约为 39 万人❷。然而，当今营销员群体的现状和管理模式均表明保险营销员管理体制正处于发展的"瓶颈期"，亟待对其加以改革，以使其发挥出新的活力。

---

❶ 1992 年 9 月，美国友邦保险有限公司作为第一家获准进入中国保险市场的外国保险公司，在上海设立分公司；11 月，该公司培训的第一代寿险代理人在上海大街从事保险事业，引发中国保险市场的营销理念的重大变革。

❷ 中国保险行业协会编：《保险营销员现状调查报告》，中国金融出版社 2014 年版，第 6 页。

笔者认为，鉴于我国现有的保险营销员的管理模式存在的局限性，需要考虑进行新的制度设计，目标是让新的保险营销员管理模式来满足中国保险市场对保险营销员制度提出的新需要。具体的制度设计是，利用保险中介市场运营的优势，逐步将保险营销员群体吸纳到保险代理公司的管理模式之下，由其取代现行的保险公司管理保险营销员的体制而对保险营销员进行公司化的管理；借助其公司化管理模式对保险营销员实施更加集中的、高效率的管理。

之所以如此考虑改革我国目前的保险营销员管理模式，主要原因是现行管理模式导致保险营销员的法律地位模糊不清，对此理论界亦是看法不一❶。这已经成为限制我国保险营销员管理模式进一步发展和发挥更大作用的一个重要原因。因为，根据我国《保险法》的规定精神，保险营销员就是以个人身份从事保险代理的保险中介群体，与保险公司之间存在着委托与被委托的关系。同时，保险营销员又要接受保险公司的管理，彼此之间存在着管理与被管理的从属关系。可见，我国保险营销员在现行的营销管理体制下，既不同于保险公司的正式员工，又没有独立经营的主体地位。

将保险营销员纳入保险代理公司的管理模式，是为了满足中国保险市场对保险营销员制度提出的新需要，其法律优势十分明显。不仅能够借助保险代理公司的独立法人的地位，提升保险营销员的社会评价度，改变公众对保险营销员的负面评价；又可以通过保险代理公司的资信能力和集约化、规模化经营，降低保险营销员从事保险营销的成本，提高其收入水平，降低其税务负担。用新的法律制度确立保险销售公司的市场主体地位。

第二，建立保险销售公司制度规则，为其参与保险中介活动提供依据。2010年10月中国保监会下发《关于改革保险营销员管理体制的意见》，提出鼓励保险公司进行保险营销模式创新、实现产销分离目标。此后，2009年9月，浙商财产保险股份有限公司投资设立的第一家全国性的保险销售公司——浙商保险销售有限公司正式获批后，又有10余家全国性的保险销售公司相继成立。

由于保险销售公司是我国保险中介领域出现的新现象，其最大意义是以不同于保险代理人和保险公估人的地位和业务内容而与传统的保险中介主体类型并存于保险中介市场，并以专门的保险营销为业务范围，有利于实践保险领域的产销分离，形成新型的专业化保险营销队伍；同时，改变了保险公司现有的保险产品设计和保险营销两头忙而疲于应付的局面，从而促进保险资金的高效利用。

---

❶ 现行保险立法规定的不确定性引发了理论界对保险营销员的法律地位的不同认识，一种观点认为，保险营销员是我国保险实务中的个人保险代理人。另一种观点则认为，保险营销员不是单纯的保险代理人，其与保险公司之间存在着类似员工与用人单位的关系，具有从属性。

不过，由于我国的保险销售公司尚处于试点阶段，并未形成统一的法定制度，其适用规则有待建设。笔者立足于保险销售公司的制度建设，提出如下的看法：

考虑到当前尚无明确的法律来规定保险销售公司的市场地位，理论界和实务界一般公认其属于保险中介，进而确认其属于保险代理人的范畴。但从我国保险营销体制改革和创新保险销售方式的需要的角度出发，不宜将保险销售公司简单地等同于保险代理人，而应当确认其为全新的保险中介类型，赋予保险销售公司有别于保险代理公司的保险市场主体类型，即保险销售公司是从事保险承销活动的保险承销商。

借鉴证券市场的经验，证券承销作为证券发行的主要方式，其典型特色就是证券发行人委托作为证券承销商的证券公司向证券市场上不特定的投资人公开销售股票、债券及其他投资证券的活动。而负责销售工作的证券公司是以承销商的身份在证券发行过程中承担着顾问、购买、分销和保护等功能，显然属于证券发行领域的中介商。具体到保险市场的实践，需要即将证券承销模式引入保险中介市场，让保险销售公司以保险承销商的身份参与到保险营销环节之中，发挥其从事保险营销的经验和营销手段来增大保险产品的市场规模，并借此扩大保险公司的影响，分担保险公司的保险产品的销售风险。

正是在此意义上，保险销售公司是在我国保险中介市场上继保险代理公司和保险经纪公司之后的又一种保险中介商。其中介职能就是作为专业的保险营销人来参与保险产品的营销活动，这不仅能够丰富了保险中介市场的服务形式，扩展保险中介市场范围，也为实现保险市场的产销分离提供了条件。

仅凭以上两点就充分反映出我国的保险中介市场作为中国保险市场的重要组成部分尚处于成长和发展的过程之中。故而不断会出现新现象和新内容，应当及时地用市场规则加以确认和调整，以便引导保险中介市场的发展方向，维持其正常稳定的市场经营秩序。因此，针对发展中的保险中介市场形势，目前有关保险中介的市场规则基本上采用《保险法》规定的原则性的法律规范与保险监管机构分别就各类保险中介主体类型使用各自的规章予以规范的模式，同时还可以为适应保险中介市场发展变化的需要，不断地进行修改调整。不过，随着保险中介市场的日益完善和成熟和定型化，就需要在《保险法》基本规定的前提下制定"保险中介人法"作为下位法。由其对保险中介市场上存在的各类保险中介主体，从共性上规定市场规则，还要针对各类保险中介主体的市场地位和中介业务范围，分门别类地加以规定，为保险中介市场活动提供相应的法律依据，其对于建设保险强国的影响不可小视。

二、优化保险立法与相关立法的配套制度建设

保险市场作为我国市场经济的组成部分,因其独特的保险保障功能而成为我国市场结构体系中不可缺少的市场环节,并对其他各个市场结构提供着"保驾护航"的作用。这意味着保险市场绝非孤立存在的,而是处于相对独立的市场地位。与此相对应,保险立法作为法体系中的一个独立的部门法[1],是以保险商品交换关系作为调整对象的,它只能是社会活动的一部分。由于法的体系反映着复杂多样的社会活动,而多种多样的社会活动关系决定了"一国现行法总是分为不同部门而成为内在统一、有机联系的系统"[2],保险法自然是现代社会所需法律体系中的一个部门法。不过,保险法适用效果的理想与否,不仅决定于其自身法律规范内容的科学完善水平,也必然与保险立法与相关法律部门之间和谐配套的水平密切相关。

因此,实现保险强国梦所需的法律环境,既要有完善的保险立法体系,更应当提升保险立法与有关法律部门相互之间和谐配套的水平。笔者仅以三点加以说明。

1. 合同法、金融监管规则的和谐适用能够促进互联网保险的稳定发展

在中国社会已经进入互联网时代的今天,中国政府立足于利用互联网培养全社会创新促进经济增长的高度确立了"互联网+"战略。而互联网保险就是"互联网+"战略之国家意志的具体表现,它将互联网与保险相互融合,代表着现代保险服务业的必然选择。

什么是互联网保险?在中国,它自1997年新华人寿保险股份有限公司卖出第一张网上保险单起,至今已是第18个年头。随着互联网技术的迅速普及发展,中国保险业已经有95家保险公司建立了自己的网站及第三方的专业销售平台,销售保险超过了现有保险机构数量的60%。2014年,互联网保险共实现保费收入859亿元,同比增长195%,互联网渠道的保费规模比2011年提升了26倍[3]。而以2013年9月第一家互联网保险公司——众安在线财产保险股份有限公司获准开业经营为标志,中国的互联网保险从单纯地利用互联网平台销售传统的保险产品(主要是车险、财产险、简单的意外伤害保险、健康

---

[1] 对于保险法的法律地位,理论界存在着不同的观点:一种观点认为,保险法属于经济法的范畴(参见庄咏文主编:《保险法教程》,法律出版社1997年版,第38页);一种观点认为,保险法是民商法中的一项法律制度(参见李玉泉著:《保险法》,法律出版社1997年版,第22页);笔者则认为,保险法是专门以保险市场作为调整对象的一个独立的法律部门(参见贾林青:《保险法(第五版)》,中国人民大学出版社2015年版,第22页)。

[2] 孙国华主编:《法理学教程》,中国人民大学出版社1994年版,第372页。

[3] 这些数字统计均来自赵广道报道:"保险业须把握互联网保险本质特征",载《中国保险报》2015年8月12日。

险等）升级为以互联网市场为对象提供新型保险产品服务❶。因此，概括上述互联网保险的实践经验，参考中国保险行业协会和中国保监会在有关文件中所表述的互联网保险定义❷，笔者认为应当将互联网保险表述为："保险机构依托互联网平台所从事的有关保险业务的经营管理活动。"

根据专家预测，互联网的迅猛发展预示着我国的互联网金融方兴未艾❸，势必将进一步拓展保险业在互联网市场上的适用空间，增大互联网保险领域的竞争程度，这意味着互联网保险对《保险法》的规范调整提出了新的需求，形成了《保险法》适用上的新挑战。保险立法不仅要对此做出回应，还必须注意与相关法律适用上的统一协调，以便适应互联网保险稳定有序发展的要求。

笔者感到，保险立法与合同法、金融制度之间的适用关系是当前对互联网保险影响重大的焦点问题。这一点皆缘于互联网保险的特性——运用互联网技术实施无纸化、虚拟性、即时性的保险活动，必然不同于传统意义的面对面的保险活动。其结果不仅对保险合同的缔结和履行有影响，也因互联网保险活动存在新的风险而影响到保险监管制度。故注重《保险法》与《合同法》、金融监管制度的适用关系就成为建设保险法律环境的新课题。

第一，就保险法与合同法的适用关系角度讲，保险合同作为民商事合同的具体类型，除了自身存在诸多法律特点以外，还必须符合民商事合同的共同属性。所以，就两者之间的法律适用而言是不可分割的，即《保险法》对于保险合同有特殊规定的，首先应当适用《保险法》的规定；而《保险法》未有规定的，就应当适用其上位法《合同法》的有关规定。具体到互联网保险领域，实践中依然显现出其对保险制度产生的新现象和新问题，诸如，影响到认定投保人履行如实告知义务和保险人履行条款说明义务的内容和标准；影响到认定保险合同的成立与生效的标准和时间；影响到投保人和被保险人的身份认定；影响到保险责任开始的时间等，相应地也需要对这些现象和问题重新制定法律规则。其中，引起理论界和实务界争议最大的当属互联网对保险合同成立与生效的影响。

由于互联网保险就是利用现代信息技术——互联网传输技术来从事保险业务活动，它区别于传统的保险交易活动的特色，以虚构的商业保险环境，跨越

---

❶ 笔者将单纯地利用互联网平台销售传统保险产品的形式，称之为互联网保险的初级阶段，而将以互联网市场为对象而提供新型保险产品服务的形式，称之为互联网保险的高级阶段（详见贾林青、贾辰歌："互联网金融与保险监管制度规则的博弈"，载《社会科学辑刊》2014年第4期）。

❷ 中国保险行业协会于2014年2月编著的《互联网保险行业发展报告》将其定义为："保险公司或保险中介机构通过互联网为客户提供产品及服务信息，实现网上投保、承保、核保、保全和理赔等保险业务，完成保险产品的在线销售及服务，并通过第三方机构实现保险相关费用的电子支付等经营管理活动。"而中国保监会于2014年12月发布的《互联网保险业务监管暂行办法（征求意见稿）》则规定："本办法所称互联网保险业务，是指保险机构依托互联网和移动通信等技术，通过自营网络平台、第三方网络平台等订立保险合同、提供保险服务的业务。"

❸ 参见清科集团数据研究中心于2014年2月发布的《2014年互联网金融报告》。

时间和空间局限来实现高效率、无纸化的保险交易。这不仅改变了保险交易模式，也使当事人签订保险合同的情况必然发生变化，从而，引发保险合同成立与生效环节的新问题。

无论是借助电子保单销售保险合同，还是针对互联网市场推出创新型保险产品，其涉及的保险合同关系均是以无纸化的数据电文形式表现的合同内容来取代传统的纸质合同文本。不过，借助互联网技术而兴起的电子商务在便利广大社会公众购买保险产品、提升保险缔约效率的同时，在保险实务和司法实践中随之而来的问题是，如何认定互联网环境下的保险合同成立与生效？能否适用《合同法》规定的一般性法律标准？这在保险法理论界和实务界争议颇大，存在着诸多不同观点。这些观点不尽相同，存在着收费说、激活说、预约与本约说和买卖说等❶。

笔者认为，在重新构建互联网环境下，认定保险合同成立与生效的标准仍然应当是以《合同法》这类有关保险合同成立与生效的一般法律标准为基础的。按照合同法理论，"合同是两人或多人之间，就某种特定事项作为或不作为所达成的一种具有约束力的协定"❷，强调的是双方当事人之间意思表示一致的"合意"。这意味着任何一个合同关系的建立均必须经过"当事人双方相互交换意思表示的过程，法律上称之为要约和承诺"，最终达成协议的过程❸，包括适用于保险市场的保险合同，这决定了《合同法》的一般性法律规则应当适应保险合同成立与生效的特殊规律。尤其是在互联网环境下被逐渐推广使用的电子保单，决定着相关保险合同的成立与生效必然有别于传统的合同类型，需要重构用于认定电子保单涉及的保险合同成立与生效的法律规则，以此促进合同法律制度的进步和发展。正是在此意义上，笔者提出：应当采取"承诺说"来认定互联网环境所涉及的保险合同的成立与生效。

所谓"承诺说"，就是根据互联网传输技术的操作特点，认定保险公司将其事先拟订的格式化保险条款以销售为目的来向不特定的社会公众予以公开和销售的行为，完全符合我国《合同法》第15条规定的符合要约条件的商业广告形式，应当认定为保险公司向不特定的社会公众提出订立保险合同的要约，

---

❶ 所谓收费说，认为利用互联网销售保险产品的保险公司收取了投保人缴纳的保险费，应当视为其同意承保。因此，相应的保险合同应当自保险公司收到保险费之时起成立和生效。所谓激活说，认为互联网环境下订立保险合同过程中，投保人缴纳保险费属于签约所需的要约，而投保人按照保险人设计的签约步骤和操作流程完成操作过程，直到最终点击"同意"键或者将自助保险卡在互联网系统上激活，视为保险合同成立和生效的标志。而预约与本约说，则是主要针对电子保单范围内适用的自助保险卡模式，提出自助保险卡的交易（购卡交易）环节属于订立保险合同的预约，而电子交易双方各自在互联网上实施的激活自助保险卡和生成保险单的环节才是订立保险合同的本约，故应当认定生成保险单之时即为保险合同的成立和生效之时。至于买卖说，则提出购买自助保险卡属于一个买卖合同的订立，该买卖过程完成之时就是其所涉及的保险合同成立和生效的时间。

❷ 刘瑞复主编：《合同法（第二版）》，群众出版社1999年版，第49页。

❸ 王家福主编：《中国民法学·民法债权》，法律出版社1993年版，第279页。

而投保人提出保险要求,按照保险公司设计的投保操作流程而实施的操作行为,则构成订立保险合同所需的承诺;而保险公司在互联网终端上收取投保人提交的投保单之时便为上述承诺的生效,依据《合同法》的规定,认定为保险合同的成立与生效。

　　第二,就保险法与金融监管制度的适用关系而言,着眼于大金融领域,保险业是金融市场的组成部分,与此同理,互联网保险也就属于互联网金融的范畴。伴随着我国进行的渐进式金融体制改革,金融市场的建设取得的巨大成就便是形成了以中央银行为领导,以全国性商业银行为主体,区域性商业银行、政策性银行和证券、信托、保险等非银行金融机构以及外资金融机构并存的现代金融组织体系,由网上银行、网上支付、P2P信贷等依托网络信息技术而构成的互联网金融亦被纳入现代金融体系的范畴。

　　鉴于金融市场以其向社会公众提供各种金融产品的交易活动,实现经济领域的多元化资产组合、优化融资结构的作用而使其在我们的经济生活中的角色地位日益重要,各类银行、证券公司、信托公司和保险公司等以参与金融市场交易活动为职业者,因其提供的各类金融产品,特别是其诚信水平、经营水平、服务质量等直接关系到参与金融交易活动的相对人作为金融产品需求者的目的能否得到实现,更与金融市场的稳定发展息息相关,由此催生了金融监管制度。各国政府出于应对金融风险、预防金融危机、维护金融市场秩序、提供金融经营效率的目标,对本国的金融业和金融市场实施相应的金融监管,其中保险监管应当是金融监管的组成部分。可见"现代金融监管就是为了维护金融体系的稳定运行,为经济发展提供良好的宏观环境和信贷支持,由政府通过特定的组织(中央银行或金融监管当局)对金融行为主体进行一定的规范限制,它属于政府管制的一种,是现代市场经济和金融制度结构的基本要素之一"❶。

　　互联网保险作为"互联网+"的具体表现,无疑是拓展保险市场而形成的新领域,它并非保险这一传统行业和互联网的简单结合,而是利用互联网对保险行业的再造,从而产生新的商业保险模式,是现代保险业发生的本质上的变化❷。这对现有金融监管体系而言显然构成了监管的空白区域,形成了新的监管需求。因此,建立互联网保险的监管制度,将其纳入现代金融监管便是我国保险市场甚至是金融市场领域的新课题。

　　在此意义上,构建互联网保险的监管制度就必须妥善处理其与金融监管体系之间的适用关系。这具体表现在,互联网保险的监管制度不仅要服从金融监管的目标,执行金融监管的基本原则,更应当在监管的内容、方法和手段上与

---

❶ 李早航:《现代金融监管——市场化国际化进程的探索》,中国金融出版社1999年版,第21页。
❷ 参见周鸿祎:"'互联网+'是一场化学反应",载《环球时报》2015年3月27日第5版。

金融监管保持协调。同时，还必须针对互联网保险的本质特征来建立适合互联网保险稳定运行和正常发展的规范制度体系。

以此为标准，从中国保监会日前（2015年7月27日）发布了《互联网保险监管暂行办法》（以下简称《办法》）中，不难看出，该《办法》的规范内容在保持我国金融监管的三大内容❶和我国目前的集权多头的分业监管模式❷基础上，坚持保险业的根本属性，针对互联网保险的特点，对我国现有的保险监管规则进行了适当的延伸和细化，从互联网保险的经营条件、经营区域、业务范围、信息披露、监督管理等环节，规定了从事互联网保险业务的基本经营规则。一方面，明确了参与互联网保险业务的主体定位，即保险机构的总公司对互联网保险业务负总责，并实行集中运营、统一管理的经营模式（禁止以分公司名义对外经营互联网保险业务，分公司可以承担出单、理赔、客户服务等落地工作）；另一方面，具体规定了互联网业务的销售、承保、理赔、退保、投诉处理及客户服务等保险经营行为，应由保险机构管理负责，第三方网络平台可以为互联网保险业务提供网络技术支持服务的规则体系。

该《办法》标志着中国互联网保险监管制度的正式出台，但客观地说，其作为一个分类监管规章自2015年10月1日开始适用的三年间，只能是互联网保险监管制度的尝试，还必须根据互联网保险的发展变化来不断地进行修改、完善和调整，特别需要关注互联网保险运行中因现代信息技术所引发的特殊风险因素，诸如保险消费者的身份识别、资格限制、信息披露和信息安全，以及对互联网平台和互联网服务提供商的资格条件、信息披露、诚信确认等，均需要施加相应的法律监管，逐步提高其科学性和可操作性，直至形成正式的互联网保险监管制度。

不仅如此，笔者还建议在互联网保险领域设置更为有效的监管措施，确保互联网保险运行的安全和高效。

首先，针对互联网保险存在的诸多区别于传统保险营销模式的特殊性而形成的新型保险服务方式下出现的理财型保险产品收益的不确定性、保费等各类费用的网上扣付、退保的申请和生效等网上操作也会增大发生纠纷的概率，以及互联网作为现代信息技术的特点使得上述互联网保险存在的不同于传统保险服务的特殊风险形式，"例如病毒感染、资料遭篡改或被窃、账户被盗用等，许多不安全的因子在整个网际网路上扩散着"等情况❸，必须构建专门适用于

---

❶ 现代金融监管内容包含从市场准入监管、市场运行过程监管到市场退出监管的三部分内容（参见宋玮主编：《金融学概论（第三版）》，中国人民大学出版社2011年版，第12章第二节）。

❷ 目前，我国的金融监管体制属于集权多头的分业模式（参见宋玮主编：《金融学概论（第三版）》，中国人民大学出版社2011年版，第274页）。

❸ 吴嘉生：《电子商务法导论》，学林文化事业有限公司2003年版，第328页。

互联网保险领域的风险预警机制。保险监管机关不仅要督促参与互联网保险经营的市场主体在各自内部建立有效的风险控制和风险管理制度,及时收集互联网保险领域的各种信息、数据,并进行科学的风险分析和判断,选择相应的风险管理方法,制定和实施风险控制方案;更应当从保险市场的总体角度出发,建立网上风险预警系统,分析和公布互联网保险领域的风险参数,在必要情况下及时发布风险预警信息,提醒互联网保险企业和保险中介机构及时采取应对风险的措施。同时,保险监管机构对参与互联网保险经营的保险企业和保险中介机构进行分门别类的风险管控,从前置角度预防互联网保险企业因风险过大而发生偿付困难。

其次,建立互联网保险产品的备案制度。应当说,互联网保险的生命力不仅来源于互联网技术所带来的诸多特点,更在于互联网保险领域的产品和服务模式的创新。因为"产品创新是保险业务的起源,也是其他业务赖以存在的基础"❶,借鉴传统保险市场上金融型保险产品增长过度的教训,应当通过保险监管在互联网保险领域控制住金融型保险产品的增长速度,赋予各家互联网保险企业向相应级别的保险监管机关备案其推向互联网保险领域的新型保险产品,以便保险监管机关从整体上了解各类保险产品在互联网保险的分布和发展情况,将财产险、意外伤害险、健康险、普通寿险等保障型保险产品和具有理财功能的金融性保险产品的上市比例控制在合理的比例内,避免出现金融型保险产品的野蛮生长,进而削弱互联网保险应有的提供保险保障的社会功能。

再次,设置互联网保险产品的销售误导预防机制。大家知道,保险消费者最反感的莫过于保险销售的误导现象,它在损害投保人、被保险人权益的同时,也损害和牺牲了保险销售长远的社会信用和市场份额,故需要对互联网保险领域施加预防性监管,以免因其虚拟化、无纸化和一对多营销的服务模式助长保险销售误导现象的乱象。因此,保险监管机关应当重视互联网保险领域的销售误导预防机制的建设,即针对互联网保险的独特交易过程——交易界面的提供、客服人员在线解答、交易的确认以及网上交易后的回访等环节,不仅应当硬性要求保险公司设计在线服务程序时必须履行全程留痕的义务,以便投保人、被保险人和保险监管机关查询和取证;同时,保险监管机关也应当充分利用互联网技术手段进行介入性监管干预,诸如,用监管规则要求互联网保险的经营者必须设置明确的禁用语,并对保险宣传内容和客服聊天记录加以后台监管,借助互联网屏蔽手段来防止违规宣传语发生不良效果,从而防止互联网保险产品的营销人员在销售过程中进行"选择性宣传"操作,达到保护投保人、被保险人权益的作用。

---

❶ 盛和泰:《保险产品创新》,中国金融出版社 2005 年版,第 1 页。

最后，在互联网金融运作过程中，需要更加完善的制度设计来保护保险消费者的权益。鉴于互联网保险是用数据处理手段来完成专业色彩极强的保险业务活动，保险消费者无法凭借一般的感官判断互联网保险服务的质量水平。加之保险消费者需要持续一段过程后才有可能发现其中存在的服务瑕疵，这意味着以消费者参与实体经济活动为前提的《消费者权益保护法》以及针对传统保险消费模式而构建的保险消费者保护体系难以对互联网提供的虚拟经济领域的保险消费者提供有效的法律保护，应当建设适应互联网金融运行需要的保险监管体系。

笔者仅以金融隐私权为例。应当说金融隐私权是民法上的隐私权制度与当今的互联网经济相适应而出现的新概念。它是由最初的民事主体享有的对其个人与公共利益无关的个人信息、私人活动和私有领域进行支配的人格权[1]，已然伴随着现代信息技术在金融领域的融合和发展突破了传统隐私权所包含的单纯的人格利益，拓展为人格利益与财产利益并存的金融隐私权，"不仅仅体现它本身的隐私价值，更多地体现为一种对行使自由和自决的权利"[2]。这一金融市场与互联网传输技术相结合而出现的法律产物，不仅表现着广大金融消费者日益增强的权利意识，也反映出众多参与互联网金融（保险）活动的个人、组织以及提供电子商务服务的电商等日益强烈的不安全感和保护意识。其在互联网保险领域以及整个社会经济活动中已不再仅仅是维系人与人之间社会交往的工具，更是进行商事活动管理和实现经济利用价值的手段。同时，此类数据化信息资料也因其涉及面广、其主体的自主支配能力弱化而极易遭受不法之徒的恶意窃取和使用，能否借助保险监管机关对互联网保险领域的监管来保护众多保险消费者的隐私经济利益就是亟待解决的课题。

故而笔者建议，一是保险监管机构应强化参与互联网保险业务的保险公司所应承担的保密义务。具体是在《保险法》有关保险人负有保险义务的规定的基础上，借鉴美国1999年《金融服务现代化法》[3]的立法经验，不仅要求保险公司及其员工在互联网保险范畴内负有尊重并保护保险消费者信息资料、维护保险消费者的所有信息数据的机密性和安全性的义务，还应当明确规定保险公司不得向第三方披露保险消费者的信息资料。但也要根据实际需要明确规定允许保险公司披露的例外情况。二是建立保险消费者在互联网保险领域的金融隐私权的救济制度。不仅明确赋予保险消费者在互联网保险活动中的依法享有

---

[1] 王利明主编：《人格权法新论》，法律出版社1999年版，第487页。
[2] 熊进光：《现代金融服务法制研究》，法律出版社2012年版，第115页。
[3] 美国国会于1999年11月12日颁布《金融服务现代化法》，用以适应美国金融业进入混业经营时代的需要。

的知情权❶和选择权❷,还要根据保险活动的实际情况赋予保险消费者在其终止与保险公司之间的互联网保险关系时收回个人信息资料的权利。当然,建立侵害互联网金融的保险消费者的侵权责任制度,也是保护互联网金融的保险消费者的必要内容。

2. 保险立法与《公司法》、农村用地制度的和谐适用是农业保险经营的法律保障

国务院于 2012 年 11 月 12 日公布《农业保险条例》(以下简称《条例》)(2013 年 3 月 1 日施行)标志着我国农业保险的发展进入一个新的阶段。该《条例》的第三条根据我国农业生产发展需要农业保险的现实,确立了"支持发展多种形式的农业保险,健全政策性农业保险制度","农业保险实行政府引导、市场运作、自主自愿和协同推进",并授权"省、自治区、直辖市人民政府可以确定适合本地区实际的农业保险经营模式"。意味着关于我国农业保险发展模式的争论暂告一段落,我国的农业保险以此为依据,有利于引导我国农业保险逐步摆脱"农民需要农业保险却买不起,而保险公司经营农业保险却赔不起"的尴尬境地,使其步入正常稳定发展的路径。

"我国是农业大国,农业经济的发展是国民经济发展的基础,而农业保险在为农民解决后顾之忧、提高农业生产积极性方面起着非常重要的作用,因此应该大力发展农业保险。"❸ 但要将该《条例》的规定精神和法律规则切实落实到发展我国农业保险的实践之中,还需要付出大量的辛勤劳动。其中,尽快出台与农业保险发展配套的法律法规就是一项具体的工作内容。原因之一是,该《条例》仅仅从总则、农业保险合同、经营规则和法律责任等四个方面规定了涉及农业保险运行的基本规则,尚需要更具实操性的具体规则对其加以细化,也应当与配套的法律制度相互衔接,建立和谐配套的法律适用环境。原因之二是,农业保险因其所针对的农业风险的特点而具有不同于其他保险领域的特殊性,集中表现在农业风险的不确定性和复杂性、伴生性、区域性和季节性,使得农业保险具有明显的弱可保性,导致农业保险的经营结果往往是保险公司因赔付率较高而获取微利甚至是亏损。若想削弱甚至避免由此给农业保险产生的负面影响,增强其对农业生产活动的保险保障作用,就需要在农业保险领域施加特殊的措施。与此相适应,建立特殊的法律制度便成为固定和保护这些措施正常稳定适用的必要手段。笔者仅就以下两个问题发表有关保险法与相

---

❶ 所谓知情权是指享有知悉保险公司收集、处理、传递、利用和披露其信息的内容、范围,并允许保险消费者进行查询的权利。

❷ 所谓选择权是指保险消费者有权选择是否允许保险公司向第三方披露其信息资料(法定的可以不经其选择的情况除外,如司法机关向保险公司查询有关客户的信息资料)的权利。

❸ 孙祁祥:《保险学(第五版)》,北京大学出版社 2013 年版,第 190 页。

关法律和谐适用的看法。

(1) 相互保险机构的发展需要《保险法》与《公司法》《合作社法》的相互配合适用。

概括各国农业保险发展的经验，针对农业保险的上述特点，很多国家除了采取财政补贴、税收优惠等支持措施外，发展相互保险制度是很好的选择，因此，相互保险公司成为与股份有限公司并存的两大类保险公司的组织形式之一，并主要适用于农业保险领域。中国在农业保险发展方面许久以来就是一个存争的话题，有的学者认为应当采取政策性保险的模式❶；有的学者认为应当以互助合作保险为主❷；有的学者认为应该以国家农业保险公司为主体，以农业保险互助合作组织为基础❸；更有不少学者认为应当建立政策性、经营性和互助性并存的"混合型"保险❹。而笔者的一贯看法是，鉴于我国各地的经济发展水平不尽相同，农业生产又呈明显的地域性，农业保险应当建设多类型、多层次的体系。其中，应当以包括相互保险公司和相互保险合作社的相互保险组织为主体❺。

根本原因在于，农业保险就是在农业的生产和再生产过程中进行的一种国民收入再分配。即将同样面临农业生产风险的农业生产单位和农民个人组织起来，建立以相互补偿为目的的保险基金，对于承保范围内的灾害损害加以经济补偿。这意味着相互保险组织形式作为非营利的保险组织恰恰集中体现了以互助共济为特征的保险本质。如果分析相互保险组织的法律构成，可以发现它的参与者是基于自愿而通过缴纳保险费的形式向其进行投资的，并从中获取保险保障的社会组织体。这些参与者同样都具有三种身份——投保人、被保险人和社员，大家在相互保险组织内部形成保险保障权利与社员权的统一，能够避免一般情况下存在于商业保险公司与保单持有人之间的利益冲突，具有预防和控制道德风险的优势。

显然，借鉴世界上已经开办农业保险的40余个国家的经验，将相互保险组织引入我国的农业保险领域是符合我国国情和经济发展的实际需要。不过，

---

❶ 刘愈："政策性保险——中国农业保险的发展方向"，载庹国柱、C.F. 弗瑞明翰主编：《农业保险：理论、经验与问题》中国农业出版社1995年版；张长利：《政策性农业保险法律问题研究》，中国政法大学出版社2009年8月版。

❷ 杨生斌、王敬斌："论中国农村保险组织制度安排"，载庹国柱、C.F. 弗瑞明翰主编：《农业保险：理论、经验与问题》中国农业出版社1995年版。

❸ 赵春梅："重新构造我国农业保险体系"，载庹国柱、C.F. 弗瑞明翰主编：《农业保险：理论、经验与问题》中国农业出版社1995年版。

❹ 侯军岐："对发展农业保险困境及出路的思考"，申曙光："中国农业保险经营的困难与体制改革"，载庹国柱 C.F. 弗瑞明翰主编：《农业保险：理论、经验与问题》中国农业出版社1995年版。

❺ 贾林青："中国农业保险经营模式的选择"，载贾林青、许涛主编：《海商法保险法评论（第二卷）》知识产权出版社2007年版。

由于各地经济发展水平的差异性，相互保险组织的形式也不能一概而论。对于经济发达地区的农民来讲，可以采取以相互保险公司为主的模式；而在经济欠发达地区的农民，则应以相互保险合作社作为经营农业保险的主要形式。

在保险实务中，中国保监会在对比分析国内外农业保险发展情况的基础上，于 2003 年 11 月制定了《建立农业保险制度的初步方案》，确立了我国农业保险发展的"多层次体系、多渠道支持、多主体经营"的方针，并于 2004 年在全国范围内开展农业保险的试点，包括采取相互保险公司经营农业保险。于是在 2005 年 1 月 11 日，阳光农业相互保险公司率先成立。其治理模式实行成员代表大会并下设董事会和监事会，而管理体制则实行双层治理、双层经营的模式，即以公司统一经营和保险社互助经营相结合的以会员为单位的自上而下的管理和运营❶。当然，互助保险的理念已经逐渐为我国公众所接受，故而，目前有 10 余家准备筹建的相互保险公司正排队等待中国保监会颁发牌照，其中，2015 年 4 月由新国都、汤臣倍健、腾邦国际、博晖创新等 4 家创业板公司发起设立的信美相互人寿保险公司便是一例。同时，中国大地上还存在着非公司形式的、其业务范围不限于农业保险的相互保险组织，诸如宁波慈溪保险互助社、中国渔业互保协会、中国船东互保协会、中国职工保险互助会等。另据媒体报道❷，由泛华保险公估有限公司作为独立调查机构于 2010 年在 e 互助平台推出的家庭守护抗癌无忧计划，便是采取互助保险模式的抗癌公社；2015 年 5 月前后，在"必互相互保险组织群"出现了"必互全民互助计划产品"，其创始人还根据中国保监会于 2015 年 2 月出台的《相互保险组织监管试行办法》的要求，向保监会递交了筹建相互保险公司的材料。实践证明，我国不仅存在相互保险组织的事实，也有着一定的适用和发展相互保险组织的社会基础。

但是，目前在我国农业生产等领域发展相互保险的最大缺陷却是缺少法律的支持，可谓"万事俱备，只欠东风"。从现行《保险法》的规定内容来看，并未提及"相互保险"或者"互助保险"，而我国《公司法》所规定内容仅限于有限责任公司和股份有限公司，不能适用于相互保险公司。此外，迄今为止我国仍没有涉及相互保险组织的法律法规。因此，形成了阳光农业相互保险公司从 2005 年获准成立至今的经营运行始终处于无法可依的尴尬境地。而保监会发布的《相互保险组织监管试行办法》作为一个部门规章，立法层次过低，不可能对有关相互保险组织的工商、税务等部门的管理行为产生约束力。

---

❶ 目前，阳光农业相互保险公司的经营范围不限于农业保险，还获准经营机动车商业保险和交强险，且于 2009 年获准设立广东分公司，使其经营区域不受黑龙江省的限制。因此，该公司只是在种养两业险方面采取相互保险模式经营，并非整体的相互保险经营运行。

❷ 详见丁萌："相互保险：颠覆还是完善"，载《中国保险报》2015 年 7 月 14 日。

所以，要想发展我国农业保险等领域的相互保险组织制度，尽快出台有关相互保险组织的立法就是必要的前提条件。笔者建议，方案一是借《保险法》的新一次修改工作，增加有关相互保险组织的规定，确立相互保险公司和其他相互保险合作社等组织类型。方案二是在《保险法》以外，授权国务院制定"相互保险组织条例"作为其下位法，专门用于规范相互保险组织的类型、各自的设立条件、设立程序、组织机构、运营规则、运营范围、退出机制和监管规则等。同时需要强调的是，无论是将相互保险组织制度纳入《保险法》之中，还是制定单行条例，均应当注意与《公司法》等相关立法的协调，不得与《保险法》《农民专业合作社法》中有关公司或者合作社的组织类型、法律地位等一般规定相抵触。

(2) 农村用地上的"三权分置"制度对我国农业保险的影响。

众所周知，农业相关问题成为中国经济社会发展中名列前茅的问题，而农村土地制度改革作为其中的基础事宜而为人所关注。因此，中共中央于2014年10月通过的《关于引导农村土地经营权有序流转发展农业适度规模经营的意见》（以下简称《意见》），提出将农村集体土地所有权、承包权、经营权"三权分置"的政策，就具有十分重要的社会意义。笔者认为，这一政策的实施有利于进一步深化农村土地制度改革，是贯彻十二届四中全会提出的依法治国精神，实现农业领域依法治国的重要举措。

按照《意见》的规定精神，笔者理解农村土地经营权所指的是非农村土地承包权人的法律主体依据其与承包权人签订的《农村土地流转合同》而取得的在约定期限内享有的、对特定范围内的承包土地进行农业生产经营的权利。显然，《意见》中关于农村土地经营权的提法是适应中国经济发展，尤其是适应深化农村土地制度改革的需要而首次出现的全新概念，具有明显的中国特色，区别于已有的农村土地集体所有权和承包权等法律概念，并在此意义上，围绕着农村集体所有的土地，出现了农村集体所有权、农村集体土地承包权和农村集体土地经营权并存的"三权分置"新局面。

因此，考虑到我国农业保险的适用和发展问题，必然要涉及因农村集体土地经营权的制度内涵、法律属性以及其对农业保险可能产生的影响，以便适应农村用地制度的"三权分置"变化，让农业保险更好地服务于我国的新农村建设。

(1) 对农村土地经营权的法律性质的认识。

结合我国农村经济体制改革和农村土地流转的实践，农村土地经营权应当具备如下特点：

首先，农村土地经营权是适用于农村用于农产品生产经营的土地，即用于各种农产品、经济作物和林产品的种植经营的耕地、山地和林地等，而农村居民生活所需的宅基地和农村的工商企业用于工商业经营用地等均不属于农村土地经营权的适用对象。从而界定了农村土地经营权的适用范围。

其次，农村土地经营权的产生方式是多元化的。就我国农村土地实际运用的情况来讲，农村土地的流转不仅势头加快，规模不断扩大，并有形式多样化的发展态势，包括农村集体经济组织成员之间的转包，或者向合作社、工商业的龙头企业等新型农业经营主体的流转，也有用出租、股份合作等形式实施的土地流转。

再次，农村土地经营权的权利主体构成呈现出多样性。与农村土地流转方式的多样性相适应，农村土地经营权不同于农村土地承包权为单一的农村集体经济组织的成员所构成，而是具有多样性特点。参与者可以是农村土地承包户以外的其他农村集体经济组织的成员，或者是以农村土地经营权入股组建的合作组织，也可以是愿意种地的城镇居民、工商企业等，以便满足构建集约化、专业化、组织化、社会化相结合的新型农业经营体系的需要，并促进新型农业生产经营主体的培育。

又次，农村土地经营权的权利内容。要准确地归纳农村土地经营权的权利内容，就应当根据开展农业生产经营活动的要求，体现该类权利与农村土地集体所有权和农村土地承包权的区别。围绕着利用农村土地开展的农业生产经营活动，农村土地经营权人对特定农村土地的占有和使用应当是该权利的基础；根据权利人与土地承包权人的约定而获取农村土地生产经营所得利益则是取得和行使该权利的目标所在；此外，农村土地经营权人还应当有权在与承包权人的约定条件下，将经营的农村土地转让给合格的第三人。可见，农村土地经营权的权利内容包括占有权、使用权、收益权和转让权，按其法律性质应当属于用益物权。因此，应当将农村土地经营权纳入"我国《物权法》在第三编对用益物权进行了科学化、体系化的整合"❶ 而确立的用益物权体系之中。

最后，农村土地经营权的适用环境的特殊性。按照《意见》所设计的农村土地的所有权、承包权、经营权的"三权分置"模式农村土地经营权作为其中的独立成员，置身于特殊的适用环境。① 农村土地经营权得以成立和适用，是以农村土地集体所有权、承包权的存在为前提的。② 该权利的适用是以权利人与土地承包人之间签订的土地经营合同为根据的。③ 该权利的存在是以依法办理土地经营权的登记为标志的。

之所以时至今日中共中央提出农村土地经营权政策，不仅是由于理论界有关允许农村土地流转的呼声日益增高，更缘于我国经济发展的新形势和农村土地运用的实践需要，关键是解决社会关注的"谁来种地"的问题。一方面是因

---

❶ 王利明主编：《民法（第四版）》，中国人民大学出版社 2008 年版，第 262 页。

为在我国工业化、城镇化快速发展的形势下,大量人口和劳动力离开了农村,原来家家户户种地的农民出现了分化,越来越多的承包农户不经营自己的承包地而进入了城市。数据显示,2013年全国的农民工近2.7亿人,约占农村劳动力总数的45%,其中外出6个月以上的农民工达到1.7亿人,占农村劳动力总数的三成,导致农业生产领域缺少种地之人。另一方面,随着城市用工制度的改革,将就业目光转向农村领域的城镇居民不断增加,而农村土地流转的迅速发展也为满足这些就业需求提供了发展空间。截止到2014年6月,全国家庭承包土地的流转面积为3.8亿亩,占家庭承包土地的28.8%,比2008年年底提高了20个百分点。可见,在我国的大多数地区,实行农村土地的承包权与经营权分置的条件已经基本成熟。

(2) 应当充分认识到农村用地过程中的"三权分置"将会给农业保险带来的影响。

不可否认,农村用地过程中的"三权分置"不仅在《物权法》上增添了新的用益物权类型,也必然会对农业保险的适用产生相应的影响。这就要求农业保险的经营者应当予以足够重视,并在农业保险实务中加以应对。

一是在农村用地过程中的"三权分置"依据《物权法》和其他相关法律的规定,必然是针对农村集体土地所有权、承包权和经营权,使各自的权利义务内容不尽相同。因此,农业保险的经营者应当按照农村用地的"三权分置"的法律结构,分别设计相应的、内容各异的农业保险险种,用以适用不同权利人的投保和获取保险保障的需要,也能够丰富农业保险领域的保险产品种类,并向各类农村土地的权利人提供多样化的农业保险服务。

二是农村用地过程中的"三权分置"会使农村用地的法律关系呈现为多重法律关系的并存状态,故而适用农业保险时,就必须按照保险立法来区分参与保险活动的相对人的身份地位(是农村集体土地的所有权人,还是承包权人,抑或是经营权人),并用法定的条件衡量其是否具备必要的资格条件,能否投保相应的农业保险,能否成为农业保险的投保人或者被保险人,确保农业保险关系的有效成立,以免建立农业保险的目的落空。

三是农村用地中的"三权分置"意味着三类不同权利人的法律地位各不相同,相应地,他们各自对于所投保的农业保险而拥有的保险利益的内容和范围也会有所区别。因此,农业保险的经营者在具体的农业保险业务活动中需要按照农村集体土地的所有权人、承包权人和经营权人各自与保险标的之间的保险利益的内容和范围来确定农业保险的保障范围,避免出现"道德危险",维持农业保险市场的有序发展。

(3) 针对农村土地经营权对农业保险存在的影响,农业保险运营时应当注意其与相关法律制度的和谐适用关系。

中共中央通过的农村土地经营权政策,只是指明了我国农村土地制度的发展走向是农村土地集体所有权、承包权和经营权的"三权分置"。不过，由于农村土地制度的"三权分置"势必改变农村用地的关系结构，出于维持农村用地制度的稳定发展，切实落实"三权分置"政策，发挥其应有的社会效果，则需要进行相应的制度建设，而农业保险的适用也就需要与这些配套的法律制度予以配合。

一是用相应的立法将该项"三权分置"政策予以固定，并使其成为调整和规范农村集体土地所有权、承包权和经营权活动的法律依据。当前，有关农村土地经营权仅仅是通过中共中央文件的形式来表现的政策，这只能说是建立和实行农村土地经营权制度的第一步，还需要借助立法形式将该项政策加以固定，并为现实中的设立和行使土地经营权活动提供具体的法律准则。笔者建议，应尽快出台"农村土地经营权流转法"，就农村土地经营权的法律内涵、适用范围、主体资格、土地经营权的产生途径和生效标准、行使方式、保障和救济等问题做出明确规定，特别要对农村土地经营权与集体所有权、承包权之间的分置关系予以明确。因此，在农村用地过程中适用的农业保险就必须与该立法的规定内容相一致，避免出现法律冲突。

二是建立农村土地经营权登记制度，以便让农村土地经营权有据可查。鉴于《意见》提出建立新型职业农民制度的目标，说明农村土地经营权的权利人会明显地区别于承包权人，表现为大多数的经营权人是来自于农村土地承包权人所在农村集体经济组织以外的个人或者工商企业。这意味着农村土地经营权人有着突出的流动性和变动性，缺乏土地承包权人的稳定性。从而出于维持农村土地经营权关系的稳定发展，提升经营权人的信用水平，建议针对农村土地经营权建立有效的登记管理制度，实行县乡两级登记体系，才能够适应土地经营权制度的社会化发展需要。

因为，将农村土地经营权登记纳入农村土地经营权的适用范围，可与农村土地经营权制度相配套，并将登记范围统一覆盖所有的农村土地经营权，这不仅能够从宏观角度把握农村土地的流转规模、变动情况以及发展走向，为完善农村土地流转制度提供重要依据；也可以为广大社会成员参与农村土地流转、发展扩大职业化农民队伍、引导土地资源走向规模化经营而发挥重要的参考作用。此外，对农村土地经营权实行登记，借助颁发权属证书有利于填补不实行登记的农村土地承包权适用中所存在的面积不准、四至不清❶的缺陷，充分保护当事人的合法权益。与此相适应，适用于农村土地的农业保险也可以借助农

---

❶ 四至不清是指某块土地或某住宅等四周的界限。例如，清《碑版文广例·书地界四至例》文："书地界四至，虽自晋太康瓦莂有之，唐人则见於开元二十八年王守泰《记石浮屠》后书东西南北四至之下，又总曰，四至分明，永泰无穷。"

村土地的权属登记证书,确定相对人的法律身份,判断其是否与保险标的存在着保险利益,以维持农业保险合同的有效适用。

三是推广农村土地流转合同的适用,用以确认农村土地承包权人与经营权人各自的权利和义务,平衡彼此之间的利益冲突。客观地讲,农村土地在承包权人与经营权人之间流转并因此而产生经营权的活动,实质上属于平等主体之间的民事流转行为,需要有法律形式对其加以固定、调整、规范和保护,笔者建议,农村土地流转时采用农村土地流转合同是较为可行的做法。

而要充分发挥农村土地流转合同的规范调整作用,就应当确认农村土地流转合同属于民事合同的具体类型,与其他民事合同一样,其适用中所应贯彻的同样是自愿原则、有偿原则,目的是借助农村流转合同的适用和普及,构建承包权人与经营权人之间平等的权利义务关系,保护各自的合法权益,从而在坚持农村土地集体所有制度的基础上,引导着农村土地的有序流转,提高农村土地的经济效益。因此,切忌各级政府用强迫命令的形式来推广农村土地流转合同。当然,各地县乡级政府可以聘请法律专业人士针对本地区的实际情况,拟定农村土地流转合同的范本,指导承包权人和经营权人在农村土地流转中自愿采用。而双方当事人所签订的农村土地流转合同也就成为农业保险经营者在签订农业保险合同时需要参考的重要资料。

四是健全农村土地流转的监督检查机制,确保农村土地的适度规模经营,防止农村土地出现"非粮化"、"非农化"的情况。由于我国的农村土地是有限的自然资源,只有珍惜地、科学地、高效地对农村土地加以利用,才能保证经济社会的可持续发展。因此,对农村土地流转中产生的土地经营权的行使过程必须施加有效的监督和检查。笔者建议,各级政府可以由农业主管部门和其他相关部门建立跨部门的常设性的机构,专司农村土地流转的监督检查之职,可以就本地区或者跨地区的流转下的农村土地的生产经营情况定期或者不定期地进行检查,监督国家鼓励粮食生产的倾斜政策的贯彻实施,发现有"非粮化"、"非农化"的问题,就必须依职权及时纠正,从而引导新型职业农民们依法行使农村土地经营权,确保流转下的农村土地用于粮食生产,维持粮食生产规模化,实现我国的粮食生产战略。同样,适用于农村土地流转的监督检查机制也会成为农业保险经营时必不可少的风险预警手段。

3. "以房养老"保险制度的推广发展需要保险立法与相关法律制度之间的和谐适用

中国作为世界第一人口大国,现有60岁以上的老年人口为1.78亿,约占我国13亿总人口的16%,表明我国的人口老龄化趋向日益突出,进入老龄化社会已是不争的事实。由此引发我国的养老保障体系存在的问题逐步显现,这意味着发展养老事业已经成为我国社会发展过程中亟待解决的当务课题。正如有的专家所说的"从某种意义上讲,'未富先老'的中国比世界上任何国家的养老问题都更加严峻,庞大的老龄人口将成为决定未来中国经济发展各种重要因素中的重中之重"❶。于是,国务院于2013年9月发布了《关于加快发展养老服务业的若干意见》,确立的目标是:"到2020年,要全面建成以居家为基础、社区为依托、机构为支撑、功能完善、规模适度、覆盖城乡的养老服务体系。"具体要求相关的20个政府机构和部门"在制定相关产业发展规划中,要鼓励发展养老服务中小企业,扶持发展龙头企业,形成一批产业链长、覆盖领域广、经济社会效益显著的产业集群"。

笔者认为,在值此大力发展我国养老事业之时,商业保险应当凭借其保险保障功能来参与我国的社会养老事业,成为中国养老产业集群的一分子。因为,社会养老保险是由国家通过国民收入的分配和再分配实现的,其主要职能是为国民在年老后提供物质上的帮助,商业保险公司经营的养老保险责无旁贷成为其组成部分。为此,"新国十条"将"创新养老保险产品服务"列入发展我国现代保险服务业的内容,明文规定"开展住房反向抵押养老保险试点"。

"住房反向抵押养老保险"俗称"以房养老",就是老人将其拥有所有权的住房抵押给具有资质的保险公司,其在生前继续居住该住房并从保险公司获得约定的养老费用(贷款),而在其去世后用该住房的价值归还上述贷款款项的养老保险关系。应当说,以房养老实质上属于社会机构提供的"以房养老"服务,它是老人生前对其拥有的房产资源进行的优化配置,利用其住房的寿命周期和自身生存余命的差异,通过让渡住房的权益(所有权'或处置权'或使用权)而盘活存量住房来实现价值上的流动,即提前让死房子变现为补贴晚年生活的"活钱"。可见,"以房养老"是完善我国养老保障机制,扩大养老服务的供给方式,构建多样化、多层次、以需求为导向的养老服务模式(而不是唯一)的具体类型之一。

客观地讲,"以房养老"泛指各种生前利用住房实现养老的运作形式,而住房反向抵押养老保险仅仅是其中借助保险公司实现养老的一种,其专业名称为"倒按揭",它作为舶来品是始于20世纪80年代中期的美国❷。如今这一方式不仅在美国日趋兴旺,也在加拿大、英国、日本、新加坡等国家得到运用和发展。但是,这一养老保险模式在我国出现后的适用情况却呈现"叫好而不叫座"的局面。对"住房反向抵押养老保险"叫好,是大多数专家的观点一致:以房养老值得期待,它能够改善"有房富人,现金穷人"的"中国穷老

---

❶ 孙祁祥:"加快养老产业发展正逢时",载孙祁祥等著:《中国保险市场热点问题评析(2013—2014)》,北京大学出版社2014年版。

❷ "倒按揭"最早是由美国新泽西州劳瑞山的一家银行20世纪80年代中期创立的,一般常说的"倒按揭"就是以美国模式为蓝本的。

人"的现状。但是,在广州、上海、北京、成都、南京等地的试点过程中,较早推出"住房反向抵押贷款"(或保险)的,购买者寥寥无几,甚至在深圳、合肥等多地的交易量为零。

究其原因,除了理论界和金融、保险业界普遍认为的三点以外,相关法律制度的欠缺不能不说是重要影响因素。这些原因包括:第一,中国人的养老观念"靠儿不靠房"仍是主流观念,导致人们大多不看好"以房养老"。第二,养老机构的巨大缺口❶,让人们不愿意冒着"有钱而无处养老"的风险而削弱了参加"以房养老"保险的愿望。第三,我国房价的高度波动性和不明朗的发展走向使得稳定的房价上涨预期难以形成,致使保险公司承担无法收回全额贷款的风险。至于相关法律制度的欠缺则成为影响"住房反向抵押养老保险"难以推行的直接因素,这可以用"住房反向抵押养老保险"的试点历程加以佐证:2003年3月,时任中国房地产开发集团总裁孟晓苏提议开办"反向抵押贷款"寿险服务,2006年由其筹建的幸福人寿保险公司就以试水"以房养老"作为目的之一,但因当时的《物权法》和《保险法》对开发该保险产品存在障碍而作罢。2013年9月国务院发布的《关于加快发展养老服务业的若干意见》和2014年6月中国保监会发布的《关于开展老年人住房反向抵押养老保险试点的指导意见》均明确了"开展住房反向抵押养老保险试点",然而,大多数保险公司都限于研究"以房养老"政策,却对推出该保险产品持观望态度。该产品涉及的法律层面的障碍包括:现行的70年房屋产权的限制;保险机构不具备办理抵押贷款的资质,而具备抵押贷款业务资格的商业银行又与保险机构各自经营;房产评估缺乏完善的制度规则等。所以,直到2015年3月,经中国保监会批复的首个"以房养老"保险产品——幸福人寿保险公司的"幸福房来宝"——才正式投入保险市场。

因此,笔者认为,健全法律制度是解决"以房养老"保险当前推广困境的关键所在。这不仅包括"以房养老"保险本身的制度设计力求科学实用,更需要建立、健全相关法律制度,并能够与"以房养老"保险配套适用。具体笔者提出如下想法:

第一,"以房养老"保险的制度内容所包含的抵押贷款环节,应当按照《物权法》有关抵押权的法律规则来构建。因为,从各地现有的"以房养老"保险的内容来看,老年人用于抵押的房产权利并不一样,有的是让渡抵押房产的所有权,有的是抵押房产的使用权,也有的是抵押房产的处分权,如此五花八门的抵押内容不仅会造成"以房养老"保险的混乱,更有可能让人们误解

---

❶ 据统计,我国的城乡养老机构现有养老床位365万张,平均每50位老人不到一张床位,且养老从业人员更是不足百万人。

"住房反向抵押贷款"是不是在《物权法》规定的抵押制度以外的另类制度？答案：非也。应当说，"住房反向抵押贷款就是《物权法》上的抵押制度在养老保险领域的运用。借助抵押住房给保险公司而获得相应的款项，同时也不影响老年人对该房产享有的居住权。由此，财产（尤其是不动产）的经济价值和经济功能被发挥到极致"❶。因此，设计"以房养老"保险制度，就必须符合《物权法》规定的抵押权制度规则，即自住房反向抵押贷款关系成立和生效之时起，该房产的所有权人仍保有房产所有权，但该所有权包含的处分权在抵押期间受到限制。根据《物权法》第191条的规定，未经作为抵押权人的保险公司的同意，作为抵押人的房产所有权人不得处分该房产。而且，建立住房反向抵押贷款关系，依据《物权法》第187条的规定："还应当办理抵押登记。抵押权自登记时设立。"从而确保住房反向抵押贷款保险合同的效力的同时，也可以对外对抗第三人对该抵押房产的请求。

第二，"以房养老"保险应当将抵押贷款设计为养老保险金。原因是保险实务界普遍认为，保险公司并非经营货币业务的商业银行，没有办理抵押贷款的资质。不过，这只是拘泥于"住房反向抵押贷款关系"的字面含义所做的解释，但在现代经济社会环境下，住房反向抵押作为一种融资行为的适用范围比较广泛。房产所有权人将其房产抵押给银行而获取的款项当然是贷款，构成"抵押贷款关系"。如果房产所有权人将其房产抵押给保险公司而获取的对价条件就是向相对人支付养老保险金，构成"住房反向抵押保险关系"。只不过保险公司需要根据保险运作的规律考虑影响"以房养老"保险的诸多因素，运用精算技术来计算所应支付的养老保险金数额。既要尽可能地降低保险公司自身的经营风险，也应当实现相对人追求的养老权益。因此，保险公司的从业人员应当改变观念，不要把"以房养老"保险视为银行经营的抵押贷款业务。

第三，"以房养老"保险的保障内容不应局限于支付养老保险金，而应扩大到老年人养老期间的照顾服务。相较而言，老年人口群体借助"以房养老"保险获取养老保险金以获得一个稳定的经济来源，只是老年人购买"以房养老"保险的基本要求，很多老年人的养老需求更强调得到生活支援、精神慰藉和养生照顾、医疗服务、健康管理等多方面。鉴于此，保险公司要想推广"以房养老"保险产品，就不能只把养老服务停留在给付养老保险金上，而应当在扩大保险服务内容范围上予以突破。这可以借鉴我国台湾地区的保险公司销售"长期照护保险"的经验，将"以房养老"保险的保障内容扩大到养老照护的诸多方面，供老年人购买"以房养老"保险时根据自己实际需要进行选择。既可以提高"以房养老"保险对老年人的吸引力，也有利于缓解当前养老产业对

---

❶ 尹田：《物权法》，北京大学出版社2013年版，第513页。

老年人群体提供的服务产品不足的巨大缺口。

第四，房产评估行业的主管部门应当就房产评估活动出台行业规则，以供保险公司在经营"以房养老"保险活动中作为聘任房产评估机构的依据。概括国外适用"住房反向抵押贷款"的经验，地产评估机构参与其间，提供中立的、权威的房地产评估报告是确保老年人合法权益和减低保险公司经营风险的重要条件。针对当前我国的房产评估行业因缺少统一的行业规则和房产评估业务平台因而较少参与"以房养老"保险业务的情况，房产评估行业的主管部门应当就房产评估业务出台行业规则，制定房产评估机构的从业资格、业务标准、信誉等级、评估结果效力等规则，培养和树立房产评估行业的职业形象，以便让保险公司据以进行选择，确保其在经营"以房养老"保险业务过程中，选择具备国家级评估资格的房产评估机构进行评估活动，并以其评估结果作为预测经营风险和给付养老保险金数额的主要依据。

第五，关于现行的70年有限房屋产权制度所涉及的价格风险以及房屋产权到期后的处置问题是导致"以房养老"保险推广不利的又一重要因素，当然，解决此问题的最佳方案是国家对70年房屋产权届满后的处置方法做出明确的规定。然而，无论有无明文规定，保险公司均应当变等待为主动在"以房养老"保险制度设计上寻找出路。建议一，可借鉴美国的（补充型）"公共保险"制度（为避免老年人最终的融资总额超过其提供抵押的不动产价值的风险，政府设立"公共保险"来补充该差价部分），国家在发展养老事业中为鼓励保险公司积极推广"以房养老"保险，授权各地方政府设立养老公共基金来填补老年人抵押房屋与实际获取养老保险金的差价，以此填补保险公司经营"以房养老"保险的实际亏损。建议二，借鉴日本发展"以房养老"制度的"连带保证人"经验，在设立"以房养老"保险时，允许老年人的子女作为连带保证人参与"以房养老"保险。老年人去世后，若子女负责偿还养老款项的，则不必处置老年人抵押的房产；若出现房产抵押价值低于养老款项数额时，子女承担偿付责任就可以打消保险公司经营"以房养老"保险的顾虑。

总之，在"新国十条"发布的一年间，全社会尤其是保险业共同推动和贯彻其精神内容、加快发展我国现代保险服务业的形势已经初具规模，不过，仍然由很多具体的工作要做。以上仅是笔者认为亟待落实的相关保险立法工作的一部分，今后我们还应当根据中国保险市场的发展需要，不断地发现新问题，建立新制度，推出新措施，为实现"保险强国梦"创造必要的条件。

我国保险业国际化的路径及法治应对

李祝用[*] 程绍华[**]

自实施改革开放政策以来,我国先后推出"走出去""自贸区"和"一带一路"战略,经济社会发展与全球各国联系越来越紧密。"新国十条"明确要求加大保险业支持企业"走出去"的力度,加快发展境外投资保险,拓展保险资金境外投资范围。在此背景下,对我国保险业国际化的路径从法律角度进行分析并提出应对之策具有重要的现实意义。

一、保险业国际化是内外部客观需求

(一)国际化是保险业的内在需求

1. 保险业务具有国际化的内在基因

大数法则运用到保险业,表明投保人数足够多时,实际损失概率将与预期损失概率相一致[❶]。保险业务基于大数法则,基础数据越大、范围越广越有利于保险费率的精确化。通过国际化将保险业务扩张到全球范围,在世界各地承保大量不同类型的风险单位,大数法则更能发挥作用,更有利于风险损失的分散,促进保险业经营稳定,因此保险天生具有国际化的基因。

2. 保险资金运用具有国际化的内在需求

国内外资本市场在投资品种、市场成熟度、收益情况等方面存在较大差异,国外发达资本市场对国内企业有很强的吸引力。近年来,我国保险市场发展迅速,保费规模不断增长[❷],保险资金运用需求巨大。作为重要机构投资者,保险公司在全球范围开展保险资金运用、配置投资安排,通过投资回报弥补损失、对冲风险、提高收益、促进发展也是必要的。

(二)国际化是中国企业"走出去"的外在需要

随着"走出去""自贸区"和"一带一路"战略的实施,越来越多的中国

---

[*] 法学博士,中国人民保险集团公司法律总监,中国人民保险(香港)有限公司董事。
[**] 法学双硕士,中国人民保险集团公司法律合规部。
[❶] 张艳辉:"保险经营中的大数法则与规模经济性",载《财贸研究》2003年03期,第36页。
[❷] 根据保监会项俊波主席2015年1月《在全国保险监管工作会议上的讲话》,2014年全国保费收入突破2万亿元大关,保险业总资产突破10万亿元大关。

企业进入海外市场开展业务。据统计，2014年中国海外直接投资达1029亿美元，首次突破千亿美元，且境外投资总量第一次超出外资引入，投资领域也更加多元化，行业构成更加齐全。海外投资的增长趋势还将持续强化，海外投资风险防范和保障需求也在不断加强。相比国外保险机构，国内保险公司更熟悉中国企业的业务模式、管理体制、投资策略，也不存在文化差异、语言障碍等，因此，中国企业走出去也特别需要国内保险机构广泛开展国际业务，为其在海外提供保险保障。

二、我国保险业国际化路径的法律分析

（一）保险公司设立或并购境外保险类机构

按照《保险公司设立境外保险类机构管理办法》（以下简称为《管理办法》）的规定，设立境外保险类机构包括两层含义：一是保险公司设立境外分支机构、境外保险公司和保险中介机构；二是保险公司收购境外保险公司和保险中介机构。同时对设立境外保险机构的保险公司规定了资格条件，如开业2年以上、上年末总资产不低于50亿元人民币、上年末外汇资金不低于1500万美元或者其等值的自由兑换货币、拟设立境外保险类机构所在的国家或者地区金融监管制度完善并与中国保险监管机构保持有效的监管合作关系等。

在符合资格条件的基础上，保险公司还需按规定向保监会提交申请材料，得到批准后才可设立境外保险类机构，否则将被保监会做出相应的行政处罚，情节严重的还可能被限制业务范围、责令停止接受新业务或者吊销经营保险业务许可证。

1. 新设境外保险类机构

（1）新设境外分支机构

新设境外分支机构主要是指在我国国内保险公司设立其海外分公司，海外分公司不具有独立法人资格，在当地属于外国法人分公司，权利义务均由国内保险公司承担。海外分公司在业务范围、外汇往来、税收政策等方面可能受到与当地企业不同的法律规制，其主要功能限于协助国内保险公司服务在当地的国内客户。目前，除少数国家因历史遗留问题和欧盟国家之间有条约外，很少有国家允许外国保险公司在本国设立分支机构，因此，这种情况是比较少见的。

（2）新设境外保险公司及保险中介机构

新设境外保险公司或者保险中介机构实质就是设立海外子公司。从法律和税收的角度考虑，通过出资方式在海外设立全资子公司或者与其他合作伙伴设立合资子公司，可以取得当地独立法人资格，直接开展保险业务，享受与当地企业一样的税收政策。国内母公司通过股权关系对其进行管控，并取得股利分红。但是海外子公司适用当地法律并接受当地监管机构的监管，和国内法律监

管可能存在冲突，对母公司的管理水平提出了挑战。

在海外设分支机构或者子公司，是传统的内生式增长方式，不改变国内公司原有技术、理念、文化，对海外机构的控制力也较强。但自行设立海外机构的时间、人力、费用成本很高，获得当地市场准入许可存在不确定性；即使获得审批许可，但在展业、文化、雇员等方面也较难融入当地。

2. 收购境外保险类机构

按照《管理办法》的定义，收购境外保险类机构是指保险公司收购境外保险公司、保险中介机构的股权，且其持有的股权达到该机构表决权资本总额20%及以上或者虽不足20%但对该机构拥有实际控制权、共同控制权或者重大影响的行为。由此可知，目前《管理办法》允许的收购境外保险类机构的方式是股权收购。

通过收购外国保险公司或保险中介机构股权，快速地融入当地保险市场，是目前比较主流的海外扩张方法。通过此种途径，可以最大限度地利用被收购企业在当地已有的品牌声誉、客户群体和市场影响力，也可以将文化冲突降到最低程度，从而推动海外业务顺利开展。同时，从被收购公司还可以学习到很多先进的经验和方法，形成协同效应，反过来促进国内保险公司转型升级和可持续发展。

2014年2月7日，复星国际有限公司发布公告，复兴国际以10亿欧元的对价，收购葡萄牙国有银行（CGD）保险业分支三家全资附属公司（分别是Fidelidade-Companhiade Seguros，S.A.，Multicare-Segurosde Saúde，S.A.以及Cares-CompanhiadeSeguros，S.A.）的80%股本。2014年10月13日，安邦保险集团宣布收购比利时FIDEA保险公司，这是中国保险企业首次100%股权收购欧洲保险公司。2015年2月16日、17日，安邦集团连续两天分别宣布以100%股权正式收购荷兰VIVAT保险公司以及正式收购韩国东洋人寿并保持东洋人寿的上市地位，开创了中国保险企业首次进入荷兰保险市场和韩国保险市场的先河。

国内保险公司通过股权收购进入海外保险市场的热度不断上升，也积累了很多成功经验，但是国内立法关于保险机构境外收购的规定还很单薄，对收购方式限制较紧，跟海外有关的国家法律制度差距较大，尚不能完全跟国际接轨，对我国保险行业国际化形成了一定限制。

（二）拓展国际保险业务

在不设立境外保险类机构的情况下，国内保险公司也可以利用现有资源不断拓展国际保险业务，进而推动国际化进程。

1. 拓展跨境保险业务

2014年我国进出口总值26.43万亿元人民币，国际贸易的发展给国内保险机构带来大量跨境业务。例如，按照最新的《国际贸易术语解释通则》，如果我国在货物进口时选择 FOB、货物出口时选择 CIF 或者 CIP（卖方承担保险），则可以实现国际货运保险由我国保险机构承保。围绕进出口贸易相关的货物、船舶、承运人等要素能够开发和拓展多种保险产品，我国保险公司也可以借此服务国际客户、承保海外保险标的、积累国际理赔经验等。

2. 开展国际再保险业务

我国目前关于再保险的规定很少，《保险法》只对再保险作了少许原则性规定，保监会关于再保险的监管规定主要包括《再保险公司设立规定》《再保险业务管理规定》《关于加强财产保险公司再保险分入业务管理有关事项的通知》《关于实施再保险登记管理有关事项的通知》和《关于加强保险公司再保险关联交易信息披露工作的通知》等。目前的这些规定比较零散、不成体系，对国际再保险业务的针对性也不强。

和直接保险市场不同，再保险市场没有国界限制，具有广泛的开放性和国际性。国际再保险市场已经相对比较成熟，欧洲、纽约、伦敦再保险市场等影响巨大，我国保险机构可以通过分保、转分保甚至互惠交换方式在国际再保险市场交易、参与全球风险保障[1]。对于海外相关国家和地区的保险业务，特别是重大工程、项目等，可以抓住再保险的需求，采取再保险分入的方式间接为海外客户提供保险保障，也可以通过再保险分出转移和分散风险，加强与国际再保险接受人的合作交流。

（三）保险资金全球配置

按照《保险资金境外投资管理暂行办法》（以下简称《办法》）的规定，保险机构从事保险资金境外投资，原则上应当委托受托人和托管人进行保险资金的境外投资运作和托管监督（中国保监会和国家外汇管理局另有规定的除外）。《保险资金境外投资管理暂行办法实施细则》（以下简称《细则》）规定，允许保险资金直接投资境外限定范围内的未上市公司股权和不动产；实际操作中，保险资金境外投资采取直接投资或委托投资主要取决于监管部门的审批情况。

1. 保险资金境外直接投资

前述收购外国保险公司属于保险资金直接投资范畴，此部分专门就保险资金投资不动产进行阐述。2012 年 10 月，《细则》将"不动产"纳入保险资金境外投资的范围，规定保险资金境外投资可选择部分国家或者地区直接投资不动产，限于包括澳大利亚、英国、美国等国在内的发达市场主要城市的核心地段，且具有稳定收益的成熟商业和办公不动产。

---

[1] 参见邱七星《我国再保险市场发展研究》，知网博士论文库。

目前，保险资金直接在海外购买不动产已经有成功先例。2013年7月，中国平安保险集团从德国卖家手中购得伦敦金融城的标志性建筑劳合社大楼，成交价2.6亿英镑，成为险资投资海外不动产的第一单；2014年6月，中国人寿保险公司以6.18亿英镑的价格获得伦敦金丝雀码头集团10 Upper Bank Street大楼70%的股权；2014年10月，安邦保险集团收购了美国纽约公园大道上的华尔道夫酒店大楼，交易价格19.5亿美元。

在监管政策放开、有成功先例的基础上，保险资金进行海外直接投资不动产具备了良好的条件，有利于保险机构增加投资收益、降低组合风险。但在海外环境下，我国保险公司难以像在国内经营时一样享有政策保护，独立在境外经营不动产业务，所有风险将由企业自身承担，企业既要面对境外监管压力，又必须注意内部经营方面的自我管控❶。保险资金境外直接投资不动产要注意做好风险防范、流程管控，特别是要注意在收购、经营、价格和汇率等方面存在的风险。

2. 保险资金境外委托投资

由于前述大型保险机构在境内外不动产投资方面已经积累了一定的经验，在境外投资上国内保险企业还是会倾向于从不动产投资入手。但从长远来看，境外投资的形式会多样化，投资行为可能是多种投资形式的复合，甚至是境内外投资的复合。与保险机构委托境内机构管理类似，委托资产管理经验丰富的外部机构管理也成为险资境外投资的选项之一。《办法》和《细则》已经为保险资金境外委托投资搭建起基本框架。

根据前述监管规定，保险资金目前可以委托投资的范围包括：（1）货币市场类：包括期限不超过1年的商业票据、银行票据、大额可转让存单、逆回购协议、短期政府债券和隔夜拆出等货币市场工具或者产品。（2）固定收益类：包括银行存款、政府债券、政府支持性债券、国际金融组织债券、公司债券、可转换债券等固定收益产品。（3）权益类：包括普通股、优先股、全球存托凭证、美国存托凭证、未上市企业股权等权益类工具或者产品。此外，在满足相关条件的情况下，保险资金还可以投资境外证券投资基金、股权投资基金和房地产信托投资基金（REITs）。

2014年8月29日，保监会网站公布批复函，同意中邮人寿保险股份有限公司开展保险资金境外投资业务，同意其聘请康宁公司（Conning, Inc）为境外受托人，聘请中国工商银行为托管人❷。这是在保险"新国十条"颁布后，保监会首次批复保险公司境外投资业务，其在批复函要求中邮人寿"统一配置

---

❶ 谭艳斌："我国保险资金投资境外不动产风险防控探析"，载《吉林金融研究》2014年第3期，第29页。
❷ 批复具体内容见保监会网站链接：http://www.circ.gov.cn/web/site0/tab5239/info3926930.htm，访问时间：2015年10月。

境内外资产,合并计算大类资产和具体品种投资比例,确保符合监管要求",并及时跟踪评估境外投资情况,加强受托人履职监督,强化托管人保管和监督职责,确保保险资产安全完整。

为了保证委托投资的安全性,《办法》和《细则》对委托人、境内外受托人、股权投资机构(投资股权投资基金时)、托管人、托管代理人等境外投资当事人的资质条件提出了明确要求。例如,要求境外投资委托人设置境外投资相关岗位,境外投资专业人员不少于3人,其中具有3年以上境外证券市场投资管理经验人员不少于2人,受托人需满足"境外投资专业人员不少于5人,其中具有5年以上境外证券市场投资管理经验人员不少于3人,3年以上境外证券市场投资管理经验人员不少于2人"等条件。但目前保险机构境外投资普遍"低配",缺少境外投资专业人才储备,缺乏境外投资经验,控制风险能力较弱。另外,在境外投资可投资的国家和地区方面,《细则》限定了若干发达市场和新兴市场,范围还比较小,大部分"一带一路"的沿线国家均不属于可投资范围。资质条件和投资地域的限制不利于当前背景下的保险资金境外配置。

(四)我国保险国际化路径的实施步骤

上述阐述仅是从静态分析角度探讨保险国际化的不同方式及其可行性,但在实际操作中上述路径需要根据已有条件作出选择,路径的顺序也不同,有的甚至需要多路径组合进行。对于国内保险机构而言,实施国际化路径总体应当遵循以下步骤:

首先,做好"走出去"企业及其人员的保险保障,以拓展中资利益海外保险业务为根本,为国内大型企业、客户在境外进行基础设施、大型工程项目、产业转移等投资、建设活动保驾护航,推动投资和保险的互动。

其次,在条件成熟时,保险公司可以考虑在海外设立机构或者小比例入股当地企业,通过加强业务联系、派驻董事、管理人员以及业务人员逐渐熟悉当地经营环境、法规制度和文化人情,为我国"走出去"企业提供"跟出去"的服务,以及为当地客户提供保险服务做好准备。某些国家和地区的法律制度可能只允许在其境内投资的外国企业于当地保险公司投保,在此情况下应由当地保险机构承保后利用再保险机制分出业务给我国保险公司,从而间接实现保险业务拓展。

再次,在前期较高资金投入乃至目标选择、尽职调查、商业谈判等不确定性可控且都能承受的情况下,保险机构可以通过并购或新设方式成立海外子公司,以实现在海外直接开展保险业务,更加方便快捷地融入海外市场。

最后,随着国内监管限制的逐渐放开,保险资金的国际化运用已经越来越成为国内保险机构获得收益增长、分散自身风险的有效途径。保险资金进行国际直接或委托投资,不必拘泥于保险业务国际化路径所处阶段,可以和保险业务国际化一起提升保险机构综合实力,实现保险和投资双轮驱动。

三、保险国际化的法治应对

我国保险业国际化已经具备了良好的环境和条件,但是目前国内相关的法规制度与国际规则还不能有效对接,亟须为保险国际化做好法治应对,铺平法律道路。

(一) 全球监管体系的适用

随着我国保险业国际化的推进,海外保险业务和资金运用的比重会逐步提高,海外收购、设立保险机构的情况也越来越多,国内监管机构和外国监管机构都在各自司法管辖区域内行使监管权力,但监管标准、监管方式的差异会增加保险机构成本、限制国际化发展进程。此时,选择一套被大多数国家认同的全球监管体系和规则尤为重要,我国保险机构可以通过适用这些国际规则将自己与外国保险公司置于同一话语体系,进而为进入这些外国保险市场提供条件。有关国际组织特别是国际保险监督管协会(IAIS),就保险公司的监管制定了一系列监管规则,这对各国保险监管趋同具有重要的影响。下面从近期影响较大的三个方面做分析:

1. 公司治理规则要与国际接轨

国际金融危机的教训表明,重新构建一个更为有效的金融监管体系是必要的。然而,再有效的监管规则和体系也要通过完善的公司治理来落实[1]。公司治理最重要的国际规则就是经济合作与发展组织(OECD)制定的《OECD 公司治理原则》以及《OECD 国有企业公司治理指引》。特别是 1999 年制定的《OECD 公司治理原则》,是第一个政府为公司治理结构开发出的国际标准,得到了国际社会的积极响应;该原则旨在为各国政府部门制定有关公司治理结构的法律和监管制度框架提供参考,也为证券交易所、投资者、公司和参与者提供指导,它代表了 OECD 成员国对于建立良好公司治理结构共同基础的考虑。

OECD 的 34 个成员国包含了最主要的西方发达国家,这些国家也是我国保险国际化经营的主攻市场,参照适用《OECD 公司治理原则》、完善国内保险公司治理结构、提高公司治理的有效性,对于我国保险公司国际化很有必要。同时,作为国际社会普遍认可的公司治理标准,我国保险公司如能适用,也有利于在制度层面与国际接轨,减少保险国际化的规则制度障碍。

2. 适用国际并表监管规则

IAIS 自成立以来,一直致力于制定全球保险监管标准、改善跨行业的监

---

[1] 鲁桐:"国际公司治理发展趋势",载《中国金融》2014 年 06 期,第 58 页。

管、推动保险监管国际规则的制定和适用,我国作为 IAIS 成员国也一直积极参加。随着各国保险行业的发展,越来越多的保险公司在规模和跨国业务总量方面越来越大,逐渐成为国际活跃保险集团(IAIG)。对 IAIG 的监管已经不是某一国监管机构能够全面实施的了,而 2008 年开始的全球金融危机更引起了各国监管机构的深刻反思。2009 年 6 月,IAIS 启动战略调整,决定建立全球统一的保险监管规则,即"国际活跃保险集团监管共同框架"(以下简称"共同框架")。共同框架目前最新的版本是"2014 年修订稿",总计已经有过 4 次修改。2014 年至 2018 年,共同框架处于实地测试阶段,并在 2018 年正式通过共同框架,各成员将于 2019 年开始实施共同框架监管(非强制)。

按照共同框架模块 1 要素 1 的规定,保险公司在满足以下两个条件时成为 IAIG:(1)在三个或以上管辖区取得保费收入,且境外取得的保费收入至少占到集团总体保费收入的 10%;(2)总资产至少达到 500 亿美元或者保费总额至少达到 100 亿美元。我国几大保险集团在资产或保费规模上已经达到上述标准,随着国际化步伐的加快,三个以上管辖区域开展业务和在外国的保费收入占比的要求也会很快得到满足,届时如果共同框架已经生效,构成国际活跃保险集团的国内保险企业将接受 IAIS 共同框架并表监管,对集团范围活动和整体风险进行全面覆盖,防止监管缺口、规范国际监管。

除了 IAIS 共同框架并表监管规则,国际层面还有欧盟《金融集团指令》、欧盟偿付能力监管 II 号指令(Solvency II)和金融集团联合论坛《金融集团监管原则》等并表监管规则,形成了一整套监管体系。参照上述国际并表监管规则,我国已经出台《保险集团并表监管指引》和《保险公司偿付能力监管规则》(以下简称"偿二代"),对照国际规则调整国内法规和监管规定,可以助推我国保险国际化路径的探索和发展。

例如,国际货币基金组织和世界银行启动的 2011 年金融部门评估规划(FSAP)就曾以 IAIS《核心保险原则》为标准对我国保险行业监管进行了全面评估,并发布了专门的评估报告[1]。该报告指出:我国保险行业监管规则强硬、明确,但其适用和实施却比较松散,保监会因此承担着声誉风险,具体表现为市场发展迅速使得很多监管官员无法有效监管、缺少关于大批量合同转让及合并等市场退出机制的规定、业务许可手续需要和法人实体注册分离、偿付能力要求需要进一步加强等。通过对照国际监管规则对我国保险业进行评估有助于我们发现自身问题,进而采取措施予以解决,最终达到与国际规则一致的

---

[1] People's Republic of China: Detailed Assessment Report: IAIS Insurance Core Principles, See: http://www.imf.org/external/pubs/cat/longres.aspx?sk=25829.0.

程度，我国保险机构也会因此得到更多国际认可，有利于推动国际化进程。

3. 接受系统重要性监管

在中国等新兴市场国家对全球经济增长与金融稳定影响日益显著的背景下，伦敦峰会G20将原来的金融稳定论坛改组成为金融稳定理事会（FSB）。2011年，FSB正式发布《针对系统重要性金融机构的政策措施》文件，将系统重要性金融机构（SIFI）定义为"那些由于规模、复杂性和系统关联性，其陷入危机或无序倒闭将使更大范围的金融系统和经济活动受到严重扰乱的金融机构"，对其实施系统监管措施。为了符合系统重要性监管的要求，IAIS单独开发了一套在FSB视野下识别全球系统重要性的保险机构（G-SIIs）及其相关政策措施的初步方法，按照FSB的标准来确定G-SIIs。

2013年，IAIS基于规模、国际活跃度、可替代性、非传统非保险业务和关联性五项指标，并辅以一定的监管调整认定了首批G-SII，提交FSB审议并公布，中国平安保险集团入选。与共同框架并表监管不同，系统重要性监管关注系统性风险，特别是对超大规模机构对整个金融系统和国民经济的影响力给予充分考量，防止因个别G-SII倒闭或危机引起全球经济金融系统震荡乃至紊乱。我国保险国际化会不断加深国内保险机构和全球金融系统的联系，一旦符合相关标准而被评为G-SIIs，就需要接受FSB和IAIS系统重要性监管要求。

（二）修改完善国内法和监管规则

1. 修改《保险法》，增加有关保险国际化的规定

《保险法》整体对保险企业国际化经营缺少关注，建议增加对"海外业务""海外机构"和"境外资金运用"等方面的规定，做好顶层设计，搭建我国保险业国际化的基本框架，为后续制定专门监管规定提供上位法依据。

2. 修改《管理办法》

《管理办法》关于新设保险机构的规定还不够具体，对保险机构设立境外机构的资格条件要求过多，诸如"偿付能力额度符合中国保监会有关规定""内部控制制度和风险管理制度符合中国保监会有关规定""拟设立境外保险类机构所在的国家或者地区金融监管制度完善，并与中国保险监管机构保持有效的监管合作关系"等要求缺乏明确标准，可操作性不强，建议酌情修改或删除；将收购保险类机构的方式限定股权收购一种，法律架构单一，建议增加资产收购、综合证券收购等收购方式。

3. 完善《细则》

《细则》对于委托人的境外投资专业人才配备要求过高，建议降低标准，减少对境外投资主体的限制。《细则》对于可投资的国家和地区范围限定得还比较狭窄，随着"一带一路"战略的不断推进，在对其充分了解和评估的基础上应当将符合条件的沿线国家增加到可投资范围中来。同时，《细则》目前采

取的列举投资品种的方式还不能有针对性地指导保险机构做好特定产品的境外投资工作。建议专门针对不同投资品种制定投资指引,例如"保险资金境外投资大额可转让存单指引""保险资金境外投资政府债券指引"等,作为《细则》的附件对各类投资行为进行全流程指导。

(三)避免违反国际反洗钱、反恐怖融资规定以及国际制裁的影响

反洗钱金融行动特别工作组(FATF)《40+9建议》指出,建立一个强有力的制裁制度,无论是刑事、民事或行政方面的,是确保金融机构在侦查和阻止洗钱和恐怖融资活动的过程中发挥重大作用的关键性手段[1]。IAIS《反洗钱和反恐怖融资指引》也强调保险行业应采取充分的措施,防止被洗钱者和恐怖分子非法利用,并及时报告可能发生的洗钱和恐怖融资案例。我国保险行业目前适用的反洗钱"一法四令"制度体系和前述的国际反洗钱和反恐怖融资规则存在较大差异,"风险为本"的监管方式尚未确立,这些可能会对我国保险业国际化造成障碍。

此外,对于联合国制裁名单、美国制裁名单、欧盟制裁名单等也应高度重视,避免被认定为与制裁名单有关的国家、组织、机构、个人存在保险业务往来。如果国内保险机构为某些制裁名单组织提供了保险服务,在其进入欧美市场时一旦被发现,很可能会遭遇市场进入禁止或限制措施,从而对其国际化经营造成阻碍。建议国内保险机构加强对制裁名单及其相关制度的研究,积极通过购买和使用黑名单数据库筛查客户,通过设定制度流程积极履行客户身份识别义务,防范发生此类风险。

(四)完善我国再保险合同立法,引入"径行赔付条款"

径行赔付条款(Cut-through Clause),又称直接索赔条款,是指在再保险合同中特别规定,允许原保险的被保险人直接向再保险人索赔,从反面来说就是约定原保险人失去偿付能力或其他约定情形时,再保险人可以将再保险赔款直接给付给原保险的被保险人或再保险的合同当事人以外的其他应得之人[2]。在通常情况下,基于合同相对性,原保险合同和再保险合同相互独立,原被保险人不得向再保险人索赔,也不支付保费给再保险人;但在原保险人偿付能力不足或者发生巨额赔款难以支付时如果仍然坚持"先由原保险人全部赔付,再由原保险人与再保险人分摊"则会直接损害原保险的被保险人利益。径行赔付条款目的就是在直接保险人丧失支付能力时通过规定再保险人及时补位赔付来保护原被保险人的利益。

我国保险国际化前期大量地通过与海外保险机构进行再保险分入机制开

---

[1] 童文俊:"反洗钱与反恐怖融资违规制裁制度的国际经验与启示",载《金融教学与研究》2012年第02期,第8页。

[2] 吴小平、赖清祺总主编:《保险英汉词典》,法律出版社2014年版,第249页。

展，也存在着当地保险机构难以先行赔付大型工程或者基础设施投资保险事故的风险，在不发达国家保险公司实力弱小，此类风险更大，因此有必要引入径行赔付条款，从实质上实现我国保险机构承保海外业务。但径行赔付条款是否能够适用还要看国内和海外当地有关法律是否对其禁止或限制：我国《保险法》第29条规定"原保险的被保险人或者受益人不得向再保险接受人提出赔偿或者给付保险金的请求"，并且没有除外规定，完全否定了径行赔付条款的可能性。《海商法》"海上保险合同"一章第218条规定"保险人可以将对前款保险标的的保险进行再保险。除合同另有约定外，原被保险人不得享有再保险的利益"。该条款的规定说明有关主体可通过"合同另有约定"的方式适用径行赔付条款，只是适用范围限于海上保险合同的再保险机制，并不能涵盖大部分海外保险业务。

建议《保险法》参考《海商法》的规定，原则上坚持原保险合同与再保险合同的隔离，但应将径行赔付条款作为可以合同另行约定的情形，尊重当事人的意思自治。对于有关外国法律是否允许径行赔付条款，有必要提前做好研究咨询；对于禁止该条款的国家我们还可以通过约定适用法律的方式绕开这一障碍。

完善我国强制责任保险体系的策略思考

姚 军* 李 弘**

导言

2015年8月12日,位于天津东疆保税港区的瑞海国际物流有限公司所属危险品仓库发生爆炸,造成了巨大的人身伤亡和财产损失。事故发生两周之后,除了对于伤亡人员的救助工作仍在继续开展以外,对于受损小区的排检清障和结构鉴定工作也已经展开。但是,对于很多因本次爆炸事故受损的附近居民来说,如何弥补事故损失,恢复正常生活,以至本次事故对该地区今后环境是否会持续造成影响仍是未解的难题。面对本次事故的责任企业很可能难以承担巨额的赔付压力的现状,很多受损居民将赔偿诉求转向了地方政府,要求政府"回购"房屋、实施政府救助的呼声不绝于耳。不断扩大的损失,不仅使当地政府面临着巨大的社会救助和舆论压力,也使大量无辜受害人得不到及时、充分的救济。

从近期发生的天津爆炸事故到之前日本福岛核泄漏再到更早前的印度博帕尔毒气泄漏案,在科技日益发展的今天,发生重特大安全事故的风险因子以及由此带来的人员及财产损失也在不断扩大,在面临重大自然灾害和突发重特大安全事故时,不仅仅需要加强对类似事件危害的风险防控工作,更需要做到对受害人及时、充分的救济。为了有效缓解类似的危险品污染事故所导致的救助压力,充分保障受害人的损失能得到及时弥补,很多国家选择了通过强制责任保险制度的方式来强制要求经营危险品生产、仓储、物流等的企业投保,这样不仅可以增强经营者的风险预警,更重要的是通过商业保险参与社会治理的方式,大大增强了政府救援受害第三人的能力。例如,俄罗斯在其新《保险法》中规定,凡是拥有危险品的企业必须强制投保,该类企业包括化工、热电、电力工厂等;印度也在发生博帕尔农药厂污染事故后颁布了《公共责任保险法》,要求"危险物品"的经营者都必须购买保险。相比之下,我国的强制责任保险

---

* 中国平安保险(集团)股份有限公司首席律师,法学博士。
** 中国平安保险(集团)股份有限公司中级律师,法学硕士。

尚处于初级发展阶段，社会对其认知度并不高，在我国传统的社会治理模式中，对于重特大安全责任事故往往过分强调政府社会救助作用，一方面给政府带来了巨大的压力，另一方面也忽略了企业自身的责任和商业保险可以参与社会治理、缓解社会矛盾的巨大功用。

2014年8月13日，国务院发布了《关于加快发展现代保险服务业的若干意见》[1]（国发〔2014〕29号文，下文简称"新国十条"），并在第八点明确提出了"发挥责任保险化解矛盾纠纷的功能作用"，提出了"政府引导、市场运作、立法保障"的发展思路，并对责任保险及强制责任保险的具体发展提出了指导性的意见："把与公众利益关系密切的环境污染、食品安全、医疗责任、医疗意外、实习安全、校园安全等领域作为责任保险发展重点，探索开展强制责任保险试点。""新国十条"的颁布不仅标志着我国政府已经逐渐开始转变社会治理思路，将发展现代保险服务业放在经济社会工作、社会治理整体布局中统筹考虑，而且在重特大安全事故频发的当前，"新国十条"对于改变国家治理模式、增强商业保险的社会救助辅助功能具有重要的指导意义。本文拟从强制责任保险的内涵和目的出发，分析在我国现行法律体系下如何最大限度地实现强制责任保险的功能，进而对我国强制责任保险制度的完善提出几点建议。

一、"强制责任保险"的内涵及立法目的

强制责任保险是指法律法规要求特定人对其可能承担的特殊危害责任必须向保险人进行投保而成立的责任保险。在这个定义中提到的"法律规定"是指广义的法律，即包括所有的规范性文件。我国《保险法》第11条第2款规定："除法律、行政法规规定必须保险的外，保险合同自愿订立。"也就是说，我国只有全国人大及其常委会制定的法律和国务院制定的行政法规才能合法地确立强制责任保险。

强制责任保险的概念不是凭空产生的，其根植于责任保险，性质上属于责任保险的一种，强制责任保险是伴随着责任保险制度的发展而衍生出来的。随着保险领域责任保险功能的扩张和社会保障体系的完善，在越来越多的国家，针对维护某些特定社会领域稳定的需要，通过立法手段，借助法律的强制效力，硬性规定特定的义务群体投保特定的责任保险，强制责任保险便由此形成。[2] 鉴此，强制责任保险的立法目的与任意责任保险有着本质的不同。任意责任保险的立法目的，在于填补被保险人赔偿第三人所致之损害；强制责任保险的宗旨则在于保障第三人，使第三人能获得保险的保障，因此强制责任保

---

[1] 中央人民政府信息公开专栏 http://www.gov.cn/zhengce/content/2014-08/13/content_8977.htm，访问时间：2015年10月10日。
[2] 贾林青："强制责任保险的法律功能"，载《中国金融》2014年第20期。

险，相当部分具有安定社会的功能。❶

二、"强制责任保险"的保险标的

为实现强制责任保险的立法目的，强制责任保险的保险标的应是什么？哪些风险可以通过强制责任保险的形式转嫁至由保险公司承担？

（一）"强制责任保险"的保险标的应为"被保险人对第三者依法应负的赔偿责任"

我国《保险法》第65条第4款规定"责任保险是指以被保险人对第三者依法应负的赔偿责任为保险标的的保险"。即只要为"被保险人对第三者依法应付的赔偿责任"均可作为责任保险的保险标的，现行立法并未在保险标的范围方面对强制责任保险作特别限定或要求，如前所述，强制责任保险的概念源自责任保险，其性质属于责任保险的一种，强制责任保险的保险标的应与责任保险保持一致。因此，强制责任保险的标的可以沿用《保险法》第65条的相关规定。但前述法律规定虽然清晰，在具体理解及实务操作上却存在以下争议。

首先，《保险法》第65条中"依法"中所依之"法"的效力层级是否有特定限制？在这个问题上，由于法律并未作特别限定，在理解上，所依之"法"既可以是全国人大制定的法律，也可以是国务院制定的行政法规，甚至可以是地方性法规或规章，只要对被保险人具有法律约束力并针对其特定行为设定了责任即可。

其次，强制责任保险所承保的风险类型具体是什么？这一问题包含两个方面：（1）强制责任保险所承保的责任风险是否包含民事责任、刑事责任、行政责任三种？（2）强制责任保险中所承保的民事责任具体包括哪几种责任类型？

关于第一个问题，根据我国《保险法》规定，强制责任保险的保险标的为被保险人对第三者依法应负的损害赔偿责任，它是以民法规定的"民事责任"为限，被保险人应承担的刑事责任、行政责任不能成为责任保险的保险标的，此亦为学界主流观点。❷ 此观点的逻辑基础乃在于行政责任和刑事责任一般具有人身专属性，行政罚款和刑事罚金均体现了对特定主体的惩罚，此种惩罚当然不可通过保险的形式转移，否则立法的目的将无从实现。也正是基于此考虑，同为民事责任中的惩罚性赔偿一般也不得为责任保险的保险标的，因为其具有"准刑事犯罪"的性质，"其目的仍是为了惩罚不法行为人及威吓再犯，

---

❶ 刘宗荣：《新保险法：保险契约法的理论与实务》，中国人民大学出版社2008年版，第342~343页。
❷ 崔欣、华锰："责任保险的发展及责任保险危机"，载《北方经贸》2003年第7期。

而非同一般的民事损害赔偿制度,旨在与填补损害"。❶ 笔者赞同类似具有人身专属性的金钱给付责任不可转化为责任保险的保险标的,但需澄清一点误解,即并非所有行政责任均为具有人身专属性的惩罚,如政府或公务员基于履行公共职能而产生的损害赔偿责任,此责任虽然系依据行政法产生的行政责任,却并非不可转移。例如,政府将其某些行政职能(如大灾后的救助职责)通过责任保险的形式进行转移,这种行政职能的转移符合现代政府公共行政民营化的潮流,应当予以支持。

关于第二个问题,理论界和实务界争议较大。根据我国《民法通则》规定,民事责任包括违约责任与侵权责任,由于传统上,责任保险产生于侵权领域,因此,有学者将此处的"法"即理解为《侵权法》,如我国台湾学者应式文即认为责任保险的标的仅限于侵权损害赔偿责任,"契约责任是纯粹根据契约而承担之赔偿责任,而非法律之赔偿责任"。❷ 而前保监会前主席吴定富却在《〈中华人民共和国保险法〉释义》中写道:责任保险的标的可以包括合同责任,被保险人"依法应负的赔偿责任"在解释上涵盖依据侵权法、合同法以及其他法律规定应承担的民事损害赔偿责任。对于这个问题,笔者认为应结合强制责任保险的立法目的来分析。违约责任,也称为违反合同的民事责任,是指合同当事人因违反合同义务所应承担的责任,由于合同一方当事人的违约行为,其在后果上直接导致了对合同债权的侵害,且这种违约行为的存在在绝大多数情况下都会对合同的相对方造成一定程度的损害后果。❸ 而强制责任保险的宗旨就在于保障第三人,使第三人能获得保险的保障,因此,若将违约责任完全排除在强制责任保险的保障范围之外,也就限制了一部分受害人通过保险获得救济的权利。同时,对于被保险人甚至政府机构而言,其也希望能够利用商业保险的功能来分散风险,减轻赔付压力。鉴此,笔者认为不应将违约责任排除在强制责任保险所保障的范围之外,但是,这里需要特别指出的是,虽然法律规定并不限制合同责任作为责任保险的保险标的,但由于合同责任的有无及大小更多地体现了当事人意思自治的结果,具有风险不可控性,各国责任保险条款一般均将其作为免责条款。因此,在设置强制责任保险的类型中,除了遵循保险的基本原理以外,还要对风险的可承担性和将该种风险设置为强制责任保险的必要性进行充分评估,做到被保险人、受害人、保险人、社会公共利益等多重利益的平衡。

---

❶ 林德瑞:"论惩罚性赔偿金可保性之争议",载《中正大学法学集刊》1999年第2期。

❷ 应式文:"责任保险是否包括契约责任——兼论代位权求偿是否限于侵权行为",载《保险专刊》第10辑,第70页。

❸ 何林广,赖黎:"责任保险标的范围的界定",载科技创业月刊2006年第7期。

(二) 强制责任保险中被保险人的主观状态对保险标的的影响

源于立法目的的不同，强制责任保险和普通商业责任保险相比，被保险人的主观状态对保险标的（即保险人承保风险的范围）也存在较大的不同。鉴于普通商业责任保险当事人自愿订立的原则，为规避道德风险及保证保险精算的需要，保险人一般将普通商业责任保险的承保责任范围界定为被保险人的一般过失，并在条款中将故意和重大过失排除在外。而强制责任保险的立法宗旨在于为受害第三人及时提供救济，并通过法律、行政法规的形式强制要求当事人订立，因此，其在保险责任的承担与被保险人主观状态的关系方面，相较普通商业责任保险具有以下特点：

1. 更多的承保被保险人的无过错责任

伴随着现代工业的发展，无过错责任或严格责任逐渐发展成为一类重要的归责原则，而这类责任多由强制责任保险承保。因此，我们经常可以看到，在事故发生后，在被保险人并无过错或尚未考虑其过错的情况下，保险人即需承担强制责任限额内的保险责任。在国际上，此类强制责任保险主要针对技术设施和高危设施而设立，如核设施、航空器、火车、轮船、索道、输油管道、转基因食品以及其他一些会对环境产生危害的设施。而我国的机动车交强险，亦是要求在交通事故发生后，即使被保险人无过错，保险人也需在无责限额内赔付。

2. 更大程度地容忍被保险人的过失

一般商业责任保险均将"被保险人重大过失"作为免责情形，但在强制责任保险中往往并无此项规定。例如，针对环境污染、重特大安全事故、机动车事故等设定的强制责任保险制度，被保险人对保险事故的发生在主观上往往存在过错甚至是重大过错，但是这并不会影响立法者将此种风险纳入强制责任保险承保的范围内。因此，强制责任保险相对普通商业责任保险而言，承保的被保险人过错程度更大。

3. 被保险人故意对保险责任的影响

我国《民法》中并无关于故意的定义，通说为借用刑法上的定义，认为故意乃行为人意识到了某一行为结果的发生而希望或放任该结果的发生。❶ 由于故意行为会导致保险事故丧失意外性，进而破坏意外性背后隐藏的诚实信用原则及保险精算基础，普通商业责任保险一般会将被保险人故意作为免责条款，我国《保险法》第27条更是将投保人和被保险人故意作为保险人的法定免责情形。然而，反观《机动车交通事故责任强制保险条例》及最高院《关于〈道路交通安全法〉的司法解释》，两份法律文件却又将"被保险人故意制造交通

---

❶ 王利明：《侵权行为法研究》（上卷），中国人民大学出版社2004年版，第479页。

事故"纳入赔付范围,只是赋予了保险人在赔付后向被保险人追偿的权利,这似乎与前述《保险法》的规定相悖。实际上这个问题牵涉到对《保险法》第 27 条"故意制造保险事故"的理解,即涉及对事故发生原因的故意及损害结果故意的区分理解。对原因的故意是指被保险人虽然对事故发生的原因具有故意,但其对事故发生结果并无追求,且在常人理解上也不当然应当预见到的情况下,可认为对结果没有故意。在原因故意情况下,最终的损害结果并非被保险人追求的,甚至可以说对其而言可能构成意外。如机动车驾驶人明知红灯去闯,结果撞到人,事实上,被保险人虽然具备闯红灯的故意,但却并无撞人的故意,此时,如果一概拒赔,似乎对被保险人及受害人而言又有不公。因此,笔者理解《保险法》第 27 条规定的作为法定免责事由的"故意"应当是对损害结果的故意。此外,结合强制责任保险的立法目的来说,将被保险人主观"故意"的情形纳入保险保障的范围内,有利于保护无辜受害第三人的利益,同时给予保险人在赔付后向被保险人追偿的权利,也有利于防范道德风险的产生。

三、强制责任保险的赔付范围和赔偿限额

按照强制责任保险的立法目的,其宗旨在于"保护受害第三人,使其及时得到救济",其中,对于受害第三人的救济应包含人身伤害和财产损失赔偿两个方面,但在具体的产品责任赔付范围上,各个国家或地区一般会结合本地的社会经济发展状况和社会需求来确定。例如日本、我国台湾地区的机动车强制责任保险的赔偿责任范围仅仅限于人身伤害的赔偿。❶而我国的《道路交通安全法》除人身伤亡外,将财产损失也纳入了强制责任保险的赔偿范围。❷

此外,关于赔偿限额,考虑到各国保险业的发展情况、保险公司承受能力、投保人保费负担能力等情况,各国的强制责任保险一般采用有限赔偿限额制,即在保险金额范围内予以赔付,而不可能赔偿加害人致人损害的全部赔偿责任。例如,芬兰实行强制环境责任保险制度,其《环境污染损害保险法》规定,所有可能对环境产生危害的企业都必须在保险公司购买环境保险,保险金额因企业的规模和可能产生的环境危害的程度不同而有所区别,从 1000 到 30 万芬兰马克不等。❸

我国作为发展中国家,投保人保费负担能力和保险公司的承受能力均不

---

❶ 日本《机动车损害赔偿保障法》第 3 条明确规定:"为自己而将机动车供运行之用者,因其运行而侵害他人的生命或健康时,就因而所发生的损害,应负赔偿责任。"我国台湾地区"强制汽车责任保险法"第 1 条规定:"为使汽车交通事故所致伤害或死亡之受害人,迅速获得基本保障,并维护道路交通安全,特制定本法。"

❷ 我国《道路交通安全法》第 76 条第 1 款规定:"机动车发生交通事故造成人身伤亡、财产损失的,由保险公司在机动车第三者责任强制保险责任限额范围内予以赔偿。"

❸ 贾爱玲:《环境责任保险制度研究》,中国环境科学出版社 2010 年版,第 129 页。

高，在设置强制责任保险的赔偿范围和赔偿限额时，需要在结合国际上关于强制责任保险的设置惯例和趋势的同时，重点考虑我国的具体国情，对于社会公共利益保障、提升社会安全感、提高人民群众生活质量具有迫切需求的方面予以特别关注。

四、如何实现"强制责任保险"立法目的的制度建设思考

（一）域外关于"强制责任保险"保障范围的立法规定

强制责任保险以其"保护受害第三人"的立法目的，正在成为一般责任保险、社会保险、政策保险之外的另一类重要保险，并受到各国政府和学界的重视。但是，对于如何设置强制责任保险，以最大限度地发挥其创立的宗旨并辅助实现保险参与社会治理的现代保险服务业的功能，并没有一个统一的标准或模式。纵观各个国家或地区的法制建设情况，一般都是结合本地的社会经济发展状况来确定强制责任保险的范围。但是，相较于中国大陆地区，其他国家和地区关于"强制责任保险"的发展无论在广度还是深度上均较为发达，相关制度设计也较为完善，可以作为我国强制责任保险体系完善的有益参考。

1. 英国

英国作为世界上较早推行强制责任保险制度的国家之一，在20世纪30年代，就出台了《1930年道路交通法》《1933年公路和铁路交通法》，并在之后陆续制定和修订了大量与强制责任保险相关的法律法规，建立起了较为完善的强制责任保险体系。英国的强制责任保险主要包括三大类：（1）机动车强制责任保险，现行英国强制汽车责任保险的承保依据是修订后的1988年《道路交通法》，该法第六章"第三人责任章"第143条至第162条规定了第三人责任强制保险制度；（2）雇主责任险，英国的雇主责任险是在健全的法律制度下，由政府强制实施的一个险种，主要立法包括《1969年雇主责任法》《1971年雇主责任条例》及豁免条例、《1974年雇主责任修正条例》等；（3）其他高危险行业或行为的强制责任保险，主要包括使用马匹强制责任保险、饲养危险野生动物强制责任保险、民用航空强制责任保险、核设施强制责任保险、商船运输强制责任保险等险种。

2. 德国

德国立法中涉及的强制责任保险种类繁多，广泛散见于《民法典》《货物运输法》《联邦公证法》《联邦律师法》《审计师法》《油污损害赔偿法》等法律规范当中。依据德国有关法律的规定，大约有一百多种民事活动要进行强制责任保险❶。德国法下的强制责任保险分为两类：一类是强制责任保险的保险标

---

❶ 杨华柏："完善我国强制保险制度的思考"，载《保险研究》2006年第10期。

的为适用严格责任归责原则产生的损害赔偿责任,包括机动车强制责任保险、航空器强制责任保险、环境责任强制责任保险、核设施运营强制责任保险、药品瑕疵强制责任保险、狩猎者强制责任保险等;另一类强制责任保险的保险标的为专家责任,包括律师强制责任保险、审计师强制责任保险、税务顾问强制责任保险等。

3. 中国台湾地区

中国台湾地区的强制责任保险制度也较为发达,主要集中在以下领域:(1)强制汽车责任保险。1996年12月,台湾"立法机构"在台湾"公路法"基础上,制定了"强制汽车责任保险"。迄今为止,台湾地区已建立了较为完善的强制汽车责任保险制度。(2)公共责任保险,包括① 住户于公寓大厦内依法经营餐饮、瓦斯、电焊或其他危险营业或存放爆炸性或易燃性物品者,应依中央主管机构所定保险金额投保公共意外责任保险;② 消费场所之建筑物所有人、使用人应投保公共意外责任保险;③ 石油炼制业、石油输入业、石油输出业、汽、柴油批发业、加油站、加气站、油船加油站、航空站、商港或工业专用港加储油(气)设施与设备达中央主管机关所定规模之自用加储油(气)设施者,应投保公共意外责任保险及意外污染责任险;④ 经营煤气事业者,应投保公共意外责任保险等。(3)职业责任保险,广泛地涉及保全业、民间公证人、工程技术顾问公司、铁路、大众捷运等行业。

(二)小结

纵观两大法系关于强制责任保险的立法经验,主要表现出以下特点:

1. 制定法是强制责任保险的最基本表现形式

以成文法规则确立强制责任保险制度是立法上的基本表现方式,这从另一个角度印证了法定强制性是强制责任保险最突出的特点。尽管对某一类责任保险是否应予以强制的问题仍存在着很大的争议,但可以看到,通过成文法所确立的一系列强制责任保险规则,对于平衡社会各方利益,保障受害人及时获得赔偿等合法权益的实现,在实践中发挥了不可替代的作用。

2. 强制责任保险所涉及的范围一般为特定危险责任领域

两大法系的立法经验表明,强制责任保险主要集中在三个方面:(1)机动车强制责任保险和雇主责任保险是强制责任保险最为集中的领域,其中,以机动车强制责任保险规则最为完善,而在雇主责任保险方面,不同的国家在制度安排上采取了不同的方式。在大陆法系许多国家并没有相关立法强制要求雇主投保责任保险。(2)强制责任保险的第二个集中的领域是保险标的为适用严格责任归责原则产生的损害赔偿责任。此类强制保险主要针对技术设施和高危设施的使用而设立的。(3)职业责任也是强制责任保险的重要推广领域。如很多国家或地区的会计师、律师和医师等执业者都应当就其专业服务投保强制责任保险。与前两类不同的是,此类强制责任保险的具体实施方式存在差异,某些职业责任法律关系的形成是以国家立法的形式予以确认,而有些职业责任法律关系的形成是出于行业执业或自律的要求。

3. 强制责任保险立法与本国的社会经济发展状况密切相关

事实上,很难去解释为什么对某一特定事故要求强制投保,而对其他事故则不用。例如,为什么海上油污污染应投保但陆上污染所造成的损害却没有规定,尽管存在着困惑,但毫无疑问,强制责任保险领域的适用与该国的经济、文化、法律背景有着密切的联系。

五、我国强制责任保险的发展现状

在我国有权对强制责任保险范围做出规定的只能是法律和行政法规[1],但现实情况下我国目前关于强制责任保险的立法包括:(1)法律、行政法规。在法律层面,涉及强制保险的国家立法主要有四种,分别是机动车交通事故强制责任保险、船舶污染强制责任保险、煤矿企业意外伤害保险以及建筑行业意外伤害保险(后两种并非强制责任保险);在行政法规层面,现有的行政法规,除了对机动车交通事故强制责任保险做出具体规定外,还涉及船舶污染损害强制责任保险、沉船打捞强制责任保险以及旅行社职业强制责任保险等。(2)地方性法规、部门规章以及其他规范性文件中对强制责任保险的规定。这些规定大体包括三大类:第一类为执行法律、行政法规所做出的具体规定,包括机动车强制责任保险、旅行社责任保险,这方面的数量较多;第二类是在个别地区,地方性法规和部门规章规定了法律、行政法规未涉及的强制责任保险,如云南、西藏等地方性人大根据本地区的经济发展状况对公众责任保险作出的强制保险规定;第三类是其他规范性文件对一些强制责任保险进行了规定,这些大多都是针对近年来一些新兴的职业责任保险的补充,包括律师责任保险、建筑工程设计责任保险与监理责任保险等。

总体来看,我国已初步确立一个多层次的强制责任保险立法体系[2],但这一体系在立法方面存在诸多缺陷:(1)立法效力存在缺陷。我国《保险法》第11条第2款的规定,造成部分地方法规和政府规章越权规定强制责任保险,现行的大多数强制责任保险规则丧失了其法律依据。(2)强制责任保险覆盖的范围有限。这对于全面发挥保险市场的"社会稳定器"功能极为不利。现行法律只有四部规定了具体的强制保险制度,其中仅有两部为专门意义上的强制责任保险,行政法规基本上是对上述规则的补充,立法中对于雇主责任保险、医

---

[1] 《保险法》第11条第2款的规定:除法律、行政法规规定必须保险的外,保险合同自愿订立。
[2] 杨华柏:"完善我国强制保险制度的思考",载《保险研究》2006年第10期。

疗职业责任保险以及环境责任保险等责任保险很少涉及。(3) 规则的可操作性较差。例如，尽管《煤炭法》和《建筑法》中均规定了企业为其员工人身安全负有强制投保义务，但该法中不仅没有使用"责任保险"的表述，而且对于投保以及监管等问题，均缺乏可操作的法律规定。

六、关于我国强制责任保险体系完善的几点建议

（一）设立原则：强制责任保险应建立在对社会公共利益政策考量的基础上

随着社会和经济的发展，社会分工和交换的进一步加强，契约自由已经动摇了其存在的基础，法律有必要在某种情况下为了社会利益而对自由进行分配和限制。这一特点体现在责任保险领域，则为国家通过颁布法律、行政法规的方式，在某些危险责任保险领域对契约自由进行干预和限制，并禁止当事人排斥这些规范的适用或通过司法加强对合同的监督和控制。此时，法律不仅保护个人权利，更强调保护公共利益。因此，强制责任保险人包含了浓厚的社会政策意义和社会功能，为了防止对其滥用而破坏民法关于契约自由的基本原则，对公共利益的政策考虑应作为强制责任保险立法活动中必须要遵循的标准。

（二）实体问题：赋予受害人直接请求权是强制责任保险的应有之义

保险事故发生后，保险人、被保险人、受害人三者之间，原则上产生了两种请求权——受害人的损害赔偿请求权与被保险人的保险金请求权。根据合同相对性原则，强制责任保险合同的当事人为保险人与被保险人，受害人不属于保险合同的当事人，因此受害人的索赔请求只能向被保险人提出，而对保险人没有直接的赔偿请求权。但实行强制责任保险的立法目的是使受害人能够得到迅速、有效的救济，避免被保险人由于自身或其他原因无法对受害人进行及时赔偿，之所以规定保险人要在责任限额内进行无过失赔付，也是为了使受害人及时得到赔偿，因此，规定受害人直接请求权是推行强制责任保险的天然需要。

受害人的直接请求权是在保险事故发生后根据法律的规定原始取得的，它不同于受害人的损害赔偿请求权与被保险人的保险金请求权，具有独立性。❶正是由于受害人直接请求权的这种独立性，保险人就不能以其对被保险人的抗辩事由对抗受害人的请求权，而仅能在特定情形下向被保险人追偿。在规定受害人直接请求权的情况下，能够使受害人及时从保险人处得到损害赔偿，这样就能对受害人进行较为全面的救济，从而达到强制责任保险立法的目的。

2009年修订的《保险法》第65条第2款明确规定："责任保险的被保险人给第三者造成损害，被保险人对第三者应负的赔偿责任确定的，根据被保险

---

❶ 许崇苗、李利：《中国保险法原理与适用》，法律出版社2010年版，第182页。

人的请求，保险人应当直接向该第三者赔偿保险金。被保险人怠于请求的，第三者有权就其应获赔偿部分直接向保险人请求赔偿保险金。"该条有限度地承认了受害人的直接请求权，但是附加了较为严格的条件，即以被保险人请求为原则，以受害第三者请求为例外，条件是被保险人在条件成熟时怠于请求。这一规定适用于任意责任保险并无问题，但如适用于强制责任保险则明显不利于受害人权利的保护，违背了强制责任保险制度的设立初衷。因此，我国在推行强制责任保险时应赋予受害人无条件的直接请求权。

（三）强制责任保险索赔诉讼中的程序问题

1. 强制责任保险索赔诉讼中各方当事人的诉讼地位

（1）受害人的诉讼地位

受害人在责任保险法律关系中的地位存在多种学说，其中以德国的"法定并存的债务承担"理论❶最为典型。该理论认为保险人其与一般债务承担人的区别，在于保险人须加入成为共同债务人，而原债务人并不脱离债务关系。从责任保险合同保障第三受害人的角度，该合同应具有法定并存债务承担的法理，则保险人的赔付义务于受害人损害发生时即告成立。同时，法定并存债务承担的效果，可使第三人的损害赔偿请求权双重化，即受害人也享有向保险人行使请求损害赔偿的权利。这也完全符合强制责任保险的受害人强制请求权的内在要求。据此，按照强制责任保险契约的属性，笔者认为保险人对于受害人的赔偿责任可以遵循"法定并存的债务承担"理论，将第三受害人视为被保险人的"法定受益人"，使两者的请求权同时存在。

（2）保险人、被保险人的诉讼地位

按照目前的法律规定和司法实践来看，责任保险的保险人在受害人损害赔偿诉讼中的地位主要有两种：第一种是与被保险人一起成为共同被告。以交强险为例，《道路交通安全法》第76条规定，机动车发生交通事故造成人身伤亡、财产损失的，由保险人在机动车第三者责任强制保险责任限额范围内予以赔偿；超过责任限额的部分，由有过错的机动车一方承担赔偿责任。保险人承担的是第一序位的赔偿责任，被保险人承担补充赔偿责任。那么在受害人启动的诉讼程序中，保险人就应该作为损害赔偿纠纷的共同被告❷。

第二种是保险公司作为无独立请求权的第三人参加诉讼❸。其理由在于，首先，保险人虽然不是侵权诉讼中的被告，但却与该案有法律上的利害关系。保险人与受害人之间虽然并无直接的合同关系或侵权赔偿关系，但是当受害人

---

❶ 马楠："责任保险第三人请求权研究"，吉林大学博士学位论文2009年，第37页。
❷ 郭锋、胡晓珂："强制责任保险研究"，载《法学杂志》2009年第5期，第45页。
❸ 李华："论中国'二元化'责任保险制度的构建"，载《南京大学法学评论》2007年春季号，第193页。

基于侵权关系直接起诉被保险人并主张侵权赔偿责任时，由于被保险人与保险人存在保险合同关系，因此受害人与被保险人之间侵权诉讼的结果，可能会牵涉到保险人的赔偿。其次，对保险人而言，保险金赔偿的法律关系与侵权损害赔偿的法律关系密切相关，为防止受害人与被保险人恶意串通，保险人也应申请或者由法院通知作为无独立请求权的第三人参加诉讼。

根据前述观点及论述，笔者认为，我国在强制责任保险中应赋予受害人直接请求权，保险公司在诉讼中的地位应为独立被告❶。对于被保险人应以什么样的诉讼地位介入到受害人诉保险人的诉讼中来，笔者倾向性于将被保险人列为无独立请求权的第三人。在受害人依直接请求权要求保险人承担赔偿责任时，保险人可以行使被保险人的抗辩权。强制责任保险的保险标的是被保险人对受害人的侵权责任，没有被保险人对受害人的侵权责任，也就没有保险公司的保险责任。因此，被保险人作为无独立请求权人的身份介入受害人与保险人的诉讼中较为妥当。

2. 受害人直接请求权的诉讼时效

关于受害人行使直接请求权的诉讼时效，参照前述"法定并存的债务承担"理论，若将受害人视为被保险人的法定受益人，则可确定其受害人直接请求权的诉讼时效为两年，起算点为自受害人知道或应当知道保险事故发生之日起计算。受害人拥有独立的损害赔偿直接请求权，该权利与被保险人的保险金请求权是独立的，其诉讼时效与被保险人的诉讼时效也是独立的，二者并不冲突。

但是对于某些特殊领域的强制责任保险，由于保险事故所导致的损害后果可能会"潜伏"很多年，例如，针对环境污染设置的强制责任保险，若一概将其设定为"自受害人知道或应当知道保险事故发生之日起两年"，可能会使受害人陷入知道保险事故发生但却无法证明损失的尴尬境地，这样不仅不利于保护受害人的合法权益，最终也将导致实质上无法实现该强制责任保险设置的目的。因此，对于可能索赔期较长的领域，需要对其在立法上予以特殊考虑。例如，美国在环境责任保险单中往往使用"日落条款"（Sunset Clause）。所谓日落条款是指保险合同双方约定被保险人向保险人通知索赔的最长期限的条款。其主要内容是：在保险单生效至保险单失效之后的 30 年时间内，保险人对保险单有效期内发生的被保险人环境损害赔偿承担保险责任，而超过这一期限向保险人请求赔偿的，保险人不再向被保险人承担保险责任。❷ 从这一条款可以看出，保险人承担保险赔偿责任的时限已经大大延长了，除了保险合同有效期

---

❶ 邹志洪、曹顺明："论我国强制保险立法的完善"，载《保险研究》2007 年第 9 期。
❷ 贾爱玲：《环境责任保险制度研究》，中国环境科学出版社 2010 年版，第 114 页。

间外，在保险单失效之后长达 30 年的时间内，保险人依然需要负责，该条款对保险人赔付责任的设置无疑是相当重的。当然，如前所述，一方面，我国在设置具体强制责任保险条文时最需要考虑的是立足我国的国情；另一方面，在某些索赔时间可能较长的领域，我国在设置具体强制责任保险条款时也可以参考借鉴美国的做法，做好保险人、投保人、被保险人、受害人等几方面的平衡，最大限度地实现强制责任保险的立法目的。

结语

在科技日益发展的今天，发生重特大风险事件的风险因子以及由此带来的人员及财产损失也在不断扩大，作为现代服务型政府，在面临重大自然灾害和突发重特大安全事故时，不仅仅需要加强对类似事件的风险防控工作，更需要做到对受害人及时、充分的救济。因此，一旦发生重特大风险事件，政府将面临巨大的社会救助和舆论压力。

鉴于责任保险对于保护受害第三人、化解社会矛盾方面的强大价值和功能，其作为一种重要的社会治理工具越来越受到各国政府的青睐，各国出于社会管理职能及维护社会公共利益的考虑，都利用政府权力各自对不同的责任保险予以强制，即利用特定领域推行强制责任保险。但我国强制责任保险尚处于初级发展阶段，社会对其认知度不高，涉及面也较窄，无论在广度还是深度方面都与国外存在着较大的差距。但现在，随着中国保险市场的逐渐放开和不断发展，政府部门越来越重视发挥保险的社会治理功用，特别是近期国务院下发的"新国十条"更是明确提出了"把发展现代保险服务业放在经济社会工作整体布局中统筹考虑"的思想，而通过立法的方式，将某些对社会、民生具有重大影响的产业纳入强制责任保险领域，不仅有利于更好地保障受害人得到及时、充分的救济，更是商业保险参与社会治理的重要一环。笔者相信，我国的强制责任保险涉及的险种和领域及其存在问题将会得到不断的发展与完善，强制责任保险在保护受害人合法权益、维护社会公共利益、实现公平和正义等方面也将发挥更大的作用，真正成为政府改进公共服务、加强社会管理的有效工具。

互联网金融对我国《保险法》适用的影响及其应对

贾林青[*] 汪 洋[**]

《保险法》作为专门适用于保险市场的法律规范体系，其适用效果决定于保险市场的客观需求。只有与保险市场的客观需求相吻合，它才能够充分发挥规范调整作用，建立起保险业稳定有序的经营秩序，保护保险消费者的合法权益。反之，《保险法》就会与保险市场的实际需求存在距离而导致法律调整的疏漏，从而降低其适用效果，不利于保险市场的正常发展。

一、互联网金融对《保险法》在中国大陆地区的适用提出新的挑战

适应现代信息技术日新月异的发展和普及，互联网已经遍及大众生活的各个领域，影响着各个行业的生产经营，保险业自然不可能置身其外。特别是伴随着互联网金融的蓬勃兴起，互联网保险已经成为互联网金融的重要组成部分，以其向社会公众提供风险保障的独特功能而独立其间。应当说，互联网保险是对保险业传统营销模式的重大变革——运用凝聚现代信息技术的互联网手段，开拓新的保险服务渠道来向新的客户群体的新型保险需求提供新的保险服务。笔者将互联网保险实践归纳为两个阶段。

(一) 互联网保险的初级阶段

互联网保险的初级阶段，表现为互联网最初进入保险业时为保险公司利用互联网来销售保险单。它发端于2005年4月1日，中国人民财产保险股份有限公司签出的国内首张电子保单，此后，电子保单被越来越多的保险公司采用，成为保险公司在保险市场上向社会公众提供的新型保险营销服务。

具体而言，电子保单目前在保险市场上的适用主要有三种业务模式：第一种是网上业务，即保险公司在其网站上宣传保险产品，公布该保险产品的条款内容、投保流程和投保要求；有意购买该保险产品的投保人在互联网上选择特

---

[*] 中国人民大学法学院教授，中国保险法研究会副会长。
[**] 中国人寿保险股份有限公司法律合规部处长。

定的保险产品,按照保险公司设计的投保流程和投保要求填写相应的信息内容,按步骤进行投保操作,并在满足了保险公司设计的投保条件后,通过互联网支付方式来缴纳保险费;相应地,保险公司的互联网系统按照事先设计的操作流程进行核保、收取保险费和完成出单,并自动生成电子保单。

第二种是网上对接业务,即保险公司为特定的客户(例如货运公司、旅行社等长期客户)提供保险业务对接的网上平台,由这些客户在出现购买特定保险产品需求时,直接在其与保险公司的网上对接系统平台上,按照保险公司事先设计的网上流程和操作步骤输入投保有关保险产品所需的相关信息后,该网上系统自动核保并生成电子保单。

第三种是卡式业务等,其操作步骤是保险公司事先制作自助式电子保险卡,由保险营销员或者保险代理公司、兼业保险代理机构的员工向客户当面推销该自助式保险卡(包括宣传该保险卡所涉及的保险产品和使用方法、说明有关的保险事项、回答购买者提出的问题等),购买人在购买了该保险卡后,由持卡人在该保险公司网站上自动激活。其间需要根据保险公司设定的网上投保条件和投保流程来填写相关信息予以提交,满足这些设定条件的也就通过了网上核保,并按照激活程序获取电子保单号码,生成网上电子保单。

可见,互联网保险的初级阶段实质上是保险公司利用互联网手段从事的一种新的保险销售途径,相应的电子保单应当被视为书面保险合同的特殊表现形式,属于保险条款的新型载体,与传统的纸质保险单具有同等意义。因为,电子保单的适用并未改变保险产品的内容,也没有突破传统的保险领域。但是,其发展速度不可小觑,根据中国保险行业协会发布的《互联网保险行业发展报告》的统计,2011~2013 年,国内经营互联网保险业务的保险公司从 28 家增加到 60 家,年均增长率为 46%,规模保费从 32 亿元增长到 291 亿元,三年间增幅达 810%。

(二)互联网深度进入保险业的高级阶段

互联网深度进入保险业的高级阶段,表现为互联网保险是以互联网市场(经济)作为保险业的服务对象而开展保险经营。例如,泰康人寿保险股份有限公司与淘宝网联手于 2013 年 11 月推出新的互联网保险产品"乐业宝";第一家互联网保险公司——众安在线财产保险股份有限公司于 2013 年 9 月经中国保监会批准,获准开业经营,其开业不久就推出第一款互联网保险产品——"众乐宝—保证金计划"。

之所以将此阶段称为互联网保险的高级阶段,在于其出现于保险市场上是以互联网市场(经济)作为保险适用区域的、为其广大经营者面临的风险提供保险保障的新型保险产品。这标志着互联网保险已经将互联网市场(经济)纳入保险业经营的一部分,无异于扩展了保险业的服务范围。分析上述"乐业宝"和"众乐宝"等新型保险产品，前者是泰康人寿保险与淘宝网联手推出的专门针对电子商务创业人群而上线经营的保险保障计划，它依托互联网运作，向电商平台上的卖家、客服小二等群体提供低成本、高保障的意外、医疗、养老的人身保险保障，填补了电商群体"无保险"的空白；后者则是众安在线保险公司向淘宝集市上多达900多万电商卖家的履约能力提供保险保障，成为国内第一款针对电子商务领域开发的互联网保证金保险。它不仅可以让参加保险的电商获得最长一年、最高20万元的保险保障额度，还能够提高电商的信誉度。

与互联网保险的初级阶段相比较，其高级阶段在诸多方面都存在着特点使其进一步体现出不同于传统保险业务活动内容和规律。首先，互联网保险的高级阶段是以互联网市场（经济）作为适用领域的。新的互联网高级阶段是专门针对现代信息技术条件下新兴的互联网市场（经济）而构建的保险服务领域，不同于传统的农业、工业以及服务业等社会经济门类从事生产经营和社会公众在日常生活领域。由于互联网市场（经济）领域以其突出的信息化和虚拟化而区别于其他传统的经济领域，形成特殊的市场运行规律，其市场活动的参与者亦具有新的保险需求。但当前保险市场上，专门针对传统的工业、农业以及服务业等经济领域所设计的现有保险产品无法满足互联网市场（经济）提出的保险需求。因此，伴随着互联网市场（经济）的发展而产生的保险需求，保险市场势必要对其作出反应，根据其市场特点来设计相应的新型保险产品，提供相应的保险服务。这意味着保险市场发生了实质性变化，不仅仅是营销模式的创新，而是生成了不同于传统保险领域的、专门服务于互联网市场（经济）的新兴保险领域，即为互联网保险，并由此增加了保险服务的内容，将保险领域从传统的财产保险和人身保险扩大到互联网市场经济活动，无异于扩展了保险市场的适用范围。

其次，互联网保险的服务对象是参与互联网市场（经济）活动的团体或者个人。概括互联网市场活动的实践，参与其间的各方，无论是提供互联网服务平台的运营商，还是以商家身份出现的电商、小二等卖方或者以消费者身份出现的买家等，因他们是借助互联网路径来完成相应的商事交换目的的，构成了特色明显的商事活动群体。不过，面对互联网市场（经济）参与者群体因相应的风险因素而产生的保险需求，目前的保险市场上鲜有合适的保险产品来为其提供保险保障，形成该市场群体无合适保险产品可投的"失保"状态。上述的"乐业宝"和"众乐宝"等实例说明，这些代表着互联网保险高级阶段的新型保险产品，是专以互联网市场（经济）活动的参与者作为其适用对象，从而，弥补了现有保险市场经营的空白，将参与互联网市场（经济）活动的特定群体纳入保险保障的服务范围之内。

第三，互联网保险的高级阶段面对的风险因素不同于其他传统的保险领域。这取决于互联网保险独特的运作技术手段。如上所述，互联网保险的高级阶段是运用现代信息的互联网技术而开展的保险活动，具有无纸化、即时性的技术特色，既能够为参与互联网保险活动的当事人带来便捷的高效率的市场经营效果，又同时催生了不同于传统保险领域的风险因素。例如，互联网保险的信息化技术决定着一旦出现技术性故障便可能出现互联网保险的信息数据丢失所带来的困难和损失；互联网保险的无纸化和即时性使得互联网金融活动的参与者的信用风险更加突出，参与互联网市场经营的广大电商、互联网平台的服务方的经营风险是不可无视的，而互联网保险"支付宝"等网上支付手段更让消费者面临着复杂的、隐秘的支付风险。这些风险因素对于参与互联网市场活动的当事人，尤其是互联网金融的消费者来讲，会产生重要的负面影响，因此，互联网保险作为现代社会经济活动中重要的保障机制，应当将这些风险因素纳入其保险保障的范围，并以此而区别于传统的保险领域。

第四，互联网保险的高级阶段所提供的保险服务模式与互联网金融相比，其具有诸多技术特色。互联网保险向其保障对象提供的保险服务模式当然就不同于传统的保险领域。其特出表现就是借助互联网技术进行的网上操作，便利了广大参与者实施保险行为，这不仅体现在投保环节上以网上点击操作形式取代面对面的签约，大大简化了保险合同的签约过程，提高了签约效率；更以网上对接方式即可完成的索赔和支付方式来改变保险赔付的方式。显然，这些互联网保险特有的保险服务方式，将引发保险领域的重大变革。

有专家称，2013年是互联网金融元年，2014年是互联网金融爆发年[1]，势必将进一步拓展保险业在互联网市场上的适用空间，增大互联网保险领域的竞争程度，这意味着互联网保险对《保险法》的规范调整提出新的需求，形成《保险法》适用上的新挑战，保险立法应当对此做出回应，以便适应互联网保险稳定有序发展的要求。

二、互联网金融对保险合同缔结阶段的影响

（一）影响到认定保险人之条款说明义务的履行标准

出于平衡双方当事人之间因信息不对称而存在利益冲突的需要，《保险法》要求保险公司应当在保险合同签订阶段承担格式条款的说明义务，在缔约阶段承担基本缔约义务，这些同样适用于互联网环境下缔结的保险合同。然而，互联网环境决定保险合同的签订具有便捷性和虚拟化特点，使得保险公司履行其依法承担的条款说明义务具有区别于传统的协商订立保险合同的形式，表现为

---

[1] 参见清科集团数据研究中心：《2014年互联网金融报告》，2014年2月发布。

不仅要将保险条款，包括有关保险人免责条款的明确说明等内容设计为网上的数据电文，还应当将有关条款的说明内容也以数据电文形式纳入投保程序之中，只要投保人按照投保程序进行操作，就能够阅读到这些条款说明内容。是否正由于此情况，才引发司法实践中就能否认定为保险人已经适当地履行了条款说明义务之争议。

笔者对此持否定态度。因为，从保险实务角度讲，保险公司在投保流程中一并载有有关条款的说明内容，是保险电子商务的特殊协议方式所决定的订约特点，是保险公司根据保险实务的经验采取预先针对投保人可能提出和需要了解的条款问题而做出的说明性答复，等同于传统当面协商时的即时解答。但仅凭保险公司在投保流程中载有有关条款的说明内容，是不足以得出保险公司已经适当地履行了条款说明义务的结论的。能否就此认定保险公司已经履行了条款说明义务，还需要由法院或者仲裁机构根据《保险法》第17条的规定和保险实务的需要，对保险公司在投保流程中载入的有关条款说明内容进行审查，衡量已有的说明内容是否已达到满足投保人需要理解的有关条款内容的程度，尤其是保险人免责条款的内容含义以及由此可能产生的法律后果。若上述的条款说明内容足以让投保人了解有关条款的内容含义以及由此可能产生的法律后果，则意味着保险公司承担的条款说明义务已经得到适当地履行。否则，投保人在投保操作过程中阅读了上述条款说明内容后，仍然存有疑义或问题的，则保险公司或者参与出售电子保单而与投保人接触的保险代理人就仍然需要再行予以补充说明或解答，直到能够达到上述效果。

可见，不能仅凭投保流程中的条款说明内容来简单地认为保险公司履行了条款说明义务。因此处理保险纠纷的法院或仲裁机构实施的投保流程中有关条款说明内容程度的审查对于确认保险公司在互联网环境下履行条款说明义务的价值重大。法院在审理互联网保险的纠纷案件时，应当将审查保险人一方设计的电子保单条款内容和操作流程的说明内容的工作纳入其调查取证的组成部分。

如此处理的价值在于：一方面，可以让投保人在网上投保过程中获取相对人名实相符的条款说明服务，确保保险关系的稳定运行，切实保护投保人和被保险人的合法权益；另一方面，可以督促保险公司在进行投保流程设计时认真地设计符合保险实务所需要的条款说明内容，确保其保险经营目标的有效实现。当然，与此相对应的，保险监管机关可以要求保险公司事先将其设计的有关保险电子商务中涉及的条款说明内容的设计进行报备，并进行必要的审查，用以减少甚至杜绝互联网保险活动中有可能涉及的条款说明义务履行纠纷。

（二）影响到认定保险合同成立与生效的法律标准

由于互联网金融就是利用互联网传输技术来从事各类金融业务活动，它区别于传统的金融交易活动的特色就是以虚构的金融商业环境,跨越时间和空间局限而实现高效率、无纸化的金融交易。这不仅改变了金融交易模式,也必然引发金融交易规则的相应变化。其中仅就大金融组成部分的保险市场而言,互联网保险对《保险法》适用产生的影响中,对保险合同成立与生效之认定标准的影响就是典型问题之一。

无论是借助电子保单销售保险合同,还是针对互联网市场推出创新型保险产品,其所涉及的保险合同关系均是以无纸化的数据电文形式表现的合同内容来取代传统的纸质合同文本。不过,借助互联网技术而兴起的电子商务在便利广大社会公众购买保险产品、提升保险缔约效率的同时,也在保险实务和司法实践中带来相应的问题,即在互联网环境下,应如何认定保险合同成立与生效?这在保险理论界和实务界争议颇大,存在着诸多观点,诸如收费说❶、激活说❷、预约和本约并存说❸等。从共性上看,认定互联网环境下保险合同的成立与生效不应当适用《合同法》的一般规定,而需要重新设计认定的标准。

笔者认为,上述各观点各有独特的视角和理论支持,不过,在重新构建互联网环境下,认定保险合同成立与生效之标准仍然应当是以《合同法》有关保险合同成立与生效的一般法律标准为基础的。按照合同法理论,"合同是两人或多人之间,就某种特定事项作为或不作为所达成的一种具有约束力的协定"❹,强调的是双方当事人之间意思表示一致的"合意"。这意味着任何一个合同关系的建立,均必须经过"当事人双方相互交换意思表示的过程,法律上称之为要约和承诺",即最终达成协议的过程❺,包括适用于保险市场的保险合同。不过,保险市场的运作特点决定了《合同法》的一般性法律规则应当适应保险合同成立与生效的特殊规律。尤其是在互联网环境下得到逐渐推广使用的电子保单决定着相关保险合同的成立与生效必然有别于传统的合同类型,需要重构用于认定电子保单涉及的保险合同成立与生效的法律规则,以此促进合同法律制度的进步和发展。笔者正是在此意义上提出:应当采取"承诺说"来认定互联网环境所涉及保险合同的成立与生效。

所谓"承诺说",就是根据互联网传输技术的操作特点,认定保险公司将

---

❶ 所谓收费说,认为利用互联网销售保险产品的保险公司收取了投保人缴纳的保险费,即应当视为其同意承保。因此,相应的保险合同应当自保险公司收到保险费之时成立和生效。

❷ 所谓激活说,互联网环境下订立保险合同过程中,投保人缴纳保险费属于签约所需的要约,而投保人按照保险人设计的签约步骤和操作流程完成操作过程,直到最终点击"同意"键或者将自助保险卡在互联网系统上激活时,为保险合同成立和生效的标志。

❸ 预约与本约说,是主要针对电子保单范围内适用的自助保险卡模式,提出认定保险合同成立于生效的标准。前者认为,自助保险卡的交易(购卡交易)环节属于订立保险合同的预约,而电子交易双方各自在互联网上实施的激活自助保险卡和生成保险单的环节才是订立保险合同的本约,故应当认定生成保险单之时为保险合同的成立和生效。

❹ 刘瑞复:《合同法(第二版)》,群众出版社1999年9月版,第49页。

❺ 王家福:《中国民法学·民法债权》,法律出版社1993年版,第279页。

其事先拟订的格式化保险条款以销售为目的向不特定的社会公众予以公开和销售的行为，完全类似于我国《合同法》第 15 条所规定的符合要约条件的商业广告形式，应当认定为保险公司向不特定的社会公众提出订立保险合同的要约，而投保人提出保险要求，按照保险公司设计的投保操作流程实施的操作行为则构成订立保险合同所需的承诺，而保险公司在互联网终端上收取投保人提交的投保单之时便为上述承诺，并引发保险合同的成立与生效。

首先，保险人利用计算机网络技术所设计的、并且供社会公众公开选择购买的具体保险险种内容的电子保单应当被认定为是一种以电子数据形式表现的、愿意出卖具体保险产品的意思表示，即为签订保险合同所需的要约。因为，保险人在网络上设计和公开销售的这种电子保单虽然是向不特定的社会公众发出的一种意思表示，但是该意思表示不应当被理解为一般的商业广告，更不应确认其为要约邀请。原因在于，保险公司向不特定社会公众销售电子保单的行为具备了《合同法》第 14 条所规定的要约条件：（1）该意思表示不仅包含了相应保险的基本（主要）条款、投保条件以及投保流程，并附有该保险产品的说明手册等，具备了相应的保险合同之具体、确定的内容。（2）该意思表示在网络设计上明确表示了如此意思：只要符合该意思表示设计的条件和投保流程表达承诺意思的，保险公司即受该承诺的约束。这意味着任何一个有意购买该保险产品的人，只要依赖保险公司设计的投保条件、投保须知和投保流程上网操作，就可以成功完成，按照《合同法》第 15 条第 2 款的规定，该意思表示充分体现出要约的意思，理应认定为订立保险合同的要约环节，并明显地区别于合同法上的要约邀请，后者并非是以签订保险合同为目的的意思表示，而仅仅是一种事实行为，"是当事人订立合同的预备行为，在发出要约邀请时，当事人仍处于订约的准备阶段"[1]。

其次，与此相对应的是，有意购买该保险产品的投保人只要按照保险公司发布的投保条件和投保流程进行网上操作，就可以成功地完成投保过程，并获取电子保单，可见，投保人实施的购买电子保单的投保过程充分表现了其同意保险公司之要约的真实意思，故依据《合同法》第 21 条的规定，应当认定该投保人在网上购买电子保单的活动为订立保险合同所需的承诺。由于投保人在购买电子保单时，在互联网终端上面对着保险公司事先拟订好的格式化保险合同条款和操作流程，处于被动的附和地位，在其购买电子保单进行投保的过程中只能表达同意或者不同意的意思，完全符合《合同法》规定的承诺，构成"受要约人以要约人希望的方式表示同意要约中所表示的条款"[2]。

---

[1] 王利明：《民商法研究（第四辑）》，法律出版社 1999 年版，第 459 页。
[2] [美] 杰佛里·费里尔、迈克尔·纳文著：《美国合同法精解》，陈彦明译，北京大学出版社 2009 年版，第 143 页。

可见，在上述的采取电子保单形式的保险合同的订立步骤中，保险公司处于要约人地位，而投保人为承诺人的认定，与《保险法》第13条第1款规定的"投保人提出保险要求，经保险人同意承保"的保险合同订立步骤亦不矛盾。因为，该项立法规定只是体现出投保人与保险公司之间订立保险合同所需的双方意思表示相对应的协商关系，并不意味着投保人提出保险要求必然在先，只能处于要约的地位，而保险公司同意承保也并非必然是此后的承诺。更何况，按照合同法理论，要约与承诺的地位本就不是固定不变的，往往会因实际情况的需要而发生身份和地位置换。因此，确认互联网环境下订立保险合同的，"保险人同意承保"表现为向不特定的人公开销售，并表示接受约束的意思表示，构成要约；与此相对应，"投保人提出保险要求"就表现为投保人按照操作流程在网上进行投保操作，并成功完成购买的意思表示，属于承诺。

因此，认定电子商务适用范围内的保险合同的成立与生效，就必须与上述电子商务运作的特点相适应。就电子保单的买卖活动而言，投保人是以承诺人的身份进行网上投保操作，按照《合同法》第26条第2款、第25条以及第16条第2款的规定精神，投保人按照保险公司设计的投保条件和投保流程进行网上投保的数据电文进入到保险公司（收件人）指定的特定系统的时间为该电子保单（所代表的保险合同）成立之时，而且，在保险公司设计的出售电子保单的意思表示中未就该电子保单的生效条件和生效时间作出特别要求的情况下，该电子保单同时产生效力。从实务操作角度讲，投保人为投保所输入网上系统的数据电文进入保险公司指定的特定系统的时间与投保人获取电子保单的时间几近同时，故从客观上，投保人获取电子保单的时间也就是该保险合同的成立时间。至于保险公司收到投保人缴纳保险费的时间，笔者认为不应当作为认定电子保单成立和成效的依据，而应属于履约的内容之一。

三、互联网金融对保险合同履行的影响

互联网交易活动的无纸化、信息化和迅捷化等特色必然对于相关保险合同的履行过程产生一定的影响，形成不同于传统纸本合同履行的规律。总结互联网保险的实践，这种影响不仅涉及当事人身份的确认，更影响到履行标准的适用。

（一）影响到投保人身份的认定

在互联网保险运作的实践中，其所涉及的保险合同是典型的"点击合同"，即保险服务的提供人通过互联网程序预先设定合同条款，以规定其与相对人之间的权利义务关系，相对人必须点击"同意"才能订立的合同[1]。这意味着在

---

[1] 张楚：《电子商务法（第二版）》，中国人民大学出版社2007年版，第83页。

互联网环境下的保险合同作为点击合同，就是网络环境下的格式合同，作为相对人的投保人通常被要求点击"同意"才可继续进行。因此，高效率的互联网传输技术已经将传统合同订立所采用的"面对面"协商订立方式变革为双方当事人用数据电文来"非面对面"的"隔空"手谈签约，因此，投保人和被保险人身份的特定性就存在着很大的不确定性。因为，在互联网终端上实施操作的人或者实际缴纳保险费的人与实际的投保人很可能不是同一人，而是 A 和 B 两个不同的人。

实例一：A 旅行社以其名义代为游客 B 通过网上操作系统投保个人旅游意外险，并由 B 支付保险费；实例二：A 企业出钱为其员工购买个人意外险的自助式保险卡，并将该保险卡有偿转让给员工 B 持有，由员工 B 在网上激活而生成保险单。由此引起了认定投保人和被保险人身份的争议。一是认为：A 是投保人，B 是被保险人；二是认为 A 是代理人，B 是投保人和被保险人。

笔者认为，在互联网环境下的电子保单所确立的保险关系，其法律构成与传统纸本合同构建的保险关系并无不同，离不开特定的投保人。众所周知，合同之债的特定性决定着保险合同的投保人应当是特定的，不过，主体的这种特定性并非是一成不变的，尤其是保险合同在互联网环境下的运用，只有其投保人在一定条件下是可以变更的，能够与互联网市场的诸多特性相适应。按照我国《保险法》第 12 条第 1 款的规定精神，只要是表达了真实的投保之意思表示，实施了投保行为，并履行了缴纳保险费义务的人就可以成为投保人，故而应当认定上述实例中的 B 为投保人，当然，其前提条件是在保险责任开始之前。

理由是运用互联网技术进行网上投保时，认定投保人需要强调三个要点：一是应是在网上投保过程中实施了投保行为的人。二是该投保行为人不能简单地规定为在网上实际操作之人，而应是在投保过程中独立表达了真实投保的意思表示之人。在实务中，表达投保意思之人与网上实际操作之人为同一个人的，其当然就是投保人；而表达投保意思之人与网上实际操作之人也可能是不同的人，此时的投保人只能是表达投保意思之人，而网上实际操作之人则应认定为代理人或者协助人。三是履行了缴纳保险费义务的人。

尤其是采取购买自助卡式电子保单形式的保险合同关系，其互联网上的操作特点决定了投保人属于不记名类型，则在互联网上投保之后，认定投保人应当以持有该保险卡为标准，即实际持有该保险卡的人就是投保人。这意味着自助卡式电子保单是可以转让的。因为，转让自助卡式电子保单无异于原投保人将其投保人的身份和基于缴纳保险费而取得的要求返还保险费的权利一并转交给受让人，使得该受让人（实际持卡人）承受了投保人的身份。当然，由于遗失、被盗等原因取得该自助式电子保单的情况除外。

上述观点建立在两个法理基础之上，一是法律行为制度的意思表示理论。按照民事法律行为理论的要求，构成民事法律行为的有效条件之一就是行为人的真实意思表示，即当事人在实施相应行为时所表达的真实的内在意思与其外在表示相互一致。那么，用此标准来分析上述实例，可以发现其投保过程涉及A和B的两个意思表示。在实例一中，游客B为自己在随旅游团旅游过程中可能遭遇的意外风险投保旅游意外伤害保险的表示，A旅行社以自己的名义为游客B投保游客意外伤害保险的表示；前者体现着游客B寻求保险保障的真实意愿，而后者却是旅行社出于吸引游客B参加旅游团的经营目的之需要而表达的所谓"投保意思"。在实例二中，A企业购买自助保险卡的表示和员工B有偿受让该保险卡，并予以网上激活的表示同样并存。当这两个意思表示同时存在于一个投保行为之中时，确认孰是真实且更能够代表行为人的真实意愿，答案自然是B，则认定其为所涉保险合同的投保人当无疑义，而不应做出截然相反的"逆向选择"。

二是伪装行为的理论。虽然在上述事例所涉及的投保行为中是以A旅行社的名义进行投保或者是由A企业购买保险卡，但是这并非代表该A旅行社或者A企业有真实投保的意愿，实际构成意思表示不真实的行为，应当纳入用于伪装另一个真实行为的伪装行为，而被伪装的正是游客B或者员工B投保意外伤害保险的真实行为。因此，根据伪装行为的理论和司法实践，应当否定A旅行社或者A企业实施的"投保行为"的效力，而确认游客B或者员工B为实施真实投保行为的投保人。

不仅如此，对于以互联网市场作为服务对象的互联网保险所涉及的保险合同而言，认定其间的投保人，还必须审核其是否具备法定的电子商务主体资格。由于互联网保险是为从事电子商务经营活动的电子商务企业提供的保险服务，要想达到保障和维护相对人保险利益的目的，首先就应当运用电子商务法的电子商务主体认定规则来确认投保人的身份。具体条件包括：第一是电子商务企业应当能够符合真实原则，即电子商务企业必须是真实存在的现实企业或者在线企业，而不应是"虚拟"主体；第二是符合资格法定原则，就是符合法律规定的资格条件，并依法取得相关主管机关批准的从事互联网市场经营的电子商务经营主体资格；第三是符合主体公示原则，该原则要求电子商务企业必须在网上明确显示其真实身份，即应当在其网站主页的显著位置表明其经营许可证或者备案编号，用以提示其主体身份。由此表明在互联网保险所涉及的保险合同的适用中，认定投保人的身份已经不能满足于现行民商事立法的一般条件，而应当考虑有关调整互联网活动之特殊立法所规定的具体条件。

（二）影响到保险责任开始时间的认定

众所周知，保险责任是保险合同的核心内容，投保人购买保险合同的目标在于以支付保险费为对价而使被保险人获取保险人通过履行保险责任来提供的保险保障，而保险人经营保险业务的主要卖点也就是其如约向相对人承担保险责任所提供的保障效果。因此，"保险责任自何时开始"就成为保险合同中的一个关键节点，与保险合同的各方当事人利益攸关。它同样是互联网保险中引人关注的一个问题。

总结处理有关电子保单纠纷的司法实践经验，关于保险责任开始时间的认定已然出现了不同意见。仅以自助式保险卡为例，一种意见认为，应当自保险公司在网上收到保险费而保险合同生效时开始保险公司的保险责任。另一种意见则认为，自助保险卡项下的保险责任应当自持卡人按照操作程序的要求在网上激活时开始。应当说这只是互联网保险领域涉及保险责任开始时间之争的"冰山一角"。可以预见，与互联网保险的兴旺发展相适应，服务于互联网市场（经济）的新型保险产品必将如雨后春笋般出现，其中各家从事互联网保险服务的保险公司在有关保险责任的内容、承担责任的范围和方式等方面的设计必然丰富多彩。那么，这些互联网保险产品以提供保险服务来满足不同投保群体的保险需求的同时，也会增加因对于保险责任的理解和解释的不同而产生的纠纷，因此，尽可能地完善有关互联网保险的保险责任开始时间的标准就成为建设互联网保险法律制度的又一任务。

笔者提出，认定互联网保险的保险责任开始时间的法律标准不仅要适应互联网金融的运行需要，更应当符合保险合同的制度建设。运用相关的保险法理论解决互联网保险的保险责任开始时间问题时，有两个法律要点必须妥善处理好：

1. 坚持保险合同有效期限与保险责任期限的科学关系

毋庸置疑，期限对于保险合同的适用意义重大，但是在保险实务中，保险合同的期限存在两个相互联系又相互区别的概念，一是保险合同的有效期限，二是保险责任的起讫期限。它们作为涉及保险合同的时间因素，各自的法律内涵以及对于保险合同的约束作用均有所区别。按照合同法理论，前者所指的是保险合同的效力存在的时间过程，即保险合同开始生效和终止的时间，又称保险期间，其约束着保险合同效力的存续长度，表现为保险合同的约束力在该期限内作用于各方当事人；后者则是指保险人依据保险合同而向被保险人承担保险责任的时间过程，又称保险责任期间，这意味着在该期限内，"如有保险事故发生，保险人承担给付保险金的责任，逾此期限发生的事故，保险人不承担责任"❶。两者均是保险合同中不可缺少的必要内容之一，不过，保险合同有效期是保险合同的包括保险责任期间在内的其他期限规则确立和适用的前提条

---

❶ 史卫进：《保险法原理与实务研究》，科学出版社2009年版，第75页。

件。而保险责任期间则是直接作用于保险人承担的保险责任,其适用效果于保险人而言,就是依照保险合同的约定向被保险人履行保险责任,实现保险合同的保障功能;相应地,作用于被保险人身上,表现为其得以行使保险请求权,获取保险保障。

在保险实务中,多数保险合同的有效期与保险责任期间是一致的,但少数保险合同的有效期与保险责任期间却是不一致的。其中有的是保险责任期间短于保险合同有效期,表现为保险合同生效以后的某一时间点是保险责任开始之时,或者在保险合同效力终止之前的某一时间点为保险责任终止之时。当然,也有的是"保险人所承担的保险责任开始与终止之间的时段往往长于保险合同期间"❶。例如,在责任保险中,"发生责任保险单"项下的保险人承担的保险责任可以延续到保险合同终止后的数年或数十年,在保证保险中,"替代保证条款"规定,现有保单之保险人的承保责任可以回溯到现有保单生效之前、前手保单的有效期间❷。可见,确认保险人在保险合同中所承担保险责任的开始和终止,不仅取决于保险合同的生效日期(一般情况下,这是衡量保险责任开始时间的重要前提),还应当考虑不同险种、不同保单类型的实际需要。因此,认定保险责任的开始时间,就必须关注保险合同的生效期限与保险责任开始时间的法律关系,充分考虑保险合同有效期的起始是保险责任开始的前置条件的法理建构。

2. 保险合同条款的约定优先于法律的统一规定

虽然保险人承担的保险责任在大多数情况下是与保险合同生效的时间一致的,但是,也会有因当事人有特殊的需要而由双方在保险合同中共同协商约定保险责任开始的时间,诸如,约定保险责任开始于某一个具体的日期,或者以保单送达被保险人之日或自投保人交付保险费之日为保险责任的开始时间,也可以约定保险责任自某一事件发生时开始。此类约定条款自然成为当事人履行保险合同时应当予以遵守的法律标准,并且,其适用效力优先于《保险法》《合同法》的相关规定。

之所以将当事人之间约定条款的适用效力置于法律规定标准之前,其理论依据在于合同立法确立的"合同自由"原则,即合同当事人在法律允许范围内能够就合同的有关事项享有选择和决定的自由。这不仅体现为当事人选择相对人和决定签约与否的自由,更在于决定诸如交易内容、权利义务的分配、合同风险的承担、违约责任的确定等合同内容的自由❸。可见,合同作为双方当事人"合意"的产物,其中的约定条款充分体现了双方当事人协商一致的真实意

---

❶ 陈欣:《保险法(第三版)》北京大学出版社 2010 年版,第 117 页。

❷ 同上。

❸ 崔建远:《合同法》,法律出版社 2007 年版,第 21 页。

思表示,因此,"合同自由"原则充分表现出民商法以任意性规范为主的立法思想,即法律充分尊重当事人所享有的合同自由——在自愿基础上达成的合意,"合同法的目标并不是代替当事人订立合同,而只是在当事人不能通过其合意很好地安排其自身的事务时,合同法才帮助当事人完善合意,从而更好地安排自身的事务"❶。这意味着"当事人的约定在合同法上具有优先适用的法律地位,合同法担当起确保合同义务得到履行的功用。在当事人没有约定的场合,合同法则起着补充适用的功效"❷。

应当说,保险合同属于民商法合同家族中的具体类型,其当事人各方行使合同权利和履行合同义务时,同样应当适用上述的法律规则为依据。因此,保险责任作为保险人一方在保险合同中承担的核心义务,在认定其开始时间的问题上,首当其冲地要以保险合同约定条款效力优先于法律规定规则作为判断的依据。不仅如此,具体到新兴的互联网保险,其间所运用的保险合同势必基于互联网技术的诸多特点而形成有别于传统纸质合同文本的特殊性,尤其是其无纸化的特色不仅决定了互联网环境下的保险合同的生效具有特点,也影响到电子保单保险人所承担保险责任的开始不可能简单地等同于纸本保险合同。根据上述保险合同约定条款优先于法律规定的原则,当事人在网上的电子合同中有特别约定的,保险责任就自约定时间到来时或约定事由产生时开始;而当事人没有特别约定的,则保险人的保险责任自投保人在网上进行投保操作过程中最终点击"同意"键而获取电子保单之时开始。

四、互联网金融对保险监管的影响

相较而言,互联网金融以其全新的技术手段和技术特点表现出勃勃生机,并以便利优势被普遍接受,影响到人们社会生活的方方面面。对于《保险法》的制度建设和适用实践而言,这种影响不仅表现在保险合同制度上,同样也必然反应在保险业法部分,核心问题是保险业法律规制和监管体系的完善。

(一) 反垄断和反不正当竞争应当成为互联网保险监管的新职责

互联网金融的开放性决定了在其促进保险产品和保险服务创新的同时,也必然提升其经营过程中的竞争风险,因为互联网金融的开放性首先就表现在其适用空间因信息传输技术的迅猛发展而不可限量。这依赖于保险业从保险组织形式到保险产品设计、保险市场交易模式、保险营销制度、经营管理制度等诸多环节的创新,反之,保险业的创新也为促进互联网金融的深化发展提供着动力。可见,作为互联网金融组成部分的互联网保险必将在创新氛围中被纳入中

---

❶ 王利明、房绍坤、王轶:《合同法》,中国人民大学出版社 2010 年版,第 22 页。
❷ 王建东、陈旭琴:《合同法》,浙江大学出版社 2008 年版,第 24 页。

国保险市场，正如专家所提出的，中国保险制度创新的目标就是建立和发展与中国保险业发展相适应的"以市场机制为基础的'市场型保险制度'"❶。

所谓市场型保险制度，就是确立各个保险公司在保险市场上独立的经营主体地位，引入保险交易的公平竞争机制，提高保险业的经营效率，实现保险资源的合理配置。不过，在提升保险业的市场化程度的过程中，各家参与保险业经营的市场主体为了追求利益最大化而运用创新手段开展市场竞争的对抗性必然与日俱增。由于众多的保险经营者基于各自的经济利益导致的利害冲突不可避免，则相互之间存在市场竞争就是必然的现象。其中正常的市场竞争具有的积极作用在于以可能给保险经营者造成失败的压力为前提，最大限度地调动保险市场上众多保险经营者的积极性，通过不断开发新的保险产品和改善经营手段、经营方法等，在优胜劣汰的竞争环境中占有优势地位，从而使保险市场的经营活动充满生机活动，健康有序地发展，并为广大的保险消费者提供高水准的保险服务。

但是，保险市场上的竞争所固有的副作用也是客观存在的，具体表现为竞争使保险经营和保险资本趋于集中而带来一定的规模经济效益，由此形成市场垄断。而市场垄断排除或者限制了正当的市场竞争，即商品经营者"作为某种特定商品或工业服务的供应者或需求者没有竞争者，或者没有实质上的竞争"❷，使得竞争机制作用难以正常发挥，结果是因垄断价格导致市场经济活动失去活力，产品供应和商品服务减少，降低了商品经营效率，损害了消费者利益和社会公共利益，故垄断行为会成为市场经营和发展的客观障碍。因此，市场经济的稳定发展需要限制和避免市场垄断的负面影响。

保险行业的反垄断应当是我国保险市场深化发展过程中需要解决的新问题。对于刚刚出现于中国保险市场上的互联网保险而言，同样要未雨绸缪。原因是互联网保险作为新事物必然会吸引各家保险公司的关注而成为新的市场发展领域。一旦众多保险公司都进入该领域后，激烈的市场竞争在所难免的。因此，保护互联网保险领域的公平竞争，防止市场垄断和不正当竞争也就提上日程。故而保护正当的市场竞争活动和禁止垄断行为和其他不正当竞争行为就应当成为包括互联网保险在内的中国保险市场监督管理制度的组成部分。保险市场的监督管理机关需要运用相关立法和监管制度来达到兴利除弊的监管效果，一方面充分发挥市场竞争的积极作用，使其成为促进我国保险市场稳定有序发展的推动力；另一方面减少甚至杜绝市场垄断的出现，避免因其消极影响而阻碍保险市场的进步和发展，以达到保护保险市场公平竞争，提高经济运行效

---

❶ 施建祥：《中国保险制度创新研究》，中国金融出版 2006 年版，第 87 页。
❷ 参见德国《反限制竞争法》第 22 条第 1 款，转引自戴奎生、邵建东、陈立虎：《竞争法研究》，中国大百科全书出版社 1993 年版，第 6 页。

率，维护保险消费者利益和社会公共利益，促进我国保险市场健康发展的目的。

为此，国家保险业监督管理机关应当切实履行其针对维护正当、公平竞争，预防垄断方面的监督管理职责。根据我国《保险法》的规定精神，中国保监会应当遵循依法、公开、公正的原则对保险业实施监督管理，维护保险市场秩序，保护投保人、被保险人和受益人的合法权益（《保险法》第134条）。其中也包括依法对保险公司和保险中介机构及其从业人员的市场垄断行为和其他不正当竞争行为进行调查、处罚，避免保险市场秩序被扰乱❶。

不过笔者认为，针对互联网保险的客观发展需要，以预防保险经营者的市场垄断行为来维护正常的互联网保险的经营秩序至为重要，因此，《保险法》仅仅将中国保监会的监管职责停留在对保险业不正当竞争行为的监督管理是不够的。理由在于垄断和不正当竞争虽然都属于竞争法的范畴，均服务于维护公平竞争，保护竞争者、消费者合法权益和社会公共利益，促进市场经济健康发展的目的，但它们毕竟是竞争法领域内的两种法律现象，存在着法律区别，不正当竞争无法涵盖垄断行为，因此，有必要将预防保险行业的垄断行为明确确认为中国保监会的独立职责，以便其履行监管职责时有法可依。

同时，为在互联网保险的发展过程中切实有效地贯彻落实《反垄断法》，预防垄断行为，保险监管机关应当具备准确判断和认定垄断行为的能力。因此，我国保险市场经营活动的各个参与者和对保险市场行使监督管理职权的国家机关需要掌握《反垄断法》的立法精神和规则内容，以便正确地判断和认定该法所禁止的垄断行为。

从法理角度讲，"反垄断法不仅是反对垄断，而且反对限制竞争"❷，当然，按照形式逻辑关系来归纳，限制竞争是一个大概念，其中包含垄断在内，正是因此原因，反垄断法在各国的称谓不尽相同。德国称其为"反限制竞争法"，日本称其为"禁止垄断法"，美国则称其为"反托拉斯法"❸。这些对反垄断法领域各不相同的称呼体现着各国具体的法律传统和政治、经济观念，但其立法宗旨却大体相同，就是反对市场经营中的垄断和其他限制竞争的行为，保护正当、公平的竞争。我国《反垄断法》亦基于上述立法目的，针对中国社会主义市场经济发展的实际需要，确认了经营者达成垄断协议，经营者滥用市场支配地位，具有或者可能具有排除、限制竞争效果的经营者集中等行为属于该法禁止的垄断行为（《反垄断法》第3条）。

---

❶ 参见《中华人民共和国保险法》第161条。
❷ 王保树：《经济法原理》，社会科学文献出版社1999年版，第226页。
❸ 美国将所有形式的垄断都称为"托拉斯"，而用于反对垄断行为和其他限制竞争行为的立法统称为"反垄断法"，并由反托拉斯的法律、法规、准则以及各级法院的司法判例构成了完整的反托拉斯法体系。

当然，出于贯彻我国《反垄断法》的需要，保险监管机关在判断和认定市场垄断行为时，应当掌握和运用法定的共同性法律条件作为判断保险市场上的经营活动是否构成《反垄断法》规定的垄断行为的依据。

（二）因互联网金融特有的服务方式提升的市场不确定性需要保险监管的规制

作为互联网金融其中一部分的互联网保险，因其存在诸多区别于传统保险营销模式的特殊性而形成新型的保险服务方式，它虽然能够更加便利投保人进行投保，并让被保险人获取高效率的保险保障服务，却也增加了新型保险服务环境下的风险因素，诸如，互联网环境的理财型保险产品带来收益的不确定性、保费等各类费用的网上扣付、退保的申请和生效等网上操作也会增大发生纠纷的概率等。互联网作为现代信息技术的特点也使上述互联网保险的风险因素带有不同于传统保险服务的特殊形式，"例如病毒感染、资料遭篡改或被窃、账户被盗用等，许多不安全的因子在整个网际网路上扩散着"❶。仅就互联网保险领域具有创新意义的网上虚拟化营销方式而言，其必然有加剧销售误导风险的可能性，成为影响互联网保险正常秩序的潜在风险因素。

要想预防和降低这些互联网保险所存在的风险因素，保险监管具有不可替代的适用价值，但是，我国现有的适用于传统的保险服务模式的监管体系无法覆盖以现代信息技术为基础的互联网保险活动，形成保险监管的真空地带。为此，很多专家都提出强化互联网保险的监管已经迫在眉睫，力求借助保险监管机关从保险市场整体的角度，针对互联网保险领域存在诸多风险因素的技术特点、各种风险因素的成因以及作用于互联网市场的规律，建立与其相适应的风险管控制度，即以保护互联网保险领域的保险消费者权益为目标，运用相应的风险控制措施来规范和引导从事互联网保险的保险企业和介入互联网保险的保险中介机构的保险服务行为，降低互联网保险经营中的各种不确定性，维持其稳定有序的发展节奏。

首先，建立互联网保险经营者的准入制度。针对目前就互联网保险领域的监管规则限于个别零散的监管规则之现状❷，保险监管机关应当全面制定互联网保险企业和保险中介机构进入互联网保险市场的入市条件，从而将参与互联网市场经营的保险企业和保险中介机构纳入保险监管的视野之内，填补现有保险监管体系在互联网保险领域实施监管的缺失。

由于互联网信息技术是开展互联网保险经营的基本手段，保险监管机关应当要求互联网保险经营的参与者不仅要有传统保险经营条件的机构人员和规章制度，还必须针对互联网经营的需要建立类似于信息技术部门和信息安全部门

---

❶ 吴嘉生：《电子商务法导论》，学林文化事业有限公司2003年版，第328页。

❷ 目前，中国保监会就互联网保险领域，只发布了《关于专业网络保险公司开业验收有关问题的通知》和《保险代理、经纪公司互联网业务监管办法（试行）》等规章。

之类的内部机构，制定互联网信息系统的运行和维护的操作管理规程，并备有完善处理互联网保险经营中的突发事件的应急预案，以便应对互联网保险经营中的突发情况，以达到减少保险消费者损失的效果。

考虑到当前中国互联网保险领域存在的保险专业人才缺乏互联网专业技术能力，而互联网技术人才又缺乏保险专业知识导致这两类专业人才难以有机地结合起来从事复杂的互联网保险经营和互联网保险产品开发的两难困境，保险监管规则应当针对互联网保险企业和中介机构中具备法定资格的、从事互联网保险经营的专业人才建立从业资格认证制度。并且，互联网保险企业和中介机构在获准经营互联网保险业务和相关保险中介服务之后，保险监管规则也应当要求其建立互联网业务人员或中介服务人员的专业培训计划，以便适应互联网技术和互联网市场的发展需要。

其次，构建专门针对互联网保险领域的风险预警机制。鉴于互联网保险具有极强的市场化程度，各种各样的市场因素都会影响到其经营秩序的稳定，因此，保险监管机关不仅要督促参与互联网保险经营的市场主体在各自内部建立有效的风险控制和风险管理制度，及时收集互联网保险领域的各种信息、数据，并进行科学的风险分析和判断，选择相应的风险管理方法，制定和实施风险控制方案；更应当从保险市场的总体角度建立网上风险预警系统，分析和公布互联网保险领域的风险参数，在必要情况下及时发布风险预警信息，提醒互联网保险企业和保险中介机构及时采取应对风险的措施。同时，保险监管机构对于参与互联网保险经营的保险企业和保险中介机构进行分门别类的风险管控，根据各自的风险程度采取不同的风险监管措施，从前置角度预防互联网保险企业因风险过大而发生偿付困难。

再次，建立互联网保险产品的备案制度。应当说，与传统保险市场相比较，互联网保险的生命力不仅来源于互联网技术所带来的诸多特点，也存在于互联网保险领域的产品创新和服务模式的创新。因为"产品创新是保险业务的起源，也是其他业务赖以存在的基础"❶。互联网保险一方面是以不同于传统保险营销模式的网上销售保险产品而独步于保险市场；另一方面，它更以开拓传统保险市场以外的互联网市场（经济）而对其推出新型保险产品而声名鹊起。借鉴传统保险市场上金融型保险产品增长过度的教训，在互联网保险领域成长的初期就应当通过保险监管来控制住金融型保险产品的增长速度，各家互联网保险企业有义务将各自准备推向互联网保险领域的新型保险产品向相应级别的保险监管机关进行备案，以便保险监管机关宏观上了解各类保险产品在互联网保险的分布和发展情况，将财产险、意外伤害险、健康险、普通寿险等保

---

❶ 盛和泰：《保险产品创新》，中国金融出版社2005年版，第1页。

障型保险产品和具有理财功能的金融性保险产品的上市比例控制在合理的科学的范围内,避免出现金融型保险产品的野蛮生长而削弱互联网保险应有的提供保险保障的社会功能。

最后,重视互联网保险产品的销售误导预防机制的设置。总结中国保险市场的发展现状,保险消费者最为反感的莫过于传统模式下保险销售的误导现象,它在损害保险关系的投保人、被保险人权益的同时,对保险人而言,虽然可以让其牟取一时的经济利益,但从长远角度讲却是损害和牺牲了保险人的社会信用和市场份额。如果不对互联网保险领域施加监管而防患于未然的话,则会因其虚拟化、无纸化和一对多营销的服务模式,更便于保险销售误导现象的出现。因此,保险监管机关应当重视互联网保险领域的销售误导预防机制的建设。具体而言,针对互联网保险的交易过程——交易界面的提供、客服人员在线解答、交易的确认以及网上交易后的回访等环节,同样利用互联网技术手段进行介入干预,诸如,用监管规则要求互联网保险的经营者必须设置明确的禁用语,并对保险宣传内容和客服聊天记录加以后台监控,屏蔽违规宣传语,从而防止互联网保险产品的营销人员在销售过程中进行"选择性宣传"操作。

(三) 应当将互联网金融领域的保险消费者保护纳入保险监管范围

在互联网金融运作过程中,需要更加完善的制度设计来保护保险消费者的权益。因为互联网保险具有的无纸化、数据化、格式化和迅捷性等特点对保险公司的信用水平提出了更高的要求。鉴于互联网金融是以数据处理手段来完成专业色彩极强的保险业务活动的,保险消费者无法凭借一般的感官判断互联网保险服务的质量水平。加之互联网保险同样是一种信用活动,其服务往往存在一定的时间过程,保险消费者需要持续一定过程后才有可能发现其存在的服务瑕疵。这意味着以消费者参与实体经济活动为前提的《消费者权益保护法》以及针对传统保险消费模式而构建的保险消费者保护体系难以对互联网提供的虚拟经济领域的保险消费者提供有效的法律保护,相应地,应当建设适应互联网金融运行需要的保险监管体系。

笔者仅以金融隐私权为例,讨论互联网保险领域的保险消费者保护制度的建设,由此一管窥见保险监管的必要性。应当说,金融隐私权是民法上的隐私权制度与当今的互联网经济相适应而拓展的新概念。因为隐私权是一个不断发展演化的法律制度,它由最初为民事主体享有的对其个人的与公共利益无关的个人信息、私人活动和私有领域进行支配的人格权[1],已然伴随着现代信息技术在金融领域的融合和发展而突破了传统隐私权包含的单纯的人格利益,拓展为人格利益与财产利益并存的"金融隐私权","不仅仅体现它本身的隐私价

---

[1] 王利明:《人格权法新论》,法律出版社1999年版,第487页。

值,更多地体现为一种对行使自由和自决的权利"❶。这一金融市场与互联网传输技术相结合而出现的法律产物,不仅表现着广大金融消费者日益增强的权利意识,也反映出众多参与互联网金融(保险)活动的个人、组织以及提供电子商务服务的电商等日益强烈的不安全感和保护意识。原因在于,与传统的纸本方式传递信息资料的情况不同,现代网络时代的个人信息是以"个人数据"形式来表现,诸如"电子邮件地址"(e-mail address)、网域名称(domain name)、不变资源定地址(URL)、使用者名称(user name)、通行码(password)、网际网络通讯协议地址(IP address)等信息,其在互联网保险领域以及整个社会经济活动中已不再仅仅是维系人与人之间社会交往的工具,更是进行商事活动管理和实现经济利用价值的手段。同时,此类数据化信息资料也因涉及面广、其主体的自主支配能力弱化而极易遭受不法之徒的恶意窃取和使用,故而能否借助保险监管机关对互联网保险领域的监管来保护众多保险消费者的隐私经济利益就是当下亟待解决的课题。

笔者建议,保险监管机构在建立互联网金融的保险消费者保护制度时,可以强调如下要点:第一,强化参与互联网金融业务的保险公司所应承担的保密义务。鉴于目前针对互联网金融参与者的个人信息资料被泄露的事件时有发生❷,而其源头又多出自金融服务机构的现实情况❸,为预防互联网保险领域有可能出现泄露参与互联网保险的个人、组织和电商等上市交易主体信息资料的情况,保险监管机构应当在我国《保险法》有关保险人负有保险义务之规定的基础上,吸收美国1999年《金融服务现代化法》❹的立法经验,进一步将保险公司的保密义务予以强化和具体化。即不仅要求保险公司及其员工在互联网保险范畴内负有尊重并保护保险消费者信息资料的义务,维护保险消费者的所有信息数据的机密性和安全性,还应当明确规定保险公司不得向第三方披露保险消费者的信息资料。同时,也需要根据实际需要明确规定允许保险公司披露的例外情况。第二,建立互联网金融的保险消费者的金融隐私权遭受损害的救济措施。一方面,明确赋予互联网金融的保险消费者依法享有和行使知情权和选择权。前者是指知悉保险公司收集、处理、传递、利用和披露其信息的内容、范围的知情权,并允许保险消费者进行查询的权利;后者是指保险消费者有权选择是否允许保险公司向第三方披露其信息资料的权利(法定的可以不经

---

❶ 熊进光:《现代金融服务法制研究》,法律出版社2012年版,第115页。

❷ 据来自奇虎360的信息,目前网上公开暴露的网络账户密码过亿,且事态还在不断扩大,成为迄今我国互联网历史上最大的泄密事件。参见田志明:"传三大银行上亿用户银行卡信息泄露 工信部介入调查",载 http://bbs.aqbtv.cn/thread-557172-1-1.html,访问时间:2015年10月1日。

❸ 据新华每日电讯2011年11月26日报道,上海司法机关查获一起买卖银行客户信息资料的案件,出售资料的源头来自几家银行的4名员工。

❹ 美国国会于1999年11月12日颁布《金融服务现代化法》,用以适应美国金融业进入混业经营时代的需要。

其选择的情况除外,如司法机关向保险公司查询有关客户的信息资料),此外,根据保险活动的实际情况,还可以赋予保险消费者在其终止与保险公司之间的互联网保险关系时收回个人信息资料的权利。另一方面,建立侵害互联网金融的保险消费者的责任制度,不仅要明确保护互联网金融的保险消费者的职责归属,还应当规定侵害互联网金融的保险消费者时承担法律责任的情形以及应适用的责任方式和救济措施。

对修改《保险法》总则部分的法律思考

乔 石[*]

法的总则,就是对全法具有统领性的,主要规定或表现立法目的、根据、法的原则、有关法定制度或基本法定制度、法的效力、法的适用等内容的,在法的整体中与分则、附则等相对应的法的条文和法的规范的总称。[❶] 我国现行《保险法》共八章,从结构上可以分为总则(第一章)、保险合同(第二章)、保险业法(第三至六章)、法律责任(第七章)及附则(第八章),其中总则部分是整个《保险法》的基础,对其他各章节起着重要的指引作用。

一、《保险法》总则部分的主要内容及研究现状

(一)《保险法》总则部分的主要内容

现行《保险法》总则部分共9条,其中第1条至第3条分别规定了《保险法》的立法目的、保险的概念及《保险法》的适用范围;第4条至第5条规定了《保险法》的基本原则,即合法性原则、社会公共利益原则、诚实信用原则;第6条和第7条规定了保险经营活动的基本要求,即保险业务由保险公司或法定的其他保险组织经营、境内保险只能向境内保险公司投保;第8条规定了我国金融业的分业经营原则;第9条明确了中国保监会对于保险业的监督管理职能及中国保监会派出机构的地位。

在《保险法》历次修改中,总则部分的条文一直变化较小。总体上,可以将《保险法》颁布实施以来总则部分的变化情况归纳为三个方面:一是关于立法目的,2009年《保险法》修改时在第一条立法目的中增加了"维护社会经济秩序和社会公共利益"。二是关于基本原则,《保险法》2002年修改时在第四条中增加了"尊重社会公德";2009年修改时在第4条中增加了"不得损害社会公共利益",同时2009年修改时基于存在交强险等强制保险的实际情况,删除了第4条中原有的"遵循自愿原则",在第11条第2款中规定"除法律、行政法规规定必须保险的外,保险合同自愿订立"。三是关于保险经营的要求,

---

[*] 中国人民保险集团股份有限公司法律合规部。
[❶] 周旺生:"论法的总则部分构造",载《政治与法律》1995年第3期。

2009年《保险法》修改时根据保险业的实际情况对相关法条作出了调整，包括第6条中保险业务的经营主体补充了"其他保险组织"，增加了第8条金融业分业经营原则，在第9条中明确了中国保监会派出机构的地位，同时将原有关于保险公司不得从事不正当竞争的要求调整至保险业法部分（《保险法》第115条）。

(二) 关于修改《保险法》总则部分的研究现状

一直以来，对于修改《保险法》总则部分的研究并没有得到学术界的充分关注，相关的研究成果较少。从笔者统计的情况看，国内学者对于《保险法》总则部分的研究主要体现在个别条文的解读和相关问题的探讨方面，如对于保险含义的探讨（周学峰，《析监管视角下"保险"的含义》，2010）、对于保险法适用范围的解读（胡文富，《〈保险法〉的适用范围》，1996）、对于保险法基本原则的理解与完善建议（刘燕，《试论保险法的基本原则》，2002；詹昊，《论我国保险法基本原则的立法完善》，2007；单劼元《我国保险法基本原则的立法完善研究》，2010）等。目前，还很少有学者将《保险法》总则部分作为一个整体进行研究，笔者也尚没有找到从我国保险业发展的实际情况对修改《保险法》总则部分提出系统性建议的相关研究成果。

二、修改《保险法》总则部分的必要性分析

从上述情况可以看出，《保险法》总则部分的主要内容符合法的总则的一般要求，其在《保险法》历次修改中变化较小的情况及目前的研究现状也反映了立法者和学术界对于《保险法》总则相关条文的认可。那么，现阶段《保险法》总则部分是否需要修改？笔者认为，在我国保险业快速发展、服务领域不断拓宽的今天，有必要从整体上对《保险法》总则部分作出适度的调整。具体原因可以体现为以下几个方面：

(一) 保险业的发展进一步拓展了保险的内涵与外延，《保险法》需要从总则层面对相关概念作出调整

《保险法》颁布实施二十年来，我国保险业发展环境发生了深刻变化，行业实力不断壮大，社会各界对保险的认识越来越深入，国家对保险的需求和运用也越来越多。❶ 在此背景下，保险的含义变得更加丰富，保险参与金融市场活动的方式也更加多样化。一方面，保险已经不仅仅是单纯的财产损失补偿工具或人身保障手段，它在财富管理、社会公共服务等多个方面都发挥出更加重要的作用。如目前理财性质的人身保险产品层出不穷，保险理财产品已经成为人民群众投资的重要方式之一；大病保险、巨灾保险等政府引导型保险覆盖范

---

❶ 引自中国保监会项俊波主席2015年在全国保险监管工作会议上的讲话。

围不断扩大,已经成为国家提高社会管理水平的重要辅助手段。另一方面,随着保险资金的不断积累,保险公司规模不断扩大,保险资金运用的方式更加多样化,依托保险资金发生的各种金融活动均可以被纳入保险活动的范围,如依托保险资金参与有价证券投资、股权投资、不动产投资等。在保险的内涵和外延都已经发生重要变化的情况下,《保险法》中相关的"保险""保险活动"等概念都应根据实际情况作出调整和完善,而这样的任务显然需要《保险法》总则部分来完成。

(二)相关政策法规为保险业的发展树立了更高的目标,《保险法》应在总则部分体现出国家加快发展现代保险服务业的新要求

2014年,国务院先后颁布了《关于加快发展现代保险服务业的若干意见》(以下称"新国十条")、《关于加快发展商业健康保险的若干意见》等鼓励、支持保险业发展的重要政策文件,将保险业的战略定位提升到历史新高度,❶为保险业的发展树立了更高的目标。保险业从"市场经济条件下风险管理的基本手段""金融体系和社会保障体系的重要组成部分"❷将发展成为"完善金融体系的支柱力量、改善民生保障的有力支撑、创新社会管理的有效机制、促进经济提质增效升级的高效引擎和转变政府职能的重要抓手"❸。"新国十条"明确提出,保险业发展的目标是使"保险成为政府、企业、居民风险管理和财富管理的基本手段,成为提高保障水平和保障质量的重要渠道,成为政府改进公共服务、加强社会管理的有效工具";保险在"完善多层次社会保障体系""完善社会治理体系""提高灾害救助参与度""创新支农惠农方式""促进经济提质增效升级"等方面都将发挥重要的作用。在国家大力推动保险业发展的背景下,相关政策文件中的重要规定应被吸纳进《保险法》中,以保持法律与政策的一致性。从《保险法》的体例看,"新国十条"的一些原则性、基础性的要求应体现在《保险法》总则部分中。

(三)《保险法》中保险合同法与保险业法的完善分别由不同主管机关负责的现状,客观上造成总则部分修改工作的滞后

从《保险法》总则部分的内容可以看出,其相关条文以原则性规定为主,实践中直接适用的情况较少,修改的动力更多的来自于立法者根据保险市场发展情况主动为之。而由于《保险法》具有同时涵盖保险合同法与保险业法的特殊性,保险合同法与保险业法的完善分别由不同主管机关负责的现状也造成了《保险法》总则部分的修改相对滞后。目前,保险合同法部分的完善主要通过最高人民法院出台《保险法》的相关司法解释的方式完成,最高人民法院更关

---

❶ 王祖继:"新国十条开启保险业发展新纪元",载《中国金融》2014年第17期。
❷ 引自2006年国务院《关于保险业改革发展的若干意见》。
❸ 引自2014年国务院《关于加快发展现代保险服务业的若干意见》。

注保险合同纠纷中的法律适用问题;保险业法部分的修改由中国保监会作为保险行业的监管机关负责,修改的重点主要集中在监管要求的补充与完善方面,对于更为抽象的总则部分,并没有被重点关注。在此背景下,笔者认为《保险法》总则部分的修改工作还是存在着相对滞后的客观现实。

三、修改《保险法》总则部分的几点建议

通过上述分析,笔者认为修改《保险法》总则部分具有一定的必要性,而"新国十条"等推动保险业发展的重要政策文件的出台也为《保险法》总则部分的修改提供了良好的条件。那么,《保险法》总则部分应作出哪些修改?笔者提出如下几点建议:

(一)对"保险""保险活动"等概念作出调整

在保险的内涵与外延都已经发生重大变化的情况下,在20年前制定《保险法》时确立的一些基本概念有必要根据保险业的最新发展情况作出适当的调整或更新。这里,笔者提出如下建议:

1. 关于保险的定义

《保险法》第2条规定了保险的概念,虽然一些学者曾对此条规定提出过质疑[1],但该条文自1995年《保险法》制定至今一直未发生过变化。从内容上看[2],该条规定分别从财产保险与人身保险的角度归纳了商业保险行为的基本特点,符合我国保险市场建立之初保险业务类型相对单一的实际情况。但随着保险业的高速发展,保险的品种和类型日新月异,如前所述,现代保险在财富管理、社会公共服务等很多方面都实现了较大的创新,现有关于保险的定义已经无法准确涵盖现代保险的全部内容,需要对该条文作出修改。

从其他国家或地区保险法的立法情况看,对于保险定义的规定方式各不相同。如美国法对保险含义的界定,并不存在一个单一的、普适的答案,而由各州在其保险法规中规定;[3]我国台湾地区"保险法"仅仅在第一条中抽象地规定了保险行为的一般模式;[4]日本保险法则并未规定保险的定义。从我国的实际情况看,保险业正处在高度发展时期,保险的内容将不断拓展,对于保险定义的规定应具有较大的弹性。如仍采用现行《保险法》抽象概括商业保险行为

---

[1] 一些学者认为,"我国《保险法》对于保险的定义实际上是以择一说为基础的,只从内容上揭示了财产保险与人身保险的区别,并未抽象出二者的共同属性"。详见李玉泉主编:《保险法学——理论与实务(第二版)》,高等教育出版社2010年版。

[2] 《保险法》第2条规定:"本法所称保险,是指投保人根据合同约定,向保险人支付保险费,保险人对于合同约定的可能发生的事故因其发生所造成的财产损失承担赔偿保险金责任,或者当被保险人死亡、伤残、疾病或者达到合同约定的年龄、期限等条件时承担给付保险金责任的商业保险行为。"

[3] 周学峰:"析监管视角下'保险'的含义",载《山东社会科学》2010年第4期。

[4] 我国台湾地区"保险法"第1条规定:"本法所称保险,谓当事人约定,一方交付保险费于他方,他方对于因不可预料,或不可抗力之事故所致之损害,负担赔偿财物之行为。"

的方式,则只能参照台湾地区"保险法",将现有表述进一步简化,但会造成该条文适用价值的降低。从《保险法》第2条将保险的定义落脚为一种"商业保险行为"的表述方式看,立法者在《保险法》中规定保险定义的主要目的在于明确《保险法》适用于商业保险,并不适用社会保险。因此,笔者建议《保险法》对于保险定义的规定不再采用抽象概括的方式,而是参照《公司法》《票据法》中的类似规定❶,采用界定范围或种类的立法方式。这样,一方面可以进一步突出《保险法》所规范的保险业务范围,体现立法意图;另一方面,未来可以根据保险实务的发展,对该条规定进行不断完善。具体来说,笔者建议《保险法》第2条修改为"本法所称保险,是指人身保险、财产保险和国务院保险监督管理机构批准经营的其他保险。人身保险,包括人寿保险、年金保险、健康保险、意外伤害保险等。财产保险,包括财产损失保险、责任保险、信用保险、保证保险等"。

2. 对于保险活动的界定

《保险法》第1条、第3条至第5条中均使用了"保险活动"的表述,从相关条文的制定背景及指向来看,这里的"保险活动"更多的是指保险合同行为。但是,随着保险市场的不断壮大,保险资金运用等行为也可以被纳入保险活动的范围,因此有必要在《保险法》总则部分中对"保险活动"作出明确界定。

《保险法》中涉及"保险活动"的相关条文分别规定了《保险法》的立法目的、适用范围和基本原则,界定"保险活动"的范围,一是可以明确《保险法》既适用于保险业务,也适用于保险资金运用,解决保险资金运用行为的法律适用问题;二是《保险法》第6条使用了"保险业务"的表述❷,对"保险活动"作出界定能够明确保险活动与保险业务的区别,使《保险法》中相关概念的使用更加科学。具体来说,建议在《保险法》第2条中增加1款:"本法所称保险活动,包括保险业务和保险资金运用。"

(二)在归纳的基础上增加"新国十条"提出的最新要求

"新国十条"对保险业的发展提出了新的要求,其中哪些可以写入《保险法》总则部分?笔者提出如下建议:

1. 明确政府在社会公益性保险中的引导作用

随着保险业的社会管理功能逐步加强,一些带有社会公益性的商业保险成为政府提高人民群众社会保障水平的重要工具,如大病保险、巨灾保险等。对

---

❶ 《公司法》第2条规定:"本法所称公司是指依照本法在中国境内设立的有限责任公司和股份有限公司。"《票据法》第2条第2款规定:"本法所称票据,是指汇票、本票和支票。"

❷ 《保险法》第6条规定:"保险业务由依照本法设立的保险公司以及法律、行政法规规定的其他保险组织经营,其他单位和个人不得经营保险业务。"

于此类保险,一个共同的特点便是政府引导与商业经营的结合,即政府对于此类保险的保费来源、保障人群等进行统筹安排,并制定相关扶持措施;保险公司负责具体的保险承保、理赔等服务。❶ 在政府引导下由商业保险经营的模式也更符合此类保险的国际发展趋势。❷

"新国十条"明确提出保险业发展的基本原则之一就是坚持市场主导和政策引导,❸ 如"对具有社会公益性、关系国计民生的保险业务,创造低成本的政策环境,给予必要的扶持。对服务经济提质增效升级具有积极作用但目前基础薄弱的保险业务,更好发挥政府的引导作用""强化政府引导、市场运作、立法保障的责任保险发展模式"等。为了更好地指导社会公益性保险的实施,为实践提供法律基础,建议参照"新国十条"的相关表述,在《保险法》中增加对应性的规定。具体来说,建议《保险法》总则部分增加 1 条:"对具有社会公益性、关系国计民生的保险业务,政府给予必要的引导和扶持"。

2. 突出对于保险消费者合法权益的保护

保险消费者权益保护一直是保险法学界研究的热点问题,我国《保险法》和相关规章均未使用保险消费者这一概念,有学者提出应在有关立法中对保险消费者作出规定❹。"新国十条"中对于保险消费者权益保护作出了明确规定,包括"推动完善保险消费者合法权益保护法律法规和规章制度""加大保险监管力度,监督保险机构全面履行对保险消费者的各项义务,严肃查处各类损害保险消费者合法权益的行为"等。

在最新的《保险法》修改建议稿中,保险消费者权益保护的内容被增加在保险业监督管理一章中❺。笔者认为,保险消费者的权益保护是应贯穿于整部《保险法》的核心要求,且从实践角度其与《保险法》保险合同章节的联系更为紧密。因此,建议将保险消费者权益保护的规定增加在《保险法》总则部分中。具体来说,建议将《保险法》第 9 条第 1 款修改为,"国务院保险监督管理机构依法对保险业实施监督管理,维护保险市场秩序,保护保险消费者的合

---

❶ 参见陈文辉:"我国城乡居民大病保险发展模式研究",载《新金融评论》2013 年第 1 期;曾炎鑫:"全国首个巨灾保险制度在深出炉——政府救助、巨灾基金和商业保险'三位一体'共筑巨灾保险体系",载《证券时报》2014 年 1 月 2 日。

❷ 参加李祝用、乔石:"从'先行试点'到'全面开展'——从政策变迁解析'新国十条'对大病保险的推动作用",载《中国保险》2014 年第 10 期。

❸ 王祖继:"新国十条开启保险业发展新纪元",载《中国金融》2014 年第 17 期。

❹ 中国保监会保险消费者权益保护局课题组:"保险消费者权益问题的思考",载《保险研究》2012 年第 9 期。

❺ 《保险法》修改建议稿第 148 条规定:"保险监督管理机构依照本法和国务院规定的职责,遵循依法、公开、公正的原则,按照功能监管和机构监管的规则,对保险业实施监督管理,维护保险市场秩序,保护保险消费者的合法权益。保险消费者是指在中华人民共和国境内购买保险产品或者接受保险服务的自然人、法人和其他组织,包括投保人、被保险人和受益人。"

法权益",同时建议在此条中明确保险消费者的范围[1]。

(三) 修改工作建议由中国保监会、中国保险行业协会共同推动

目前,中国保监会正在推动《保险法》的修改,建议行业监管机关加强对《保险法》总则部分的关注,对相关条文作出适度的调整。同时,中国保险行业协会是保险业的自律性组织,更便于吸纳投保人、被保险人、保险公司及社会专家学者的意见。因此,建议中国保险行业协会组织关于《保险法》总则部分修改的相关研究活动,提高各界对此问题的关注度,协助中国保监会做好相关立法工作。

结语

我国保险市场的快速发展与不断创新,对《保险法》的修改提出了更高的要求。《保险法》总则部分作为整部法律的统领,也应根据保险实践的发展作出必要的完善。本文旨在对《保险法》总则部分的修改问题进行一些粗浅的探讨,尚存在诸多不足之处,更多的目的是希望能够抛砖引玉,引起学术界与实务界对《保险法》总则部分修改问题的关注,从更多的视角为《保险法》修改工作提供一点参考。

---

[1] 关于保险消费者的范围是仅仅指自然人还是包括法人及其他组织,目前尚存在较大争议。由于该问题本身较为独立且相对复杂,鉴于篇幅有限,本文不作进一步阐述。

人身保险领域若干实务法律问题的探讨

高燕竹[*]

人身保险制度适用中所涉及指定定点医院条款的效力、医疗保险中损失补偿原则的适用以及宣告死亡在人身保险中的认定等问题长期以来就是保险纠纷当事人争议的焦点，也是影响司法审判尺度统一的难点问题。因此，本文选取该三个问题进行探讨分析，并阐明笔者的个人观点。

一、指定定点医院条款的效力认定问题

在人身保险合同中，保险公司为控制风险，往往会在保险合同中约定被保险人必须到指定的医院就医，否则不予赔付，该类条款被称为指定定点医院条款。有些医疗保险条款会在合同中载明指定医院的名录或在网站上公布各地定点医院名录。也有医疗保险条款约定就医医院的等级，比如某医疗保险条款中约定，医院为卫生部医院分类中二级合格或二级合格以上的医院，不包括主要作为康复、护理、疗养、戒酒、戒毒或相类似的医疗机构。保险事故发生后，保险人以被保险人未在保险合同约定的医疗服务机构网络中进行医疗为由拒绝给付保险金，往往会产生争议。

对于指定定点医院条款的效力是否应予认可，存在肯定说与否定说两种观点。肯定说认为，保险合同关于指定定点医院的约定免除了保险人依法应承担的义务，排除了投保人、被保险人或者受益人依法享有的权利，应认定无效。否定说认为，保险合同约定定点医院是保险公司控制风险和防止欺诈的有效手段，应当认定有效。

《保险法》第19条规定，采用保险人提供的格式条款订立的保险合同中的下列条款无效：（一）免除保险人依法应承担的义务或者加重投保人、被保险人责任的；（二）排除投保人、被保险人或者受益人依法享有的权利的。我们应当认识到，《保险法》第19条规定有深厚的法理基础，也是司法实践经验的总结，有强烈的现实针对性。我国保险业处于初级发展阶段，保险产品存在较

---

[*] 中国人民大学民法学博士。

多问题，其中格式化保险条款晦涩难懂，一些内容不够合理甚至违反法律法规，遭社会公众批评较多，影响到保险行业的整体形象。《保险法》第 19 条对改进保险产品设计，完善保险条款，保护投保人、被保险人合法权益均有重要意义。同时我们也应当认识到，保险条款有其特殊性，危险承担为其本质属性，其核心内容为风险责任承担与除外的约定。其中除外责任或责任免除内容、免赔额等保险人责任限制或除外等条款，符合保险原理，为行业普遍存在。❶ 在判断指定定点医院条款的效力时，应当综合考虑条款设置目的，是否违反法律强制性规定，是否符合权利义务对等原则、公平原则和诚实信用原则等因素。

首先，保险合同设置定点医院条款的目的在于防范保险欺诈。"指定行为"的目的在于控制不合理的赔付风险，维护保险的精算基础。因为医疗保险产品的定价是建立在平均风险发生率（疾病和住院发生率）和风险程度（住院天数和住院费用）数据基础上的，如果外部经营环境失控，使得实际的保险事故发生率和严重程度与定价基础数据偏离太大，必然会导致保险经营的重大困难。比如在我国，不同的医院对同一疾病的诊治措施、收费标准和住院天数等会产生差异。而且，医院和患者在利益的驱动下，往往会出现医疗服务过度的现象。若对此不进行防范和控制，商业医疗保险将会沦为少数人投机牟利的工具，这将损害大多数诚实客户的利益，也违背了保险的经营主旨。❷ 在实践中，投保人、被保险人与医院工作人员串通骗取保险金的情况时有发生。保险欺诈的手段多种多样，比如投保人于 1 月 2 日投保，而医院的情况显示客户生病可能是当年 1 月 4 日、1 月 5 日等，但被保险人实际查出患病时间可能是当年 1 月 1 日。除此还有挂床住院就医、要求医院开具本人不必要的诊疗项目或药品等方式。医疗机构工作人员可能通过伪造、变造以及提供虚假病历、处方、疾病诊断证明和医疗费票据，向患者提供不必要的或过度的医疗服务等方式与被保险人共同进行保险欺诈。保险公司通过指定定点医院或维修点，有效控制过度医疗行为，有助于保险公司控制风险，减少保险欺诈行为。

其次，指定定点医院条款并未违反法律强制性规定。法律强制性规定具有不得通过当事人的自主约定排除和变更适用的特性。因此，如果格式条款违反了法律的强制性规定，应认定无效。《保险法》第 2 条规定，本法所称保险，是指投保人根据合同约定，向保险人支付保险费，保险人对于合同约定的可能发生的事故因其发生所造成的财产损失承担赔偿保险金责任，或者当被保险人死亡、伤残、疾病或者达到合同约定的年龄、期限等条件时承担给付保险金责

---

❶ 吴定富主编：《〈中华人民共和国保险法〉释义》，中国财政经济出版社 2009 年版，第 55～56 页。
❷ 张绍阳："保险公司'指定行为'之法律性质研究"，载《保险研究·法律》2003 年第 6 期。

任的商业保险行为。除法律有明确规定之外，保险人的保险责任承担主要由保险合同约定。现行法律并未规定保险人在人身保险合同项下，对被保险人在任何医疗机构就医的医疗费用一律承担保险责任的内容。故该条款并未违反法律强制性规定。

最后，该条款未违反公平原则。确定当事人之间权利义务的格式条款实质上是当事人双方对风险进行分配的约定。该约定须符合权利义务相对等的原则，不损害被保险人利益，不造成双方利益失衡。虽然指定定点医院条款要求被保险人到约定的医疗服务机构网络中就医，但保险人设计保险产品将被保险人在约定医疗服务机构就医等因素作为保险精算的基础，与所收保费是相适应的，符合权利义务对等的原则。加之保险公司指定的定点医院需要经过保监会备案，涵盖大部分三级以上医院，对被保险人就医选择权未造成太大影响，双方利益基本平衡。尤其是国务院《关于加快发展商业健康保险的若干意见》（国办发〔2014〕50号）指出："鼓励各类医疗机构与商业保险机构合作，成为商业保险机构定点医疗机构。"各保险机构提供的医疗服务机构网络涵盖范围越来越广，基本上能够满足被保险人就医的需要。

故笔者认为，原则上应当认可保险合同关于被保险人需要到约定的医疗服务机构网络进行医疗条款的效力。当然，由于人身保险合同关系被保险人的身体健康甚至生命，在制度设计上需从人道主义出发，如果被保险人因一些紧急情况必须立即就医的，保险人不得以此为由拒赔。

二、医疗保险与损失补偿原则的适用问题

人身保险包括多种保险类型，有些健康保险和意外伤害保险在一定程度上具有填补损害的性质。该类保险产品被称为中间性保险，即当被保险人发生人身意外伤害或疾病等保险事故后，保险公司通过给付一定金额的保险金，对当事人由此遭受的医疗、护理、丧葬等费用损失予以补偿。对于医疗保险是否适用损失补偿原则的问题，素有不同观点。肯定说认为，被保险人不得因伤病或受伤治疗而获利，医疗费用保险应当适用损失补偿原则和保险代位制度；否定说认为，医疗费用保险属于人身险，根据保险法的规定不适用补偿原则和保险代位制度；折中说则认为，应当根据保险合同条款的具体约定区分医疗费用保险的不同性质，从而确定是否适用损失补偿原则。

关于人身保险是否一律不适用保险代位权的问题，各个国家和地区的保险立法对此态度不完全相同。在有关医疗费用的保险中，《德国保险合同法》明确禁止不当得利，适用损失补偿原则。在保险业发达的美国，各州关于保险代位权的态度也存在一定的差异，一般规定人身保险不适用保险代位权，特别排除人寿保险适用保险代位权。对于健康保险和意外伤害保险，原则上不能适用

保险代位权,但是健康保险和意外伤害保险约定有保险代位权的,可以适用约定保险代位权。❶《韩国商法典》规定,保险人不得代位行使因保险事故所产生的投保人或者保险受益人对第三人的权利。但是,在伤害保险合同的情形下,若当事人之间有约定,保险人在不损害被保险人利益的范围可以代位行使其权利。《日本保险法》将伤害疾病损害保险归属于损害保险部分,适用代位求偿权;将伤害疾病定额保险另行规定,未赋予保险人代位求偿权。我国台湾地区"保险法"规定,人寿保险的保险人不得代位行使被保险人或受益人因保险事故所产生的对第三人的请求权。

我国部分地方法院已经对此进行了探索。如《上海高级人民法院关于审理保险代位求偿权纠纷案件若干问题的解答(一)》认为,医疗费用保险可以分为补偿性医疗保险和非补偿性医疗保险。补偿性医疗保险适用补偿原则和保险代位制度,非补偿性医疗保险不适用补偿原则和保险代位制度。在保险代位求偿权纠纷中,法院应根据保险合同的约定确定系争保险是否属于补偿性医疗保险。保险合同明确约定本保险适用补偿原则,"以实际支出医疗费作为赔付依据"等内容的,保险人在向被保险人支付保险赔偿金后,有权向第三者行使保险代为求偿权。保险合同明确约定本保险为定额给付保险或不适用补偿原则等内容的,保险人在向被保险人支付保险赔偿金后,无权向第三者行使代位求偿权。医疗费用保险合同对是否适用补偿原则未作约定或约定不明的,视为非补偿性医疗保险,保险人无权向第三者行使保险代位求偿权。又如《山东省高级人民法院关于审理保险合同纠纷案件若干问题的意见(试行)》第18条规定:"投保人投保多份商业医疗费用报销型保险的,因同一保险事故被保险人要求各保险人支付的保险金超过实际发生的医疗费用的,人民法院不予支持。除保险合同另有约定外,各保险人按照其保险金额与保险金额总和的比例承担支付保险金的责任。"

实际上,保监会已经发文要求保险公司开发的医疗保险应区分费用补偿型医疗保险与定额给付型医疗保险,还要求保险公司开发医疗费用补偿性保险时区分被保险人是否存在公费医疗和社会医疗保险。保险公司如严格依据保监会的规则开发并销售医疗保险产品,不会产生类似争议。问题是在实践中,有一些保险销售人员出于收取高额保险费的目的,明知被保险人有公费医疗或者社会医疗保险,仍然向其销售以没有公费医疗和社会医疗保险作为精算基础的保险产品,并收取高额保费,但在保险事故发生时却要求仅在公费医疗或者社会医疗保险范围之外给付保险金。这在实践中引发了大量争议。

笔者认为,虽然根据我国《保险法》规定,人身保险不适用保险代位追偿

---

❶ 王静著:《保险类案裁判规则与法律适用》,人民法院出版社2013年版,第286~287页。

制度。但补偿性医疗费用保险具有特殊性，属于中间性保险，该保险产品开发设计的目的在于补偿被保险人因治疗疾病或医治伤害所发生的费用，应当适用损失补偿原则。允许保险人扣除被保险人已从公费医疗或社会医疗保险取得的赔偿金额，可避免被保险人因伤病或受伤治疗而获得不当得利。否则，少数被保险人因可获得重复赔偿，可能会进行过度或者不合理治疗，引发道德风险，背离保险制度初衷。

随着保险技术的日益发展和险种的日益丰富，我国保险业在开发医疗费用的有关险种时，为满足投保人不同的保障需求，分别设计了不同类型的医疗费用保险。中国保险监督管理委员会《健康保险管理办法》第2条、第4条规定，医疗保险是指以保险合同约定的医疗行为的发生为给付保险金条件，为被保险人接受诊疗期间的医疗费用支出提供保障的保险。医疗保险按照保险金的给付性质分为费用补偿型医疗保险和定额给付型医疗保险。费用补偿型医疗保险是指，根据被保险人实际发生的医疗费用支出，按照约定的标准确定保险金数额的医疗保险。定额给付型医疗保险是指，按照约定的金额给付保险金的医疗保险。费用补偿型医疗保险的给付金额不得超过被保险人实际发生的医疗费用金额。《健康保险管理办法》第22条规定："保险公司设计费用补偿型医疗保险产品，必须区分被保险人是否拥有公费医疗、社会医疗保险的不同情况，在保险条款、费率以及赔付金额等方面予以区别对待。"保险消费者可根据被保险人是否具有公费医疗或者社会保险等情况，自主选择适合的保险产品。由此可见，保险监管部门允许保险公司可以销售费用补偿型医疗保险和定额给付型医疗保险两种不同性质的医疗保险产品。并且，对于费用补偿型医疗保险的保险费厘定作出了规定。

笔者赞同区分对待费用补偿型医疗保险和定额给付型医疗保险。保险人给付定额给付型医疗保险的保险金时，主张扣减被保险人从公费医疗或社会医疗保险取得的赔偿金额的，应不予支持。对于费用补偿型医疗保险，保险人能够证明保险产品在厘定医疗费用保险费率时已经将公费医疗或社会医疗保险部分相应扣除，并按照扣减后的标准收取保险费的，保险人有权主张扣减被保险人从公费医疗或社会医疗保险取得的赔偿金额。做此区分规定，一方面符合保险原理，另一方面符合我国保险业发展的实际。同时还可有效遏制销售误导的情况。保监会要求保险公司开发费用补偿型医疗保险时应区分被保险人是否存在公费医疗、社会医疗保险，有公费医疗或者社会医疗保险的被保险人因仅在公费医疗、社会医疗保险范围之外赔偿，保险费较低；没有公费医疗或者社会医疗保险的被保险人可以获得全部赔偿，保险费较高。但是，在实践中有些保险公司的展业人员明知被保险人属于社会保险的保障对象，但依据不享受社会保险的被保险人标准收取较高的保险费，在赔付时又要求扣减被保险人在公费医疗、社会医疗保险中获得的赔偿金额。此时，如果支持被保险人要求给付保险金的主张，则违反损害填补原则。如果不支持被保险人要求给付保险金的主张，则无异于鼓励个别保险公司的不诚信行为。要求保险人承担举证责任，证明保险产品在厘定医疗费用保险费率时已经将公费医疗或社会医疗保险部分相应扣除，并按照扣减后的标准收取保险费，符合公平原则和诚实信用原则，可在一定程度上遏制销售误导的情况。

三、宣告死亡在死亡险中的认定问题

宣告死亡属于拟制死亡，不同于自然死亡，实践中对宣告死亡是否属于死亡险的保险事故存在争议，另外，在宣告死亡情况下，被保险人下落不明之日与宣告死亡之日之间存在一定的时间差，实践中应以哪个时间点作为死亡险保险事故发生的时点亦存在争议。

关于宣告死亡是否属于死亡险的保险事故，一种观点认为，宣告死亡符合人身保险死亡保险责任范围内的保险事故的要求，保险人应根据保险合同给付死亡保险金；另一种观点则认为，将宣告死亡作为保险金给付的条件，容易引起道德风险。笔者赞同第一种观点。

首先，根据普通法和特别法的关系理论，特别法的效力优于普通法，即当特别法有规定的适用特别法的规定，当特别法没有规定的应当适用普通法的规定。现行《保险法》中没有明确规定死亡仅包含自然死亡，也就是说特别法没有规定，对于死亡的理解就应当适用普通法即民法的相关规定。而在民法上，承认宣告死亡和自然死亡具有相同的法律效力。❶ 因此，被保险人宣告死亡能够引起被保险人自然死亡相同的法律后果，即宣告死亡符合人身保险死亡保险责任范围内的保险事故的要求，保险人应根据保险合同给付死亡保险金。

其次，此种观点符合宣告死亡制度设置的目的。宣告死亡制度的目的在于结束长期失踪人口所涉及法律关系的不稳定状态，以使利害关系人的利益及社会生活秩序得以保障。在没有特别约定的情形下，被保险人被宣告死亡，也应该在法律层面上确认被保险人死亡的法律效果，结束投保人、被保险人以及保险人之间不确定的保险法律关系。❷

再次，该观点符合保险原理。根据合理期待原则，投保人订立保险合同的目的在于获得保险保障，减轻因为保险事故造成的损失或伤害。投保人投保以死亡为给付保险金条件的人身保险，主要目的在于保障被保险人遗属的基本生活需要。就这一点看来，宣告死亡和自然死亡对被保险人造成的影响别无二

---

❶ 林怀满、奚金才："被保险人宣告死亡在意外伤害保险中适用的相关法律问题探讨"，载《特区经济》2014年5月。

❷ 陈飞："宣告死亡在人身保险中的理解与适用"，载《人民司法·案例》2009年第2期。

致。因此，在以死亡为给付保险金条件的人身保险合同中，宣告死亡应当属于保险责任范围。❶

最后，该观点符合保险法保护被保险人、受益人利益的基本原则。当被保险人宣告死亡时，其父母、配偶、子女以及其他被抚养人的生活陷入困境，保险人向受益人给付保险金有利于保护被保险人和受益人的利益，符合保险法保护投保人、被保险人、受益人的基本原则和立场。

在宣告死亡情况下，应以哪个时间点作为死亡险保险事故发生的时点？保险期间是指保险人为被保险人提供保险保障的期间。根据保险法的理论，只有保险事故发生在保险期间内，保险人才应承担保险责任。反之，如果保险事故发生在保险期间开始之前或终止之后，保险人无需承担保险责任。对于以死亡为给付保险金条件的人身保险，只有被保险人死亡发生在保险期间内，保险人才承担给付死亡保险金的保险责任。因此，宣告死亡时间的认定是极其关键的，将直接影响保险人是否承担保险责任。

宣告死亡除了要满足法定的条件之外还必须通过法定的程序由法院宣告。我国《民事诉讼法》第184条规定，公民下落不明满四年，或者因意外事故下落不明满二年，或者因意外事故下落不明，经有关机关证明该公民不可能生存，利害关系人申请宣告其死亡的，向下落不明人住所地基层人民法院提出。第185条规定，人民法院受理宣告失踪、宣告死亡案件后，应当发出寻找下落不明人的公告。宣告失踪的公告期间为三个月，宣告死亡的公告期间为一年。因意外事故下落不明，经有关机关证明该公民不可能生存的，宣告死亡的公告期间为三个月。根据上述规定，被保险人从发生意外事故下落不明到被法院宣告死亡需要经过较长的一段时间。而意外伤害保险一般为短期保险，保险期间通常为一年，甚至是更短的时间。宣告死亡的时间与意外伤害保险的保险期间相冲突，被保险人在保险期间内发生意外事故，而宣告死亡的判决生效日期通常在保险期间届满之后，因被保险人宣告死亡的日期不在保险期间内，保险人往往以此为由主张不承担死亡保险责任。笔者认为，被保险人宣告死亡时间虽不在保险责任期间内，但如有证据证明其下落不明之日在保险责任期间之内的，保险人应当按照保险合同约定给付保险金。一方面，这有利于保护投保人、被保险人和受益人的利益，避免出现因被保险人下落不明之日与宣告死亡日之间的时间差导致被保险人无法获赔的情况。另一方面，因被保险人实际已被宣告死亡，故亦不违反保险精算原理，总体上不会增加保险公司的成本，能够较好地平衡双方当事人利益。

---

❶ 臧建建："论宣告死亡涉及的保险问题及其规制"，载《重庆科技学院学报（社会科学版）》2014年第11期。

环境责任保险功效之多维审视[*]

孙宏涛[**]

环境责任保险是指以被保险人因污染环境而应承担的环境赔偿或治理责任为标的的责任保险。[❶]环境责任保险又称"绿色保险",其在各个国家名称有所不同。如英国称之为环境责任损害保险和属地清除责任保险;在美国,环境责任保险又称为污染法律责任保险。[❷]按照太平洋财产保险股份有限公司销售的环境污染责任保险单的规定,在保险期间或追溯期间内,被保险人在本保险单明细表中列明的地点范围内依法从事正常生产经营活动过程中,由于意外事故导致环境污染,造成第三者人身损害或直接财产损失的,且该第三者在保险期间内首次向被保险人提出损害赔偿要求的,依据中华人民共和国法律应由被保险人承担民事赔偿责任,保险人将根据本合同的约定,在保险单中载明的赔偿限额内负责赔偿。[❸]在我国,随着社会经济的快速发展,环境污染问题已成为中国经济发展过程中面临的严重问题,近几年来全国各地多次出现了严重污染的事故,2012年年底到2013年年初,全国大范围的雾霾天气更加凸显了上述问题的严重性。[❹]在环境污染事故发生后,如何给予受害人充分、及时、有效的赔偿并尽量减少因环境污染事故导致的社会问题的发生,已成为各级政府关注的焦点。在上述背景下,环境责任保险从幕后走到了前台,开始受到了更多的关注。

2007年6月,国务院制定的《节能减排综合性工作方案》在加强节能环

---

[*] 本文系2013年度国家社科基金一般项目《产品责任强制保险制度研究》(项目编号:13BFX103)的阶段性成果。2012年度教育部人文社科青年基金项目《大规模侵权视角下的产品责任保险制度研究》(项目编号:12YJC820090)的阶段性成果。2013年度司法部国家法治与法学理论一般项目《环境责任强制保险制度研究》(项目编号:13SFB2029)的阶段性成果。上海市教委2014年度科研创新项目《食品安全强制责任保险制度研究》(项目编号:14YS084)的阶段性成果。上海市高校一流学科(法学)建设计划(经济法学科)的阶段性成果。

[**] 华东政法大学经济法学院副院长、副教授,硕士生导师,民商法学博士、经济法学博士后。

[❶] 邹海林:《责任保险论》,法律出版社1999年版,第100页。

[❷] 李志学、王小凡:"中国建立环境责任保险制度的路径与选择",载《环境污染与防治》2013年第5期。

[❸] 参见太平洋保险股份有限公司网页,http://www.cpic.com.cn/cx/upload/Attach/infordisclosure/5810481.pdf,最后访问日期:2014年10月5日。

[❹] 孟子艳、李鑫:"利益相关者理论视角下的环境污染强制责任保险",载《资源开发与市场》2014年第4期。

保领域金融服务部分中明确提出"研究建立环境污染责任保险制度"。2007年12月,国家环境保护总局与中国保险监督管理委员会联合印发了《关于环境污染责任保险工作的指导意见》,部分省份开始试点推广环境污染责任保险。2011年10月,国务院发布的《关于加强环境保护重点工作的意见》在实施有利于环境保护的经济政策部分中指出:"健全环境污染责任保险制度,开展环境污染强制责任保险试点",全国多个省份启动了环境污染责任保险试点工作。❶ 2013年1月,环境保护部与中国保险监督管理委员会联合下发《关于开展环境污染强制责任保险试点工作的指导意见》,明确规定在涉重金属企业、石油化工企业以及生产、储存、使用、经营和运输危险化学品等企业中强制推行环境污染责任保险。从上述文件的颁布不难看出,中央政府对环境污染责任保险日益重视,并对其寄予厚望。事实上,环境污染责任保险除了能够分散投保企业的环境侵权责任风险、保护环境污染事故受害人的合法权益、监督投保企业预防环境污染外,还能减少因环境污染事故导致的社会矛盾,进而有效遏制环境群体性事件并有利于维护社会的和谐稳定。

一、分散投保企业的环境责任风险

保险的功能在于将单一主体承担的损失风险转嫁给拥有强大经济实力的保险公司承担。❷ 从广义上讲,企业的环境风险主要包括五大类:(1)刑事责任和罚款;(2)清理费用,即清除污染物质、恢复污染地原貌而支付的费用;(3)因污染而造成的对第三者身体的伤害和财产的损失;(4)因污染而造成的本企业停工的损失;(5)因污染而对本企业名誉和公共关系的损害。❸ 基于公共政策的考量,对于第一类风险,即企业的刑事责任和罚款,无法纳入保险的承保范围中。此外,第4类及第5类风险,即因污染造成的企业停工的损失及对企业名誉和公共关系的损害因为是企业自身的损害所以也无法纳入环境责任保险的承保范围之中。因此,保险公司销售的环境责任保险单通常仅将第2类及第3类风险纳入其承保范围之中。对于众多企业而言,其投保环境责任保险的直接目的就是转移自身的环境责任风险,避免由于承担过重的环境赔偿责任而导致企业经营困难甚至陷入破产的境地。

在我国,近年来,重大环境污染事故频发并导致巨额损失。据不完全统计,2002~2012年10年间我国环境污染事件总计达17543起,每年平均发生

---

❶ 张娟、贾惜春:"我国环境污染责任保险产品现状及推进措施",载《环境保护与循环经济》2014年第4期。
❷ Benjamin J. Richardson, Mandating Environmental Liability Insurance, Duke Environmental Law and Policy Forum, 2002, v. 12, p. 293.
❸ 陶卫东:《论中国环境责任保险制度的构建》,中国海洋大学2009届博士学位论文。

1700多起，95%以上的环境污染事发企业没有投保环境污染责任保险。❶而2005～2009年全国发生突发性特大或重大环境污染事故就高达653件，且呈不断增长之势。❷由此可见，近年来，我国的环境污染事故频发，造成的损害后果极其严重。例如，2003年12月23日，发生于重庆开县境内的天然气井喷事故，导致243人因硫化氢中毒死亡、2142人因硫化氢中毒住院治疗、65000人被紧急疏散安置、直接经济损失达6000余万元人民币的严重后果。❸2004年2～3月，位于长江上游一级支流沱江附近的四川化工股份有限公司第二化肥厂违规技改并试生产，设备出现故障，氨氮含量超标数十倍的废水排放导致沱江流域严重污染，造成沿江县市近百万群众饮用水暂停供应，沱江鱼类大量死亡，直接经济损失达3亿元，预计生态环境恢复需5年时间。❹2005年11月13日，吉林石化分公司双苯厂硝基苯精馏塔发生爆炸，松花江受到严重污染，苯超标一度达108倍，被污染江水的长度超1000公里，直接经济损失6908万元，并引发松花江严重水污染事件。❺

在上述环境污染事故发生后，污染企业通常承担着沉重的损害赔偿责任，仅凭企业自身之力无法负担如此沉重的损害赔偿责任。此时，环境责任保险的重要性就凸显出来。从本质上讲，保险是一种风险分散工具，借助该种工具，风险厌恶主体可以用支付较低保费为代价将其可能遭受的某种风险转移给风险中立主体，即保险公司承担。❻虽然许多投保企业的规模和实力都较为强大，但其仍然属于风险厌恶主体，因为一旦环境污染事故发生给其带来的损害会远远大于其支付的保费，从这种意义上讲，环境责任保险的存在为那些作为风险厌恶主体的投保公司提供了较为理想的风险分散方法，即以支付较低数额的保费为代价将环境污染事故发生时的巨额赔偿责任转移给保险公司承担，由此，分散了投保企业的环境责任风险。

二、保护环境污染事故受害人之合法权益

补偿受害人遭受的损害是现代侵权法最基本的功能。❼但应当看到的是，由于侵权责任本身是一种追究个人责任的机制，因此其在损害赔偿上的局限是

---

❶ 唐金成、江宏业："环境污染责任保险运营模式研究"，载《海南金融》2014年第1期。
❷ 胡艳香："环境责任保险制度的正当性分析"，载《法学评论》2011年第5期。
❸ 范卉："重庆法院明将宣判开县'12-23'特大井喷事故案"，载 http://www.chinanews.com.cn/news/2004/2004-09-03/26/480281.shtml，访问日期2014年10月5日。
❹ 佚名："四川沱门 污染经济损失3亿元生态环境恢复需5年时间"，载 http://news.sina.com.cn/c/2004-04-16/(10342318194s_shhnl，访问日期2014年10月5日。
❺ 佚名："国务院对吉化爆炸事故松花江水污染作处理" http://news.sina.com.cn/c/2004-04-16/(10342318194s_shhnl，访问日期2014年10月9日。
❻ Louis Kaplow, Steven Shavell, Fairness Versus Welfare, Harvard Law Review, 2001, v.14, p.961.
❼ 许传玺："中国侵权法现状：考察与评论"，载《政法论坛》2002年第1期。

制度性的。❶ 即使在侵权法中广泛推行严格责任这种归责原则也没有打破受害人与侵权人的两极格局。❷ 按照侵权法的相关规定，被害人所受的损害转由加害人承担，让加害人承担损害赔偿责任。该种责任承担方式着眼于加害人与被害人的关系，以加害人行为的可非难性为归责原则，标榜个人责任，因此也被称为损害移转（loss shifting）。❸ 这种赔偿方式有点类似于体内循环，并未突破受害人与加害人之间的二维格局。而责任保险的引入则将侵权损害赔偿责任从加害人转嫁给保险公司承担，最终通过保险公司这一风险中立主体转嫁给社会承担。这实际上是在同种危险制造者之间进行社会性的分散，在一定意义上可以说，是损害赔偿责任的社会化，即损害分散（loss spreading）。❹ 与损害转移相比，由于保险公司的介入将原本仅由加害人承担的赔偿责任转移给成千上万的可能遭受同种危险的投保人承担，实现了损害赔偿的社会化。

在环境污染事故中，也存在环境损害赔偿社会化的问题。所谓环境损害赔偿的社会化，是指将环境侵权所发生的损害视为社会损害，通过高度设计的损害填补制度，由社会上多数人承担和消化损害，从而使损害填补不再是单纯的私法救济，既可以及时、充分地救助受害人，维持社会稳定，又可以避免加害人因赔偿负担过重而破产，保护经济发展。❺ 美国学者休格曼（Sugarman）也认为，大量的事故是不可能完全通过侵权法来对受害人提供救济的。人们开始试图建立一种社会化的风险分散机制，促使个人转移风险和社会分摊风险，来解决社会生活中大量存在的环境事故灾难的补偿问题。❻ 在上述情形下，法律所强调的重点已经从承担过错转移到补偿损失。❼ 即从单纯的让加害人承担赔偿责任，转向借助环境责任保险强化加害人的赔偿能力，将社会化因素引入环境侵权责任内部，更好地弥补环境污染事故中受害人遭受的损害。

在保险实务中，实力雄厚的保险公司大大增强了投保企业的赔偿能力。例如，2008年9月28日，湖南省株洲市昊华公司在清洗停产设备时，由于工作人员操作失当，使设备内的氯化氢（盐酸）气体过量外冒，导致周边村庄的大量农作物受到污染。这家企业于当年7月投保了由中国平安保险集团旗下平安产险承保的环境污染责任险。接到报案后，平安产险立即派出查勘人员赶赴现

---

❶ 薛虹："演变中的侵权责任和人身伤亡事故问题的解决"，载《民商法论丛》（第5卷），法律出版社1996年版，第704页。
❷ 朱岩："风险社会与现代侵权责任法体系"，载《法学研究》2009年第5期。
❸ 王泽鉴：《侵权行为法》，中国政法大学出版社2001年版，第8页。
❹ 胡吕银："从责任保险看侵权法之嬗变"，载《扬州大学学报》1999年第3期。
❺ 王明远：《环境侵权救济法律制度》，中国法制出版社2001年版，第16页。
❻ 王利明：《我国民法典重大疑难问题之研究》，法律出版社2006年版，第579页。
❼ ［德］马克西米利安·福克斯：《侵权行为法》，齐晓琨译，法律出版社2006年版，第5页。

场。经过实地查勘，查证了氯化氢气体泄漏引起的污染损害事实，确定了企业对污染事件负有责任以及保险公司应当承担的相应保险责任。根据保单相关条款规定，平安产险与村民们达成赔偿协议，在不到 10 天时间内就将 1.1 万元赔款给付到村民手中。这是国内首个环境污染责任保险理赔案例。2012 年 12 月 31 日，山西长治潞安集团天脊煤化工集团有限公司发生苯胺泄漏事故，经调查测算，苯胺泄漏总量为 319.87 吨，其中 8.76 吨流入浊漳河，造成浊漳河挥发酚超标。得知消息后，人保财险山西分公司第一时间派人赶往企业调查情况，核实事故原因和经过，同时做好事故专家鉴定、保险资金赔付等准备。考虑到企业停产、资金紧张会影响到清污工作，人保财险向企业预付了环境污染责任险事故赔款 100 万元。最终，企业共获得 405 万元赔款。这是目前为止我国数额最大的环境污染责任保险理赔案例。❶

三、监督投保企业预防环境污染

目前，环境责任保险已经成为保险公司承保的一种非常重要的险种。❷ 在订立环境责任保险合同的过程中，保险公司要与投保企业多次接触、反复磋商。❸ 在环境污染事故发生后，由于投保企业通常会面对数额巨大的环境侵权损害赔偿责任，这可能导致保险公司承担非常沉重的赔付风险，因此，保险公司也通常会采用比政府监管标准更为严格的准则来监督投保公司。作为风险管理者，保险公司可以要求投保企业采取必要的安全措施和安装必要的监控设备来预防损害或在损害发生后减少损失。❹ 事实上，保险公司通常集中了大量的资本与众多的科技人员，其完全有能力对投保公司的行为进行直接监控。在分析已经发生事故原因的基础上，寻找企业在环境污染监督检查、设备运转和人员操作中的安全隐患，定期巡视企业的生产流程与其采取的安全措施，通过等级划分等措施督促投保公司做好防灾防损工作，从而减少环境污染事故的发生。❺

此外，保险公司完全有能力设计灾害的应对方案，其可以针对环境污染风险进行评估、量化，并提供环境污染事故发生后的快速恢复方案。除此之外，保险公司还可以控制投保企业的欺诈行为，防止它们重复投保。有学者认为，

---

❶ 佚名："我国数额最大环境污染责任保险理赔案例"，载 http://www.chinairn.com/news/20140626/185812241.shtml，访问日期 2014 年 10 月 9 日。

❷ See Insurers can be Environmentalists, Nat'l Underwriter: Prop. & Casualty Risk & Benefits Mgmt., Nov. 8, 1993, at 26.

❸ 孙宏涛："董事责任保险对公司治理结构完善的功效分析"，载《上海金融》2010 年第 12 期。

❹ Benjamin J. Richardson, Mandating Environmental Liability Insurance, Duke Environmental Law and Policy Forum, 2002, v.12, p.296.

❺ 胡艳香："环境责任保险制度的正当性分析"，载《法学评论》2011 年第 5 期。

与行政机关相比,保险公司对环境污染风险的管理更为灵活,因为其能够根据相关政策和具体情况作出灵活调整,保险费率的设定也比行政管理更加灵活高效。❶ 投保人对于环境污染事故预防工作的执行情况可以从其是否能够从保险人处获得环境责任保险以及保险费率的大小上得到直观反映。由于保险公司会将那些高污染风险企业排除在客户范围之外或提高其保险费率,所以保险公司为企业改进环保措施提供了经济上的直接动力。❷

即使在环境责任保险合同签订后,保险公司仍然发挥着监督作用。一方面,当投保企业因环境污染事故被提起索赔诉讼后,保险公司会针对投保企业的行为进行深入调查,如果发现投保企业故意实施了环境污染行为,保险公司会拒绝承担保险责任,在这种情形下,投保企业仍然需要用自己的财产承担赔偿责任。因此,为了避免用自身财产承担环境污染损害赔偿责任,投保企业会尽量减少环境污染事故的发生几率。另一方面,如果投保企业发生环境污染事故并被提起索赔诉讼,即使保险公司按照合同约定赔偿了保险金,其也会利用浮动费率制度在第二年续保的时候提高保费,这在某种程度上也会督促投保企业注意自己的日常作业行为,尽量降低环境污染事故发生的风险。

综上所述,无论在订立环境责任保险合同的过程中,还是在环境责任保险合同签订后,都可以发挥保险公司的监督作用,督促投保企业更加谨慎地从事生产经营活动,以减少环境污染事故发生的几率。

四、减少社会矛盾进而维护社会和谐稳定

近年来,我国环境污染事故频发,根据有关部门的统计数据显示,2000~2008年,全国共发生环境污染事故12642次,年均直接经济损失达1200亿元。❸ 在这其中,部分损失由政府买单,造成"企业污染,纳税人买单"的尴尬局面,这给政府带来了沉重的经济压力和负担,同时也不利于政府职能的正常履行。

此外,在许多环境污染事故中,受害人并没有得到充分、及时、有效地赔偿,由此引发了尖锐的社会矛盾,并导致社会群体性事件层出不穷。典型事例如:2005年4月10日,浙江东阳数万名农民因污染纠纷与东阳市政府机关、公检法部门组成的联合执法队发生冲突;2008年8月4日,云南丽江因水源

---

❶ Jeffrey Kehne, Encouraging Safety through Insurance-Based Incentives: Financial Responsibility for Hazardous Wastes, 96 Yale L. J. 403, 410–11 (1986).

❷ Stephen Schmidheiny, Changing Course: A Global Business Perspective on Development and the Environment, 1992, MIT Press, p. 65.

❸ 刘颖:"我国环境污染责任保险发展问题研究",载《经济纵横》2012年第2期。

污染致 300 人群体冲突事件；2009 年 11 月 23 日，广州发生民众因反对建立番禺大型垃圾焚烧厂集体上访事件；2011 年 8 月 14 日，大连发生民众集体抵制化学污染工程项目事件；2012 年 7 月 28 日，江苏启东市民众发起以要求政府停止日本王子纸业工厂的排污管道修建计划为目的的大规模抗议示威行动等。❶ 由上述事例不难看出，环境污染事故已经成为激发社会矛盾并引发群体性事件的主要诱因之一。环境污染事故发生后，如果受害者得不到及时赔偿，可能会导致矛盾激化，出现因环境污染问题导致的上访、静坐事件，不仅影响了社会安定团结，也不利于和谐社会的建设。❷

事实上，环境污染事故受害人的救济问题无论在过去、现在还是将来一段时期内仍将是影响社会稳定的主要因素之一。❸ 环境责任保险的引入可以在很大程度上解决上述问题。由于环境责任保险的存在，在环境污染事故发生时，污染事故的受害人可以从保险公司那里获得保险赔偿金，使其得到充分、及时、有效的赔偿。与侵权诉讼相比，保险的存在使受害人可以避免支出高额的诉讼成本，远离执行率低的困扰，并避免陷入加害人赔偿能力不足的陷阱之中。上述问题对受害人的救济极为重要，避免受害人因得不到充分、及时的赔偿而激化社会矛盾，引发社会混乱进而影响社会和谐稳定。

结语

近年来，在发生环境污染事故时，由于侵权责任人的逃逸或赔付能力不足，使得政府、社会和个人成为环境事故损害的最终承担者，不仅给政府财政造成巨大压力，也严重影响了社会的稳定与安全。❹ 而环境责任保险的存在，不仅有利于分散投保企业的环境责任风险，保护环境污染事故受害人的合法权益，监督投保企业预防环境污染并可减少环境污染进而维护社会的和谐稳定。但是，由于目前许多企业的环境责任风险意识淡薄，很少考虑到一旦发生重大环境污染事故，数额巨大的赔偿金可能会导致其倾家荡产，甚至以资本抵债并陷入破产境地。此外，相比于企业财产保险、出口信用保险、货物运输保险、火灾公众责任险等传统保险产品不到 1% 的保险费率，环境污染责任保险的保险费率明显偏高，由此导致企业的投保率较低。❺ 幸运的是，2014 年 4 月 24 日通过的新《环保法》第 52 条明确规定，国家鼓励投保环境污染责任保险。这说明环境责任保险已经正式进入国家立法层面，中央政府也高度重视环

---

❶ 张卜泓："推进环境污染责任保险 有效遏制环境群体性事件"，载《环境保护与循环经济》2013 年第 6 期。
❷ 秦宁：《中国环境责任保险制度研究》，中国海洋大学出版社 2010 年版，第 86 页。
❸ 刘锐：《中国事故受害人救济机制研究》，国家行政学院出版社 2012 年版，第 10 页。
❹ 阙小冬："试探'政府推动'环境责任保险的经济学依据"，载《江西师范大学学报（哲学社会科学版）》2007 年第 4 期。
❺ 邹琪慧、张幸："环境污染责任保险运行效率为何不高？"，载《环境经济》2013 年第 4 期。

境责任保险的推行。为了更好地运用环境责任保险这种风险分散工具来保护环境污染事故受害人的合法权益以及维护社会的和谐稳定，应当通过建立相应的税收优惠以及财政补贴制度来推动环境责任保险市场的健康发展，从而更加充分地发挥环境责任保险的功效。

财产保全责任保险相关问题初探

常 鑫[*]

引言

当前,"保全难"问题已成为当事人向法院维护自身合法权益以及法院推动案件审判的障碍。"保全难"问题是由多重原因所致的,其中一个重要原因在于依据《民事诉讼法》的相关规定,当事人向法院申请财产保全时需要提供一定额度的担保。许多财产保全申请人正是由于被告一方的违法或违约而陷入财务危机的窘境才提起诉讼,此时他们无力为财产保全提供相应的担保。特别是各地方法院出台了不同的担保数额标准,在提供担保的方式上也大多强调现金担保,这样的规定给一部分保全申请人带来了困难。自2013年起,我国一些地方法院已逐渐开始尝试引入财产保全责任保险以化解"保全难"的问题。财产保全责任保险的保险责任是,被保险人向人民法院提出诉讼财产保全申请并经人民法院裁定同意,但因申请错误造成被申请人直接经济损失的,依照法律应由被保险人承担的经济赔偿责任,保险人按照保险合同约定负责赔偿。财产保全责任保险为解决法院"保全难"问题提供了新的解决思路。然而,作为一项全新的制度,财产保全责任保险在实施过程中还有一些问题值得关注与讨论。本文试图抛砖引玉对三个相关问题进行分析,供专家学者批评讨论,为该制度的完善助一臂之力。

一、财产保全责任保险的合法性问题

1. 《民事诉讼法》及相关司法解释对保全申请人提供担保的规定

我国《民事诉讼法》第100条第2款规定:"人民法院采取保全措施,可以责令申请人提供担保,申请人不提供担保的,裁定驳回申请。"第101条对诉前财产保全作出了规定,"利害关系人因情况紧急,不立即申请保全将会使

---

[*] 西北政法大学经济法学院,讲师,法学博士。

其合法权益受到难以弥补的损害的,可以在提起诉讼或者申请仲裁前向被保全财产所在地、被申请人住所地或者对案件有管辖权的人民法院申请采取保全措施。申请人应当提供担保,不提供担保的,裁定驳回申请"。2014 年 12 月出台的《最高人民法院关于适用〈中华人民共和国民事诉讼法〉的解释》(以下称《民诉法司法解释》)进一步对财产保全制度作出了详尽的规定。具体而言,《民诉法司法解释》第 152 条第 2 款、第 3 款规定:"利害关系人申请诉前保全的,应当提供担保。申请诉前财产保全的,应当提供相当于请求保全数额的担保;情况特殊的,人民法院可以酌情处理……在诉讼中,人民法院依申请或者依职权采取保全措施的,应当根据案件的情况,决定当事人是否应当提供担保以及担保的数额。"也就是说,我国《民事诉讼法》及其相关司法解释对保全申请人提供担保的要求可以概括为:诉前财产保全,申请人必须提供担保;诉讼中财产保全,法院可以要求申请人提供担保。

2. 如何理解民事诉讼法中的"担保"

依《民事诉讼法》可知,法院对保全申请人提供担保的要求是其依职权作出。另外,《国家赔偿法》第 38 条也规定了人民法院在民事诉讼中,违法采取保全措施的,应当承担国家赔偿的责任。也就是说,当财产保全申请人所提供的担保形式不符合《民事诉讼法》相关规定时,法院应当承担相应的赔偿责任。然而,《民事诉讼法》第 100 条、第 101 条只是规定了责令申请人提供担保,但并未规定法院责令保全申请人提供何种方式的担保。最高人民法院的相关司法解释也并未规定保全申请人应当提供担保的方式。因此,对民事诉讼法第 100 条中"担保"这一概念的理解,决定了人民法院对保全申请人提供担保的种类与形式所认可的范围。那么对于《民事诉讼法》所规定的"担保"应当如何进行理解?

最高人民法院审判指导书系《执行规范理解与适用》一书对该问题进行了正面的回答:"担保"的方式可解释为:"担保方式不能仅限于现金。担保可以分为人的担保与物的担保,人的担保可以分为保证人的担保和当事人签订的定金合同,物的担保又可以分为抵押、质押、留置。"❶ 该解读与我国现行《担保法》所规定的"担保"的方式相一致❷。此外,近年来一些地方法院关于财产保全的相关规定也并未体现出《民事诉讼法》中的"担保"与《担保法》所

---

❶ 江必新主编:《执行规范理解与适用——最新民事诉讼法与民诉法解释保全、执行条文关联解读》,中国法制出版社 2015 年版,第 11 页。
❷ 《中华人民共和国担保法》第 2 条第 2 款规定:"本法规定的担保方式为保证、抵押、质押、留置和定金。"

规定的"担保"之间的区别❶。然而,《民事诉讼法》财产保全制度中的"担保"的概念是否与《民法》中"担保"一词具有相同的内涵与外延?笔者对此持否定态度。

《民法》中的债的担保,是指法律为保证特定债权人利益的实现而特别规定的以第三人的信用或者以特定财产保障债务人履行义务、债权人实现权利的制度。债的担保是担保债权实现的措施,因此,债的担保一般具有平等性、自愿性及从属性的特点❷。在民事诉讼财产保全过程中,保全申请人与被申请人之间显然是平等主体之间的法律关系,然而保全申请人所提供的对保全错误之债的"担保"并不符合民法中担保制度的自愿性与从属性。第一,民事诉讼保全中的"担保"法律关系的形成并非双方当事人合意完成。保全申请人是否应当提供"担保"并非财产保全申请人与被申请人协商确定,而是由法院依职权确定的。依据2015年修订的《民诉法司法解释》第152条第1款,当法院认为需要提供"担保"时,其责令当事人提供保全担保,并通过书面通知的形式告知保全当事人。另外,对于提供"担保"的数额以及方式也是需要经法院认可才能审查通过。第二,财产保全申请人所提供的"担保"是为了保障因保全错误而发生的侵权之债。财产保全申请发生在诉讼前与诉讼中,此时民事审判尚未完结,因而无法判断财产保全是否错误,即财产保全错误的侵权之债此时尚未发生。在主债权尚未成立的情况下,无法发生民法上作为从债权的担保之债。基于以上两点,笔者认为《民事诉讼法》中保全申请人所提供的"担保"并非民法上的担保制度。

3. 财产保全责任保险是否符合《民事诉讼法》的规定

基于以上讨论,《民事诉讼法》中的保全申请人所提供的"担保"并非《民法》中债的保全制度,《民事诉讼法》所规定的"担保"方式也并非《担保法》中的抵押、质押、留置、保证与定金。那么,《民事诉讼法》中的"担保"为何种含义?在财产保全过程中要求申请人提供"担保",是因为当事人在提起保全之时案件尚未立案或审理完毕,无法查明事实真相。即使法院认为当事

---

❶ 《上海市高级人民法院关于财产保全工作的规定》第26条规定:"申请财产保全除提交书面申请、足额缴纳保全费外,还应当提供可靠担保。可靠担保是指申请人、申请人的担保人提供了物的担保,或者具有代为清偿债务能力的法人、其他组织或者公民真实、明确地为申请人提供了连带保证。"《北京市高级人民法院关于财产保全若干问题的规定(试行)》第4条规定:"申请人申请财产保全可以以下列方式提供担保:(一)申请人提供物的担保或现金担保;(二)第三人提供信用担保、物的担保或现金担保;(三)专业担保公司提供信用担保。"《山东省高级人民法院关于保全担保若干问题的规定(试行)》第八条规定:"申请保全可以现金、实物、资信、财产性权利等方面提供担保。"《江苏省高级人民法院关于在当前宏观经济形势下依法妥善处理涉及企业的财产保全问题的指导意见》第12条规定:"当事人申请财产保全可提供资信担保、实物担保、权利担保、现金类担保。"

❷ 王利明:《民法》(第五版),中国人民大学出版社2010年版,第334页。平等性,是指债的担保关系的当事人的法律地位是平等的,各方平等地协商确定相互间的权利义务,平等地受法律保护;自愿性,是指担保一般是由当事人自愿设定的;从属性,是指担保之债与被担保的债为从属关系,担保之债从属于被担保的债。

人申请保全理由充分，应予保全，也不能保证申请人一定胜诉。该制度设立的目的是为了保障，一旦保全申请被认定为错误且被申请人因此遭受了损失，被申请人能够及时有效地获得申请人的赔偿。所以在法律、司法解释对"担保"的方式并未明确规定的情况下，法院在综合考虑申请人经济情况、胜诉可能性、证据充分与否等情况下，认定保全申请人所提供的是符合上述目的的"担保"方式，则应当被视为正确可行的"担保"方式。

责任保险是社会成员将其可能承担民事赔偿责任的风险转嫁给保险人的法律手段。一方面，责任保险能够分散被保险人的风险；另一方面，责任保险有助于维护被侵权人的合法权益[1]。当侵权行为发生后，致害人的赔偿能力直接决定着受害人的合法权益能否得以实现。责任保险机制可以保证受害人的损失得到赔偿，避免了因致害人无赔偿能力而使受害人的权利无法落实。具体到财产保全责任保险，其大大增加了保全申请人的赔偿能力；同时，当保全错误发生时，其保障了被保全申请人能够获得及时、充分的赔偿金。因而，当财产保全责任保险使申请人对可能发生的保全错误确实具备了相应的赔偿能力时，其应当被视为符合《民事诉讼法》的相关立法精神。

二、财产保全责任保险的道德风险问题

1. 保险的道德风险

自现代保险制度建立以来，如何防止保险中道德风险的发生一直是各方关心的问题。保险中的道德风险，是被保险人或受益人因知道存在保险合同上规定的赔偿或给付利益而故意违反道德规范所引发的风险。责任保险因自身特性，其可能引发的道德风险则显得更为突出，因为责任保险在一定程度上影响了侵权法的预防功能。所谓预防功能，是指侵权法通过规定侵权人应负的民事责任，引导人们正确行为，预防和遏制各种损害的发生，保持社会秩序稳定和社会生活和谐。人们对责任保险合法性的质疑在于其对侵权法预防损害功能的破坏，因为被保险人往往可能会在责任保险存在的情况下降低自身的注意义务。责任保险合同一旦生效，当发生被保险人导致他人损害而应当承担赔偿责任的事实时，原本应由被保险人承担的赔偿责任转而由保险人承担。当需承担赔偿责任的加害人通过责任保险将其损失转化掉时，侵权法对加害人及潜在的加害人便不再具有威慑力。在19世纪末责任保险刚刚从英国传入美国的一段时间内，由于人们担心责任保险可能会引发特殊的道德风险，其合法性一直备受质疑，直至经过法院数个重要的判决才使得人们逐渐接受了责任保险的正

---

[1] 贾林青：《保险法》（第五版），中国人民大学出版社2014年版，第25页。

当性❶。

2. 财产保全责任保险可能引发的道德风险

具体到财产保全责任保险，其可能引发的道德风险主要体现在两个方面。第一，被保险人（即财产保全申请人）可能与保全被申请人恶意串通；第二，被保险人可能通过财产保全责任保险进行恶意保全。第一种类型属于责任保险中较为常见的被保险人与名义上的"受害人"恶意串通的道德风险；第二种类型则是财产保全责任保险可能引发特有的恶意财产保全的道德风险类型。

恶意财产保全是基于恶意诉讼的目的所产生。恶意诉讼，系指当事人知道或者应当知道自己的诉讼主张缺乏事实或法律依据，但为了实现自己不正当的利益或者损害他人合法利益的目的而提起的诉讼行为❷。其特点表现为：形式上合法，当事人通过"合法"的起诉手段，企图实现非法目的。目的非正当，当事人的真正意图是牟取己方非法的利益或者损害对方的利益，其目的违背了诚实信用原则和公平原则。当事人滥用权利进行恶意保全的情况时有发生，有的当事人出于打压竞争对手的目的而申请保全；有的当事人虽然申请保全的动机正当，但为了自身的利益，滥用诉讼权利，对不必保全的财产申请保全，从而损害了被申请人的正当利益。特别是在全面推行立案登记制的情况下，当事人滥用诉权进行恶意诉讼的可能性将会进一步地提升❸。目前，司法实践中财产保全发生错误所引发赔偿的情况非常少见❹。然而，引入财产保全责任保险可能会引发相应的道德风险，使得恶意保全案件发生的可能性增加。

面对可能发生的道德风险，各家保险公司相关产品也在免责条款中做了相应的对策。平安财险的保险合同第 8 条免责条款中约定了当"因被保险人和被申请人恶意串通造成的损失"，保险人不负责赔偿或先行垫付。人保财险的保险合同则在免责条款第 7 条中对当事人道德风险的规避约定了当"被保险人和被申请人恶意串通"时保险人不负责赔偿。笔者认为，两家公司的相关保险合同条款均有值得进一步改进的空间。平安财险与人保财险的保险合同在免责条款中并未规定被保险人故意的情形。然而依据《保险法》第 27 条第 2 款之规定"投保人、被保险人故意制造保险事故的，保险人有权解除合同，不承担赔偿或者给付保险金的责任"，其赋予了保险人在被保险人故意制造保险事故时的保险合同解除权。我国《保险法》如是规定是基于保险原理，保险事故的发

---

❶ 拙文："早期美国责任保险之合法化"，载《生产力研究》2013 年 10 期，第 123 页。
❷ 肖建华："论恶意诉讼及其法律规制"，载《中国人民大学学报》2012 年第 4 期。
❸ 参见"恶意诉讼增多亟待引起重视"，载《人民法院报》2012 年 11 月 19 日，第六版；"立案登记制能否拦住'滥诉'？"，《北京青年报》2015 年 06 月 13 日，第七版。
❹ 以浙江省为例，2008~2010 年三年中，全省范围内因保全错误所引发的民事诉讼共计 3 起，占财产保全案件的 0.66%，无一起因保全错误引发的国家赔偿案件。参见"从合法性关注到合理性考量——能动司法视角下财产保全司法对策之优化"，载《法律适用》2011 年 12 期，第 76 页。

生具有或然性、是意料之外偶发的，而非故意制造的、必然发生的。《保险法》赋予保险人的合同解除权使得财产保全责任保险给被保险人的担保功能带来了很大的不确定性。具体而言，若保险公司发现保全错误的发生是由于申请人故意造成的，从而解除保险合同，人民法院与保全被申请人将会陷入很大的被动之中。一方面，法院所作出的财产保全裁定是基于其审查了生效的财产保全责任保险合同从而认定申请人具有赔偿能力的，当保险合同被保险人解除时，法院所作出的保全裁定的前提将不复存在；另一方面，一旦保险合同被解除，在缺乏赔偿来源的情况下保全被申请人的赔偿可能会难以实现。

3. 解决方法

面对财产保全责任保险可能引发的道德风险，笔者试图从三个方面提出解决方案。第一，预防保险所引发道德风险的重要手段是通过设定免赔比例或一定的免赔额。财产保全责任保险可以采用与传统的现金担保相结合的方式。也就是说，法院可以要求保全申请人提供少量比例的现金，再加上能够赔偿相应剩余保全财产额度的责任保险的方式。这样的方案设计相当于与被保险人约定了免赔额度，同时保全错误发生时被申请人的利益能够得到充分保障。事实上，保全申请人所提供的现金比例越高，也就是责任保险所约定的免赔额越高时，道德风险可能发生的几率也就越低。这种对保险人所承保风险的变化，可以通过保险费率的变化体现出来。第二，保险公司可以在承保过程中引入外部律师审查保险标的风险大小。区别于其他种类的责任保险，财产保全责任保险的一个重要特点是在承保过程中保险风险实际上是客观确定的，也就是说投保时被保险人是否存在恶意保全的事实已经确定发生，因而对该险种在承保过程中的风险审查则显得尤为重要。由于保险公司内部承保人员人数有限且财产保全责任保险涉及专业的法律问题，因而保险公司可以在承保过程中聘请专业律师对财产保全案件进行相关风险审查从而杜绝被保险人恶意错误保全的道德风险。第三，为了符合《民事诉讼法》的精神，财产保全责任保险应当赔偿因被保险人故意错误保全而造成的损失，同时保险合同可以明确约定当被保险人故意错误保全时，保险人对保全被申请人进行赔偿后有权向被保险人进行追偿。

三、财产保全责任保险对保全错误认定的影响问题

1. 保全错误的认定

当事人向法院申请财产保全是其行使诉讼权利的行为。《民事诉讼法》在赋予保全申请人该项权利的同时，也注意到了保护被申请人的合法权利。保全申请人在行使权利的过程中超越合理边界，滥用诉权给被申请人造成损害的，其应承担相应的法律责任。《民事诉讼法》第105条对财产保全错误赔偿作出了规定："申请有错误的，申请人应当赔偿被申请人因保全所遭受的损失。"然

而，什么是"保全错误"？《民事诉讼法》及相关司法解释中并未对该问题作出回答。一般认为，对保全错误应从一般侵权行为的角度进行审查认定，即审查申请人在申请财产保全时是否存在违法情形、财产保全申请是否给被申请人造成损失，以及财产保全行为与损失之间有无因果关系。

在法律、司法解释对"保全错误"的界定缺失的情况下，在司法实践中对该问题产生了一定的分歧。一种观点认为，申请人的主观过错是其承担赔偿责任的构成要件；另一种观点则认为，依据保全申请人的保全行为对被申请人实际造成的损失判断其是否承担赔偿责任❶。不同的司法观点造成实践中不同地区不同法院对保全错误的认定标准并不一致。对于超额保全的界定、是否赔偿间接损失、如何理解正常的诉讼风险等问题，不同法院的不同理解直接导致了全国范围内的一些案件同案不同判的局面。

2. 财产保全责任保险的影响

责任保险对《侵权法》有着深远的影响。美国宾夕法尼亚大学汤姆·贝克教授认为责任保险在六个方面将对侵权法规则在现实中的实施过程产生影响❷。这其中值得注意的是，首先，是否具有责任保险意味着是否具有赔偿能力，因而具有责任保险成为侵权人被起诉的前提。其次，侵权诉讼所确定的赔偿额度往往不会超过责任保险所约定的最高赔偿限额。事实上，我国法院的法官在审理侵权案件的过程中同样也会受到责任保险的影响。个别专业水准欠缺的法官在审理侵权案件的过程中，在存在责任保险的情况下往往会尽可能地使受害人获得更多的赔偿，这是由于法官认为保险公司是赔偿金最终的承担者。特别是在侵权案件中受害人是自然人的情况下，这种现象显得更为突出，因为法官往往基于对弱者的同情而作出具有倾向性的判断。

笔者认为，在财产保全责任保险介入的情况下，法院在审理财产保全错误案件时至少可能会受到以下两种情况的影响：第一，法官可能倾向于认定财产保全错误的成立以及扩大赔偿损失的认定。当前，法院在对保全错误认定以及赔偿标准司法实践并不统一的情况下，当保全责任保险介入后，法官可能会认为最终的侵权损害赔偿金来源于保险公司而非诉讼赔偿中的一方当事人，从而倾向于支持被申请人的诉讼请求。第二，由于目前各家保险公司推出的保险合同并未明确被保险人故意错误保全时保险人是否具有合同解除权，法院可能会减少对被保险人故意造成保全错误的认定。特别是当前很多地方法院对财产保全责任保险的认定均属于创新阶段，试点法院可能会为了避免问题的复杂化而

---

❶ 江必新主编：《执行规范理解与适用——最新民事诉讼法与民诉法解释保全、执行条文关联解读》，中国法制出版社 2015 年版，第 61 页。

❷ Baker, Tom. "Liability insurance as tort regulation: six ways that liability insurance shapes tort law in action." Connecticut Insurance Law Journal 12.1 (2005).

减少被保险人"故意"的认定。因为在审判过程中法官对保全申请人主观上是否为"故意"的判断具有一定难度。

3. 解决方法

为了避免以上可能出现的问题,笔者提出以下建议:第一,在进一步研究的基础上,法律与相关司法解释应进一步明确保全错误的认定从而统一裁判标准。第二,对于财产保全责任保险的适用,应当在更高层面如最高人民法院或省高级人民法院作出统一规定,从而解除试点法院的顾虑,避免影响案件的正当裁判。第三,可以加强法院审判人员对保险基本理论的理解、确保公正审判,避免让保险公司承担过多的赔偿责任而破坏了保险制度的正常运行。

结语

财产保全程序在民事诉讼中居于重要地位,它是联结审判程序与执行程序的纽带。

财产保全责任保险在一定程度上可被视为解决"保全难"问题的金融工具。同时该制度也是责任保险参与社会管理创新的重要体现。作为民事诉讼中的一项制度创新,其应当得到更多的研究与关注。笔者认为,在进一步完善财产保全责任保险的基础上,该保险可以在更多的法院进行推广。

第二编

保险合同制度的完善与发展

要约与承诺在保险合同成立中的适用问题研究

史卫进[*]

保险法学界公认，保险合同的成立是指保险合同的投保人和保险人就保险合同的主要条款达成一致。但是关于保险合同的订立程序却存在着不同认识。根据我国《保险法》第13条第1款规定："投保人提出保险要求，经保险人同意承保，保险合同成立。保险人应当及时向投保人签发保险单或其他保险凭证。"有人主张保险合同的订立程序应为投保人投保、保险人承保。也有学者认为保险合同的订立应适用我国《合同法》第13条第1款关于"当事人订立合同，采取要约、承诺方式"的规定，保险合同应依要约和承诺的方式订立。因此便产生以下诸理论问题：保险合同的订立方式的投保与承保，与《合同法》上的要约和承诺之间的关系应当如何理解？在保险实务和保险司法中，应当如何以合同订立的要约和承诺来解释保险合同订立的投保和承保？

为解决上述问题，本文从典型司法判决中关于保险合同成立为投保承保，不适用要约承诺的错误观点入手，在归纳、比较国内外的保险法律规定、司法判例和理论研究成果的基础上，对保险合同成立中关于要约承诺的适用问题，进行全面、系统地研究。

一、典型案例

（一）案例内容

法院经审理查明，前一次承保客运承运人责任保险，是甲客运承运人的鲁YB9212号宇通牌客车在乙保险人处投保的客运承运人责任保险，保险期限为2011年1月6日零时至2012年1月5日24时止。本次承保客运承运人责任保险，是在前一次客运承运人责任保险期限到期前，乙保险人以续保方式请求与甲客运承运人续保客运承运人责任保险合同。乙保险人与甲客运承运人办理本

---

[*] 烟台大学法学院副教授、二级律师。

次续保的过程是：(1) 先承保：2011年12月26日由乙保险人向甲客运承运人签发保险单承保客车的2012年度的客运承运人责任保险。乙保险人签发单号为66702120520120000336《客运承运人责任保险单》包括："明细表、保险条款、投保单及其附件，投保与保险人达成的其他书面约定以及财产保险有限公司今后以批单形式增加的内容。"同时将投保单交付给甲客运承运人。(2) 后投保：甲客运承运人同意续保客运承运人责任保险，于2012年1月5日在填写了投保单后向乙保险人提交投保单。甲客运承运人确认按保险单条件投保，续保的保险期限自2012年1月6日至2013年1月5日。甲客运承运人2012年1月5日缴纳本次保费。

审理法院经审理认为：根据《保险法》第13条的规定，投保人提出保险要求，经保险人同意承保，保险合同成立。保险人应当及时向投保人签发保险单或其他保险凭证。本案中的乙保险人是于2011年12月26日向甲客运承运人签发和出具保险单，该客运承运人责任保险合同成立的时点为时是2011年12月26日；甲客运承运人于2012年1月5日在填写了投保单后向乙保险人提交投保单，同意续保客运承运人责任保险的行为，此投保时间不构成保险合同成立的时点。

(二) 案例评析核心问题

在本案中，法院对所涉及的保险合同成立时点的判断，目的在于判断保险人是否是在保险合同成立时履行了保险人的提示和明确说明义务，从而确定格式保险合同的免除保险人责任条款的效力。讨论本案的关键在于，一是保险合同成立是否适用要约和承诺规则？二是如何判定保险合同成立的时点？本案中如果保险人在保险合同成立后履行提示和明确说明义务的，应当视为保险人未履行提示和明确说明义务，保险合同免责条款不发生法律效力。

二、对案例判决的学理评析

在本案中，一审法院根据已经查明的事实，即乙保险人为续保而于2011年12月26日向甲客运承运人签发保险单的承保行为。在所作出的判决书中，法院认定，根据保险法关于"投保人提出保险请求，保险人同意承保的，保险合同成立"的规定，保险人作出承保的意思表示后保险合同成立。笔者认为这一判决是完全错误的。

在保险法理论上，判断保险合同的成立时点，应当根据要约和承诺来判定合同成立时点，而不是根据《保险法》所规定的投保和承保来机械地加以确定。以投保和承保方式完成的保险合同成立，须经过要约、承诺两个步骤。保险合同的本质是合同关系，《民法》上有关法律行为之一般规定，尤其是意思表示及契约之规定亦适用之。❶ 保险合同的要约，通常是投保人的投保行为，在实务中的表现是，投保人填写保险人提供的投保单，就保险标的履行如实告知义务，并将投保单交付给保险人的行为。保险合同的承诺，是保险公司的承保行为。❷ 保险法关于"投保人提出保险请求，保险人同意承保的，保险合同成立"的规定，不能被僵化地理解投保为要约，承保为承诺。在保险实务中，保险人对某些险种采取特殊销售方式，或在某些情况下放弃核保权时，保险人的行为可以构成要约。❸

  法院判决的错误之一是，本案中乙保险人于 2011 年 12 月 26 日向甲客运承运人签发保险单的行为是续保行为，是在放弃核保权的前提下，以签发保险单的承保方式，向甲客运承运人提出保险合同订立的请求，这是要约的提出，其不构成乙保险人的承诺。因此，法院根据《保险法》关于"投保人提出保险请求，保险人同意承保的，保险合同成立"的规定认定，乙保险人签发保险单是作出承保的意思表示，乙保险人承保后保险合同即告成立，这一判决是错误的。

  法院判决的错误之二是，甲客运承运人于 2012 年 1 月 5 日在填写了投保单后向乙保险人提交投保单，同意续保客运承运人责任保险的行为，虽是投保行为，但应当认定为甲客运承运人作出承诺。法院认定甲客运承运人同意续保客运承运人责任保险的投保行为，并不能导致保险合同的成立，是完全错误的。

  保险合同应当适用《合同法》规定的要约和承诺的规则来解释投保和承保。在保险合同的订立过程中，究竟谁为要约，谁为承诺，应当依据当事人意思表示的实质内容加以判断。❹ 因此，笔者认为本案中的保险合同成立于 2012 年 1 月 5 日，即投保人填写投保单作出投保的意思表示时为作出承诺；乙保险人于 2011 年 12 月 26 日向甲客运承运人签发保险单则是放弃核保权、提出要约。

三、要约、承诺适用保险合同成立的法理分析

（一）投保人投保与要约承诺的关系

1. 投保的概念与投保行为的效力

  所谓投保，是指投保人以订立保险合同为目的，向保险人提出要求订立保险合同的意思表示。投保人可以自行向保险人投保，也可以委托其代理人向保

---

❶ 江朝国著：《保险法理论基础》，中国政法大学出版社 2002 版，第 165 页。
❷ 梁鹏主编：《人身保险合同》，中国财政经济出版社 2011 版，第 179 页。
❸ 温世扬编：《保险法》，法律出版社 2007 年版，第 76 页。
❹ 温世扬编：《保险法》，法律出版社 2007 年版，第 77 页。

险人投保，保险经纪人也可以根据投保人的委托，代理投保人与保险人进行保险合同的谈判与磋商。投保应当是投保人的自愿行为，不受任何他人的干涉。除了法律和行政法规规定的强制性保险以外，保险人和其他单位不得强迫投保人订立保险合同。

投保行为通常表现为投保人填妥书面投保单并将投保单交付给保险人或保险人的代理人。法律亦允许投保人采用书面形式以外的其他投保方式，如投保人可以口头、电话、互联网或其他电子数据传输等方式向保险人提出投保请求。投保人通过填写和交付投保单的方式向保险人提出投保请求。投保单是由保险人事先印制的，投保单中应当载明相关保险合同的基本内容，如保险险种、保险标的、保险金额、保险期间、投保人和保险人的基本情况等。

投保人按投保单要求自行填写和签字盖章后向保险人提交投保单，即为投保人完成投保行为。在保险实务中，存在以下情况也应当认定为投保人投保：一是保险人或者保险人的代理人代为填写保险单证后经投保人签字或者盖章确认的，代为填写的内容视为投保人的真实意思表示；二是投保人或者投保人的代理人订立保险合同时没有亲自签字或者盖章，而由保险人或者保险人的代理人代为签字或者盖章的，对投保人不生效。但投保人已经缴纳保险费的，视为其对代签字或者盖章行为的追认。❶

2. 投保与要约的关系

在《保险法》上，保险合同的订立是由投保人提出保险请求，要求与保险人订立保险合同；保险人接收到投保请求后，完成对保险标的核保，作出同意承保的意思表示，保险合同成立。因此，在一般意义上，投保人提出保险请求是投保行为，具有《合同法》上的要约属性，可以理解为要约。基于合同法上要约的可撤回规则，投保人提出要约（投保请求）后，在保险人作出承诺前，投保人可以随时撤销要约（投保请求）。但因保险合同的投保人有随时解除合同的权利或因人身保险合同中约定有犹豫期❷，要约（投保请求）的撤销就变得没有实际意义了。

3. 投保与承诺的关系

投保人的投保行为不能完全等同于要约。在下列情况中，投保人作出的投保行为不是要约而是承诺，而保险人的承保行为则构成要约：一是保险人以柜台销售保险的，如机场代销的航空旅客意外伤害保险、客运机构代销的乘客意外伤害保险等，代销机构出售保险单为要约，乘客出资购买的投保行为为承诺；二是保险人向投保人作出放弃核保权的续保保险单，即在保险期间届满

---

❶ 参见《最高人民法院关于适用〈中华人民共和国保险法〉若干问题的解释》第3条规定。
❷ 犹豫期，指自投保人收到保险合同并签字之日起可以随时撤销保险合同的期间，通常犹豫期为10日。我国保监局规定，投保人在犹豫期内可以请求撤销保单，收回全部已缴纳保费，保险人只收不超过10元的工本费。

前,保险人向投保人发出续订通知的,该续订通知即为要约,投保人对续订通知的接受为承诺;❶ 三是在网络投保中,保险人设置电子保单和投保人投保选项,是保险人以承诺受其约束为承保条件,此为保险人提出要约;在投保人为投保通过电脑进入保险人官网,按保险人设定的页面填写投保信息、选择险种和保险费报价等投保选项后,确认支付保险费,此为投保人以投保方式作出承诺。

(二)核保与要约承诺的关系

1. 核保的概念与核保功能

核保是指保险人在对保险标的的信息全面了解和核实的基础上,对风险进行评判与分类,进而决定是否承保和适用何种费率的审核行为的总称。在保险营业中,核保是保险人审核保险标的风险程度、决定是否承保和确定保险费率的核心环节。在保险实务中,保险人主要是通过了解和掌握以下信息来完成核保工作的:

一是投保人在投保时告知的资料。投保人在投保时,保险人通常要求投保人填写相关的投保文件,其中投保单和风险询问表是最原始的投保标的记录,保险人可以从投保单和风险询问表的填写事项中获得信息,以对保险标的风险进行判断和选择。二是保险人的业务员或代理人在推销或销售保险单的过程中所获取的大量有关保险标的的情况。实际上,保险业务员、保险代理人或保险经纪人在寻找准投保客户和进行保险单销售的活动时,就开始了对保险标的核保的过程,可以视为外勤核保。核保人员可以向保险单销售人员直接了解保险标的的风险状况。三是对投保人或被保险人进行风险调查。对于投保单上未能反映的保险标的物和被保险人的情况,可以进一步向投保人和被保险人进行了解。四是对保险标的、被保险人面临的风险情况进行核定和查勘,称为核保查勘。在人身保险中包括体检,即指委托或指定医疗机构对被保险人健康状况进行医学体检,用以了解和掌握被保险人的实际健康状况。

保险人专设核保机构对投保人和保险标的进行核保,除个别短期险的险种外,核保是保险人承保前的必经程序。核保在保险合同订立中的功能是,保险人通过建立核保制度,对投保人的投保行为和保险标的进行审核。一方面可以排除不合格的保险标的,防止带入不具有可保性的风险,从而有效控制保险人所转嫁的风险水平;另一方面可以辨别保险标的的危险程度和危险类别,按不同标准进行承保和适用费率,保障保险人的营业收益。

核保是保险合同订立程序中的基本环节。核保程序完结后的法律效果是,保险人的业务员或代理机构根据核保机构所作出的核保结论决定是否承保或适

---

❶ 韩长印、韩永强:《保险法新论》,中国政法大学出版社2010版,第93页。

用何种费率。即对于核保结论为不符合承保条件的,应予以拒保并通知投保人不予承保;对核保结论符合承保条件的,应作出承保的决定;对核保结论基本符合承保条件的,应作出加费承保决定;保险人决定承保后应签发保险单或保险凭证送达投保人。因此,核保是保险合同成立前的保险人对保险标的已存在的风险进行审核,核保机构作出的核保结论是保险公司决定是否承保的前提,但核保不是承保,更不是要约和承诺。

2. 核保与暂保承诺的关系

所谓暂保承诺,是指对于投保人自投保之时起至承保或至拒保时为止发生的保险事故,保险人承诺对被保险人给予提供相当于保险合同约定的保险责任的临时保障。暂保承诺的产生,是因为保险人在接到投保人的投保单之后,不会马上接受承保而需要一定的时间进行核保后出具保险单,而在此期间被保险人并没有获得危险保障,为使被保险人的危险得到保障,同时也为保险人自己留住客户,保险人自愿向投保人作出暂保承诺。暂保承诺制度,通常用于汽车保险、盗抢保险、火灾保险和海上保险中。

暂保承诺的书面形式被称为临时保险合同或暂保单,它最早创建于英国的财产保险中,是当被保险人❶将投保单交于保险公司或其代理人之后,在投保被保险公司接受之前,如果发生保险危险,保险公司将予以赔付的保险凭证。关于暂保承诺或暂保单性质,英国学者认为其属于临时性的保险合同。❷澳大利亚1984年《保险合同法》第11条第2款明确规定:临时保险合同是由保险人签发的旨在为投保人提供临时保护的合同。因此,相对于正式保险合同而言,基于暂保承诺而形成的暂保单和基于要约承诺订立的正式保单是两个彼此独立的保险合同。❸

(三)承保与要约承诺的关系

1. 承保的概念和法律后果

所谓承保,是指保险人对投保人的投保请求表示接受的行为。承保可以口头、电子数据、书面等方式作出,也可以其他明示的方式作出。我国《保险法》第13条规定,投保人提出保险要求,保险人同意承保的,保险合同成立。因此,大多数情况下,在投保人提出保险要求后,保险人作出的承保可以构成《合同法》上的承诺,保险人承保的法律后果可以致保险合同成立;但是,如果保险人在承保时修改或增减了投保人的投保事项或条件而予以承保,因其修

---

❶ 在《英国保险法》中,没有独立的投保险人的概念,投保人和被保险人一概被称为"the insured",即被保险人。

❷ 梁鹏:"候保期间事故之赔付探讨",载《法学家》2011年第2期。

❸ [美]小罗伯特·H. 杰瑞,道格拉斯·R. 里士满:《美国保险法精解》,李之彦译,北京大学出版社2009年版,第51页。

改或增减了投保人的投保事项或条件部分的承保行为即不构成承诺，而应属于保险人提出的反要约，保险合同则应当由投保人作出承诺而订立。应当说明的是，在前述案例中如因续保或推销保险原因，保险人以签发保险单先予承保的方式先提出要约，而后由投保人作出投保的意思表示为承诺。

根据上述，承保与要约承诺的关系是，不能将保险人的承保一概认定为合同法上的承诺；在许多情况下，保险人的承保行为具有要约或反要约的属性。

2. 推定承保与推定合同成立

所谓推定承保，又称为推定保险人同意承保，是指以保险人在接受投保人的投保请求后，未在合理期间（指保险行业同类保险承保的一般需用时间）内完成核保并通知投保人的，应推定为保险人同意承保。推定保险人同意承保的法律后果就是保险合同成立。推定承保最早见于英国法的保险单推定送达。在《英美保险法》中，保险单的送达就是把保险合同实际交付给投保人。❶ 由于大部分的寿险保险单中均记载"当且仅当保险单送达给投保人时，保险合同才生效"，保险人在完成核保后，将保险单寄送给保险代理人，要求其转交给投保人，然而在保险单最终被送到之前，被保险人死亡了。保险人即会以保险单未实际送达投保人，保险合同没有生效为由拒赔。对于这种情况，大多数法院都会以"推定送达"为由认定保险合同成立。一般而言，当保险人把保险单寄给代理人时，只要保险人和代理人除了实际递送之外不需要再做任何工作时，邮寄本身便可以推定送达。❷

推定承保制度的功能，是通过以建立相应推定承保的法定标准或司法标准，在保险人进行核保至承保作出前的过程中，以司法干预的方式将符合相应法律标准或司法标准的保险人收取保险费等默示行为推定为承保。推定承保制度的功能，是根据保险人在承保中收取保险费等默示行为推定保险合同成立，它督促保险人及时进行核保、承保，能够起到防止保险人恶意利用核保、承保事务拖延保险合同的成立的作用。

《最高人民法院关于适用〈中华人民共和国保险法〉若干问题的解释（二）》第4条规定："保险人接受了投保人提交的投保单并收取了保险费，尚未作出是否承保的意思表示，发生保险事故，被保险人或者受益人请求保险人按照保险合同承担赔偿或者给付保险金责任，符合承保条件的，人民法院应予支持；不符合承保条件的，保险人不承担保险责任，但应当退还已经收取的保险费。保险人主张不符合承保条件的，应承担举证责任。"推定保险人同意承保的规则，

---

❶ [美] 小罗伯特·H. 杰瑞、道格拉斯·R. 里士满：《美国保险法精解》，李之彦译，北京大学出版社2009年版，第61页。

❷ [美] 小罗伯特·H. 杰瑞、道格拉斯·R. 里士满：《美国保险法精解》，李之彦译，北京大学出版社2009年版，第62—63页。

是指保险人作出接受投保人投保要求的意思表示并收取了保险费,保险人未在合理期间内完成核保并作出承保,发生保险事故的,符合承保条件的视为同意承保。因此,在以下条件成就时,应推定保险人同意承保:一是投保人已经向保险人作出了要求订立保险合同的意思表示。即投保人已经以口头或书面形式向保险人提出订立保险合同的意思表示。二是保险人在受理了投保人的投保请求并收取了保险费后,尚未在合理的期间内作出承保,发生保险事故的。三是在保险人进行核保并通知的合理期间,参照保险行业同种类保险的一般期间确定。在上述条件下隐含着一项排除性规则,即保险人在受理投保人的投保请求后,于合理期间内进行核保过程中发生保险事故的,则不能推定保险人同意承保。❶

推定承保的法律后果是,保险人对于承保前发生保险事故的承担保险责任。最高人民法院的司法解释所建立的推定承保规则,是在承认和尊重保险人的核保权基础上,以被保险人和保险标的是否符合承保条件作为推定保险人承保的重要考量因素。因此,保险人接受了投保人提交的投保单并收取了保险费,尚未作出是否承保的意思表示,发生保险事故的,若保险标的或被保险人具有可保性、符合承保条件的,对在投保人提出投保请求时起到保险人作出同意承保时止的期间内发生的保险事故,应推定保险人同意承保并承担保险责任;若保险标的或被保险人不具有可保性,不符合承保条件的,投保人有权要求保险人退还保险费,保险人不承担保险责任。❷

---

❶ 史卫进编著:《保险空白期的成因与治理规则比较研究》,法律出版社 2013 年版,第 79 页。
❷ 史卫进编著:《保险空白期的成因与治理规则比较研究》,法律出版社 2013 年版,第 81 页。

保险人提示说明义务新论

——以《合同法》、新《消费者权益保护法》的
相关规定为比较对象*

范庆荣**

《保险法》第 17 条规定了保险人的提示说明义务。依照该条的规定，保险人对其提供的格式条款负有说明义务；对免除保险人责任的条款负有提示和明确说明义务。该条还规定了说明的形式、位置、违反的后果等。这样一条看似详尽地保护保险相对人利益的条款，实则问题丛生。

1995 年制定的《保险法》的第 17 条，将保险人说明义务的范围规定为一切保险合同中的责任免除条款，而不限于保险人提供的格式条款。2002 年《保险法》第一次修改时，该条除顺序上有变动外，在内容上未有任何修改。由于该条语焉不详，各省不得不出台指导意见，对实践中的保险人提示说明义务的范围、方式、程度等问题作出规定，但因信息沟通不畅以及认知差异，造成了各自为政的情况。❶ 实践的需要促进了立法的完善。2009 年《保险法》再次修改时，立法机关立法时对保险人的提示说明义务作出了较大的努力。该法第 17 条将此义务分为提示和说明两项义务，并试图厘定义务的适用范围、说明义务的履行标准（方式）等。2013 年《最高人民法院关于适用〈中华人民共和国保险法〉若干问题的解释（二）》（法释〔2013〕第 14 号）（以下简称《保险法司法解释（二）》）第 8～13 条，又补充规定了提示义务的履行标准。

法律的不断修改，一方面说明了该问题的重要性，另一方面也反映出法律对这一问题的规定存在偏颇甚至是缺失。《合同法》及其司法解释、新《消费者权益保护法》（以下简称新《消保法》），对格式合同的提示说明义务都作出

---

* 本文已刊发在《西安电子科技大学学报（社会科学版）》2015 年第 3 期。
** 武汉大学法学院民商法专业 2014 级博士研究生。
❶ 如广东、浙江、山东、云南、四川等省的高级人民法院，都对保险人的提示说明义务的范围、程度等问题作出了规定，但这些指导意见相互之间的规定存在极大的冲突。

了规定。这两者在保险领域都有适用的空间,❶ 但其与保险法的规定存在冲突之处,孰优孰劣值得探讨。保险人的提示说明义务虽经历数次修改,但学术界就提示说明义务的范围、方式、程度等问题仍未达成共识;❷ 在司法实践中,不同地区的判决对该问题甚至出现了截然相反的认定。❸ 基于此,有必要对《保险法》中规定的保险人提示说明义务的焦点问题——范围、方式、程度作进一步分析和反思。

一、保险人提示说明义务的范围

义务是对义务主体行为的约束。既是约束,则必定存在界限。所以,保险人对于哪些内容需要承担提示说明义务,应先予厘清。

1. 对保险法现有规定的质疑

(1) 一般说明义务:所有格式条款

《保险法》第17条第1款规定,保险人对所有的格式条款均负有说明其内容的义务。笔者认为,如此规定并不妥当。

第一,要求对所有格式条款进行说明不切实际。保险合同具有附合性,是典型的格式合同。❹ 出于商事交易效率性和保险合同技术性的要求,构成保险合同的条款一般皆由保险人预先拟定,❺ 其常态即为格式合同。所以有学者将保险合同称为"超级附合合同(super-adhesive contract)"。❻

不管《保险法》第17条是否有意区分"说明"和"明确说明义务",但即便是"说明"义务本身也并非轻巧。"说明"即有"明确"之义,意在揭示合同条款的含义。❼ 在格式条款是保险合同的一种必要常态的前提下,无论"说

---

❶ 新《消保法》第28条中明确规定将保险人纳入经营者的范围,说明新《消保法》将保险领域纳入了调整范围。这一问题本文不细论,请参见全国人民代表大会:"关于消费者权益保护法调整范围的研究报告",载《消费者权益保护法立法背景与观点全集》,法律出版社2013年版,第236页。

❷ 温世扬:"保险人订约说明义务之我见",载《法学杂志》2001年第2期;于海纯:"保险人缔约信息义务的边界",载《比较法研究》2011年第2期;曹兴权:"保险缔约信息义务制度研究",中国检察出版社2004年版,第225~232页;梁鹏:"新《保险法》下说明义务之履行",载《保险研究》2009年第7期。

❸ 有法院认为,投保人在相关文书上对保险人发行了符合要求的明确说明义务签字、盖章或者以其他形式确认的,即应认定保险人履行了提示说明义务,参见"韩雪娥诉中国人民财产保险股份有限公司慈溪支公司财产保险合同纠纷案",浙江省慈溪市人民法院(2009)甬慈商初字第3693号民事判决书;有法院却认为被告提供的格式保单中该免责条款字体极小,不易阅读,即使有保险人已详细介绍了保险条款内容的投保人声明,但相关文件内容繁多,也不能认定保险人履行了提示说明义务,参见"厦门华厦国药储运有限公司诉中国平安财产保险股份有限公司厦门市杏林支公司保险合同纠纷案",(2011)厦民终字第1546号民事判决书。

❹ 温世扬:《保险法》,法律出版社2007年版,第48页。

❺ 江朝国:《保险法基础理论》,中国政法大学出版社2002年版,第39页。

❻ See Jeffrey W. Stempel, Interpretation of Insurance Contracts: Law and Strategy for Insurers and Policyholders, Little, Brown and Company, 1994, p.183.

❼ 温世扬:"保险人订约说明义务之我见",载《法学杂志》2001年第2期。

明"采用主观标准、客观标准抑或理性人标准,❶ 要求保险人对保险合同内容进行逐一揭示阐明其意,都未免太不切实际。

第二,对保险合同中并不影响保险相对人权益的条款进行说明并无必要。并非所有的格式条款都会对当事人的权利义务产生影响。在格式合同中,存在对创立合同十分必要但又不会影响保险范围的条款。这些条款包括支付方式、宽限期等不对保险范围产生负面影响的条款;或者只是对已知事项的重复确认,如保险人名称、地址等。要求保险人对这一部分格式条款进行说明,既增加了交易成本,降低了交易效率,又未能产生实质作用,实为不可取。

该款在立法上的弊端导致实践中问题丛生。一方面,保险人为了便利操作和取证,往往在保险凭证上列有"投保人声明",言明保险人已尽说明义务,投保人对保单内容已充分理解并无异议;而投保人也往往只是在保险人的引导下直接签字盖章,少有将全部格式条款的说明义务落到实处者。另一方面,在审判实践中尚未有直接引用这一款而判断效力者。❷

(2) 明确说明义务:免除保险人责任的条款

保险人明确说明义务的范围长期存在争议,有限制说、强化说、折中说。限制说认为,明确说明义务的对象限于"责任免除""除外责任"以及有关免赔率、免赔额的条款。《保险法司法解释(二)》第 9 条的规定,似采用"限制说"。强化说认为,保险合同中一切规定保险人对于承保范围内的事故不承担或者少承担责任的条款,保险人都应当明确说明。折中说认为,责任免除条款除了包括限制说的内容以外,还包括比例赔付、保险合同解除或中止等涉及保险责任的条款。❸

判断哪些条款需要提示,须透过现象看本质。是否被冠以"免责"字样只是表象,是否限制了保险相对人行使给付保险金的给付请求权才是本质。2009年修改的《保险法》第 17 条,将"免责条款"改为"免除保险人责任条款",也是为了避免将提示范围囿于冠以"免责"字样的条款。❹ 限制保险相对人行使权益的内容绝不限于《保险法司法解释(二)》第 9 条所列举的"责任免除条款、免赔额、免赔率、比例赔付或者给付",故此处的"等"应作"列举未尽"而非"列举后煞尾"❺ 解释。具体范围容下文详论。

---

❶ 主观标准认为,应以保险人能理解为判断标准;客观标准认为,应以投保人(被保险人)能理解作为判断标准;理性人标准认为,应以具有一般知识与智力水平的普通保险外行人能理解作为判断标准。参见梁鹏:《保险人抗辩限制研究》,中国人民公安大学出版社 2008 年版,第 200~201 页。

❷ 参见梁鹏:《保险人抗辩限制研究》,中国人民公安大学出版社 2008 年版,第 180 页。

❸ 参见王静:《保险类案裁判规则与法律适用》,法律出版社 2013 年版,第 133~134 页。

❹ 参见安建主编:《中华人民共和国保险法(修订)释义》,法律出版社 2009 年版,第 47 页;奚晓明主编:《〈中华人民共和国保险法〉条文理解与适用》,中国法制出版社 2010 年版,第 104 页;法律出版社专业出版编委会:《保险法及配套规定适用与解析》,法律出版社 2013 年版,第 31 页。

❺ 参见《现代汉语词典》(第六版),商务印书馆 2013 年版,第 271 页。

故此，规定对"所有"格式条款都有说明义务和对"免责条款"的明确说明义务都存在问题。那么说明义务的范围应该是什么呢？

2. 立法比较：新《消保法》对提示说明义务的规定

2013年10月25日，全国人大常委会通过了新《消保法》。该法新增加的第28条中，明确使用了"金融服务的经营者"这一概念，规定了保险经营者（保险人）的一系列义务，首次明确将保险领域纳入了《消保法》的调整范围。与此同时，新《消保法》对格式合同的提示说明规则作了进一步细化。保险合同作为典型的格式合同，研究保险人提示说明义务，必不能忽视此次修改的影响。

新《消保法》对格式合同提示说明规则的规定体现为第26条。该条第1款对经营者"以显著方式提示义务"的范围作了规定。对于保险产品而言，"商品或服务的数量和质量、价款或费用、履行期限和方式、安全注意事项和风险警示、售后服务、民事责任"等内容，体现在保险合同上即是"保险费率及支付方式"、"承保范围"、"保险期间"、"免责条款"、"争议解决"；"与消费者有重大利害关系的内容"，即是指"对被保险人于其保险可获得利益产生影响的内容"。可以看出，新《消保法》的规定较《保险法》第17条规定的"免除保险人责任的条款"以及《保险法司法解释（二）》第9条列举的内容更为宽泛，加重了保险人的义务。

新《消保法》的规定较《保险法》第17条而言更为具体，便于指导实际操作。其补充的内容有利于当事人（投保人）了解合同下享有的权利，解决格式合同当事人"信息不对称"困境。同时通过让投保人了解在哪些情况下享有何种权利，也能真正发挥保险在保险事故发生前后的风险分担作用。可以说，新《消保法》第26条第1款的规定，基本上触及了格式合同中所有对被保险人于其保险可获利益的内容，对保险人的销售过程提出了更高的要求。这对我们反思保险人提示说明义务的范围是一大启示。

3. 保险人提示说明义务的范围重构

（1）重构范围的理由

保险人应对被保险人于其保险可获得利益产生影响的格式条款负提示说明义务。反过来说，保险人应负提示说明义务的范围为：影响其向被保险人承担保险金给付责任的格式条款。❶ 其理由如下：

第一，这是解决格式合同当事人信息不对称困境的必然要求。保险人所承担的说明义务，并不能使被保险人就除外危险所致损失取得补偿，也不能使被

---

❶ 参见罗俊玮："论保险人资讯提供之义务"，载《财产法暨经济法》2010年第24期。

保险人取得合同以外的权利，或对于保险合同所规定的除外事项加以取消。❶ 保险人履行提示说明义务，是出于当事人（投保人）了解合同下享有的权利，解决格式合同当事人信息不对称困境的需要。投保人购买保险的最终目的和最重要的权利即是通过保险分散风险，其最想了解的也应是通过保险可在何种情况下获得哪些利益，故而保险人提示说明义务的范围也应据此而定。

第二，这是保险发挥作用的前提。投保人购买保险是为了让保险公司承担风险，这包括两方面：其一，在保险事故发生前，保险可以使被保险人免于精神上或经济上的忧虑，取得心理上的安全感；其二，在保险事故发生后，被保险人可以取得保险金以填补损害，从而达到风险分散的效果。❷ 保险人提示说明义务的范围正是界定保险人将于哪些情况下分担风险。履行提示说明义务，一方面让投保人了解在哪些情况下享有何种权利，以体现保险在保险事故发生前的风险分担作用；另一方面，也让保险相对人清楚地知道保险事故发生后将享有哪些权利。所以，欲真正发挥保险的作用，保险人的提示说明义务理应触及所有对被保险人于其保险可获利益的条款。

（2）提示说明义务范围的具体构建

被保险人于其保险可获得利益的影响因素有三个：保险事故范围、保险费、保险金。英国保险法上有须经保险相对人同意的重要条款，它包括"风险范围、保险保障期间、支付保险费的数量和模式、发生保险事故的可赔付数额"。❸ 这可以作为确定保险人提示说明义务范围的参考。

第一，保险事故的范围。保险事故的范围有两种界定方式，一是以承保内容界定保险事故的范围，即"受保障的风险范围"；二是以保险期间界定保险事故范围，即"保险保障期间"。❹ 承保范围和保险保障期间从空间和时间上确定了保险事故的范围，决定了保险人和保险相对人之间的风险分担，进而影响保险合同双方当事人的权利义务。

承保范围直接决定了保险人承担风险的范围，在极大程度上影响了保险相对人的权益。保险相对人若对此不了解，则无法判断保险事故是否发生，进而无法主张权利，保险分散风险的作用即成空谈。再者，承保范围与责任免除是同一事物的两面。限制承保范围的条款，就是责任免除条款。承保范围也因此被称为"最大的免责条款"。❺ 所以，承保范围是首要的说明对象。在承保范围条款之外，保险人常通过除外责任、免责事由等条款对承保范围进行限定，

---

❶ 罗俊玮："论保险人资讯提供之义务"，载《财产法暨经济法》2010年第24期。
❷ 参见江朝国：《保险法基础理论》，中国政法大学出版社2002年版，第281页。
❸ See Nicholas Legh-Jones: MacGillivray on Insurance Law, 9th Edition, London, Sweet&Maxwell, 1997, p.89.
❹ 刘宗荣：《新保险法：保险契约法的理论与实务》，中国人民大学出版社2009年版，第110、112页。
❺ 刘建勋：《新保险法经典、疑难案例判解》，法律出版社2010年版，第210页。

将这些条款纳入保险人说明义务的范围不存在争议。需要注意的是，保险合同中某些条款兼具有"定义"和"对承保范围加以限制"的功能，❶ 这些条款属于隐性的责任免除条款，其对承保范围加以限制的功能与责任免除条款一致，也应纳入保险人提示说明义务的范围。

涉及特定效力的条款。这主要是指保险合同中的附条件、附期限条款。保险效力条款涉及保险合同的生效时间和保险责任的承担期间，保险相对人若未能理解这些条款，在主张权益时很可能受到保险人的抗辩，从而对保险金请求权的行使产生重大影响。一般来说，保险效力条款专业性强，普通人难以理解。要求保险人提前将该效果发生的可能性告知被保险人，使保险相对人了解自己所处的状态以决定如何保护自己的权益，这是对未参与格式合同制定的弱势一方（保险相对人）应有的保护。保险合同中附条件的条款，例如，保险保障期间条款。"保险保障期间"即保险责任从开始到结束的期间。保险合同成立并非意味着保险责任期间的开始，保险合同中或有表明"本公司于被保险人履行交付保险费义务后开始承担保险责任"的字样。这属于附加生效条件的条款，它影响保险合同的生效，保险人应予说明。同理可推及保险合同终止条款、保险合同效力中止条款、保险合同解除条款。❷

第二，保险费和保险金。保险费和保险金直接涉及保险相对人投入和产出的数额。保险费是保险承担危险的代价，❸ 保险金是保险人承担危险的具体化，❹ 表明保险能在多大程度上分散风险。可以说投保人购买保险的目的源于这两项，这也是投保人权益最直接的体现。对于保险费，应对保险费的支付数量和模式进行说明，其中影响到保险相对人自我决定权的条款是说明的重点。例如自动垫交条款，这些条款涉及保险相对人是否订阅合同以及如何处理合同，直接以格式条款的形式规定于保险合同中，直接剥夺了保险相对人的选择权，有必要说明。对于保险金，应予说明的内容除涉及免赔额、免赔率、比例赔付外，还应包括被保险人为实现权利而应采取的关键性行为（如果不采取此行为将影响被保险人给付保险金请求权的实现），例如保险事故发生后的通知义务。

二、保险人提示说明义务的方式

义务的履行方式不但会对义务存在与否产生影响，同时也在一定程度上决定着义务的范围，❺ 并直接关系到实际操作中义务履行的难易程度。《保险法》

---

❶ 刘宗荣：《新保险法：保险契约法的理论与实务》，中国人民大学出版社 2009 年版，第 119 页。
❷ 梁鹏：《保险人抗辩限制研究》，中国人民公安大学出版社 2008 年版，第 188 页。
❸ 江朝国：《保险法基础理论》，中国政法大学出版社 2002 年版，第 199 页。
❹ 江朝国：《保险法基础理论》，中国政法大学出版社 2002 年版，第 367 页。
❺ 廖伯钧："初探 2008 年德国新保险契约法——以保险人咨询建议义务为中心"，载《法学新论》第 23 期，2010 年 6 月。

和《合同法》都对提示说明义务的履行方式作出了规定,但两者却存在抵牾之处,孰优孰劣值得探讨。

1. 对保险法规定的"主动"说明的质疑

依照《保险法》第17条第2款的规定,保险人对于免责条款有"主动说明"的义务。该项规定的合理性有待商榷。

商事交易的效率性不允许保险人对所有的格式条款主动说明。投保人对保险合同的理解能力差异较大。对于理解能力强的投保人,保险人向其主动说明所有的格式条款实属多此一举;对于理解能力弱的投保人,保险人主动说明由于缺乏针对性并不能起到答疑解惑的作用,故收效甚微。由格式条款推及免责条款,道理也一样。由此可见,主动对所有的格式条款或者是免责条款进行说明,既影响效率又无良好收效。

更为重要的理由是,合同的双方当事人均有必要关注自身通过合同取得的权利和应负的义务。格式合同由保险人单方制定,投保人不能变更其内容,但这并不代表投保人不用关注合同内容。若投保人对保险人提供的可供阅读的保险合同文本内容不闻不问,直接签字声明,这一行为是对自身权利的放弃,不应该受到鼓励。如果说保险合同因其涉及事项关乎重要的财产及人身、合同期限长等因素而具有相当的重要性,那么投保人更应该为此而给予足够的重视。如果将其了解格式条款的义务都免除了,是否会由于对投保人太过宠溺而适得其反?难以想象,合同的一方当事人竟然在未阅读合同文本的情况下就签字同意!这样因疏忽大意而引起的后果,不应该理所当然地完全由对方当事人承担。

故此,规定保险人对免责条款的"主动"明确说明义务并不妥当。

2. 提示说明义务的方式辨析

(1) 立法比较:《合同法》中关于格式合同的规定

格式条款并非保险合同所独有的,它广泛应用于商事交易当中。《合同法》即对格式条款作了一般性规定。该法第39条规定:提供格式条款方应采取合理的方式,提醒对方注意免责条款,并按对方的要求,对该条款予以说明。根据这一规定,提供方承担的是对格式合同中免责条款进行主动提示的义务,以及对该免责条款按对方要求进行说明的被动说明义务。新《消保法》第26条第1款将保险人(经营者)履行说明义务的方式规定为"按消费者要求予以说明",即"被动说明",这与《合同法》的规定是一致的。

或许会有人指出,保险较一般的交易而言专业性更强,要求保险人主动说明是对保险人课以更严格的义务,这是对投保人保护力度加大的表现,是较《合同法》规定更为先进的地方。那么,说明义务的方式究竟应采"主动说明"抑或"被动说明"呢?

(2) 保险人说明义务的方式:主动说明与被动说明的取舍

规则制定得合理与否的评判标准有二,一是其是否具有可操作性,二是其实施的效果是否符合立法目的。从这两项标准来看，采用"被动说明"的方式更为合理。

第一，合同法规定格式合同的目的正是为了规范以保险合同为代表的商事合同。

从基本法理来看，保险合同是一种特殊的合同，《保险法》相对于《合同法》而言是特别法，根据特别法效力优先于普通法的规则，《保险法》中对于保险合同的规定优先于《合同法》中的相关规定。但本文讨论的是《保险法》条文规定的合理性问题，自应撇开这一层法理，追本溯源地探究《合同法》中规定格式条款的目的。

民事交易中对效率的要求不如商事交易高，格式合同甚少。普通民事合同的签订更重视当事人的意思自治，所以对合同内容上要求有更充足的时间实现协商一致。商事交易更注重效率性，格式条款产生的重要原因即是基于节约商事交易成本、预先评估控制分配交易风险的需要。在《合同法》中规定格式合同，其目的显然是为了约束商事交易中制定格式条款的行为。而保险合同是商事合同中典型的格式合同，《合同法》对格式条款的规定当然可以适用于保险合同。可以佐证的是，在由《最高人民法院关于合同法司法解释（二）理解与适用》（以下简称《合同法解释（二）》）的起草成员撰写的对该司法解释第6条的理解与适用中明确指出，格式条款被广泛应用于包括保险在内的商事合同，甚至可以说是为保险合同量身定做的。❶ 故《合同法》规定格式条款的目的在于规范商事中的格式合同，尤以保险合同为代表。

第二，较"主动说明"而言，"被动说明"能扬长避短。

《合同法》对于免除责任的条款进行"被动说明"的规定，更符合商事交易效率性的要求。根据《合同法》的规定，它先将格式条款分为免责条款和非免责条款。对于免责条款保险人有主动提示的义务，如果有未提示者，直接规定无效。对于已提示的免责条款，经投保人询问，保险人按其要求有针对性地给予明确说明；未经询问者视为投保人已理解，对于该部分中产生歧义者还可依据"不明确条款解释原则"对投保人进行保护。由此可见，在保险合同中，保险人的提示说明义务绝非平衡格式合同双方当事人的唯一途径。保险人于保险合同中所列内容并非都能成为最终的合同内容。即便格式条款成为合同的组成部分，也并不意味着它一定能对相对人产生约束。这就使各项制度形成了一个有机联系的整体，更为周延，也具有可操作性。

"被动说明"更利于实现当事人双方的利益平衡。采用"被动说明"的方

---

❶ 参见沈德咏、奚晓明主编：《最高人民法院关于合同法司法解释（二）理解与适用》，人民法院出版社2009年版，第60页。

式能在督促当事人关注合同内容和自身权利的前提下,对格式条款双方当事人的地位作出平衡,从而实现了对投保人一方的保护。而采用"主动说明",看似保护了保险相对人的权益,实际上却是放任甚至是鼓励其"在权利上睡觉",不关心合同的内容,不关心自己的权利义务。而这种对订立合同时的草率态度的放任,直接导致了事故发生后的争议频发,增加了不必要的成本。这对保险合同的双方当事人而言都非益事。

三、保险人提示说明义务的程度

保险人的提示说明义务应由两个步骤共同构成:提示加说明。保险人先要对被保险人于其保险可获得利益产生影响的格式条款进行提示,完成第一个步骤。然后由保险人对经提示的条款按照投保人的要求予以说明,完成第二个步骤。或许会有人质疑,"被动说明"需要投保人发现问题、提出问题,加上保险的专业性极强,是否对投保人提出的要求过高?笔者认为,规则制定要考虑的问题有二,一是如何平衡各方利益(向弱者倾斜是对实践中强者主导地位的矫正,从而实现利益平衡),二是制订的规则要具有可操作性。以牺牲操作性为代价确立的利益平衡规则,无法在实践中真正实现利益平衡。所以,在保证提示说明义务的范围和方式具有可操作性的前提下,可以通过控制提示说明义务的程度来实现利益平衡。

1. 提示应达到的程度:足以引起对方注意

按照《保险法》第17条第2款的规定,提示应达到"足以引起对方注意"的程度。对于"足以引起对方注意"的认定标准,《合同法司法解释(二)》第6条以及《保险法司法解释(二)》第11条都作出了规定。保险人需要将对被保险人于其保险可获得利益产生影响的格式条款,用特殊的文字、字体、符号等特殊标志标识出来,以引起投保人注意。这可以作为履行提示义务的普遍做法。

2. 明确说明应达到的程度:当事人合意

明确说明应该达到当事人合意的程度。它包含对合同条款的"理解"和"接受"两个方面,理解是接受的前提。未经说明即直接签字声明的行为并不是理解,未理解的接受不是真正的合意。说明义务旨在确保保险合同因双方意思表示一致而成立,实际上是保险合同成立的内在要求。❶ 有学者指出,保险人明确说明义务的主要立法目的并非是为了追求当事人合意,而是为了充分保障投保人缔约时的知情权与选择权。❷ 笔者认为,两者说的是同一个问题。保障投保人的知情权即是"理解"格式条款内容,其行使选择权即表明"接受"

---

❶ 参见温世扬:"保险人订约说明义务之我见",载《法学杂志》,2001年第2期。
❷ 王静:《保险类案裁判规则与法律适用》,法律出版社2013年版,第132页。

或者"不接受"格式条款内容。保险合同大多是格式合同,投保人难以真正参与到讨价还价的环节中。由于保险人的垄断优势地位,投保人往往只能作出投保或不投保的决定。在这种情况下,投保人的"接受"(选择)便具有相当程度的妥协性。但这绝不能成为否认合意的理由,合意是合同成立的基础。即使当事人在弱势地位下所达成的合意,只要没有达到重大误解、欺诈、胁迫、乘人之危的程度,就应该对其作出肯定的回答,而将其视为当事人在交易过程中作出的适当让步。

是否达到当事人合意的程度,要采用客观标准依据个案决定。金融销售领域有"适合性原则"(suitability doctrine)。该原则最先出现在美国的证券销售领域,后推广到包括保险在内的其他金融领域。❶ 它是指金融产品的销售人在了解投资人属性(职业、知识水平、资金状况、购买目的等)后,针对其属性以适合投资人理解的方式对产品进行说明。《日本金融商品贩卖法》明文规定了金融业者对投资人的说明义务,其行销方式应符合适合性原则。该法第2条第4款规定其适用对象上包括保险人,所指的金融商品包括保险合同。❷ 我国台湾地区不仅在司法判决中直接引用了这一原则,❸ 而且在"金融服务法(草案)"第31条中明确规定了金融商品销售应遵守适合性原则。德国更是在2008年修订《保险法》中大力引进了这一条,并成为德国新保险法的一大亮点。❹《德国保险合同法》上,保险人的提示说明义务涵盖在保险人的咨询建议义务中。保险人所负担的咨询建议义务并非普遍一般、广泛的或极度专业的咨询义务,而是个案、有要件及范围限制的咨询义务。保险人必须"于一个应提供说明暨建议之适当缘由存在时",始负有说明义务。而这里的适当缘由即是由保险人根据保险本身的情况以及投保人的状况,在询问投保人后有针对性地给出建议。更明确地说,即是"当要保人有被提供建议及咨询需要这情形存在时",保险人才有说明义务。❺

保险人履行说明义务的程度也可以参照"适合性原则"。明确说明既然已牵涉到说明的内容,就已含有实质要件的意义在内,而非仅为形式要件。明确说明要依投保人的个人情况,针对其存疑之处作必要的解说及指示,以使投保人

---

❶ 参见杜静怡:"投资型保险商品关于说明义务与适合性原则之运用",载《月旦民商法》2011年第27期。
❷ 参见杜静怡:"论对金融业者行销行为之法律规范——以日本金融商品贩卖法中关于'说明义务'及'适合性原则'为参考素材",载《台北大学法学论丛》2005年第57期。
❸ 参见台北地院九十六年度保险简上字第六号、台北地院九十七年度再易字第一号判决。
❹ 《德国保险合同法》第6条第1、2款强化了保险人的说明义务,参见孙宏涛:《德国保险合同法》,法律出版社2012年版,第3、4、62、63页。
❺ 参见廖伯钧:"初探2008年德国新保险契约法——以保险人咨询建议义务为中心",载《法学新论》2010年第23期。

不但"知晓",且能够"明了"保险人所撰写的格式条款,❶ 以实现当事人合意。

四、对保险合同格式条款规制的程式构建

1. 宏观上：对保险合同格式条款的规制

单独审视保险人的提示说明义务，似乎仍会产生弱势一方权利无法得到保护的担忧：对于"要么接受，要么离开"的保险合同❷，投保人没有讨价还价的余地，提示说明并不能切实地解决这一不公平。但保险人的"提示说明义务"绝非平衡格式合同当事人双方的唯一途径，尚有"内容控制规则""不明确条款解释规则"与之共同构成对格式合同弱势方的救济方式。

首先，保险人对于涉及保险相对人可获得利益的条款——免责条款进行"提示"。未提示者中有涉及免责的内容一律归于无效。其次，依照"内容控制规则"，免责条款中有免除保险人法定责任的，以及排除被保险人法定权利的条款，即违背强行性规范的条款直接判定为无效。最后，经过程序上的提示，投保人对不理解的条款进行询问，其中有歧义的条款，经"说明"后变得只有单一的理解，从而避免了纷争（这里假定每次说明都是清晰无疑的，如果说明后条款仍有歧义，且无通常理解，则继续适用"不明确条款解释规则"）。而那些未经说明的免责条款若产生歧义，没有通常理解的情况下，则采用不利于格式条款提供方的理解，以充分保护保险相对人的权益，此即为"不明确条款解释规则"。通过对保险公司课以对免除保险人责任条款的提示说明义务、内容限制规则和不明确条款解释规则，投保人的权利得到了平衡，交易中的弱势地位得到一定程度的弥补。整个制度的关系可以用图1表示：

```
                                        理解：不明确条款解释规则
                        提示 ── 内容控制规则
提示范围：                              不理解：被动说明
可获得利益的格式条款
                        未提示 ── 无效
```

图1 对保险合同格式条款的规制

2. 微观上：对保险人提示说明义务的程式重构

在保险人提示说明义务的具体制度上，较为理想的业务操作模式是，保险人只须对被保险人于其保险可获得利益产生影响的格式条款进行提示，经提

---

❶ 参见廖伯钧："初探2008年德国新保险契约法——以保险人咨询建议义务为中心"，载《法学新论》2010年第23期。

❷ [美] 肯尼斯·S. 亚伯拉罕：《美国保险法原理与实务》，韩长印等译，中国政法大学出版社2012年版，第31页。

示,在投保人仔细阅读过提示内容后,就其不理解的部分,再由保险人履行明确说明义务。为了不对投保人课以过度的责任,保险人需要保证保单文本易于阅读,给予投保人合理的阅读期,并以询问表格的形式确定投保人不理解的内容,以便保险人有针对性地履行说明义务。

(1) 文本:易于阅读

具体而言,保险公司在订立保险合同时应向投保人提供涉及投保人利益的保险合同条款文本。文本应达到使投保人易于阅读及了解的状态。纽约州保险法第3102条(C)项对于保险合同的易读性(readability)作出了规定:除另有规定,保险单应符合以下条件,始得于本州签发:(A)以清晰及连续的方式书写;(B)在任何情况下,保险合同须使用日常的用语以利于被保险人了解保险合同的承保范围;……(E)除说明书、计划书或者表格外,保险单的字体不得小于十号;(F)保险单应合理分段、并加注标题顺序排列,每一部分应包含具有底线、粗体或以其他方式显著表示的标题,表明该部分内容或性质;(G)保险单超过三千字或保单条款超过三页,应作出目录或内容索引;(H)有足够的页边空白以利于阅读;(I)用不同颜色的墨水或纸张印刷以利于阅读。由此可归纳出交予投保人阅读的文本应满足以下几个条件:

第一,字数简明。具体来说,合同文本只选取对投保人获得利益产生影响的部分,字数宜控制在3000~5000字。

第二,在排版上,主题突出,段落分明。将所有内容按主题归类,每一部分应包含具有底线、粗体或以其他方式显著表示的标题,表明该部分内容或性质。对其中特别重要的条款,采取字号突出、加黑、文字说明等方式进行提示。字体、页边距、行间距应便于阅读。

第三,语言上,用语易于普通人理解。使用日常用语,以利于被保险人了解保险合同的承保范围。

(2) 阅读期

保险人在将保险合同的阅读文本交付投保人后,应给付其合理的期间(如不少于10日)以供阅读。导致投保人直接签字而不阅读保单等弃权行为的原因有二,一是保单难于阅读,二是没有时间阅读。所以,在保证保单易于阅读的前提下,应给付投保人足够的时间阅读,使其有充分时间了解定型化约款之内容。

我国台湾地区"消费者保护法施行细则"第11条第1款中明文规定了"定型化契约的审阅期间",该条规定:企业经营者与消费者订阅定型化契约前,应有30日以内之合理期间,供消费者审阅全部条款内容。这值得参考。

同时,基于台湾地区"司法"实践中存在的问题,宜规定此阅读期规则不得以其他方案回避(例如勾选已阅读并了解或者是虽尚未阅读但自愿放弃等项目,以此取代阅读），❶从而真正保证投保人的知情权。

（3）询问表格

在给予投保人阅读文本的同时，应同时向其提供一份询问表格。投保人对阅读文本中不理解的地方可以在该表上书面询问，由保险公司根据投保人的要求作出书面说明，直至投保人完全理解合同为止。之所以采取书面形式，是为了便于双方当事人取证。相对于保险金的数额，这样的营业成本微不足道，而且保险人可以将它分摊到保费当中，但它所发挥的定纷止争的作用却能为双方当事人乃至司法程序节约不少成本。

具体操作上可参照《德国保险合同法》的相关规定，由保险人先对投保人进行询问（利用询问表格），针对投保人的问题作出书面的明确说明。德国法上的咨询建议义务由三项子义务构成：询问义务（是否需要说明、何处需要说明）、提供咨询建议义务、将其提供的建议及理由制作成文件。❷保险人利用询问表格对投保人进行询问，再根据投保人的要求对阅读文本中不理解的地方作出书面说明，直至投保人完全理解合同为止。最后，投保人书面作出完全理解合同的意思表示后，保险人签发保单，保险合同自此成立。

结语

保险人提示说明义务一直是立法界、司法界、理论界关注的焦点。本文通过比较《保险法》与《合同法》、新《消保法》规定的差异，建议调整提示说明义务的范围、方式，以增强义务履行的可操作性，通过控制提示说明的程度平衡各方当事人的利益。需要注意的是，任何法律都是利益平衡的过程，而提示说明义务只是平衡保险人与投保人利益的一个环节，不能孤立看待。对于格式条款的规制，尚有"内容控制规则""不明确条款解释规则"与之共同作用，应协调好这三者的关系，充分发挥各自的作用，真正实现对投保人的保护。

---

❶ 黄慈姣："定型化契约审阅期间之实务问题"，载《万国法律》2013年第189期。
❷ 参见《德国保险合同法》第6条第1、2项，孙宏涛著：《德国保险合同法》，法律出版社2012年版，第62、63页；廖伯钧："初探二〇〇八年德国新保险契约法——以保险人咨询建议义务为中心"，载《法学新论》第23期，2010年6月。

论《保险法》上安全防范义务的构成与责任完善

蔡大顺[*]

我国《保险法》第 51 条规定了被保险人的安全防范义务，但规定的相对过于简单，法律构成模糊，可约定的义务内容并未有与危险相关性的实质要求。在保险实务中，鉴于《保险法》第 51 条并未明确规定法律责任，当被保险人违反《保险法》第 51 条相关规定时，保险人常"套用"危险增加制度之法律后果，主张增加保费或解除保险合同，该类法律责任显然过于严苛，因此，我国《保险法》上安全防范义务亟须作出相应的立法完善。

一、安全防范义务的内涵与性质

（一）安全防范义务的内涵

《保险法》上安全防范，又称为损害防阻，系指用来降低危险实际发生率与损失幅度，以达成个人或企业管理风险的方法，为风险管理的一项重要工作。[❶] 就面对风险处理的积极性而言，损害防阻与风险回避不同，其并非消极地面对风险。风险回避或危险避免，为应对风险的简单处理方法，对于某项危险直接设法避免。[❷] 不从事某种风险活动或中途放弃进行某种风险活动，其所注重为损害根本地不发生，通常适用在损失频率与损失幅度较高，或采用其他风险管理措施将付出高额成本的风险活动。[❸] 但风险避免并非为最佳的风险管理措施，因为回避某种风险后果，则有可能面临其他风险。而损害防阻则是积极改变风险的特性，进而改变风险发生概率与损失幅度的措施。

《保险法》上安全防范义务已经获得欧洲立法者的认可，《欧洲保险合同法原则（PEICL）》第 4:101 条对预防措施作了规定，保险合同中要求保单持有人或被保险人在保险事故发生前实施或不实施某行为的条款，经当事人约

---

[*] 中南财经政法大学法学院民商法专业博士研究生，研究方向为民商法。
[❶] 林全、刘代洋："产物保险、损害防阻与职业灾害预防之关联性研究"，载《保险专刊》1994 年第 38 期。
[❷] 袁宗蔚：《保险学》，首都经济贸易大学出版社 2000 年版，第 11 页。
[❸] 宋明哲：《风险管理新论》，五南图书出版社 2012 年版，第 247 页。

定，该条款可以是保险人承担赔付责任的条件，也可以不是。❶ 保险事故发生前，被保险人应做好合理安全防范措施，积极履行安全防范义务，防免保险事故的发生，在危险尚未实现时实施风险控制措施。

我国《保险法》第51条明确规定了投保人、被保险人对保险标的安全维护义务，此外，其第51条第3款还明确规定投保人、被保险人应按照约定履行对保险标的的维护义务，此处所指的约定应该即是指保险契约中所约定的防范义务。在保险实务中，保单条款中通常有安全防范义务的具体约定，要求保险事故发生前当事人应为保险标的的安全履行特定行为义务，具体内容应由保险契约当事人自行约定。投保人或被保险人积极履行对保险标的的保护，减少保险事故的发生或防范损失的扩大，以减轻投保人对保险费的负担。此外，投保人或被保险人的安全防范义务系防止保险事故的发生，避免投保人或被保险人对保险标的物因疏于注意而产生的心理道德危险。此时，若任由投保人或被保险人放任保险事故的发生或蔓延扩大，而不实施合理救助，即有违诚信原则和保险契约的善意属性。因此，该义务既涉及保险制度对危险的防范，又牵涉对道德危险的防范。因此，安全防范义务在保险制度中发挥着重要的管控功能。

(二) 安全防范义务的性质

依据《保险法》第51条第3款的规定，保险人可同被保险人、要保人"约定"事故前安全防范义务，安全防范义务的内容应在保险合同中明确显示，虽说损失减轻不如损失预防，然期待当事人时时注意危险状况似强人所难，且损失预防的工作通常涉及对保险标的物的处分，基于私法自治，法律不宜强制介入，而应由投保人与被保险人自由约定于保险事故发生前应为何等损失预防的行为。参酌他国的立法例，如德国保险契约法，其只规定当事人违反契约约定义务时法律效果应受一定限制，而义务内容系交由当事人自行约定。

在保险实务中，保单所约定的安全防范条款，其目的在于实现危险控制，然其违反效果只是致使自身权益受损而已，故有学者认为此类义务为不真正义务❷。不真正义务（obligation）在德国保险契约法中占据着相当重要的地位。德国法上通说认为其系一种行为义务，有些不真正义务来自法律，亦有些不真正义务来自于合同约定，保险契约中包含了大量投保人应当遵守的行为要求，❸ 其属非得直接强迫义务人履行的真正法律义务，而是要保人一方希望保持其保险给付请求权即必须履行的行为。保险法上的不真正义务系透过法律或

---

❶ 《Principles of European Insurance Contract Law》，韩永强译，《民商法论丛》第48卷，法律出版社2011年版。Article 4: 101 Precautionary Measures: Meaning A precautionary measure means a clause in the insurance contract, whether or not described as a condition precedent to the liability of the insurer, requiring the policyholder or the insured, before the insured event occurs, to perform or not to perform certain acts.

❷ 廖伯均："论保险契约不真正义务之结构及其违反效果"，台北大学2005年硕士论文，第34页。

❸ 罗歇尔德斯：《德国债法总论》，沈小军译，中国人民大学出版社2014年版，第10页。

契约约定，为达成限制危险的目的而采取的手段，课予投保人或与其等同视的第三人作为、不作为或忍受的行为责任，其目的大致有以下三点：（1）对于特定危险原因为说明、维持、减少或改正；（2）对于已发生的损害为防止或减轻；（3）对于已发生损害为通知或说明。三者皆与保险事故发生前后的承保危险有密切的关系。然有学者认为将"obligation"一词译为"不真正义务"不甚准确，常会出现该词内涵未尽一致的体系上矛盾情形，且将其译为不真正义务恐有引发误认为此种义务本质上并非义务之嫌。故而将其译为"约定义务"。❶ 基于危险防范义务的内容乃当事人双方自由约定，其应被定位为"约定义务"。《保险法》第 51 条规定被保险人应当遵守国家有关消防、安全、生产操作、劳动保护等方面的规定，维护保险标的的安全，首先强调被保险人应尽法定安全防范义务；而就第 3 款中"约定"一词而言，保险人可以同被保险人、投保人具体约定安全防范义务。从上述条款规定可知，被保险人所采取的安全措施，乃双方当事人自由协定的结果，其系为防止意外事故的发生，因此，安全防范义务应被界定为约定义务，其法律责任亦可有契约法适用的空间。

二、安全防范义务的域外制度参考：英美法中的允诺担保制度

（一）安全防范义务与允诺担保制度的价值功能趋同：实现风险控制

英美法上之允诺担保（保证）制度系指要保人或被保险人对于保险契约生效的有关事项，承诺履行特种义务，并为之提出担保。❷ 我国《保险法》第 51 条第 3 款规定，保险人可以同被保险人约定安全维护事项，该款中"约定"一词，表明我国《保险法》中安全防范义务同英美保险法上的允诺担保制度，具有异曲同工之效。安全防范条款（允诺担保条款）在保险领域中发挥着相当重要的风险控制机能，详言之，保险人得借由该条款使要保人及被保险人允诺于未来为一定的作为或不作为，进而达成抑制承保风险增加程度于一定区间的目的。例如，保险单中载有投保船舶不得航行至特定区域的约定危险防范条款，保险人得据以评估、控制其承保风险范围。相对地，被保险人为免因违反前揭条款而导致保险人解除契约，亦将尽其注意之能事履行该约定义务，风险从而得到控制。换言之，基于风险管理视角，该危险防范条款同时融合保险人"风险转移"与"风险回避"以及被保险人"损失抑制"与"风险转移"的方式，创设出全新的综合的风险管理工具，从风险管理层面上考察，安全防范义务不仅具有风险评估、控制损失，更具备组合风险管理方式的机能。❸ 安全防范义

---

❶ 陈丰年："特约条款之检讨与重构"，政治大学 2012 年博士论文，第 186 页。
❷ 施文森：《保险法总论》，三民书局 1985 年版，第 167 页。
❸ 陈丰年："允诺特约条款风险管理机能之再认识"，载《保险专刊》2010 年第 26 卷第 1 期。

务实质上具有赋予保险契约双方当事人得组合前述风险管理工具达成最适风险管理手段的机能。详言如下：

首先，保险人通过危险防范条款将所承保的风险划分为约定的应防范风险与未约定的防范风险，实现对风险的甄选分类。对前者而言，保险人的风险管理方式是透过广大的危险团体或是再保险的风险二次转移方式进行管理。对此，该约定危险防范条款因给予保险人再次细分承保风险的机会，使得保险人对危险群组的分类更加细致化，因此，其具有防止逆选择的重要机能，而当被保险人未遵守约定防范义务，保险人自其违反时即可行使契约解除权（终止权），可完全回避此类风险。透过约定安全防范条款，保险人可对承保风险同时运用"风险转移"和"风险回避"两种精细化风险管理模式。

其次，对被保险人而言，其应严格遵守保单中所约定的安全防范事项，而约定事项通常是与投保风险密切相关的"损失控制"事宜。保险契约中约定安全防范义务，被保险人保证履行特定的"损失控制"行为并移转风险予保险人，极大地实现了保险标的的安全。兹举一例，若被保险人甲拥有建筑物一栋并向乙保险公司投保火灾保险，并约定于保险期间开始起6个月内必须安装必要品质的消防系统，此时，甲面对可能发生的火灾损失，被保险人可同时运用前述两种风险管理工具，即防火系统与火灾保险，此时，被保险人同时运用"损失抑制"及"风险转移"两种风险管理工具。被保险人于火灾发生时先以消防洒水系统阻止火势蔓延以图抑制损失扩大，再以火灾保险填补保险金额内实际损失。被保险人组合运用前述两种风险管理工具的益处在于，因其承担特定的"损失控制"义务，保险人承保的风险范围因此缩小，保险费也将因此而减少。综上，约定安全防范义务在风险管理层面具有组合风险管理工具，借以达到更有效率地管理风险。安全防范条款的使用将使保险契约从纯粹风险转移工具，位移至风险转移与风险回避、损失控制的混合型态风险管理工具。❶

（二）允诺担保制度的法制变革与启示：以英美两国法制为参照

1. 英国法上的革新与转型

13世纪，意大利海上保险法时代即已出现担保制度的雏形，当时许多保单中约定被保险人在保险期间内必须履行一定作为，抑或要求不得为一定作为。后经英国曼斯菲尔德勋爵发展，臻于成熟完善，该制度的用意本侧重于降低交易成本借以提升海上保险交易效率，进而扶植正处于萌芽时代的保险产业，该制度出现之初固有其历史背景及时代正当性。然该制度忽视了当事人间地位悬殊，因此滋生之不公平，屡遭诟病。盖保险人经常滥用契约条款借以脱责，将本属除外条款的内容"伪装"为担保条款的奇特现象。加之此制度亦容

---

❶ 陈丰年："特约条款之检讨与重构"，政治大学2012年博士论文，第350页。

许保险人对与违反行为间无因果关系损失无须理赔,更使原本已倾斜于保险人的天平失衡,早在 1980 年英格兰法律委员会即已指出担保条款具有以下三项缺失:(1)保险人有权要求被保险人严格遵守不具重要性的担保事项,且在违反时即可自动终止契约;(2)在违反行为与损失间不具任何因果关系时保险人仍得拒绝理赔;(3)具有重要性的担保事项对于保险人至为重要,而被保险人却无法获得记载此等事项的书面文件。❶

有鉴于此,英国法律委员会乃决定对担保制度进行改革。英格兰法律委员认为对允诺担保条款修改应从以下四方面着手,首先,建议允诺担保条款须以书面方式订定方为有效;其次,委员会认为损失与违反担保条款间须有因果关系;再次,建议可将违反担保条款之法律效果修改成"赋予保险人契约终止权";最后,为因应该修正,1906 年海上保险法亦有必要配合一并检视修正。❷至此,改革后的担保制度能较好地维护保险消费者(被保险人)的权益。

2. 美国法对允诺担保制度的辨证继受

从历史轨迹考察,美国虽继受英国担保制度,然在继受之初,即已发现英国担保制度的诸多不合理,故美国法院及各州保险法为缓解严苛要件及法律效果之负面冲击,已作相应的变革调整,可从立法与实务两方面分别论述:

就立法层面而言,第一,明定除非违反担保条款导致风险增加,否则保险人不得据此免责。伊利诺州保险法第 154 条规定即为如此。❸ 法院通常以下列三种标准之一加以检测风险是否确实增加:(1)如果"具体个案中"保险人知悉担保条款遭违反时,是否仍愿意以相同保费承担危险;(2)如果理性保险人知悉担保条款遭违反时,是否仍愿意以相同保险费承担危险;(3)客观判断系争情节是否确实构成重要风险增加。第二,明定保险人需举证被保险人违反担保条款的行为对损失发生具有因果关系,此时保险人方能免于给付保险金。然此种立法模式对保险人最为不利,因为即使客观上两者间具有因果关系,但

---

❶ 参见马宁:"保险法中保证制度构造及其现代转型——以英国为视角",载《环球法律评论》2011 年第 1 期。

❷ 英格兰法律委员会:《Insurance Contract Law: Misrepresentation, Non-Disclosure and Breach of Warranty by the Insured》担保制度改革建议书中第 8 部分之 Warranty As To The Future And Similar Terms: Proposal For Reform 具体内容 http://lawcommission.justice.gov.uk/docs/cp182_ICL_Misrep_Non-disclosure_Breach_of_Warranty.pdf, 2015 年 6 月 7 日访问。

❸ § 154. Misrepresentations and false warranties. No misrepresentation or false warranty made by the insured or in his behalf in the negotiation for a policy of insurance, or breach of a condition of such policy shall defeat or avoid the policy or prevent its attaching unless such misrepresentation, false warranty or condition shall have been stated in the policy or endorsement or rider attached thereto, or in the written application therefore. No such misrepresentation or false warranty shall defeat or avoid the policy unless it shall have been made with actual intent to deceive ormaterially affects either the acceptance of the risk or the hazard assumed by the company. With respect to a policy of insurance as defined in subsection (a), (b), or (c) of Section 143.13, except life, accident and health, fidelity and surety, and ocean marine policies, a policy or policy renewal shall not be rescinded after the policy has been in effect for one year or one policy term, whichever is less. This Section shall not apply to policies of marine or transportation insurance.

保险人并不一定能成功证明该因果关系。❶

就实务层面而言，第一，将实质遵守原则引入，所谓实质遵守原则乃指担保条款仅须实质上执行即可，无须严苛而机械地完全按照担保条款所载文义逐字加以履行。为避免英国法上违反担保条款的严峻法律效果，美国法院越来越多地采用实质遵守原则取代严格遵守原则。❷ 第二，对违反担保条款的法律责任加以修正。为缓和担保条款的严苛法律责任，美国法院及多数州保险法将违反担保条款的法律效果分为：第一，保险契约效力不受任何影响，仅使承保范围暂时中止，因此，被保险人若能及时补正，将获得回复承保的机会，多数州保险法规采此种规范模式。❸ 第二，保险人可解除保险契约。❹ 然而，若采取第二种模式的判决者，往往含糊其辞地判决保险人免责抑或保险契约无效，若仔细研究其判决内容，不难发现其虽使用"免责""无效"等法律词语，然实际上系指保险人有权行使此种权利，而非担保条款一经违反即使得保险人"自动"免责，抑或保险契约"自动"无效。

（三）英美法上关于允诺担保制度变革的启示：重要性为其构成要素

具体考量到我国现行立法体例，《保险法》第51条明定保险人可以与被保险人约定安全防范的具体内容，在缓和完全遵循原则的严苛法律责任时，可借鉴美国作法，采取下列缓和方法：就因果关系的缓和，损失的发生必须与该约定义务的违反之间有主力近因关系；就重要性的缓和，该约定的事项应具有重要性。❺ 在将来修法时宜增设"重要性""因果关系""可归责性"等其他构成要件，以强化契约解除权（终止权）背后的正当化依据。下文将对重要性要素作出详细论述，而有关因果关系要件，后文将做分别论述。

安全防范义务的内容应符合"重要性"的实质性要求。我国《保险法》第51条并未表明保险人与被保险人间损害防阻约定应与危险情事紧密相关，履行与否将涉及危险程度变动的重要性事项，损害防阻的约定义务系保险人控制

---

❶ Neb. Rev. St. § 44－358, No oral or written misrepresentation or warranty made in the negotiation for a contract or policy of insurance by the insured, or in his behalf, shall be deemed material or defeat or avoid the policy, or prevent its attaching, unless such misrepresentation or warranty deceived the company to its injury. The breach of a warranty or condition in any contract or policy of insurance shall not avoid the policy nor avail the insurer to avoid liability, unless such breach shall exist at the time of the loss and contribute to the loss, anything in the policy or contract of insurance to the contrary notwithstanding. This section was intended to limit an insurer's ability to avoid liability for breach of increased hazard conditions which are so broad that an insured's violation of them is not causally relevant to the loss.

❷ Jeffrey Stempel and Erik Knutsen: Principles of Insurance Law, LexisNexis 4th ed., 2011, p437.

❸ First Interstate Bank of Oregon, N. A. v. Allstate Ins. Co. 74 Or. App. 1, 701 P. 2d 791 Or. App., 1985.

❹ California Insurance Code §447. Effect of violation of material warranty. The violation of a material warranty or other material provision of a policy, on the part of either party thereto, entitles the other to rescind.；§448. Effect of violation of immaterial warranty. Unless the policy declares that a violation of specified provisions thereof shall avoid it, the breach of an immaterial provision does not avoid the policy.

❺ 饶瑞正："论保险契约之特约条款及其内容控制"，载《月旦法学杂志》2003年第94期。

风险的手段。英美法上之担保制度产生之初，其并无重要性要求，担保条款必须被严格遵守，不论其对承保风险是否具有重要性。《保险法》第 51 条并未明确要求约定安全防范义务的内容对危险变动有"重要"影响，可能导致保险人得以将"与危险毫无关联之事项"约定为损害防阻事项，保险人以期避免保险给付之责，实为不妥而应予以修正。安全防范义务的规范目的，即赋予保险人于保险期间内控制承保风险变动，若约定事项与风险之间毫无关联，不具有重要性色彩，此时，该条约定显然无法达成该规范意旨。此外，就法律责任角度观之，《保险法》第 51 条第 3 款规定，若被保险人违反该安全防范义务，保险人享有保险契约解除权，此时，倘若违反行为对危险变动仅造成轻微影响，危险变动程度并未超出保险人承保能力者，纵使违反该约定义务条款与损失发生间确实具有因果关系，只是此时赋予保险人得以解除保险契约的法律效果，其对被保险人而言，显然过于苛刻。❶

况且从保险法处理危险机制的体系观察，保险契约成立前的据实说明义务，要保人或被保险人应据实说明的范围限定于"对保险事故的发生有严重影响的，足以变更或减少保险人对于危险估计的重要事项（likely to increase the risk）"，而就保险期间危险变动制度的危险增加通知义务而言，依据《保险法》第 52 条的规定，构成危险增加的情形应为显著增加，亦须符合"重要性"的要件，即此时增加的危险应达到增加保费或终止契约的程度。综合来看，处于保险人控制危险手段的安全防范义务约定亦应贯彻此等价值判断方能维持体系一贯性。❷ 故本文认为，保险人与被保险人间约定的损害防阻事项应限缩于违反时将使"危险达于应增加保险费或终止契约"的重要性事项。

三、安全防范义务的法律责任完善：契约终止权与保险人免责权

（一）保险人的契约终止权取代解除权

1. 保险契约终止权与解除权之别

我国《保险法》第 51 条规定，保险人行使契约解除权并不要求主观归责事由及因果关系要件，即该条并未建立任何违约构成要件，一旦当事人违约，不论当事人心态如何，故意、过失、不知情或无可归责、未区分义务的违反系发生于损失前或损失后、若违约是否已于损失发生前矫正，保险人均可行使解

---

❶ New York Insurance Code, Article 31, s 3106 (b). Warranty defined; effect of breach (b) A breach of warranty shall not avoid an insurance contract or defeat recovery thereunder unless such breach materially increases the risk of loss, damage or injury within the coverage of the contract. If the insurance contract specified two or more distinct kinds of loss, damage or injury which are within its coverage, a breach of warranty shall not avoid such contract or defeat recovery thereunder with respect to any kind or kinds of loss, damage or injury other than the kind or kinds to which such warranty relates and the risk of which is materially increased by the breach of such warranty.

❷ 江朝国：《保险法逐条释义〈第二卷 保险契约〉》，元照公司出版社 2013 年版，第 730 页。

约权，进而产生被保险人丧失保险给付请求权的效果，是否合理有待研究。❶有学者认为，通过对现有条款的限制性解释，引入主观过错和因果关系等要件，规定只有保险相对人因过错违反有关安全防范义务而造成损失时，保险人才可以免除责任。此外还应针对具体情况，完善有关的救济措施，以切实维护保险合同双方利益，实现实质上的公平。❷ 被保险人违反安全防范义务，因《保险法》第51条并无重要性的构成要件，该约定特种义务的违反并不一定如违反基本义务般对契约的履行与当事人权益产生重大的影响，此时赋予保险人以契约解除权并不十分合理。

针对保险事故发生前安全防范义务的违反，其法律责任的改善途径有二：一为完善我国现行法的规定，即赋予保险人契约解除权，但应明定其是否发生溯及效力，以及保费返还的问题；二为，赋予保险人终止契约权。

解除权的行使，系使契约溯及自订约时消灭，而保险契约属继续性契约，将此一形成权运用于保险关系中，可能存有疑虑，尤其是该瑕疵（违反安全防范义务）并非订约时即已存在，而系于契约存续中始发生的原因，赋予契约当事人解除契约而使整个契约溯及失效是否适合，此时契约虽因解除而溯及消灭，然因保险人在契约解除前某程度仍承担相当的风险，且确有相关核保或手续费用的支出，故不宜使其返还全额保险费，理当酌减该部分保费而返还部分保险费。

若保险人采契约终止权，终止权与解除权的最大区别在于，是否有溯及效力。终止权的行使，仅使契约向将来失效，未履行的义务当然消灭，针对已履行的部分，不生影响。❸ 明定保险契约的终止权仅指向契约将来失效，应更为符合保险契约的继续性契约特性，且因被保险人违反约定危险防范条款，系发生于契约成立后，不使契约溯及失效，亦属合理，又针对投保人所交付保费，保险人对待给付为承担保险事故发生的危险，已具备对价性，允许保险人于契约解除后继续保有已收取的保险费，亦无不当得利的问题。

2. 契约终止权与因果关系

关于保险人契约终止权，是否应该考量因果关系要素？安全防范义务系属契约约定义务，对于契约约定义务的违反，不以因果关系为必备要素，因果关系问题在《合同法》上的存在意义与其在侵权法上的存在意义，表现出不同的侧重点，在《合同法》上，其存在意义更多地反映在责任范围上；而侵权法方面其存在意义更多地体现在责任的成立上，之所以如此，是因为合同关系是当

---

❶ 饶瑞正："论保险契约之特约条款及其内容控制"，载《月旦法学杂志》2003年第94期。
❷ 张虹："保险相对人安全防范义务研究"，载《法学家》2014年第4期。
❸ 盛钰："论继续性契约之债"，台湾大学1988年硕士论文，第156页。

事人之间特别的结合关系，违约与损害之间的因果关系问题比较简单，也比较直观。❶ 保险契约中多数危险防范义务是投保人或被保险人在整个保险期间按约定应履行，大部分是去降低危险或防止危险升高，或于保险事故发生后降低损害、减轻保险给付义务的约定，其中"降低危险或防止危险升高"实乃保险事故发生前用以防止危险增加或减少危险约定义务的规范意旨，亦即此等约定义务在于促使要保人等履行特定行为规范，借以使保险人所承担的危险与保费间能维持一定对价平衡关系，如《德国保险法》第 28 条的立法意旨在于防范要保人违反约定义务之"因"而导致危险增加之"果"，则因果关系于结果端的建立应锁定于"危险增加"而非"保险事故的发生"。一旦要保人违反约定义务而使危险增加，或使原本预期得以减少的危险未减少者，因果关系即应成立，实不应以保险事故是否发生作为因果链的结果端，否则以保险事故作为因果关系的结果，显然违反当事人当初缔结此等约定义务的目的，且有违缔约时的对价平衡关系，实属不合理。当约定事项具备前述重要性时，一旦被保险人并未遵守该约定事项，承保风险无疑将发生改变。因此，因果链条上的"原因端"应系于违反约定事项条款，而"结果端"则应联结于危险增加，方能符合该制度规范意旨。

3. 契约终止权的行使期间

关于上述终止权的行使，仍应设有时间上的限制，如保险人知悉义务违反情事已逾一定期间，或者该违反情事已消灭一段时间，保险人却迟迟不终止契约，似可推定此等义务违反并未影响保险人对危险的估计或控制，故宜参考德国保险契约法第 28 条的规定，设定 1 个月的行使期间。除斥期间的设定，更有利于保护投保人及被保险人的权益，更能维护法律关系的明确及安定。若完全消极地不制定任何存续期间或除斥期间规定，只会使得投保人及被保险人的法律权益陷入不安之境地，且难以维系保险契约双方关系的明确及安定，此亦为美国部分州于人寿保险契约中订入"不可争条款"的立法意旨。

4. 契约终止权的归责事由

关于终止权的行使是否应采主观归责事由，在违反约定义务时，因相关义务借由损害防阻条款均已明定于契约中，投保人或被保险人本应确实遵守约定义务，如因不可归责于要保人或被保险人之事由致无法履行约定义务时，是否仍免除保险人的理赔责任？本文认为，应当采纳主观归责事由的相关规定，如德国保险契约法第 28 条的规定，限于要保人或被保险人故意或重大过失 (intentional or gross negligence) 时，保险人始得终止契约，有学者认为归责事由不宜局限于故意或重大过失的情形，要保人或被保险人对于约定安全防范

---

❶ 韩世远：《合同法总论》，法律出版社 2011 年版，第 624 页。

义务,至少应以善良管理人的注意加以履行,❶ 否则可能因保费过度提高,而导致无法继续投保现象发生,如此,对于保险人与被保险人均非有利。本文对归责事由包含轻过失的类型持保留意见,原因在于:首先,投保人或被保险人并非受有任何对价而同意履行该约定的安全防范义务,其更非具有风险管理知识技术的专业人士,故要求其恪守善良管理人注意程度履行约定防阻义务,显然有失公平和不合实际;其次,轻过失要求义务人须尽与处理自己事务同一注意程度,然而个别义务人处理自己事务的注意程度千差万别,致使法院为探究义务人是否因此须负担相关不利益时,须就具体个案分别认定系争注意标准,徒增交易成本及诉讼之烦。因此,主观归责事由应当限定为"故意及重大过失"。

(二)保险人免责权

鉴于前述保险人契约终止权并非完美无缺,至少在保险人终止契约的意思表示到达要保人之前,其仍应承担保险事故发生的风险,如此对保险人甚为不公。为妥善解决该重大缺陷,宜引进英国及德国保险法上有关保险人免责的相关规范,虽说保险人可因被保险人违反危险防范约定义务,而致使危险超越保险人承保能力,保险契约终止并可向后免责,若无部分免责规定配合,保险人势必又须承担终止前抑或选择不终止的保险金理赔责任,此时保险人利益可能会遭受相应的不合理损失。此外,若保险人嗣后决定不行使契约终止权,则无异于要求保险人以原先保险费率继续承保超出能力范围外的危险,显然违反诚信原则,况保险人若选择不终止保险契约,则被保险人得以继续获有保险保障利益,从而保险人必须悉数负担不终止契约的全部理赔责任,有损保险发展的稳健性。

此时若能将保险人责任范围限缩于"与违反允诺担保条款存因果关系的损失",则前述矛盾即可得到妥善解决。首先,若剔除因违反行为所引起的损失,仅留下与之无因果关系责任,则保险人于行使终止权前将不至于承担因违反安全防范义务所引发之损失;其次,纵使保险人嗣后决定不终止契约,此种限缩保险责任范围方式亦实质地使危险程度复归至原先承保范围内,令保险人所承担的危险不至于背离对价平衡原则。至于对被保险人而言,基于诚信原则要求,其虽无法再就因果关系的损失请求理赔,但对于无因果关系的损失仍然有保险保障的需求。进而言之,此种方式延续保险契约的效力,对整个危险共同体的危险分散计划而言最为有利。

与前述保险人的契约终止权不同,此处保险人得否抗辩免责须视损失与违反行为间是否具有因果关系而定。因为保险人的契约终止权是基于双方约定的重要性事项的发生而导致承保危险状态发生变动,赋予保险人决定双方"未

---

❶ 陈苑文:"论保险法于保证保险适用之疑义:以要保人故意行为与特约条款效力为中心",台湾大学 2008 年硕士论文,第 161 页。

来"保险关系是否仍持续存在,既然未来损失尚未发生,自然无需亦无法检视违反行为与未来损失间因果关系。反之,后者决定保险人得否主张对特定损失免责,即检视"过去"损失是否应归属于被保险人责任范围,是以该损失已发生,其足以审查因果关系具备与否,且若允许保险人对无因果关系的损失主张免责,将严重违背允诺担保条款的规范目的。盖当事人当初显然无排除此种损失的真意,况且此等损失显然无法透过事前控制危险措施加以防阻,允许保险人免责实在有悖于规范目的。

就因果关系的具体标准而言,应当参照德国2008年保险法第28条所采之"相当因果关系"为宜。❶ 从考量当事人缔约真意角度出发,采用相当因果关系原则为较佳选择。理由是当事人对于"违反安全防范行为"与"承保范围内事故"同时为导致损失发生的原因情形,究竟是否欲由保险人负担给付保险金责任,理应以当事人立约时真意为准,细究当事人于契约内约定安全防范条款的真意,保险人无非为借此控制保险期间内可能发生的危险变动,而要保人亦欲据该限缩承保范围的契约条款,获得保险人承保或获得较低保险费率。若采用主力近因原则,则因对原因效力轻重无法事前预知,保险人将难以据此控制危险,基于此,承保或厘定较低保费之机会将因此大受影响,实与当事人前述的缔约真意背道而驰。反之,若采用相当因果关系作为判断准绳,由于该原则仅要求条件具备相当性即可,无需进一步与其他条件就原因力轻重进行比较,因而容许有复数的相当性原因存在。因此,在保险人请求免责时采取相当因果关系较为更可实际操作,更加符合社会实际。

结语

安全防范义务的约定其目的在于控制承保危险,则有关危险防范约定事项不应如现行法般漫无限制,而应限缩于承保危险有关的重要性事项,即约定的内容事项遭违反时将产生应增加保费或终止契约的情状。就违反要件及法律效果而言,《德国保险契约法》第28条有关事故前约定义务规定极具参考价值,保险人终止保险契约,由于规范基础事实上早已变迁,同时为引导要保人或被保险人从事有效率的履约行为,我国《保险法》第51条规定,宜增设"故意或重大过失"的主观归责事由作为违反要件,至于因果关系方面,由于违反时致使承保危险偏离缔约时的设想状态,从而应无须探讨保险事故是否发生,均应赋予保险人终止契约权作为控制危险的手段,为弥补保险人契约终止权的不足,理应增设保险人免责权以期实现对价平衡原则,但应增相当因果关系以作限制,方能更好地维护被保险人的合法权益。

---

❶ 陈丰年:"特约条款之检讨与重构",政治大学2012年博士论文,第407页。

第二编 保险合同制度的完善与发展

论保险事故发生后的通知义务

文 杰[*]

一、问题的提出

为使保险人采取必要的措施以防止损害扩大,保全保险标的物的残余部分以减轻其损失,调查事实、搜集证据以保护其法律上的利益,并得及时行使代位权,各国和各地区保险法无不确立了保险事故发生后的通知义务。我国《保险法》第 21 条规定:"投保人、被保险人或者受益人知道保险事故发生后,应当及时通知保险人。故意或者因重大过失未及时通知,致使保险事故的性质、原因、损失程度等难以确定的,保险人对无法确定的部分,不承担赔偿或者给付保险金的责任,但保险人通过其他途径已经及时知道或者应当及时知道保险事故发生的除外。"即为贯彻上述意旨而设。然而,保险事故发生后通知义务的法理基础与性质如何,在学理上有探讨的必要;对保险事故发生后通知义务的履行以及违反该义务的法律后果,各国和各地区保险法上的规定不尽一致,学界也存在着争议,究竟应如何设定较为合理,殊值得研究。鉴于此,本文拟对上述问题进行探讨,以期对我国《保险法》的完善和保险实务的发展有所裨益。

二、保险事故发生后通知义务的法理基础与性质

(一) 保险事故发生后通知义务的法理基础

关于保险事故发生后通知义务的法理基础,学界认识不尽一致。有一种观点认为,此类义务不是保险合同的"经济有效性"所必需的;"经济有效性"是一种很模糊的概念,虽然"经济有效性"要求索赔人想获得赔偿就必须向承保人提出索赔,并提供细节,但"经济有效性"是否要求这些材料要在承保人认为合理的期限内提供就不太清楚了。[❶] 而多数学者肯定了保险事故发生后通知义务的必要性。现代保险法理论认为,保险法设置保险事故发生后的通知义

---

[*] 华中师范大学法学院教授,法学博士。

[❶] [英] M. 克拉克著,《保险合同法》(中译本),何美欢、吴志攀等译,北京大学出版社 2002 年版,第 701 页。

务，其目的有二：一是保险人可应用其危险管理经验，及时采取必要措施，或指示投保方采取必要的处理措施，保全标的物，防止损失扩大，减少保险金给付。二是调查损害事故发生原因，搜集相关证据资料，确证损害事故属于承保危险所致，并理算和确定损失数额；在财产保险中，如查明保险事故的发生归责于第三人时，保险人可及时行使代位权。❶

笔者认为，从目的解释论的角度而言，保险事故发生后的通知义务固然旨在保护保险人的合法权益，但与一般保险不同的是，责任保险关系到受害第三人的利益，《保险法》中设立保险事故发生后的通知义务的法理基础还应包括保护受害第三人的利益。在责任保险中，受害第三人基于损害赔偿责任关系对被保险人提出赔偿请求，若被保险人不及时通知保险人获得保险金，而其自身又无法承担全部赔偿责任时，将使受害第三人难以得到有效救济。鉴于此，保险法有必要要求责任保险的被保险人在保险事故发生后及时通知保险人，以保护受害第三人的利益。

（二）保险事故发生后通知义务的性质

关于保险事故发生后通知义务的性质，学说上众说纷纭，主要有以下两种观点：第一种观点是附随义务说❷。该学说认为，保险事故发生后的通知义务应为附随义务，其理由如下：（1）保险契约是继续性契约，保险事故发生后的通知义务是保险契约发展过程中所产生的义务，与附随义务的特征相符。（2）在《保险法》中违反危险发生通知义务的法律效果为损害赔偿，与附随义务的违反效果以损害赔偿为原则，解除契约为例外的特性相吻合。（3）保险契约为最大诚信契约，保险人与投保人及被保险人都须负有最大诚信的义务，因此保险法将义务的层次提高，使保险事故发生后的通知义务成为附随义务，而加重投保人及被保险人的责任，以符其为最大诚信契约的特性。第二种观点是不真正义务说❸。该学说认为，对保险事故发生后的通知义务如采附随义务说，因附随义务只有合同当事人才能承担，就无法解释为何被保险人甚至受益人也要承担这一义务。虽然一些学者解释说是因为被保险人和受益人地位特殊，但这毕竟与合同相对性理论有所冲突。相反将保险事故发生后的通知义务界定为不真正义务就可以很好地解释这一点，因为不真正义务的义务人并不限于合同当事人。

笔者认为，从保险事故发生后的通知义务是否可以诉讼强制请求履行以及

---

❶ 樊启荣：《保险法》，高等教育出版社 2010 年版，第 85 页。
❷ 江朝国：《保险法论文集（二）》，瑞兴图书股份有限公司 1997 年版，第 106 页；周玉华编著：《最新保险法经典疑难案例判解》，法律出版社 2008 年版，第 173 页。
❸ 方乐华：《保险与保险法》，北京大学出版社 2009 年版，第 268 页；伍坚："论保险法中的出险通知义务"，载《保险研究》2008 年第 5 期。

违反该义务的法律效果来看,此项义务应属于不真正义务。学者归纳英美法院历来的看法认为,保险事故发生后的通知义务为保险人理赔的条件。❶ 在投保人、被保险人等义务人不履行该义务时,因为保险人为保险给付的条件未成就,保险人不负有保险责任,然而对此项义务,保险人并不能以诉讼强制请求义务人履行。英美法系中大部分法院及学者认为此项义务的违反导致被保险人因不履行而减损自己的利益,即保险给付请求权因此而有减免。❷ 多数德国学者认为,保险事故发生后的通知义务系投保人对自己所负的不真正义务,性质上欠缺强制执行性,违反义务仅仅导致投保人或被保险人的权利(保险金请求权)减损而已。❸

三、保险事故发生后通知义务的履行

(一)通知义务人

关于保险事故发生后的通知义务,学界争议的焦点在于是否将受益人列为通知义务人。有学者认为,受益人不应当负担保险事故发生的通知义务,其理由主要在于既然该通知义务是为保险人利益而设定的,从保险人角度而言,对受益人不科以通知义务,对保险人行使抗辩权利并无影响,因而,受益人承担通知义务对保险人并无实际意义。❹ 也有学者认为,在人身保险尤其是人寿保险中,如果被保险人死亡,可能发生无人通知保险人的情形。受益人既然是可以直接向保险人请求保险给付之人,亦应负有通知义务。❺

从立法例上看,各国和地区对于保险事故发生后通知义务的履行主体规定有所不同。德国《保险合同法》第30条第1款规定:"投保人在知晓保险事故发生后应立即通知保险人。在存在第三受益人的保险中,该受益人也应履行上述通知义务。"❻ 日本《商法典》第658条规定:"因保险人负担的危险发生而产生损失时,投保人或被保险人知悉损失发生后,应从速通知保险人。"我国台湾地区"保险法"第58条规定:"要保人、被保险人或受益人,遇有保险人应负保险责任之事故发生,除本法另有规定,或契约另有订定外,应于知悉后五日内通知保险人。"我国《保险法》第21条则规定:"投保人、被保险人或者受益人知道保险事故发生后,应当及时通知保险人。"

笔者认为,受益人应为保险事故发生后的通知义务人。在人身保险合同中,受益人并非合同中的当事人,若依一般合同法原理,非得其同意,本不应

---

❶ Robert E. Keeton & Alan I. Widiss, Insurance Law, 1988, 746.
❷ Malcom A. Clarke, The Law of Insurance Contracts, 1994, 677.
❸ 叶启洲:《保险法专题研究(一)》,元照出版有限公司2007年版,第92页。
❹ 李庭鹏:"保险事故发生后投保方通知义务比较研究",载《思想战线》2003年第1期,第126页。
❺ 江朝国:《保险法基础理论》,中国政法大学出版社2002年版,第263页。
❻ 孙宏涛译:《德国保险合同法》,中国法制出版社2012年版,第69页。

负担法律上或契约上的义务。但受益人在保险法上的地位，非一般合同外的第三人可比拟。由于受益人有权向保险人请求保险给付，为人身保险合同保障的核心，保险事故发生时对其课以通知义务应属合理。此外，从保险事故发生后的通知义务的性质观之，如上所述，应采用"不真正义务说"，则受益人负担此项义务将更具正当性。因为所谓不真正义务的存在主体为请求权人，非合同当事人。所以，受益人纵然非合同当事人，也不妨碍其负担"不真正义务"的适格性。

（二）通知的期限

通知义务人应在保险事故发生后的合理期限内通知保险人，这已成为各国和地区保险立法和学理上的共识。存有争议的是，如何理解通知义务人履行通知义务的起算点"保险事故发生"？

我国《保险法》第16条第7款规定："保险事故是指保险合同约定的保险责任范围内的事故。"但责任保险的保险事故有别于一般财产保险的保险事故。一般财产的保险事故范围明确，例如火灾保险的保险事故就是火灾；海上保险的保险事故则为海上的灾害。而责任保险的保险事故有所不同。例如，运送人甲为被保险人，以其对托运人丙的运送责任，向保险人乙订立责任保险合同。在保险期间，因运送人甲的过失发生了车祸，致运送货物灭失。此时运送人甲应对托运人丙负损害赔偿责任，托运人丙向运送人甲请求赔偿时，被保险人即应向保险人乙请求赔偿保险金。在此一连串的事实中，究竟何者为责任保险的保险事故，学界存有不同见解。主要有如下几种观点[1]：一是损害事故说。此说认为发生损害的事故即责任保险的保险事故。前例中车祸便是。二是被保险人责任发生说。此说认为损害事故发生后，倘被保险人依法应负赔偿责任，即为被保险人责任的发生，亦即责任保险的保险事故。前例车祸的发生是被保险人甲的过失所致，被保险人依法应负责任，则为保险事故的发生。三是被保险人受请求说。该说认为被保险人受第三人的赔偿请求时，始为保险事故的发生，也就是"被保险人受请求"才是责任保险的保险事故。至于第三人的请求是否正当在所不问。如属正当，则被保险人应予赔偿，保险人自应赔偿；如属不正当，被保险人虽无须赔偿，但所支出的诉讼或诉讼外的必要费用，保险人应负担，因此种费用也属因保险事故发生而受的损失。四是赔偿义务履行说。认为被保险人受第三人的请求，仍非保险事故的发生，必须被保险人已对第三人履行其赔偿义务时，始为保险事故的发生，此时才能向保险人请求给付保险金。

---

[1] 参见梁宇贤：《保险法新论》，中国人民大学出版社2004年版，第209页；郑玉波：《保险法论》，三民书局2012年版，第116～117页。

笔者认为，责任保险的保险事故由"足以导致被保险人对第三人负赔偿责任的事实"和"第三人向被保险人行使请求权的事实"共同构成，据此，在责任保险中，投保人、被保险人有两次通知义务。因为从保险事故发生后通知义务的法理基础来看，既包括保护保险人的合法权益，还包括保护受害第三人的利益。当被保险人造成第三人损害而应承担赔偿责任时，保险人需要知悉这一事实，以便迅速介入并采取必要的措施，保护自身利益，而受害第三人也需要获得有效的救济。例如，投保机动车第三者责任险，发生交通事故后，经过一年多被保险人才被请求损害赔偿，若仅于"第三人向被保险人行使请求权的事实"发生的时间通知保险人，保险人欲勘查当初被保险人对第三人的赔偿责任是否存在、责任的大小或有无抗辩事由，恐将力所不逮，使保险人处于十分不利的地位。德国《保险合同法》第104条规定："投保人应在一周之内将足以导致其对第三人承担赔偿责任之事件通知保险人。如果第三人向投保人提出索赔请求，投保人应在索赔发生后一周内将上述索赔事实通知保险人。"可见2008年生效的德国新《保险合同法》便将责任保险中的通知义务分为两次通知。我国《机动车交通事故责任强制保险条例》第27条规定："被保险机动车发生道路交通事故，被保险人或者受害人通知保险公司的，保险公司应当立即给予答复，告知被保险人或者受害人具体的赔偿程序等有关事项。"这一规定似乎含有机动车交通事故责任强制保险中的保险事故，包括了被保险机动车发生道路交通事故之意，而非仅为受害第三人请求被保险人为损害赔偿。

四、违反保险事故发生后通知义务的法律效果

关于违反保险事故发生后通知义务的法律效果，其他国家和地区保险立法例主要有以下四种：第一种立法例是因怠于通知而导致损失扩大的，就扩大的损失部分，保险人不承担保险责任，但不能据此解除保险合同。例如，韩国《商法典》第657条第2款规定："投保人或被保险人、保险受益人怠为第1款的通知导致损失增加的，保险人不承担该增加损失的赔偿责任。"第二种立法例是保险人享有损害赔偿请求权和解约权，即义务人应赔偿保险人由于违反通知义务而遭受的损失，保险人还可以解除保险合同。例如，我国台湾地区"保险法"第63条规定："要保人或被保险人不于第58条、第59条第三项所规定之期限内为通知者，对于保险人因此所受之损失，应负赔偿责任。"此外，依该"法"第57条还规定："当事人一方对于他方应通知之事项而怠于通知者，除不可抗力之事故外，不问是否故意，他方得据为解除保险契约之原因。"第三种立法例是保险人可以拒绝赔偿损失。保险事故发生后，通知义务人怠于通知或者不履行通知义务的，保险人可以免于承担保险责任。例如，德国《保险合同法》第330条第2款规定："在投保人违反上述通知义务的情形下，保

险人可以拒绝承担保险责任，但保险人已通过其他方式及时获悉的除外。"第四种立法例是区分通知义务人的主观过错状况，从而决定违反通知义务的法律后果。例如，意大利《民法典》第1915条规定："被保险人恶意不履行通知义务或救助义务，丧失赔偿请求权。如果被保险人因其过错而未履行上述义务，保险人有权根据因此所受损失的情况减少损害赔偿金。"

在我国，《保险法》第21条规定："故意或者因重大过失未及时通知，致使保险事故的性质、原因、损失程度等难以确定的，保险人对无法确定的部分，不承担赔偿或者给付保险金的责任，但保险人通过其他途径已经及时知道或者应当及时知道保险事故发生的除外。"可见，在我国，保险事故发生后，通知义务人违反通知义务的法律效果基于义务人的主观状态不同而有所区别。若义务人违反通知义务仅为一般过失，则无论是否造成保险事故的性质、原因、损失程度等难以确定，保险人均应承担赔偿或给付保险金的责任。若义务人违反通知义务出于故意或重大过失，则保险人只对保险事故的性质、原因、损失程度等难以确定的部分不承担赔偿或给付保险金的责任，对其余的损失部分仍应承担赔偿或给付保险金的责任。

笔者认为，对非责任保险而言，保险事故发生后，为及时、有效地获得保险金以保护被保险人的利益，投保人、被保险人或受益人故意不及时通知保险人的情形是不可能发生的。例如，在火灾保险中，若在保险期间发生火灾事故，被保险人断然不会故意不通知保险人从而使自身的利益受损。当然，这些义务人可能因过失而未履行通知义务，但在保险事故发生后，如何区分义务人重大过失还是一般过失为履行通知义务，通常较为困难，而保险人往往都会千方百计地主张义务人出于重大过失而未履行通知义务，从而减少保险金给付。对责任保险而言，保险事故发生后，若投保人、被保险人故意或重大过失未及时通知保险人而致使不能获得保险金的，将使受害第三人得不到及时、有效救济，不利于保护受害人的利益。这与《保险法》上设置保险事故发生后的通知义务的法理基础不相符合。

鉴于此，笔者主张对义务人违反保险事故发生后的通知义务的法律效果，不区分故意、重大过失、一般过失而采取不同的法律效果，而是规定义务人未及时通知的，致使保险事故的性质、原因、损失程度等难以确定，保险人对无法确定的部分不承担赔偿或者给付保险金的责任，但保险人通过其他途径已经及时知道或者应当及时知道被保险人给他人造成损害或者保险事故发生的除外。从国外的立法例来看，2008年德国《保险合同法》修改之前，第6条第3项曾规定："免除给付之规定系以保险事故发生后违反对保险人应尽之义务为由者，若该违反非因故意或重大过失所致，则不生该规定之法律效果，若系重大过失违反，而既不影响保险事故之确定，亦不影响保险人责任之确定或范围者，保险人仍负给付之责。"但 2008 年德国新的《保险合同法》第 30 条关于"保险事故发生后的通知"修改了此前区分义务人主观状态而分别规定不同法律效果的做法，而是规定只要义务人违反通知义务，保险人便可拒绝承担责任，除非保险人已通过其他方式及时获悉保险事故。笔者认为，德国《保险合同法》的这一修改值得重视和借鉴。

结语

目前，我国《保险法》关于保险事故发生后的通知义务的规定因未考虑责任保险的特殊性，存在不足之处，学理上对此项义务的研究尚待进一步完善。笔者主张，从目的解释论的角度而言，保险事故发生后的通知义务固然旨在保护保险人的合法权益，但与一般保险不同的是，责任保险关系到受害第三人的利益，《保险法》中设立保险事故发生后的通知义务的法理基础还应包括保护受害第三人的利益。基于此，保险事故发生后的通知义务人应包括投保人、被保险人、受益人。责任保险的保险事故由"足以导致被保险人对第三人负赔偿责任的事实"和"第三人向被保险人行使请求权的事实"共同构成，据此，在责任保险中，投保人、被保险人有两次通知义务。义务人违反保险事故发生后的通知义务的法律效果，不区分故意、重大过失、一般过失而采取不同的法律效果。据此可将我国《保险法》第 21 条修改如下：

"投保人、被保险人或者受益人知道保险事故发生后，应当及时通知保险人。

责任保险的投保人、被保险人，除前款规定外，在给他人造成损害后，也应当及时通知保险人。

投保人、被保险人或者受益人未及时通知，致使保险事故的性质、原因、损失程度等难以确定的，保险人对无法确定的部分不承担赔偿或者给付保险金的责任，但保险人通过其他途径已经及时知道或者应当及时知道被保险人给他人造成损害或者保险事故发生的除外。"

我国保险损失计量规则之反思与重构

——以美国司法裁判中对"实际现金价值"的解读为借鉴

康雷闪*

保险制度功能的发挥在于损失发生时补偿被保险人遭受的实际损失。其中最为关键的是被保险人的损失如何算定的问题,这不仅关系到被保险人的获偿程度,更关系到保险人支出的保险金的数额乃至其经营的稳定,故在保险实务中争议颇多。诚如我国早期保险法学者陈顾远先生所言:"损失额之估计乃损失保险最大之问题,当事人于赔偿损失时一切争执,类多起于此点。在保险人方面,对于保险标的之损失额自以少计为便,在被保险人方面,则以多计为利,此争执之终不能免也。"❶故对于被保险人损失的计算,法律应给出明确的计算标准,"标准不能定,即争执不能免矣"。❷

我国《保险法》第 55 条第 2 款规定:"投保人和保险人未约定保险标的的保险价值的,保险标的发生损失时,以保险事故发生时保险标的的实际价值为赔偿计算标准。"其中,保险标的物的"实际价值"为被保险人损失及保险人给付保险金的标准,然而"实际价值"一词的含义及其计算规则为何,我国保险法及相关司法解释未有进一步规定。在保险实务中,大多数财产损失保单中仅规定按保险标的的"实际损失"计算赔偿金的数额,对于"实际损失"如何计算,保单中也未予明文规定。由上述规定不明引发的理赔争议不胜枚举,并成为困扰我国保险司法裁判的难题之一。

因此,保险损失计算规则的建立势在必行。美国保险法对"实际现金价值"的不同计算标准及适用何种标准的争论所体现的现代财产保险补偿观念,对构建我国财产损失保险计量规则有重大的参考意义。以下以美国保险司法裁裁判对"实际现金价值"的解读为视角,窥探保险损失估定标准与补偿观念的现代发展,以期对我国财产保险法理论与实务的完善有所助益。

---

* 法学博士,中国石油大学(华东)法学系讲师。
❶ 陈顾远:《保险法概论》,正中书局 1946 年版,第 196 页。
❷ 王效文:《中国保险法论》,中华书局 1930 年版,第 111 页。

一、实际（现金）价值的解析

我国《保险法》第 55 条第 2 款规定，应按照保险事故发生时，保险标的物的"实际价值"作为保险金的计算依据，但"实际价值"一词语焉不详，可操作的空间过大，极具争议。这样的做法并非我国所独创，在美国保险法上亦有"实际现金价值"一词。以下对比分析二者含义及其在保险法上的意义。

（一）财产损失保险合同中的实际现金价值

在美国，"几乎所有的财产保单中，均包含实际现金价值一词"，❶ "保险合同规定，如果损失发生，赔付的上限不超过损失发生时财产的'实际现金价值'。"❷ 典型者如纽约标准火灾保单的规定："保险公司给付事故发生时被保险财产的'实际现金价值'范围内的损失，但不超过在合理时间内以相同品种和质量的材料修理或重置受损财产所支出的费用。"

单就条款本身的字面意义来讲，"实际现金价值"是对保险人保险金给付责任范围的概括说明；从其实质意义而言，此条款符合火灾保险合同的基本目的，即补偿实际损失的价值。换言之，即使保险单的保险金额很高，保险公司仍然不对超过损失发生时财产的实际现金价值部分承担责任，除非保单或法律有相反的规定。

一般情况下，"保单里通常是不会对实际现金价值进行精确定义的，需要在庭审的时候由法官来对这个术语进行界定，而法官的定义则可以说是五花八门"。❸ "但最常用的定义也许是：以目前的价格用新材料重置遭到毁损的财产，扣除折旧后所需要的货币量。"❹ 以重置成本扣除折旧定义实际现金价值，遵循了会计学上的实际现金价值的数学公式，简明且操作性强，但在实务中，这并不是唯一的做法。

（二）实际现金价值与我国保险法上的相关概念的比较

关注我国《保险法》第 55 条第 2 款的规定，其中包含了"保险价值"与"实际价值"两个概念，从法律条文的逻辑来看，其规定在双方当事人未约定"保险价值"时，损失以保险标的的"实际价值"为准；换言之，除约定的定值保险的特殊情形外，在法定情形下损失的衡量标准为保险标的物的"实际价值"。由此可见，我国《保险法》中的"实际价值"与《美国保险法》中的"实际现金价值"一词当具有相同含义，只不过"实际价值"为测量损失的

---

❶ Carol Kaesebier, Invitation to Arson: Indiana's Interpretation of Actual Cash Value, Valparaiso University Law Review, Vol. 16, 1981. p. 484.

❷ [美] 约翰·F. 道宾：《美国保险法》，梁鹏译，法律出版社 2008 年版，第 221 页。

❸ [美] 小罗伯特·H. 杰瑞、道格拉斯·R. 里士满：《美国保险法精解》，李之彦译，北京大学出版社 2009 年版，第 329 页。

❹ [美] 埃米特·J. 沃恩、特丽莎·M. 沃恩：《危险原理与保险》，中国人民大学出版社 2002 年版，第 176 页。

"方法",并以"保险价值"为"本体";而实际现金价值兼具了"本体"和"方法"的双重功能。诚如有学者总结所言:"就财产保险而言,在法律上以保险价额为填补之最大限度,在契约上以保险金额为填补之最大限度,唯在实务上,填补限度应以实际损失为准,而实际损失之计算,又应以损失发生时,受损财产之实际现金价值为准。"❶

综上所述,实际(现金)价值的术语虽源自经济学,但在《保险法》上扮演着至关重要的角色。在保险合同中,其限制了保险人的给付责任;在保险法理上,其兼具"保险价值"与"估价条款"的双重功能;在实施损失补偿原则的过程中,其为必备要素,既为"定损"前提,亦为"补偿"限制。不仅关系保险发挥其功能的程度,亦关系保险业运营的稳定,将其喻为保险业的"保护伞"实不为过。

二、美国司法裁判中衡量实际(现金)价值的标准及争议

实际(现金)价值在理论上的表述是清晰的,但是在具体适用中是难以确定的。诚如有学者所言:"由于个案的差异,使得如何确定实际现金价值成为一个特殊的难题,因为没有普遍使用的规则。"❷ 我国《保险法》并未有衡量实际价值的相关标准,只是由各个保险公司来具体操作,因此形成了实践中的混乱局面。在美国的保险法司法裁判实践中,形成了三种衡量实际现金价值的标准,可资参考,以下分述之。

(一)重置成本减折旧(宾夕法尼亚规则)

重置成本减折旧(Replace Cost less Depreciation),又称为宾夕法尼亚规则(Pennsylvania Rule),该规则的确立是在 Fedas v. Insurance Co. of State of Pennsylvania 一案中,现今"大部分州的法院都将实际现金价值解释为重置成本减去折旧值"。❸ 在这项定义里包含两个要件,即重置成本和折旧。重置成本"通常指的是在损失发生当时(或损失发生后合理时间内)重新置办相同类型、相同质量的标的所要花费的成本";而折旧则"需要考虑损失发生时标的实际使用时间、使用程度、老化程度,还有其他可以影响其价值的因素"。❹

---

❶ 袁宗蔚:《保险学——危险与保险》,首都经济贸易大学出版社 2000 年版,第 247 页。
❷ Thomas Raeburn White, The Actual Cash Value of Obsolete Buildings, Insurance Counsel Journal, January 1963, p. 114.
❸ [美]小罗伯特·H. 杰瑞、道格拉斯·R. 里士满:《美国保险法精解》,李之彦译,北京大学出版社 2009 年版,第 330 页。
❹ [美]小罗伯特·H. 杰瑞、道格拉斯·R. 里士满:《美国保险法精解》,李之彦译,北京大学出版社 2009 年版,第 330 页。

其逻辑基础为"任何财产都有其使用寿命"，❶ 而重置可能会导致受损标的物（一般为使用过的）性能增加或使用寿命的延长，故"折旧额"或"改善额"应从中扣除。

重置成本减折旧的方法简单且容易确定，其测算出来的数额"可能最接近财产的实际价值"，❷ 故被认为是"最有效率的定义"。❸ 但其也备受争议：（1）逻辑上的困境。虽保单中规定保险公司补偿被保险人损失发生时的财产实际现金价值，但不超过在合理时间内以相同品种和质量修理或重置的费用。因为重置成本减折旧永远不会超过重置成本，故"保险人补偿被保险人以重置成本减折旧为限，但不超过修理或重置成本，这在逻辑上是解释不通的"。❹（2）重置成本减折旧还有可能会造成补偿过量，原因在于："很多机器的使用年限短，因此折旧不多，然而机器本身却可能老化得很严重，于是便会出现折旧速度赶不上老化速度的情形；如果机器的老化程度对机器价值有重大影响，重置成本减折旧法就有可能让被保险人得到一笔横财。"❺

（二）公平市场价格（加利福尼亚规则）

公平市场价格（Fair Market Value），又称为加利福尼亚规则（California Rule），该规则确立是在 Jefferson Ins. Co. v. Superior Court 一案❻中，审理该案的法院认为实际现金价值是"在市场上，在无任何强迫的情况下，买卖双方所接受的价格"。❼ 因此如果被保险的财产遭遇了全损，而这种财产又能在市场上买得到，市场价格就是最好的判断方法，可以很容易判断出：到底赔付多少金额能够使被保险人回复到损失发生前的经济地位。其中的道理很简单：如果保险人给付的保险金足够让被保险人买到替代的标的物，被保险人就算是得到了全面补偿。

但是，将实际现金价值定义为公平市场价格也有其局限性。这主要表现在两个方面：（1）有些保险标的物不能单独以市场价格估价。例如建筑物大都是

---

❶ John L. Palmer, Cheeks v. California Fair Plan Ass'n: "Actual Cash Value" is Still Synonymous with "Fair Market Value" in California: Do the Court Know What This Mean?, Western State University Law Review, 1999 [26], p. 199.

❷ Carol Kaesebier, Invitation to Arson: Indiana's Interpretation of Actual Cash Value, Valparaiso University Law Review, Vol. 16, 1981. p. 484. Carol Kaesebier 文。

❸ John L. Palmer, Cheeks v. California Fair Plan Ass'n: "Actual Cash Value" is Still Synonymous with "Fair Market Value" in California: Do the Court Know What This Mean?, Western State University Law Review, 1999 [26], p. 199. John L. Palmer 文。

❹ James R. Detamore, Functional Value vs. Actual Cash Value in Partial Loss Settlements, Insurance Counsel Journal, July, 1983, p. 334.

❺ [美] 小罗伯特·H. 杰瑞、道格拉斯·R. 里士满：《美国保险法精解》，李之彦译，北京大学出版社 2009 年版，第 329 页。

❻ Jefferson Ins. Co. v. Superior Court 3Cal. 3d 398, 475 P. 2d 880 (1970).

❼ Jefferson Ins. Co. v. Superior Court 3Cal. 3d 398, 475 P. 2d 880 (1970).

连同土地一起出售的,离开了土地,这些建筑物就会非常廉价,如果硬要给其定价,这可能"就难免变成纯粹的猜测"。❶ (2) 公平市场价格很有可能会低估保险标的物的价值。例如一个人使用了 20 年的车库被毁损,如果他仅能按照旧车库的市场价值获得赔付,那虽然他所获得的赔付使他自损失后的净价值与损失发生前相同,但是他的生活处境却变得不如以前,因为他要么自掏腰包支付额外费用来建一个新车库,要么则不再拥有车库。❷

(三) 广泛证据规则(纽约规则)

广泛证据规则(Broad Evidence Rule),又称为纽约规则(New York Rule)该规则确立是在 McAnarney v. New York Fire Insurance Co. 一案中,法院认为,在判断被毁房屋的实际现金价值时,必须考虑所有相关证据:"如果承保的房屋被毁,法官可以、也应当考虑所有可能证明准确损失数额的事实和情况,以便实现完全补偿。法官可以考虑购置成本和重置成本,可以考虑合格证人对房屋价值的看法,可以考虑被保险人所主张的保险价值,可以考虑房屋的用途,还可以考虑任何其他合理相关的事实。"❸ 即法院应考虑"任何在逻辑上有助于精确估算被毁损财产实际现金价值的相关因素"。❹

近两年,无数法院都转而采用了广泛证据规则。❺ 在发生损失的时候,如果承保财产根本卖不出去,或者重置成本减折旧法所得出的结果不切实际,则广泛证据规则是最适于判断完全补偿数额的方法。一些法院反对采用广泛证据规则,主要理由有以下两点:(1) 重置成本减折旧的方法的优点是明确且容易确定;如若考量其他因素可能会"开启投机活动的大门,将使实际损失走入相关争论的迷宫,从而变得不确定"。❻ 广泛证据规则最大的缺点是太"广泛",以至于没有提供任何指导意义;导致衡量损失的标准从一个极端走向了另一个极端。❼ (2) 保险公司合法合理地收取了保费,其承担相应的责任是"财产的真实价值,并非财产对于被保险人的价值"。❽

美国保险司法裁判实践中形成的上述三种衡量被保险人损失的标准各有利弊、优劣难当。损失计算标准的不同均根源于保单中对于实际现金价值没有精

---

❶ [美] 小罗伯特·H. 杰瑞、道格拉斯·R. 里士满:《美国保险法精解》,李之彦译,北京大学出版社 2009 年版,第 331 页。

❷ [美] 肯尼斯·S. 亚伯拉罕:《美国保险法原理与实务》,韩长印等译,中国政法大学出版社 2012 年版,第 236~327 页。

❸ McAnarney v. Newark Fire Insurance Co. 247 N. Y. 176, 159 N. E. 902.

❹ Norman A. Miller, Property Losses and the Broad Evidence Rule, The Forum1968-1969, p. 299.

❺ [美] 小罗伯特·H. 杰瑞、道格拉斯·R. 里士满:《美国保险法精解》,李之彦译,北京大学出版社 2009 年版,第 334 页。

❻ American Ins. Co. v. Treasurer, School Dist. No. 37, 273 F. 2d 757, 759. (10th Cir. 1959)

❼ Jefferson Ins. Co. v. Superior Court 3Cal. 3d 598, 475 P. 2d 880 (1970). James R. Detamore 文。

❽ Rocheser Am. Ins. Co. v. Short, 207 Okla. 669, 673, 252 P. 2d 490, 494 (1953)

确的定义，况且财产损失的计算本身就非常复杂，需要根据具体情况作出不同的判断，"这方面所谓的'法律'其实指的是理赔中的惯常做法，以及保险人与被保险人双方协商得出的结果"。❶

三、实际（现金）价值争论所体现的补偿观念的变革

欲解决如何确定损失计量规则的难题，关键在于如何界定隐藏在对实际现金价值纷繁复杂的定义背后的是关于财产损失保险所保护的对象及其反映出的补偿观念的深层次问题。

（一）折旧价值抑或使用价值的判断

保险人给付保险金的目的为何？损失补偿原则已经很明确地回答了这个问题，即恢复被保险人至其损失发生前的状况，既不更好，也不更坏。故如何确定"损失发生时的状态"便成为问题的关键，但"其意义却因人而异，对被保险人而言，很明显是其对标的物的使用价值——大多以重置成本来计算；对保险人而言，其意义为折旧价值——以重置成本扣除折旧来计算"。❷ 从上述关于使用价值与折旧价值的计算方法观之，二者在保险人给付方面的差别主要体现在是否对保险标的物的折旧部分予以补偿。前已述及，保险人从保险金中扣除折旧的理论依据是任何保险标的物都有其使用年限，如若不扣除折旧将造成被保险人不当得利；但通常情况下，保险人支付扣除折旧后的保险金不能使被保险人重新置换保险标的物，更妄谈恢复至其受损前的状态，使被保险人感到没有获得充分的保险保障。

需要明确的是，使用价值是财产损失保险所保护的对象。主要理由有以下三点：

第一，虽然价值是一种"主观认识"的产物，但对价值的判断仍具有一定的客观标准。就作为保险标的物的财产而言，"财产所有者是其财产价值最有力的证明者"，❸ 不仅是因为财产所有者占有该财产，更重要的是其使用该财产。财产所有者对财产的"使用利益"，"'使用利益'是被保险人所要保护的对象"。❹ 但其中"要排除夸张的感情因素"。

第二，损失补偿原则中"损失发生前的状态"就隐含了标的物的"使用价

---

❶ ［美］小罗伯特·H. 杰瑞、道格拉斯·R. 里士满：《美国保险法精解》，李之彦译，北京大学出版社 2009 年版，第 336 页。

❷ Adley M. Shulman, Insurance Valuation and Adjustment of Fire Loss on Dwellings: California Law v. South California Practice, UCLA L. Rev., p. 258.

❸ Robert McWilliams, Valuation of Buildings for Insurance Purposes, Insurance Law Journal, August, 1952, p. 528.

❹ Adley M. Shulman, Insurance Valuation and Adjustment of Fire Loss on Dwellings: California Law v. South California Practice, UCLA L. Rev., p. 258. Adley M. Shulman 文。

值"(use value),例如建筑物用于居住。❶ 当被保险人的房屋毁损灭失后,其已身无居所,此时,被保险人想得到的并不是一笔保险金(虽然这笔保险金可能可以买一所新房子),而是一栋可以居住的房子,使其恢复到原来的生活状态。此亦正是保险的社会安全保障功能的体现。

第三,需要进一步认清的是确立以"使用价值"为财产损失保险所保护的对象并非要求在损失发生时保险人必然以重置成本为保险金的给付数额,而仅仅是恢复被保险人财产的使用状况;保险人所支付的保险金的数额可能高于保险标的物的折旧价值,也可能低于这一数额。在此前提之下,保险标的物的折旧不再是衡量被保险人损失的必备要素,而仅仅是参考要素之一。

故为了公平合理地定义实际现金价值,被保险财产的目的和功能必须考虑在内,否则财产的内在价值(intrinsic value)将被忽略。❷

(二)经济观念抑或功能观念的权衡

经济观念与功能观念,也有学者称之为"理论的损失补偿与实践的损失补偿"。❸ 所谓经济观念,是指保险人所给付的保险金的"目的在于确保被保险人在损失发生前后所拥有的净价值保持相同",其理论依据是:"被保险人既不好于也不坏于损失发生时的经济状况";而功能观念则认为保险人给付保险金的目的"在于使遭受损失的被保险人的生活方式和生活状态能恢复到与损失发生前大体相同",其理论依据是:"如果被保险人得到的保险金不足以修复受损财产,则在实践中,他的状况比损失发生前更坏。"❹

在经济观念之下,保险公司理赔时只需简单地套用数学公式(如重置成本-折旧)计算被保险人的损失或以其他价值(如市场价值)来替代,虽然这简单易行,但恐有违损失补偿的初衷及保险的本旨。诚如有学者所言:"一个简单、确定、精确的损失计算方法为保险双方当事人所希望,但如果一味简单地套用数学公式来计算损失,那么将导致在某些情况下补偿不足或补偿过量。"❺ "保险合同不是在被保险人的财产受损后,简单支付给被保险人财产的市场价值;而是救被保险人于水火,并在现实允许的范围内,尽可能使被保险人恢复

---

❶ Adley M. Shulman, Insurance Valuation and Adjustment of Fire Loss on Dwellings: California Law v. South California Practice, UCLA L. Rev., p. 258. Adley M. Shulman 文。

❷ Travelers Indemnity Co. v. Armstrong, 384 NE2d 607 (Ind. Ct. App 1979), at 615.

❸ Harold H. Reader: Modern Day Actual Cash Value: Is It What The Insurers Intend?, Tort & Insurance Law Journal, 1986, p. 282.

❹ Harold H. Reader: Modern Day Actual Cash Value: Is It What The Insurers Intend?, Tort & Insurance Law Journal, 1986, p. 282.

❺ Robert McWilliams, Valuation of Buildings for Insurance Purposes, Insurance Law Journal, August, 1952, p. 528. Robert McWilliams 文。

至损失发生前的状态。"❶

毋庸置疑，在保险业产生之初，经济观念的补偿标准是符合当时的保险业发展要求的。因为当时经济尚未充分发展，物价变动不大，故以市场价格或重置成本减折旧计算出的保险金的数额基本能使被保险人的利益恢复至其损失发生前的状态。但如今商品经济快速发展，物价变动靡常，倘若仍固守传统损失的计算方法及补偿观念，恐难以调和保险合同当事人的利益冲突，而有违当事人的缔约目的。树立功能观念的补偿标准，因其着眼于被保险人损失发生前对保险标的物的使用情况，故能切实保障被保险人的利益，而不至于使其生产、生活状况因遭遇保险事故而变得更糟。

综上所述，保险标的物的使用价值为保险所保护的对象；在保险补偿的过程中应确立功能观念的补偿标准。诚如有学者指出："没有必要确定市场价值是多少，也没有必要尝试确定应从重置成本中扣除多少折旧额，更没有必要考量影响估量损失的各种因素，唯一要做的是确定损失是部分损失还是全部损失。如果是全部损失，保险人则给付保险单上的保险金额，除非以相同品种或相同质量的材料重置的价格小于上述金额。如果是部分损失，损失的计算标准是恢复保险标的的功能性效率或修复至其损失发生前状态所需的费用，折旧额不允许扣除，除非高于保单的限额。"❷

四、保险损失计量理论与规则的重构

承前所述，无论是在保险实践中，还是在保险补偿的理念上，被保险人作为保险损失的直接关系人，对于损失的大小和程度享有最终意义上的发言权。因此，在保险损失理论的构造和规则的设计上，均应围绕被保险人这一主体展开，以还原损失的本质、彰显保护被保险人的初衷。

（一）损失的本质："物"之于"人"的损失

确定保险损失时必须清楚地意识到，损失并非从保险标的物本身被评估的客观意义上而言，也并非由被保险人主观定之；"标的物之损失即是因保险灾害（事故）所致，但并非和被保险人之受损失恒成等式"❸。确立保险之损失应从财产毁损给被保险人造成的损失角度来认识；概言之，保险损失既不是单纯的被毁损的"物"的客观价值，也不是单纯"人"失去物的主观损失，而是"物"之于"人"的损失。而"物"和"人"之间的关系则表现为保险利益，

---

❶ Thomas Raeburn White，The Actual Cash Value of Obsolete Buildings，Insurance Counsel Journal，January 1963，p. 114. Thomas Raeburn White 文。

❷ James R. Detamore，Functional Value vs. Actual Cash Value in Partial Loss Settlements，Insurance Counsel Journal，July，1983，p. 334. James R. Detamore 文。

❸ 江朝国：《保险法基础理论》，中国政法大学出版社 2002 年版，第 310 页。

所以，在探讨保险损失这一概念时，始终不能离开保险利益这一中心。

保险损失只能是保险利益的价值，不能是保险标的物本身的价值。强调这一观点，其意义在部分保险利益的情形下尤为显著。"人们对其只享有部分利益的财产可按全值投保，但除非他们不仅为自己而且为其他对财产享有利益的人一起投保，他只能就自己利益的价值获偿"❶。固然，从经济学的常理来看，在有形财产保险中，保险损失当然依附于保险标的物；但是，保险损失是否必然等同于保险标的物本身的价值？则不无疑问。因此，将"保险损失"直接等同于"保险标的物的价值"，在方法论上只是一种对通常经济学观念的简单套用，没有认识到保险损失在法律上的本质。如果将保险损失等同于保险标的物本身的价值，那么在被保险人对保险标的物只具有部分保险利益的情形之下，"被保险人就不是接受'损失补偿'，而是'通过损失致富'。"❷

另外，保险损失也不应当仅从投保人或被保险人单方的主观感受来考量，必须通过保险利益为中间因素来衡量，否则势必会"打开欺诈和最可怕的邪恶之门"，❸"保险将成为欺骗性损失和夸大索赔的诱因"。❹因此，保险损失既不是财产本身的损失，也不是投保人或被保险人主观感受的损失，而是通过保险利益这一中间桥梁而构建起来的关系的损失。

损失并非一个纯粹的法律概念，而是一个牵涉于法律规定的经济性概念。在《保险法》上，真正意义的"财产"为"申请保险的人与被保险的物之间的'关系'"。❺也就是说，"财产必须是这样的，被保险人可以有理由期望通过财产的安全或按时得到而获得利益，或者由于财产的损失、损坏或延误而受到损害"。❻故在《保险法》上，真正意义上的"损失"是指这种"关系"遭受破坏的结果；而这种"关系"又是以"保险利益"范畴来指称的，所以保险法理认为"损失为保险利益的反面"。

（二）以被保险人的意图为主导的保险损失计量规则

《保险法》上的损失是因被保险人与保险标的之间的利害关系遭到破坏所致，故在衡量被保险人的损失时，应着重考量恢复这种利害关系所需的费用。被保险人作为这种利害关系的直接"当事人"，对如何修复该利害关系最有发言权；加之前已述及，在损失补偿原则的规范功能上，已逐步确立保险标的物的"使用价值"为财产损失保险所保护的对象，并且保险补偿向"功能观念"转变。故在评估被保险人损失时，被保险人对保险标的物的"使用意图"应作

---

❶ ［英］M. A. 克拉克：《保险合同法》，何美欢等译，北京大学出版社 2002 年版，第 100～101 页。
❷ ［美］马克·S. 道弗曼：《风险管理与保险原理》，齐瑞宗等译，清华大学出版社 2009 年版，第 152 页。
❸ ［英］M. A. 克拉克：《保险合同法》，何美欢等译，北京大学出版社 2002 年版，第 748 页。
❹ ［美］马克·S. 道弗曼：《风险管理与保险原理》，齐瑞宗等译，清华大学出版社 2009 年版，第 151 页。
❺ ［美］埃米特·J. 沃恩、特丽莎·M. 沃恩：《危险原理与保险》，中国人民大学出版社 2002 年版，第 174 页。
❻ ［英］M. A. 克拉克：《保险合同法》，何美欢等译，北京大学出版社 2002 年版，第 104 页。

为关键要素予以考量。诚如英国著名保险法学家克拉克先生所言:"在损失发生时,被损坏物品的市场价值或其可售出的价值不一定是计算补偿额的量度","对于不动产来说,补偿的基础主要取决于损失发生时被保险人的意图","对不动产适用的规则一般也适用于其他有形财产",但"其中要排除夸张的感情色彩"。❶ 在具体的实务操作中,主要包括以下三种情形:

第一,如果被保险人打算将保险标的物出售,估价的基础是财产的市场价值;如果在损失发生前对交易价值已达成协议,该协议价值即为被保险人的损失,除非该交易是被迫的。即使保险人规定财产按预计的复原费用投保,这对估价基础是有影响的,但不起决定作用,基础可能依然是财产在公开市场上的价格。

如果被保险人在损失发生前不打算立即将保险标的物出售,但在损失发生后却产生了这种想法,也许因为他需要立即找到其他的居所,那么补偿的基础是找到替代财产的费用。

第二,如果在损失发生时,被保险人想要保留和使用保险标的物,而且它可以在合理费用下修复,即它就不是一个报废物品,补偿额为修复的费用;如果他想用保险补偿金而不是自己的钱去修复建筑物且这是一个真实的意图,则修复的费用为损失的计算尺度,只要这种想法不是不合理的。

修复程度及费用取决于该标的物的受损程度。如果损失发生时被保险人想使用或占用该财产,修复的费用是指修复到可以使用或占用的程度所需的费用。

第三,如果被保险人想继续使用保险标的物,但该标的物完全灭失或不能在合理费用下修复,那么补偿额是在市场上获得一个类似物品的价格——但条件是存在这样的市场;如果该类物品有二手市场,补偿量度就是市场价格;如果没有相关市场,唯一的补偿办法就是以一个类似的新的财产来取代。❷

五、完善我国保险损失计量规则的建议

针对我国《保险法》及财产损失保险单规定不明确所引发的理赔争议问题,参照美国保险实务中的对实际现金价值的不同定义及理论上保险补偿观念的发展趋势,试拟如下建议,以期对我国财产损失保险损失计量规则的构建有所助益。(1) 在财产损失保险的保护对象上,应确立"使用价值"为其所保障的对象,故在计算损失时,不应简单支付保险标的物的"折旧价值"或"市场价值"。(2) 在补偿观念上,应确立功能观念,补偿的目的在于恢复保险标的

---

❶ [英] M.A. 克拉克:《保险合同法》,何美欢等译,北京大学出版社 2002 年版,第 749~751 页。
❷ [美] 马克·S. 道弗曼:《风险管理与保险原理》,齐瑞宗等译,清华大学出版社 2009 年版,第 750~751 页。

物的使用功能，不应简单地以经济标准衡量被保险物的损失。(3) 在计算被保险人的损失金额时，应主要考量被保险人对保险标的物的使用意图，以恢复保险标的物的使用功能所支出的费用为损失的计算标准。当然，这一费用应在保险合同所载明的保险金额的范围之内。(4) 在保险条款的设计上，应对"实际损失"如何计算作出明确规定，并对被保险人进行明确说明，以使被保险人对所买保险有合理预期。(5) 在签订保险合同时，应在法律允许的范围内允许双方当事人就不同险种分别约定不同的损失计算方法，以符合不同险种对损失估定的特殊要求。(6) 应积极开办重置成本保险，以更大程度地保护被保险人利益。(7) 在保险立法上，《保险法》或相关司法解释应对《保险法》第55条第2款规定的"实际价值"作出明确界定，并列明其具体计算方法和适用范围以减少实务中的争议。试拟条款如下：保险合同应对保险标的实际价值的计算方式及标准作出明确约定。没有约定或约定不明的，应根据保险标的的使用价值或被保险人对保险标的的使用意图来评估保险标的物的价值。

我国保险合同解除权问题研究

——兼谈建立被保险人利益保护机制

许崇苗[*]

一、概述

保险合同解除权是指保险合同解约权人在符合法定或者约定条件时解除保险合同的权利,其法律后果是保险合同因解除而终止。与国外多数国家的保险立法一样,对保险合同解除权在当事人之间的分配,我国《保险法》也确立了"以投保人任意解除合同为一般,以不得解除保险合同为例外"的基本原则。以该原则为基础,我国《保险法》建立了保险合同解除的基本法律制度,主要包括投保人解除保险合同的处理规则和保险人解除保险合同的法定情形。我国《保险法》对投保人解除保险合同的处理规则,对人身保险合同和财产保险合同分别作出了规定。对于人身保险合同,投保人解除合同的,保险人应当自收到解除合同通知之日起 30 日内,按照合同约定退还保险单的现金价值。对于财产保险合同,保险责任开始前,投保人要求解除合同的,应当按照合同约定向保险人支付手续费,保险人应当退还保险费。保险责任开始后,投保人要求解除合同的,保险人应当将已收取的保险费,按照合同约定扣除自保险责任开始之日起至合同解除之日止应收的部分后,退还投保人。我国《保险法》在赋予投保人解除保险合同自由的同时,在例外情况下,也对投保人解除合同的权利进行限制,如货物运输保险合同和运输工具航程保险合同,保险责任开始后,合同当事人不得解除合同。在另一方面,我国《保险法》也规定了保险人解除保险合同的法定情形,即保险人在特殊情况下的法定解除权,主要包括如下:投保人违反如实告知义务;被保险人或者受益人的违法行为;人身保险合同效力中止 2 年;财产保险合同保险标的转让导致危险程度显著增加;财产保险合同投保人、被保险人未按照约定履行其对保险标的的应尽安全责任;财产保险合同保险标的的危险程度显著增加;财产保险合同保险标的的发生部分损失

---

[*] 中国人寿保险股份有限公司法律合规部总经理。

等。从上述规定分析，我国《保险法》所确立的保险合同的解除原则和基本制度，一方面体现了合同自由和自愿原则，另一方面对保险人解除保险合同的限制也体现了保护投保人和被保险人利益的原则。笔者认为，我国保险法关于保险合同解除权的设置主要以保险合同当事人即投保人和保险人为主线和核心，符合合同相对性的原则，是无可厚非的，但由于保险合同主体的复杂性，在某些方面还不尽完善，主要体现为对被保险人的利益保护不够，欠缺相关的制度，对如投保人解除保险合同通知被保险人的义务和被保险人对保险合同解除的参与权或者介入权等，仍需要进行完善。

二、保险合同当事人与保险合同解约权的主体

保险合同的解约权是指保险人或者投保人解除合同的权利。基于合同相对性的原理，解约权人应是保险合同的当事人。但由于保险合同的主体比较复杂，不仅有与保险人订立保险合同、并按照合同约定负有支付保险费义务的投保人，还有与保险合同有密切关系、受保险合同保障享有保险金请求权的被保险人，以及由被保险人或投保人指定的享有保险金请求权的受益人。对于作为保险合同一方当事人即保险人的相对人，在学术界一直存在争议。一种观点认为，保险合同的另一方当事人是投保人；另一种观点认为，保险合同的另一方当事人是被保险人或者是投保人和被保险人。从各国保险立法的规定看，英美法系国家认为一般人通常是为自己的利益投保，亦即其投保的目的在于保障自己，故称保险合同的另一方当事人为被保险人。但大陆法系国家一般称保险人的相对人为投保人。我国《保险法》第10条规定："保险合同是投保人与保险人约定保险权利义务关系的协议。投保人是指与保险人订立保险合同，并按照合同约定负有支付保险费义务的人。保险人是指与投保人订立保险合同，并按照合同约定承担赔偿或者给付保险金责任的保险公司。"可见，我国《保险法》规定的保险合同的当事人是保险人与投保人，而不是保险人和被保险人等。虽然以死亡为给付保险金条件的合同，要经被保险人同意并认可保险金额，否则，该合同无效；但是被保险人同意并认可保险金额，只是保险合同生效的要件，而不是保险合同成立的要件。也就是说，被保险人在投保人和保险人订立合同时同意并认可死亡保险金额，不能因此认定被保险人是保险合同的当事人。另外，需要说明的是，被保险人在人身保险合同中不可或缺，不是因为其作为合同主体不可或缺，而是因为保险合同必须有保险标的，被保险人的寿命和身体作为保险标的不可或缺。既然我国《保险法》明确规定保险合同的当事人是保险人和投保人，保险合同的解约权人自然应为保险人和投保人。鉴于被保险人应为保险合同的第三人（民法意义上的为第三人利益合同的受益人），而保险合同的受益人并不是保险合同的直接主体，不享有解除保险合同的权

利。否则，会违反合同相对性的基本原则，造成我国《保险法》所建立的保险合同体系的混乱。有的学者以保护被保险人利益为出发点，认为保险合同一旦成立，就为被保险人的利益而存在，主张赋予被保险人保险合同解除权来限制投保人的保险合同解除权。这种观点虽然有一定道理，有利于保护已经订立保险合同的被保险人的利益，但不符合保险合同射幸性的法律特征，也会损害投保人投保的积极性，进而影响保险业的健康发展。因为保险合同尤其是长期寿险合同，投保人之所以愿意为他人投保，是基于投保人对保险人具有保险利益，主要是一种密切的亲属关系或者信赖关系。但保险利益随着时间的推移会发生变化，投保人当初为被保险人投保的意愿会因此改变。因此，赋予投保人保险合同解除权是必要的。当然，被保险人的利益也要兼顾，但不必通过剥夺投保人的保险合同解除权来实现。

三、与保险合同解除权有关的特殊重大理论问题

（一）保险合同解除权行使的期限问题

我国《保险法》对投保人行使保险合同的解除权未作出时间上的限制，一般认为在保险合同的有效期内，投保人均可以提出解除合同。在以他人为被保险人的保险合同中，在发生保险事故的情况下，有时会发生投保人提出解除保险合同，而被保险人或者受益人申请保险金的冲突。在这种情况下，若保险合同未约定保险事故发生为保险合同终止的情形，则保险合同并不因保险事故的发生而终止，仍然是投保人可以提出解除保险合同的期间。对此，有的专家和法官提出，投保人提出解除保险合同的权利优先于被保险人或者受益人请求给付保险金的权利，并得出我国《保险法》未对投保人提出解除保险合同设定期限，属于立法上的缺陷，并主张对投保人解除保险合同进行必要的限制：一是在保险事故发生后，被保险人或者受益人尚未申请保险人给付保险金的情况下，投保人提出解除保险合同，即应当解除保险合同；二是在保险事故发生后，投保人提出解除保险合同的同时，被保险人或者受益人也申请保险人给付保险金的情况下，也应当解除保险合同；三是在保险事故发生后，被保险人或者受益人申请保险人给付保险金后，只要保险公司对已经发生的保险事故应当承担保险责任，投保人即无权解除保险合同。❶ 也有法官对此提出了不同的意见，认为保险公司给付保险金的义务，应当因保险事故的发生而产生，而不依被保险人或者受益人提出给付保险金的请求而发生。笔者认为，在发生保险事故的情况下，被保险人或者受益人请求给付保险金的权利已经生效，依据为第三人利益合同的基本理论，投保人对该保险合同不再享有变更和解除保险合同

---

❶ 参见刘建勋：《保险法新型疑难案例判解》，法律出版社2007年版。

的权利。当然，对于这一问题，也可以考虑在《保险法》中予以明确规定。对投保人保险合同解除权的限制，在国外保险立法中有规定，如《韩国商法》第649条（事故发生之前的任意解除）第1款规定："在保险事故发生之前，保险合同人随时都可以解除全部或者一部分合同。但是，在第639条之保险合同的情形下，若保险合同人未经该他人的同意或者持有保险证券，则不得终止该合同。"当然，在有的保险合同中，如约定在被保险人生存期间每年给付一定金额的年金保险合同的情况下，被保险人生存到一定期间，被保险人可以申请保险公司给付保险金，因为该期保险金属于已经生效的既得权利。但投保人仍然可以提出解除保险合同。因为在该合同中，保险事故不是一次而是多次，被保险人请求给付保险金的权利需要被保险人生存到不同的时间才能实现。由于被保险人还未生存到一定期间，也就是说有的保险事故还未发生，即被保险人请求给付保险金的权利并未生效。

（二）被保险人、受益人或者第三人代交保险费是否享有解除权

保险费是否必须由投保人交付，这一点值得探讨。在一般情况下，合同是由当事人通过实施特定的行为来履行的。但是，在某些特殊情况下，合同也可以由第三人代替履行。只要不违反法律的规定或当事人的约定，并且符合合同的性质，第三人也是正确的履行主体。第三人代替履行包括第三人代替债务人履行和第三人代替债权人接受履行两种情况。这里仅涉及第三人代替债务人履行。在第三人代替债务人履行义务时，第三人为履行主体。因此，保险合同交纳保险费的义务，也可以由当事人约定由第三人代为履行。美国保险惯例主张交付保险费并非投保人的专属义务。其他任何人，包括与投保人无利害关系的人，也可交付保险费。只要保险人愿意接受，其他任何人交付保险费都与投保人交付保险费无异。但其他人代交保险费而投保人不知晓的，则不发生交付保险费的效力。《德国保险契约法》规定："为他人利益的保险，到期的保险费或其他保险人基于契约应可以的给付，被保险人、享有保险给付请求权的受益人及抵押权人可以代为履行，保险人不可以依据民法的规定加以拒绝。"[1] 我国台湾地区"保险法"规定："利害关系人，均得代要保人交付保险费。"[2] 笔者认为，保险费原则上应由投保人交付；有关的利害关系人，如保险合同的被保险人、受益人等，也可代投保人交纳保险费，但他们在法律上并无支付保险费的义务。至于与投保人无利害关系的人代交保险费，应认定有效；除非投保人不交纳保险费是出于使保险合同失效的目的。当然，在第三人代替投保人履行交纳保险费义务的情况下，第三人只是履行主体，而不是合同的当事人。因

---

[1] 《德国保险契约法》第35a条。
[2] 我国台湾地区"保险法"第115条。

此，投保人应对第三人的履行后果负责。如果第三人代替投保人履行责任不当的，投保人应承担违约责任。另外，需要强调的是，利害关系人交纳的保险费应视为投保人交纳的保险费，且利害关系人如被保险人、受益人并不因此可以行使投保人的权利。因为投保人同意第三人代交保险费，不能因此认定为投保人同意第三人成为保险合同的当事人。只有在经过保险人和投保人同意，将被保险人或受益人变更为投保人的情况下，承担交纳保险费义务的被保险人、受益人才可以依法行使投保人的权利。也就是说，被保险人、受益人或者第三人代交保险费不能享有合同解除权。

（三）人身保险合同的投保人死亡后保险合同解除权的承继

我国《保险法》对于投保人死亡后，原投保人享有的保险合同解除权由谁来行使，如何行使的问题没有作出明确规定。笔者认为，要解决这一问题，首先要回答人身保险合同的现金价值是否属于投保人遗产的范畴。根据我国《继承法》的规定，公民的遗产是指公民死亡时遗留的个人合法财产，包括公民的收入；公民的房屋、储蓄和生活用品；公民的林木、牲畜和家禽；公民的文物、图书资料；法律允许公民所有的生产资料；公民的著作权、专利权中的财产权利；公民的其他合法财产。依据《最高人民法院关于贯彻执行〈中华人民共和国继承法〉若干问题的意见》，公民可继承的其他合法财产包括有价证券和履行标的为财物的债权等。对于人身保险合同来说，在保险事故发生前，投保人对保险合同享有的最重要的权利就是获得保险单现金价值的权利，这种权利是一种债权，属于《继承法》规定的遗产的范畴，投保人的继承人当然可以要求继承。投保人的继承人如何继承该债权，就涉及人身保险合同的解除问题，目前主要有如下三种观点：第一种观点认为，投保人生前未行使合同解除权，应推定其意愿是维持保险合同的效力以对被保险人提供保障，投保人的继承人不能解除该保险合同。理由是投保人的继承人解除保险合同，不符合投保人为他人投保的意愿和目的，也不利于保护被保险人的利益。第二种观点认为，在为他人利益的保险合同中，保险合同是为被保险人或者受益人的利益订立的，投保人死亡后，应由被保险人或者受益人承继投保人的法律地位成为新的投保人，合同解除权也应由其行使。第三种观点认为，投保人的继承人基于继承的法律事实概括承受了保险合同的权利和义务，其依法享有合同解除权。笔者比较赞同第三种观点。因为若对投保人解除保险合同的权利作限制解释，认为投保人是解除保险合同的唯一权利人，虽然有利于保护被保险人的利益，但却不符合我国目前的法律规定，也不利于鼓励投保人为他人利益投保，对保险业的健康发展也是不利的。对于类似问题的解决，不能简单地从保护被保险人的角度来适用法律，而要达到平衡投保人、被保险人和保险人利益的目的。若法律没有保险合同不得解除的规定，保险合同也没有不得解除的约定，则难以得出投保人的继承人提出解除保险合同不符合投保人意愿的结论。因此，第一种观点不足取，而第二种观点也于法无据。笔者认为，既然投保人死亡后产生其对保险公司的债权，属于投保人遗产的范畴，其继承人有权要求继承，而要继承该债权，必须通过解除人身保险合同来实现，亦即投保人的继承人应享有保险合同解除权，否则其继承权就无从谈起。当然，在投保人死亡的情况下，投保人的继承人可以解除保险合同，确实不太利于保护被保险人的利益，需要对保险法进行修改和完善，建立保护被保险人利益的制度。另外，按照《继承法》的有关理论，投保人的继承人要继承投保人的遗产，同时也要承受其债务，因此，投保人的继承人也要承继对保险公司的债务，亦即保险合同的义务，由此可以得出，投保人的继承人概括承受了保险合同的权利和义务，亦即发生了保险合同的法定转让，保险人不得拒绝。也就是说，因投保人死亡而发生保险合同当然转让的情形，不会损害保险人的利益，法律上应推定保险人同意保险合同的转让，从而符合保险合同转让的要件。在实务中，投保人死亡，其继承人行使合同解除权不以保险人在保险合同变更其继承人为投保人为要件。且在这种情况下，也不要求投保人的继承人对被保险人具有保险利益，因为我国《保险法》对人身保险合同的保险利益只要求在保险合同订立时存在，在人身保险合同效力存续期间，保险利益是否存在对保险合同的效力没有影响。

（四）保险合同解除权与撤销权

我国《保险法》确立了诚实信用的基本原则，要求投保人在订立保险合同时履行如实告知义务，若投保人违反如实告知义务，保险公司有权解除保险合同并不承担保险责任。我国《合同法》则规定，一方以欺诈、胁迫的手段或者乘人之危，使对方在违背真实意思的情况下订立的合同，受损害方有权请求人民法院或者仲裁机构变更或者撤销。由此在理论界和实务界对在投保人故意不如实告知的案件中能否适用《合同法》第54条中关于欺诈导致合同可撤销的规定产生了争议。争议的焦点在于如何认识《保险法》第16条与《合同法》第54条之间的关系，即究竟是两者之间存在法条竞合关系，还是保险合同解除权与合同撤销权之间存在竞合。所谓法条竞合，有广义和狭义两种说法。广义的法条竞合是指当两个法律规范的构成要件之间存在完全重合或者部分重合的关系；而狭义的法条竞合是特指其中一个法律规范可排除另一个法律规范的情形。如果一个法律规范排除另一个法律规范，则相对于被排除的法律规范而言，前者为特别法，后者为普通法。所谓权利竞合是指数个权利存在于同一个标的，而其行使可产生同一结果，或者是同一行为符合数个权利的构成要件，权利人可以选择行使一种权利。二者之间是有本质区别的。对于投保人故意违反如实告知义务到底是法条竞合还是权利竞合，各国或者各地区保险立法的规定不尽相同，也有排除说和选择说两种截然不同的观点和争论。德国《保险契约法》采取选择说。德国《保险契约法》第 21 条第 3 款规定：保险人根据本法第 19 条第 2 款至第 4 款规定所享有权利的行使期限为合同生效后 5 年内，如果保险事故在上述期限届满前发生，则上述规定不予适用（保险人需承担赔偿责任），如果投保人故意违反告知义务的，上述期限为 10 年。同时，该法第 22 条规定：保险人以投保人欺诈性不实陈述为由撤销保险合同的权利不受影响。可见，当投保人故意不如实告知构成欺诈时，保险人可以主张适用《民法典》第 123 条的规定撤销该保险合同。我国台湾地区"保险法"第 64 条和我国《保险法》第 16 条并未作出如《德国契约法》类似的规定，因而学界和实务界存在的争议更大。台湾地区"最高法院"在 1997 年度第九次民事庭会议中针对这一争议进行了决议，并采纳了"排除说"，即按"保险法"第 64 条之规定，乃保险契约中关于保险人因被欺诈而为意思表示之特别规定，应排除"民法"第 92 条的适用。理由是若允许保险人行使该撤销权，将使得"保险法"对契约解除权行使之限制成为一纸具文。而选择说认为"保险法"第 64 条与"民法"第 92 条的规定，在法律规范的目的和构成要件上均不同，不是法条竞合和特别法与一般法的关系，而应该认定为这两种权利是同时存在的关系，保险人可以选择任何一个使用。在我国大陆地区的理论界和实务界，许多学者也持选择说的观点，在司法实践中也出现了以选择说为主张的判例。笔者认为，德国《保险契约法》采用选择说是基于法律明确的规定。而在我国大陆地区和台湾地区，保险立法并没有如德国保险契约法那样的明确规定。从欺诈和故意违反如实告知义务的构成要件及法律后果分析，尽管欺诈的恶意程度在多数情况下会比违反如实告知义务的程度更高或者更加严重，但不能说故意违反如实告知义务一定会比欺诈程度差。笔者认为，在故意违反如实告知义务影响到保险公司是否同意承保的情况下，才产生撤销权和解除权的竞合问题，但该种竞合应是狭义的法条竞合而不是权利竞合，应排除《民法》和《合同法》因欺诈所产生的撤销权的适用问题。也就是说，在投保人故意违反如实告知义务影响到保险公司是否同意承保亦即合同订立的情况下，其本身就包含了欺诈的内容，具有排他性而不是选择适用。至于在投保人故意违反如实告知义务仅影响到保险公司是否提高保险费率，或者投保人因重大过失违反如实告知义务的情况下，不管是影响到保险公司是否同意承保还是提高保险费率，均不会产生撤销权和解除权的竞合问题，因二者的构成要件不同。从这个角度来说，台湾地区学者以构成要件不同主张采用选择说的理由不够充分。至于有学者以保险合同是射幸合同为由提出适用撤销权会导致在两年不可抗辩期间过后，保险公司无法得到有效的救济，不利于遏制保险欺诈行为，确实有一定的道理。但笔者认为，此种主张不足以成为适用撤销权的理由，其根源是由两年不可抗辩期间不合理造成的,在立法上可以考虑借鉴其他国家保险立法的经验,适当延长不可抗辩期间。

(五) 保险合同解除权与拒绝承担保险责任的关系

根据我国《保险法》第16条的规定,订立保险合同,保险人就保险标的或者被保险人的有关情况提出询问的,投保人应当如实告知。投保人故意或者因重大过失未履行如实告知义务,足以影响保险人决定是否同意承保或者提高保险费率的,保险人有权解除合同。投保人故意不履行如实告知义务的,保险人对于合同解除前发生的保险事故,不承担赔偿或者给付保险金的责任,且并不退还保险费。投保人因重大过失未履行如实告知义务,对保险事故的发生有严重影响的,保险人对于合同解除前发生的保险事故,不承担赔偿或者给付保险金的责任,但应当退还保险费。从上述规定可以看出,在投保人不履行如实告知义务的情况下,保险人可以拒绝承担保险责任。但保险人拒绝承担保险责任是否必须以解除保险合同为前提,亦即保险人行使保险合同解除权是否为拒绝承担保险责任的前置条件,存在不同的观点。通行的观点认为,从《保险法》的相关规定分析,保险人行使保险合同解除权是拒绝承担保险责任的前置条件,即保险人要拒绝承担保险责任,必须先解除保险合同。此种观点在2013年6月8日起施行的《最高人民法院关于适用〈中华人民共和国保险法〉若干问题的解释(二)》第8条得到体现:"保险人未行使合同解除权,直接以存在保险法第十六条第四款、第五款规定的情形为由拒绝赔偿的,人民法院不予支持。但当事人就拒绝赔偿事宜及保险合同存续另行达成一致的情况除外。"该司法解释同时规定了一个例外,即当事人就拒绝赔偿事宜及保险合同存续另行达成一致的情况可以不解除保险合同。但笔者认为,我国《保险法》并未明确规定保险人解除保险合同是拒绝承担保险责任的前置条件,保险人应可以仅主张拒绝承担保险责任而不解除保险合同。这样处理是否有利于保护投保人、被保险人的利益,应交给投保人来决定。因为我国《保险法》确立了投保人任意解除保险合同的基本原则,除非法律或者保险合同另有约定的除外。在保险人拒绝承担保险责任而不解除保险合同的情况下,把保险合同是否会因解除而终止交由投保人来决定,对投保人是最有利的。当然,在保险人知悉投保人违反如实告知义务,拒绝承担保险责任且不解除保险合同的情况下,保险人不得再以同样的理由在以后发生保险事故时拒绝承担保险责任,因为保险人的知悉行为和不解除保险合同构成了法律上的弃权。

(六) 法院强制执行人身保险合同的现金价值所涉保险合同解除问题

在经济生活中,经常会发生投保人无力偿还债务的情况。但若投保人投保有人身保险合同且具有数额较大的现金价值,债权人可以通过法院执行该人身保险合同的现金价值来实现自己的债权,即人身保险合同的保险费或者现金价

第二编 保险合同制度的完善与发展

值可以成为强制执行的标的。因为根据《民事诉讼法》的基本原理，法院强制执行的标的是被执行人的财产或者行为。而人身保险合同具有有价证券的属性，可以转让和质押。从这个角度讲，人身保险合同可以构成《民事诉讼法》意义上的"财产"。但按照《物权法》的原理，投保人将保险费交付给保险人时，保险费的所有权即转移给了保险公司，即保险公司取得保险费的所有权，投保人对保险费不再享有所有权。投保人交纳保险费后形成解除保险合同后投保人可以获得保险单的现金价值，对投保人来说，不是所有权而是债权。因此，法院不能直接强制划转投保人交纳的保险费或者保险单的现金价值，但可以对投保人交纳的保险费或者保险单的现金价值予以冻结和强制执行。根据《最高人民法院关于人民法院执行工作若干问题的规定（试行）》第61条的规定，到期债权可以成为强制执行的标的。根据我国《合同法》的原理和有关规定，债权人享有代位权，即因债务人怠于行使其到期债权，对债权人造成损害的，债权人可以向人民法院请求以自己的名义代位行使债务人的债权。债务人不履行法院的判决，可以视为债务人怠于行使其到期债权，债权人即可行使债权人代位权。在执行过程中，则可以把到期债权直接作为执行标的。投保人和保险人订立保险合同并交纳保险费后会产生保险单的现金价值也是一种合同债权，且这种合同债权具有自身的特点：一方面，这种合同债权在投保人不解除合同的情况下是无期限的、不可实现的债权，最后转化为被保险人或者受益人在保险事故发生时保险人给付的保险金；另一方面，保险单现金价值的请求权是随时可以确定和实现的到期债权。因为我国《保险法》以投保人自由解除合同为原则。除非《保险法》另有规定和保险合同另有约定的除外，投保人可以随时解除保险合同获得保险单的现金价值。我国《保险法》第47条规定："投保人解除合同的，保险人应当自收到解除合同通知之日起三十日内，按照合同约定退还保单的现金价值。"也就是说，投保人对保险人享有的保单现金价值请求权在投保人提出解除合同时可以确定，可以视同为到期债权。因此，人民法院有权对合同解除后投保人享有的现金价值返还请求权予以执行。由于人身保险合同的现金价值请求权必须在投保人提出解除合同时确定，人民法院若要执行人身保险合同的现金价值，必须基于人身保险合同的解除。人身保险合同解除权的行使一般必须由投保人来行使。因此，保险合同的解除是人民法院执行保险单现金价值的前提和基础。鉴于执行标的可以是财产，也可以是行为，法院欲执行保险单的现金价值，可以强制投保人作出解除合同的行为。若投保人不愿意解除，法院可以自行办理或者委托他人来完成解除合同的有关手续，用解除合同获得的现金价值来实现债权人的债权。关于法院可以采取强制被保险人为一定行为的执行措施，从《最高人民法院关于人民法院执行工作若干问题的规定（试行）》第52条的规定可以得到印证："对被执行人在其他股份有限公司中持有的股份凭证（股票），人民法院可以扣押，并强制被执行人按照公司法的有关规定转让，也可以直接采取拍卖、变卖的方式进行处分，或直接将股票抵偿给债权人，用于清偿被执行人的债务。"在这一点上，与人民法院划拨被执行人在银行、信用合作社和其他有储蓄业务的单位的存款符合相同的执行原理。因为虽然传统理论认为存款不转移所有权，但笔者认为，存款合同不是保管合同，按照《物权法》原理，存款转移存款的所有权，而不仅仅是让渡使用权，存款人存款后享有的是债权。此种存款债权具有保险合同现金价值请求权相同的属性，即存款人可以随时支取存款，可以视同为到期债权。从这个意义上说，人民法院划拨被执行人在银行、信用合作社和其他有储蓄业务的单位的存款，本身也应该包含了一个解除存款合同的行为，否则，其划拨的存款就是储蓄单位的财产，存款人的债权请求权并未消灭，仍然可以向银行等储蓄单位要求支取存款。当然，保险合同与存款还是不尽相同的。因为要订立一个保险合同，被保险人必须符合一定的条件。因此，法院强制解除保险合同会影响到投保人和被保险人的切身利益。为此，在法院强制解除保险合同前，先通知投保人应该作为必经的程序。

四、建立和完善被保险人利益保护机制的具体建议

我国《保险法》以投保人和保险人为保险合同当事人建立的基本架构和相关法律制度，基本上是完善的。但正如许多学者所指出的，我国《保险法》以投保人为中心主所建立的保险合同解除法律制度，还存在忽视被保险人利益的问题，需要进行完善。笔者认为，要在坚持投保人是保险合同的当事人这一前提下，对投保人的保险合同解除权进行限制，建立和完善被保险人利益保护机制，达到投保人和被保险人利益的均衡。

（一）应规定投保人的通知义务

我国《保险法》确立了投保人任意解除保险合同的法律制度，即使是以死亡为给付保险金条件的人身保险合同在订立时也要经被保险人同意并认可保险金额，在解除时也未规定要经被保险人同意。也就是说，在任何情况下，除非法律另有规定或者保险合同另有约定的除外，投保人合同解除权的行使不以被保险人同意为要件。该种制度设计在某种程度上忽视了被保险人的利益，甚至有可能对被保险人的利益造成损害。为此，有的国家的保险立法规定，在为他人的保险中，若该保险合同人未经该他人的同意，则不得终止该合同。我国有的学者主张，对有些保险合同，保险合同的解除要以被保险人的同意为要件。笔者认为，基于我国《保险法》是以投保人和保险人为保险合同当事人和合同相对人的原理，保险合同的解除不宜以被保险人同意为要件。但我国《保险法》连起码的被保险人应知悉保险合同是否解除的权利都未作出规定，是存在

制度缺陷的，会对被保险人的利益造成某种程度的损害，需要完善保护被保险人的制度和机制。为此，笔者建议我国《保险法》应规定保险合同解除前通知被保险人的义务。该义务产生的理论根据应为诚实信用原则所产生的信赖利益。因为投保人基于保险利益订立了保险合同，被保险人会相信该保险合同的存在并为自己提供保障，若被保险人不知悉保险合同已经解除，被保险人无法根据自己的需要决定是否要订立一份新的保险合同，从而会造成信赖利益的损失。从保险合同订立时投保人要对被保险人具有保险利益这个角度来说，保险合同解除前通知被保险人的义务人应为投保人，当然保险人也负有提示投保人应通知被保险人的义务。若投保人和保险人未履行相应的义务造成被保险人信赖利益的损失，被保险人有权要求赔偿损失。

（二）应规定被保险人的异议权和参与权

我国《保险法》赋予的投保人保险合同的任意解除权，若不加以任何限制，在某些情况下，会对被保险人的利益造成损害。为此，笔者建议我国《保险法》应规定被保险人的异议权和参与权。即在被保险人主张解约投保人不同意解约的情况下，应参照国外保险立法的规定，创设被保险人的契约解除请求权。该契约解除请求权在性质上不同于解约权，不能直接导致保险合同终止，仅赋予被保险人请求投保人解除保险合同的权利。若投保人拒绝行使解约权，被保险人虽然无权直接向保险人提出解除保险合同，但被保险人可以投保人为被告提起"以裁判代替债务人的意思表示之诉"获得确定的判决，以此来代替投保人行使解除保险合同的意思表示。在投保人主张解约、被保险人不同意解约的情形下，我国《保险法》应规定被保险人的参与权，即在投保人主张解除保险合同前通知被保险人的情况下，若被保险人无异议，投保人方可退保；若被保险人持有异议且同意向投保人支付相当于退保所得金额的对价，投保人的合同解除权应受到限制，应发生保险合同的转让。该保险合同受让的主体可以是被保险人或者被保险人指定的其他人，且受让主体对该被保险人是否具有保险利益在所不问。因为人身保险合同的保险利益只要求在合同订立时存在。且该转让从实质上来说是权利的转让，不会影响到保险人的利益，只需通知保险人即可，不以保险人同意为转让的要件。若被保险人持有异议但在一定时间内不向投保人支付相当于退保所得金额的对价，投保人可以行使合同解除权。

（三）应规定被保险人撤销同意保险合同终止

在人身保险合同中，被保险人享有是否同意其他人为其投保的权利。如果投保人与被保险人无一定的亲属关系，则必须获得被保险人的同意，才能取得保险利益。否则，所订立的人身保险合同无效。而且，即使投保人对被保险人具有保险利益，如果投保以死亡为给付保险金条件的合同，还必须经由被保险人同意并认可保险金额；否则，所订立的合同仍然无效。按照以死亡为给付保险金条件的合同所签发的保险单,未经被保险人书面同意,不得转让或者质押。对于被保险人同意投保人为其订立以死亡为给付保险金条件的合同后,是否可以撤销其所作的同意,我国《保险法》并未作出规定。我国台湾地区"保险法"则规定:"由第三人订立之死亡保险契约,未经被保险人书面同意,并约定保险金额,其契约无效。被保险人依前项所为之同意,得随时撤销之。其撤销之方式应以书面通知保险人及要保人。被保险人依前项规定行使其撤销权者,视为要保人终止保险契约。"❶ 笔者认为,从防范道德风险的角度考虑,应赋予被保险人撤销其同意的权利。被保险人撤销其先前所作的同意的,产生保险合同自然终止的法律后果。

---

❶ 我国台湾地区"保险法"第105条。

保险受益人制度的适用问题研究

——兼谈我国《保险法》关于受益人规则的修改完善

贾林青[*]

众所周知,受益人是商业保险活动的参与者之一,并因其介入保险关系而直接影响到保险合同的保障作用的适用效果和适用方向。因此,保险立法设计受益人制度的科学水平就关乎保险制度应有的社会功能能否得以发挥。鉴于此,笔者分析我国《保险法》针对受益人所适用的法律规则,深感其存在诸多法律疏漏而需要予以修改,达到完善受益人制度以适应中国保险市场的发展需要,并为《保险法》的再一次修订提供参考意见。

一、保险受益人的产生途径

受益人特指出现于商业保险领域的一种特定的主体身份,用以满足社会公众在购买各类商业保险过程中的实际需要,是商业保险活动为适应复杂多样社会生活而做出的制度设计。我国《保险法》第18条第3款便将受益人表述为:"人身保险合同中由被保险人或者投保人指定的享有保险金请求权的人。"出于与民商事法律其他制度领域的受益人相区别,本文称其为"保险受益人"。

相比较而言,保险受益人作为商业保险活动的参与者,其身份显然不同于被保险人,并非保险合同的保障对象,但却得以要求保险人向其履行保险责任,接受保险赔付。这意味着保险受益人参与商业保险活动时,与被保险人之间存在一定的利益冲突,即彼此之间选择其一独享或者共同分享同一项保险请求权,相互在获取保险赔付金额上形成彼消此长、抑或你有我无的利益对立关系。

不过,更必须看到被保险人与保险受益人在商业保险关系中的地位存在着明显的区别。根据《保险法》第12条第5款的规定,被保险人作为商业保险合同中不可缺少的保障对象,其应当因法律认可的血缘关系、亲属关系或者特定的社会关系(如劳动雇佣关系)而自始存在于所有的商业保险合同关系中,

---

[*] 中国人民大学法学院,中国保险法学研究会副会长。

既享有权利,也承担着相应的义务,故可以称其为商业保险合同的固有主体。与此不同,保险受益人在商业保险关系中处于单纯受益——获取保险赔付,又无需承担对价义务的境地。保险受益人的这一角色地位,决定其并非各类保险商品交换之法律表现形式的商业保险合同中必备的参与者,而只能是基于被保险人的意愿才能使其进入具体的保险活动,故而笔者称其为传来主体。

保险受益人能否出现在商业保险合同中取决于被保险人的意愿,正如上文所引用《保险法》第18条第3款的规定中明确了受益人的产生途径就是经过依法"指定"。因此,只要经过指定权人在保险合同签订之时或者签订以后明确表达指定某人为受益人的意思,不需要征得被指定人的同意即可生效,保险受益人由此得以特定化而成为保险合同的当事人。学术界和实务界对此均不存在争议,然而,具体到谁有权来指定受益人的问题上却存在着不同的保险立法例和学术观点。其中,虽然很多保险立法例均规定保险受益人可以由被保险人或者投保人指定❶,而《德国保险合同法》❷第159条第1款则确认投保人拥有指定受益人的权利❸;日本2008年6月6日颁布的《保险法》第43条亦体现了该内容。学术界亦存在着双重指定权说、单一指定权说和指定权折中说等观点。所谓双重指定权说,认为受益人的产生方式包括被保险人直接指定和由投保人指定并经被保险人同意两种❹。所谓单一指定权说,就是认为保险受益人只能由保险合同的一类主体有权指定。具体而言,有的提出受益人的指定权归于被保险人❺,也有的认为该指定权归于投保人❻(或保单持有人)。而指定权折中说则提出保险受益人应由被保险人指定,而要保人的指定受益人的权利则是来自于被保险人同意为其投保签约的隐藏性授权❼。

笔者的看法是保险受益人的指定权唯有被保险人才能享有,这决定于保险合同的适用目标、法理基础和保险实务。

---

❶ 例如,《中华人民共和国保险法》第18条第3款规定,保险受益人是"由被保险人或者投保人指定的享有保险金请求权的人"。台湾地区"保险法"第5条规定"本法所称受益人,指被保险人或要保人约定享有赔偿请求权之人"。

❷ 该法颁布于1908年5月30日,并于1910年实施,此后,经历了多次修改,其现行版本则是经过大刀阔斧般修改而于2008年1月1日生效施行的。

❸ 孙宏涛:《德国保险合同法》,中国法制出版社2012年版,第95页。

❹ 参见庄咏文主编:《保险法教程》,法律出版社1994年版,第89页;韩长印、韩永强编著:《保险法新论》,中国政法大学出版社2010年版,第82页;苗延波:"中国保险合同中几个主要问题研究",载贾林青、许涛主编:《海商法保险法评论(第二卷)》,知识产权出版社2007年版。

❺ 参见覃有土主编:《保险法概论》,北京大学出版社2001年版,第336页;徐卫东主编:《保险法》,北京大学出版社2010年版,第65页;叶启洲:《保险法实例研习》,元照出版公司2013年版,第93页。

❻ 参见汪信君、廖世昌:《保险法理论与实务》,元照出版公司2006年版,第25页;[美]小罗伯特·H.杰瑞、道格拉斯·R.里士满:《美国保险法精解》,李之彦译,北京大学出版社2009年版,第158页。

❼ 参见江朝国:《保险法逐条释义(第一卷)》,元照出版公司2012年版,第208页。

首先，赋予被保险人以指定保险受益人的权利有利于确保商业保险合同适用目标的实现。由于被保险人在商业保险合同中处于被保障对象的地位，保险事故造成的保险标的的损害后果是由其直接承受的，从而，被保险人有权接受保险人依照商业保险合同约定所需支付的保险赔付内容，以便及时恢复其生产和生活，维持正常的社会秩序，由此体现出商业保险合同的适用目标在于保障被保险人对保险标的具有的保险利益。被保险人能够依照其权利，通过分析各种因素的影响和实际需要，将商业保险合同的上述保障结果保留给自己，也可以按照其意愿将该保障结果转移给第三人，维持商业保险合同的保障效果与被保险人意愿之间的一致性，最大限度地发挥商业保险合同的适用价值。

其次，被保险人享有并行使保险受益人指定权是有充分的法理基础予以支持的。从《民商法》角度讲，商业保险合同属于民商事合同的具体类型，属于因商业保险合同对于保险商品交换活动加以固定而生成的债权债务关系。被保险人作为商业保险活动的参与者之一，是保险金请求权当然的享有者，并与投保人向保险人缴纳的保险费形成对价条件。基于此，被保险人在商业保险合同中指定受益人，无异于是对其享有的保险金请求权做出的处置——自愿将本应由其行使的保险金请求权转移给其所指定的受益人，也就是说被保险人指定受益人应当属于债权人的变更，构成债权转移行为，自然需要得到法律的确认和保护。与此相适应的，因被保险人的指定而接受向其转移该项保险金请求权的保险受益人，得以新的债权人身份取得和行使保险金请求权。可见被保险人行使保险受益人指定权是名正言顺的，可谓有据可凭、有理可依。

最后，认定被保险人拥有受益人指定权有助于平衡投保人与被保险人相互间的利益冲突。就保险实务而言，如果商业保险合同的投保人与被保险人两种主体身份不同时，两者在以追求保险保障为同一目标的前提下，彼此之间仍然存在着利益上的冲突。保险受益人的指定环节就是此类利益冲突的焦点之一，投保人与被保险人都会出于各种因素而希望按照自己的想法来指定保险受益人，以求对自己更为有利。因此，将保险受益人指定权赋予被保险人，可以抵销因投保人直接签约导致的优势地位，约束其公平地处理彼此的利益关系，避免投保人过分考虑自身利益而有损被保险人的利益需要，有利于降低在投保人与被保险人之间因指定保险受益人所引发的纠纷。至于被保险人并非直接签约者，让其在签约过程中行使保险受益人指定权是否会降低签约效率？笔者不以为然。理由是既然指定保险受益人是签订保险合同的组成部分，则权利人出于真实意愿确定保险受益人当然优于单纯地追求签约效率。

综上所述，笔者的结论是：保险受益人应当由被保险人唯一的权利人予以指定。因此，我国《保险法》第18条第3款关于受益人"由被保险人或者投保人指定的"规定就存在明显的立法疏漏，建议修改为"由被保险人指定"。

同时该法的第 39 条第 1 款也应当作出相应的修改，并取消第 2 款的第一句话。

二、保险受益人的保险请求权的法律性质

1. 确认保险受益人的法律地位是研究其权利的前提

之所以讨论保险受益人在商业保险合同关系中的法律地位，缘于笔者对当前流行的说法——认为保险受益人是关系人——存在质疑。概括众多有关《保险法》的著述，谈到保险受益人的地位，基本的态度均持关系人的观点。何谓关系人是指"保险合同的保险人和投保人之外，对于保险合同利益有独立请求权的人，包括被保险人与受益人"❶。他们"依据合同约定虽享有一些权利或承担一些义务，但其与保险合同当事人存在差别"❷。

但是笔者认为，应当确认保险受益人是非保险人一方中具有独立法律地位的当事人之一，不赞成将受益人称作商业保险合同的关系人。这关系到构建保险关系的科学水平。

原因之一，虽然长期以来的传统保险法理论视保险受益人和被保险人为关系人，并将他们与投保人、保险人等当事人相区别。不过，保险关系的当事人与关系人的差别除了表现在前者参加保险合同的签订、而后者则不参加签约以外，并没有本质上的不同。因此，没有必要将保险关系的主体类型过分复杂化，人为地硬性划分为当事人与关系人。

原因之二，保险受益人、被保险人与投保人、保险人参与到保险关系中，各有各的角色地位和职能作用，完全是适应社会生活多样化的需要，均是构成保险关系难以或缺的组成部分。仅以保险受益人为例，被保险人出于具体保险类型的保障特点或者因其实际愿望的影响来指定他人为保险受益人（或称保险金受领人❸）。自被保险人依法指定时起，保险受益人就成为保险关系当然的参与者，其按照被保险人指定之时所表达的意思而独立享有或者与被保险人共同享有并依法向保险人行使的保险请求权，并且保险受益人与被保险人一样均应当接受保险立法的规范调整，亦承担相应的义务，这与投保人和保险人并无本质上的区别。应当强调的是，保险受益人的保险请求权在保险关系中是至关重要的核心权利，该项权利的享有和行使直接体现着商业保险合同的保障效果，保险受益人在保险关系中的独立地位和重要作用由此可见一斑。所以，视保险受益人为关系人，会让人误以为保险受益人只是与保险活动有一定的关系，进而忽略其在保险关系中的独立地位和重要作用。因此，确认保险受益人（与被保险人）在保险关系中的当事人地位，能够表现其与投保人、保险人相

---

❶ 徐卫东主编：《保险法》，北京大学出版社 2010 年版，第 58 页。
❷ 韩长印、韩永强编著：《保险法新论》，中国政法大学出版社 2010 年版，第 79 页。
❸ 详见日本 2008 年《保险法》。

之间的平等关系。

2. 保险受益人享有保险请求权

如上所述，认定保险受益人为当事人的主要因素在于其享有保险关系中的核心性权利——保险请求权。与此相适应，需要按照其应有的法律性质来制定法律规则以规范保险受益人取得和行使该项权利。

这需要考察保险受益人的保险请求权的法律性质。正确理解保险受益人的保险请求权的法律性质是科学地建立和运用法律规则的首要条件。因为，理论界关于该项权利的法律性质存在着不同的观点，具体涉及：

第一，保险受益人的保险请求权是其固有（原始）权利，还是传来（继受）权利？

很多人对此持固有权利的观点，"一般认为系基于其受益人身份所享有的固有权利，并非自要保人（投保人）或被保险人处继受而来，故其受益权取得的性质系原始取得，非继受取得"❶，或者说，"受益人的受益权是固有权，并非继受而来"❷。笔者的看法则截然相反，认为保险受益人享有的保险请求权是来自于被保险人的传来权利。客观来讲，尽管保险受益人只能基于被保险人的指定行为才能产生，此一主体身份始自被保险人实施指定行为完成之时。然而，保险受益人并没有由于他作为独立法律主体的介入而从保险关系中取得一项新增加的保险请求权。因为，按照等价交换规则，与投保人缴纳保险费的义务相对应，同一商业保险合同项下只能产生一项保险请求权。该项权利或者自商业保险合同签订时起归属于被保险人，或者基于被保险人的指定而转移给保险受益人，也就是说，保险受益人根据被保险人行使指定权过程中表达的转移保险请求权的意思而作为受让者继受了同一商业保险合同项下的同一个核心债权。

由此，保险受益人的保险请求权"受制于一个重要的前提：如果被保险人的行为使得保险保障归于无效，则被保险人的行为便会剥夺受益人的所有权利。这其实来源于合同法的基本规则：受益人的权利即便成为了既得权利，也仍然必须受制于诺言人（即保险人）所享有的、针对受诺人（即被保险人）的抗辩权"❸。不仅如此，从该项权利能否依法丧失的角度看，也印证了保险受益人享有的保险请求权属于传来权利，而非其固有权利。出于防止保险受益人对被保险人实施道德危险行为的考量，《德国保险契约法》第170条、《意大利

---

❶ 叶启洲：《保险法实例研习》，元照出版公司2013年版，第94页。
❷ 韩长印、韩永强编著：《保险法新论》，中国政法大学出版社2010年版，第82页。
❸ [美] 小罗伯特·H. 杰瑞、道格拉斯·R. 里士满：《美国保险法精解》李之彦译，北京大学出版社2009年版，第158页。

民法典》第 1922 条、《日本商法典》第 680 条等❶各国保险立法多有关于保险受益人丧失受益权的规定。我国《保险法》第 43 条第 2 款亦明文规定："受益人故意造成被保险人死亡、伤残、疾病的，或者故意杀害被保险人未遂的，该受益人丧失受益权"。不仅如此，被保险人指定保险受益人后，如果发现该受益人有不轨行为（如企图谋害被保险人）时，有权撤销该保险受益人的受益权❷。相较之下，被保险人基于保险合同保障对象的地位，其固有的保险请求权则不存在因法定予以剥夺而导致丧失的情况。据此，保险受益人享有的保险请求权属于传来权利，故而，需要确立的法律规则是，我国《保险法》涉及保险受益人的法律规定，应当建立如下的规则："保险受益人只能在被保险人原本享有的保险请求权范围内取得相应的权利，并且，不能大于，也不能优于被保险人原有的权利范围和权利效力。"

第二，保险受益人的保险请求权是债权，不同于继承权。

鉴于保险受益人的保险请求权的适用经常是出现在被保险人死亡的情况下，遭遇被保险人的遗产继承是不可避免的，引发了保险受益人的保险请求权是否属于继承权、有关保险金能否作为被保险人的遗产进行遗产分割等实务问题。

显而易见，保险受益人享有的保险请求权不是法定的，而是由投保人与保险人在保险合同中所约定的一项权利。该权利是与投保人缴纳的保险费形成对价关系的、归属于被保险人的债权，其权利内容就是请求相对人（保险人）给付保险金。而保险受益人因被保险人的指定所取得的保险请求权，只是自被保险人之处受让而来的权利，并未改变其债权的性质。可见，该项保险请求权当然不同于依据《继承法》而行使的、以要求分割遗产为内容的继承权。

因此，必须在保险实务中将保险受益人行使的保险请求权与相关的继承权行使明确地予以区分。具体的法律界限是：保险受益人依据保险请求权所应获得的保险金，是保险人作为债务人向债权人——保险受益人履行的债务内容，属于保险受益人接受履行之后的个人财产，不得纳入被保险人的财产范围，也就不能作为被保险人的遗产而进入以其作为被继承人的继承程序。如果投保人自己既是被保险人，又是保险受益人的，则其作为被保险人死亡之后所遗留的保险请求权（债权）应当列入遗产范围❸，至于保险人向其支付的保险金却是其行使该权利所获得的对价履行内容。因此，作为法律规则的完善，《保险法》

---

❶ 傅廷中：《保险法论》，清华大学出版社 2011 年版，第 119 页。

❷ 李玉泉：《保险法》，法律出版社 1997 年版，第 207 页。

❸ 笔者认为，被保险人死亡时在保险合同项下所遗留给继承人的应当是作为债权的保险请求权，因其在死亡之时不可能行使该权利，却具备了该债权得以行使的前提条件（被保险人死亡的保险事故发生），继承人依据《继承法》分得该权利，并向保险人行使提供了可能性。此时，继承人基于《继承法》通过继承程序被确认为新的债权人而从保险人那里取得的保险金并非被保险人的遗产。

第42条第1款应当修改为"被保险人死亡后，有下列情形之一的，被保险人遗留的保险请求权作为遗产由其继承人依据《继承法》取得，并依法行使的，保险人应当按照保险合同的约定向其履行保险责任"。

第三，保险受益人的保险请求权是期待权，还是既得权？

在认定保险受益人的保险请求权性质时所涉及的此问题，存在着两种不同的学说。一种是期待权利说，认为商业保险领域的"受益人享有的受益权是一种期待权，在保险事故发生时，受益人才能取得受益权，且受益人在发生保险事故时必须生存"❶。因为，"要保人指定受益人后，如未抛弃其处分权（含变更及撤销原指定）者，受益人的受益权性质上仅属一期待利益，并非确定权利，投保人得随时变更或撤销其指定，使其受益权消灭"❷，而且，该受益权"只有在保险事故发生后才能具体实现，转变为现实的财产权"❸。另一种是受益人地位说，认为保险受益人因被指定而获得的是"于保险事故发生前之地位，只是一种期待而已，非属受法律保护之权利"❹。笔者则提出了第三种意见，称为既得权说，即保险受益人自其经指定而进入保险关系之时起就已然取得了具备全部权利构成要件而实实在在的保险请求权，而不仅仅是获得一种资格地位，也不应是期待权。

具体理由如下：根据被保险人的指定，被指定人获得保险受益人的资格地位只是为其参与商业保险活动奠定了前提条件，而其实质内容则必须借助保险受益人享有权利和承担义务来体现，享有保险请求权便具有典型意义。不仅如此，该项权利应属于既得权。这意味着保险受益人自被指定时开始便取得了因具备全部要件而完整存在的保险请求权，其"权利成立的要件已经完全实现，即为既得权"❺，并非保险受益人可期待的未来权利。"保险赔付请求权作为保险合同的核心，是与保险人的保险责任相对应的债权。它既是保险合同有效成立的必备内容，也是保险人的保险责任得以存在的对价条件"❻，故不可能是以一种等待取得的状态而存在于保险合同项下的。如果说，保险受益人有期待的话，就是行使该项权利所需的条件——保险事故的发生。因此，我国《保险法》应当完善涉及保险受益人的法律规则，规定："《保险法》保护保险受益人自被指定时起取得的保险请求权。"

第四，保险受益人的保险请求权是否属于附条件权利？

提出此问题的理论基础当然是大陆法系民商法的附条件法律行为，据此，

---

❶ 徐崇苗、李利：《中国保险法原理与适用》，法律出版社2006年版，第195页。
❷ 叶启洲：《保险法实例研习》，元照出版公司2013年版，第96页。
❸ 李玉泉：《保险法》，法律出版社1997年版，第206页。
❹ 江朝国：《保险法逐条释义（第一卷）》，元照出版公司2012年版，第232页。
❺ 郑云瑞：《民法总论（第五版）》，北京大学出版社2013年版，第123页。
❻ 贾林青："论保险赔付请求权的法律性质和行使条件"，载国家法官学院学报《法律适用》2002年第12期。

有学者认为:"受益人于被保险人死亡前之地位,并不必解释为仅是事实上希望或期待而非权利,应解释为受益人以被保险人之死亡为条件,于指定之同时即时取得附条件之权利(一种财产权)。即被保险人之死亡并无发生创设受益人权利之效力,仅有确认受益人权利并具体化之效力而已"❶。笔者对此持否定看法,保险受益人的保险请求权属于一般的债权,并非附条件权利。理由在于保险受益人自被保险人指定之时起就已经取得的保险请求权作为既存的权利,其法律效力一并产生,该效力并没有特别的限制,第三人实施妨碍保险受益人行使该权利的行为均构成侵害而为法律所禁止。这显然是民商法的附条件法律行为理论无法涵盖的。因为附条件法律行为的所附条件的限制力仅仅作用于相关法律行为的效力上,或者延缓法律行为效力的产生,或者提前解除法律行为已有的效力。相比而言,在被保险人指定保险受益人时未表现以特定的条件来限制被指定者享有的保险请求权意思的情况下,保险受益人取得的保险请求权的效力依法自被指定之时开始就不应当受到限制。至于保险事故的发生对于保险受益权的影响,只在于保险受益人能否向保险人行使该保险请求权,而不涉及该权利的效力。因此,我国《保险法》完善涉及保险受益人的法律规则时,应当增加规定:"被保险人在指定保险受益人时可以约定所附条件来限制其享有的保险请求权的效力。"

三、保险受益人的适用范围,能否适用于财产保险领域

在传统的保险活动中,保险受益人是适用于人寿保险的一种特殊的制度设计几乎是一种定式思维,但是,随着保险业务的发展和保险法理论研究的日益深入,就保险受益人的适用范围所引发的争议也逐渐增多。

应当承认,从"投保人和被保险人订立合同的目的、道德取向和价值判断"❷,当前保险理论和实务界的主流观点仍然将保险受益人制度看作是人身保险特有的法律设计,不适用于财产保险❸。尤其是我国台湾地区学者多对此所依据的研究指出,盖系因人身保险(尤其是死亡保险)中常以被保险人的死亡为保险事故,事故发生后,被保险人已无法领取保险金,故有在被保险人之外,另外指定受益人的必要。但财产保险并无此一问题,若使用受益人概念,可能产生实际受领保险给付之人并非受损害之人的结果,与《保险法》上的损失填补原则不合❹。"而享受利益者为受益人,有可能产生赌博行为或道德危

---

❶ 转引自江朝国:《保险法逐条释义(第一卷)》,元照出版公司2012年版,第230页。
❷ 郑云瑞:《保险法论》,北京大学出版社2009年版,第82页。
❸ 庄咏文主编:《保险法教程》第88页;徐崇苗、李利:《中国保险法原理与适用》,法律出版社2006年版,第203页;覃有土主编:《保险法教程(2002年修订本)》,法律出版社2002年版,第113页等。
❹ 江朝国:《保险法基础理论》,法律出版社1993年6月版,第175页。

险，与财产保险之本质不合"❶，"不论从保险法关于'受益人'下的定义而言，还是从财产保险的目的在于填补损害，都应该采取'受益人'一词只有在人身保险才有其适用的观点"❷。并对积极财产保险和责任保险、保证保险等消极财产保险等保险实务进行分析，认为其行使保险请求权之人实际上是被保险人，而不是受益人。

笔者则认为，应当将保险受益人制度的适用范围扩大到财产保险领域，用以适应保险实务的发展需要，并用如下的理由予以佐证：

第一，保险受益人的独立地位确定了其在财产保险中具有的独特作用。相比之下，保险受益人与投保人、被保险人作为保险关系中与保险人相对应的非保险人一方，表现出保险关系的法律设计给予各自不同的职能分工和价值作用。其中保险受益人的职能作用当然有别于投保人和被保险人，也不同于责任保险中的受害人（第三人）。

首先，保险受益人不同于投保人。可见投保人作为与保险人签订保险合同的相对人，其作用当然是建立保险关系的实际行为人。同时投保人又承担着非保险人一方最基本的保险合同义务，即缴纳保险费，以此提供了获取保险人一方履行保险责任所需的对价条件。但是，投保人并不是保险请求权的权利人，也就是说，投保人在保险关系中仅仅是缴纳保险费的义务人，却不得以权利人的身份要求保险人向其支付保险金。可见投保人参与保险活动的关键作用就在于建立起保险关系。保险受益人的职能作用恰恰相反，其虽然不需要承担缴纳保险费的义务，却基于被保险人的指定行为而受让原来由被保险人享有的保险请求权，并在具备行使条件时向保险人要求向其支付保险金。这表明保险受益人的作用集中在因其行使保险请求权而促使保险关系的保障功能得以实现。

其次，保险受益人不同于被保险人。就保险受益人与被保险人来讲，两者之间的共同点虽然十分明显，即均是保险请求权的享有者，但彼此的差异也是突出的。具体表现在被保险人基于其所处的保险合同的保障对象的地位，保险请求权成为其固有的因保险合同所生的债权。这意味着被保险人是保险合同保障功能的直接承受者，当然，被保险人行使保险请求权是引发保险合同履行程序的普遍性条件。尤其应当强调的是，被保险人行使保险请求权所得的保险金是用于填补其因保险事故而遭受的经济损失的。即使是以储蓄性和返还性为特色的人寿保险合同，该保险金仍然是出于填补被保险人因年龄增长或者患病降低劳动能力而减少或者丧失的劳动收入等经济损失，不是单纯获取的收益。保险受益人则全然不同，其享有的保险请求权是由被保险人传来取得的，并非其

---

❶ 江朝国：《保险法逐条释义（第一卷）》，元照出版公司2012年版，第223页。
❷ 刘宗荣：《新保险法：保险契约法的理论与实务》，中国人民大学出版社2009年版。

固有的权利。因此，保险受益人自被保险人行使指定权之时起取得该项权利即为法律认可的既存权利，一旦行使条件具备，就得以要求保险人向其履行保险责任，获取保险金，而向其支付保险金的依据便是保险受益人因被保险人的指定所取得的保险请求权并依法行使该权利的行为，不是保险受益人因保险事故发生而遭受经济损失的事实。显而易见，保险受益人在保险关系不仅是促使保险合同保障功能得以实现的参与者，并且始终处于单纯的受益状态。正是在此意义上，保险受益人又被称为保险金受领人❶。

再次，保险受益人不同于责任保险中的受害人（第三人）。不言而喻，保险受益人与责任保险的受害人（第三人）在形式上有十分相似之处，均是以签约双方之外的第三方当事人的身份参与保险活动。特别是"随着保险制度之演进，责任保险同时渐具有社会利他思想之内涵"❷的情况下，很多国家的保险立法规定了受害第三人得以直接向保险人请求保险赔偿并无需经被保险人通知的权利，用以取代原有的保险人需经被保险人通知，才直接对受害第三人支付保险赔偿金的法律规则，表现出保险受益人与责任保险的受害人都享有对保险人的保险请求权。但是，两者实质上存在着明显差别，就责任保险受害人的保险请求权而言，该权利的基础是受害人基于侵害人实施的侵害行为（例如机动车肇事行为）而依法向侵害人请求民事赔偿的权利，并且，该项"对保险人的直接请求权仅以法律有明文规定或者合同有明文约定的情形为限"❸。原因在于，"责任保险具有第三方性，即第三人对被保险人的赔偿请求权，是责任保险制度得以存在和运行的基础"❹。而保险受益人的保险请求权的基础，则是被保险人转移其享有的保险请求权给保险受益人的行为，因为，"保险法里所说的'受益人'特指这样一类人：他们虽然不是合同第三人，但有权领取保险给付金"❺。此外，责任保险的受害人的保险请求权得以产生的根据是保险立法的规定。而保险受益人的保险请求权的依据却是被保险人指定受益人的意思表示。尤为重要的是，责任保险的受害人直接向保险人行使保险请求权的结果是补偿其因侵害人（被保险人）的侵害行为导致的损害，但保险受益人行使保险请求权的结果则是单纯的受益。

由此不难发现，保险受益人在保险关系中具有特殊的职能作用，这是其他参与者不可替代的，且完全能够适应复杂多样性的现代社会生活的需要，而不仅仅是为了避免出现人寿保险因被保险人死亡而形成申请领取保险金的空白状

---

❶ 江朝国：《保险法基础理论》（第五版），2009 年 4 月版瑞兴图书股份有限公司 第 175 页。
❷ 江朝国：《保险法基础理论》（第五版），2009 年 4 月版瑞兴图书股份有限公司 第 163 页。
❸ 邹海林：《责任保险论》，法律出版社 1999 年版，第 245 页。
❹ 韩长印、韩永强编著：《保险法新论》，中国政法大学出版社 2010 年版，第 293 页。
❺ [美] 小罗伯特·H. 杰瑞、道格拉斯·R. 里士满：《美国保险法精解》李之彦译，北京大学出版社 2009 年版，第 157 页。

态。因此，如果将保险受益人制度的适用范围扩大至财产保险领域的话，当然可以满足社会经济生活的诸多特殊需求，借助保险受益人的特殊价值提高各类财产保险具有的保障效果。我国的保险实务已经证明，保险受益人在财产保险领域的适用已是不争的事实。

第二，保险受益人基于被保险人的意愿获取的保险请求权，能够避免其参与财产保险过程中所引发的道德危险。否定保险受益人能适用人身保险观点的主要理由之一，便是指财产保险适用中存在被保险人与受益人为不同主体的情况，当保险事故发生时，遭受损害后果的为被保险人，而获取利益的却是保险受益人，有产生道德危险的可能。笔者认为，此一说法值得商榷，因为，人身保险还是财产保险的保险受益人均是由被保险人行使指定权而产生的，其享有保险请求权皆体现着被保险人基于社会生活的实际需要所表达的由被指定人享受利益的真实意思表示，是由其进行权利处置的，符合民商法遵循的平等、自愿原则。故而，只要保险立法强调被保险人指定保险受益人的独立性和真实性，就可以在很大程度上降低发生道德风险的概率。同时保险受益人的保险请求权来自于被保险人自觉转移而来的原有权利，并非另行产生一项新债权。与此相适应，被保险人遭受保险事故的损害，而由保险受益人获取保险金始终与保险商品交换所要求的等价交换原则相吻合，并符合财产保险贯彻的损失填补原则和保险利益原则，没有让保险受益人得到不当利益。因此，我国《保险法》有关适用于财产保险的保险利益原则突出强调"被保险人在保险事故发生时，对保险标的应当具有保险利益"（《保险法》第12条第2款）就具有一定的道理了。

鉴于此，笔者认为，保险受益人制度应当允许适用于财产保险领域。该制度适用于人身保险或者财产保险，其发生道德危险的可能性并没有明显的差别，只要保险立法设计相应的法律规则，都可以有效控制道德风险，减少甚至杜绝产生赌博或者道德危险。而《保险法》第18条第3款关于保险受益人的定义性规定就需要加以修改，建议删除该条文起始的"人身保险合同中"等文字。

四、保险受益人的变更（是否能够约定禁止变更）

既然保险受益人是由被保险人根据社会生活的需要而指定所生，也就可能因有关因素的改变而出现变化，引起保险受益人的变更。按照合同法理论，这属于保险合同主体的变更，它"是指以新的主体取代原合同关系的主体，即新的债权人、债务人代替原来的债权人、债务人，但合同的内容并没有发生变化"❶。基于此法律标准，笔者将被保险人重新指定保险受益人、撤销保险受

---

❶ 谢怀栻等：《合同法原理》，法律出版社2000年版，第201页。

益人的保险受益权和保险受益人转让保险受益权等情况均应列入保险受益人变更范畴内,这与目前多数学者所认为的保险受益人变更的外延不尽相同[1]。

关于保险受益人变更事宜,我国《保险法》虽然做出了相应规定,但是借鉴域外立法经验和理论研究成果,提高《保险法》有关保险受益人变更制度规则的科学性仍然意义重大。

1. 被保险人重新指定保险受益人

被保险人依其真实意愿指定保险受益人之后,得以根据实际情况的变化按照其新的意愿重新指定保险受益人。这种变更保险受益人的行为属于单方法律行为,不需要得到保险受益人的同意便取得变更保险受益人的效果。这种保险受益人变更的发生"能够在受益权实现前的任何时候"[2],完全是确保被保险人的转移保险请求权给保险受益人之真实意愿的要求,也是防范道德危险的具体举措之一。

概括各国保险立法和保险实务有关处理重新指定保险受益人事宜的方法,主要有两种:一是采取保留主义方法。即允许被保险人指定保险受益人时一并声明保留其处分权的,便有权重新指定保险受益人。否则,视其为放弃处分权。保险受益人一经指定,被保险人就无权变更,正如美国学者总结的,"保留变更受益人的权利显然是较好的做法"[3]。二是采取许可主义方法。被保险人在指定了保险受益人之后,除了声明放弃处分权以外,仍然有权重新指定保险受益人。德国、日本、意大利等多数国家的保险立法均对此持许可主义的态度。我国《保险法》亦如此,规定"被保险人或者投保人可以变更受益人并书面通知保险人"(《保险法》第41条)。

可见,我国《保险法》确认了指定权人得以依照其意愿重新指定保险受益人的权利,充分体现了被保险人作为保险合同当事人的独立地位和意思自治。至于重新指定保险受益人的方式则未有具体规定。参考其他国家或地区的保险立法,大多例举性地规定被保险人在指定保险受益人之后,仍得以用合同或者遗嘱处分其保险利益形式。比如日本现行《保险合同法》[4] 第44条、中国台湾地区"保险法"第111条第1款等均有如此规定。其中,所谓以合同处分其保险利益,应是指投保人或被保险人在指定保险受益人以后转让该保险合同给

---

[1] 庄咏文主编:《保险法教程》,法律出版社1994年版,第90页;任自力主编:《保险法学》,清华大学出版社2010年版,第173页;韩长印、韩永强编著:《保险法新论》,中国政法大学出版社2010年版,第82页;郑云瑞:《保险法论》,北京大学出版社2009年版,第146页;刘宗荣:《新保险法:保险契约法的理论与实务》,中国人民大学出版社2009年版,第303页等。

[2] 王卫国、马颖、王仰光编著:《保险法》,清华大学出版社、北京交通大学出版社2010年版,第57页。

[3] [美] 小罗伯特·H.杰瑞、道格拉斯·R.里士满:《美国保险法精解》李之彦译,北京大学出版社2009年版,第158页。

[4] 该《保险法》是日本借鉴了德国《保险合同法》的立法经验,于2008年5月30日颁布,2010年4月1日生效施行,成为自1890年的《商法》中分出的第一部独立的保险立法。

第三人的情况。"因保险合同而产生的一切权利义务应归受让人,因此而产生的受益人的变更"❶。所谓以遗嘱处分其保险利益,当是指投保人或被保险人指定受益人之后,仍然可以用遗嘱方式变更保险受益人。但是,被保险人是否能够在其所参与的保险合同项下,基于其独立意思而以单方行为来重新指定保险受益人?由于未予明文列出,答案就应该是否定的。

笔者认为,从保险实务角度讲,被保险人因情况变化引起其指定保险受益人之意愿而希望在同一保险合同项下来重新指定保险受益人的概率明显大于通过转让保险合同或制作遗嘱来变更保险受益人的情况。尤其需要强调的是,既然认可被保险人能够基于其真实意思来单方面指定保险受益人的权利,使得被指定的保险受益人取得了原本由其在保险合同项下享有的保险请求权转移。相应地,也就应当承认被保险人可以因其改变意愿而单方面重新予以指定,将其转移给原保险受益人的保险请求权再次重新进行安排,从而确保实际享有保险请求权的人符合被保险人新的意愿,有利于避免或减少保险纠纷,稳定保险交易秩序,充分实现保险合同的保障效果。因此,被保险人在同一保险合同项下重新指定保险受益人,应当与转让保险合同、遗嘱变更等方式一并作为变更保险受益人的具体方式予以确认。

应当注意的是,被保险人重新指定保险受益人的效力的认定。从法理层面上讲,被保险人重新指定保险受益人是一种法律行为,必然引起相应的法律效果,关乎利害关系人的切身利益,因此,应当完成一定的法律程序。正如美国"国会以立法规定:变更受益人必须完全按照法律法规所明确规定的程序来进行,而全美各级法院也都严格执行这项规定"❷。根据我国《保险法》第41条的规定,"变更受益人的要求与指定受益人的要求大体相同"❸,即被保险人不仅要明确做出重新指定保险受益人的意思表示,还需要将变更保险受益人的决定以书面形式通知保险人,但是,被保险人重新指定保险受益人不需要征得保险人的同意,也无须通知原保险受益人和新指定者。不过,对于被保险人重新指定保险受益人未履行完毕应有程序——没有书面通知保险人的。应如何看待该重新指定保险受益人行为的法律效力,存在不同的认识,一种看法是认为该变更保险受益人不发生法律效力;另一种看法是认为该变更保险受益人对于当事人发生法律效力,却不得对抗保险人。笔者认同非经通知不得对抗保险人的观点。在此可以借鉴美国大部分州适用的"实质性完成"规则,这意味着被保险人"为了满足程序要求已经做了所有能做的事情,但因为自己无法控制的原

---

❶ 李玉泉:《保险法》,法律出版社1997年版,第205页。
❷ [美] 小罗伯特·H. 杰瑞、道格拉斯·R. 里士满:《美国保险法精解》李之彦译,北京大学出版社2009年版,第161页。
❸ 任自力主编:《保险法学》,清华大学出版社2010年版,第173页。

因而仍未能符合保险人的规定,其变更受益人的行为仍应被视为有效。这是一项衡平法原则,目的是要实现被保险人的意图"❶,关键是"他必须采取了实质性的步骤来实施变更,变更手续不一定非要最终完成,但不能完成的原因绝不能是他回心转意、不想变更了"❷。因此,保险人在获取变更通知之前,对被保险人原先指定的保险受益人履行保险责任的,就无须再向被保险人重新指定的保险受益人履行保险责任。

2. 撤销保险受益人的保险受益权

这是指被保险人在指定保险受益人之后,因其意愿发生变化而做出的取消保险受益人的保险请求权的意思表示。显然,被保险人撤销保险受益人的保险请求权与重新指定保险受益人相比较,其一致的法律后果是均导致原保险受益人失去保险请求权,但是,两者的区别也是明显的,重新指定保险受益人就是用新的保险受益人取代原有的受益人;而撤销保险请求权则并不产生新的保险受益人,而只是将转移出去的保险请求权收回给被保险人或者是在其他保险受益人之间重新进行分配。鉴于此,笔者将撤销保险受益权归入广义的变更保险受益人的范畴。

同样的道理,撤销保险受益权的使用条件、撤销方式与重新指定保险受益人大体一致,尤其是撤销保险受益权之效力的认定,也应当采取非经通知不得对抗保险人的观点。

由于我国《保险法》尚未就撤销保险受益权事宜做出规定,建议一并采用第41条的规定。

基于上述1和2的分析,笔者建议我国《保险法》第41条第1款修改为:"被保险人❸有权变更其所指定的受益人,或者撤销保险受益人的受益权,并书面通知保险人。非经通知保险人的,不得对抗保险人。"并取消该条的第2款。

3. 保险受益人转让保险受益权

此处所说的保险受益人转让保险受益权,指的是保险受益人通过合同等法律形式,将其自被指定时即以享有的保险请求权让给他人的情况。对于保险受益权的转让,各国保险立法大多采取许可态度,即保险受益人获取保险受益权之后,可以将其转让给他人,但必须经过被保险人的同意或者保险合同中约定许可转让该保险受益权。我国《保险法》未对保险受益权的转让做出规定。笔

---

❶ [美] 小罗伯特·H. 杰瑞、道格拉斯·R. 里士满:《美国保险法精解》李之彦译,北京大学出版社2009年版,第162页。

❷ [美] 小罗伯特·H. 杰瑞、道格拉斯·R. 里士满:《美国保险法精解》李之彦译,北京大学出版社2009年版,第164页。

❸ 这是基于笔者所持的指定受益人的权利只能归属于被保险人的观点而提出的。

者认为,应当增加有关保险受益人转让保险受益权的规定,原因在于该保险受益权是保险受益人基于被保险人行使指定权而自被保险人手中传来获取的合同债权,属于财产权的范畴。许可保险受益人对其进行转让,能够更加充分地提升其经济效用。尤其是存在于中国保险市场上的保险受益权纳入社会流通领域,更可以满足复杂多样的经济生活对保险资源和保险保障的需求。当然,出于维护保险市场秩序,公平地协调被保险人与保险受益人之间的利益冲突,保护各方合法权益的目的,保险立法要建立行之有效的制度规则,约束保险受益人转让保险受益权的活动,而应当具备的转让条件就是评价保险受益权转让效力的基本依据。

应当说,保险受益权的转让条件可以归纳为以下几项:

第一,转让保险受益权的主体范围。从理论上讲,转让保险受益权是保险受益人对其享有的合同债权的处置行为,其得以转让的主体范围十分广泛。保险实践中,保险受益人将其保险受益权转让给债权人的比例较大,其中也可以包括被保险人、投保人,甚至是保险人。而且,保险受益权的受让人无需具有对保险标的的保险利益。不过,笔者认为保险受益人选择转让保险受益权的受让人,也应当持有相应的注意,审查对方是否因接受保险受益权而提高发生道德危险的可能性,保险受益人应就此对被保险人负责。

第二,保险受益人依法持有保险受益权。毋庸置疑,这是保险受益人得以转让保险受益权的必备前提。由于保险受益权是进行转让的标的,从而只有保险受益人持有该项权利,才有可能实施该转让行为。因此,认定保险受益人转让保险受益权的法律效力,就必须先确认保险受益人实际无误地持有该权利。相应地,向他人转让保险受益权的前提必须是其不存在法定的丧失保险受益权的情形❶。不仅如此,同样作为转让保险受益权的前提是在保险受益人转让该权利之时,未有被保险人重新指定或者撤销保险受益权意思的表示和行为。否则,保险受益人转让保险受益权的行为会因保险受益人持有该权利的合法性上存在瑕疵而导致无效。

此外,缘起于对保险受益人的保险受益权是既得权,抑或期待权存在的分歧,也就在保险受益人能否转让保险受益权一事上有不同看法。有的学者提出❷,应当区分保险事故发生前的受益权与发生后的受益权做不同处理:保险受益权在保险事故发生前是一种期待权,存在不确定性,为避免与被保险人变更保险受益人规则发生抵触,法律不应允许保险受益人转让其保险受益权;而在保险事故发生后,保险受益权已是保险受益人享有的既得权,当然可以依据

---

❶ 我国《保险法》第43条第2款规定:"受益人故意造成被保险人死亡、伤残、疾病的,或者故意杀害被保险人未遂的,该受益人丧失受益权。"

❷ 任自力主编:《保险法学》,清华大学出版社2010年版,第176页。

自己意思进行转让。笔者立足于保险受益权是既得权的观点，对此持有异议。理由是，保险受益权自保险受益人被指定时起至该权利被行使时止始终是一项既得权利，只要是被保险人没有重新指定或者撤销的，保险受益人在保险事故发生之前和保险事故发生之后而行使该权利之前，均得以对该权利进行转让。

  第三，需经被保险人同意转让。被保险人指定保险受益人，无非是借助转移保险请求权给保险受益人，使保险受益人取得保险人支付的保险赔付而获取保险合同的保障利益，对应的代价便是被保险人能够获取该保障利益的放弃。可见被保险人才是保险受益人依法享有和转让保险受益权的根本。因此，能否让被保险人指定保险受益人的本意得到实现，就关乎被保险人参与保险合同，并充任保障对象的真实意愿的实现，由此决定了保险受益人转让保险受益权，必须唯被保险人马首是瞻。具体表现在，保险受益人转让保险受益权给第三人的，需要得到被保险人的同意，或者是保险合同中明文约定许可转让保险受益人转让保险受益权。

  归纳保险实务，保险受益人转让保险受益权行为所涉及的转让内容和范围是一个颇为复杂的问题。因为，社会经济活动的多样性决定着保险受益人向他人转让保险受益权所追求的目的不尽相同。诸如，若以清偿债务为目的而转让保险受益权的，则受让人所取得的保险受益权应当以所应履行的债务范围为限；若以提供担保为目的而转让保险受益权，则应当限于被担保的主债金额。于是，保险受益人仍然保留着超过应履行债务或者超过被担保主债金额部分的权利部分。又如，保险受益人在转让时，可能在转让合同中表述为转让保单，或是变更保险受益人为受让人，其内容都是让相对人成为保单持有人，取得了相应的保险受益权。

  复杂的经济生活决定着保险活动也势必呈现丰富多彩的形态才能够正常适用，充分发挥其对社会经济生活的促进和保障作用，故而，需要保险立法为保险受益权的转让建立相应的法律规则，以规范保险受益人转让保险受益权的行为。因此，建议我国《保险法》应当借鉴各国和各地区的立法经验，增加有关转让保险受益权的条款："受益人将其享有的受益权转让给他人，但应当经被保险人同意。"

未指定受益人的情况下死亡保险金之归属

刘清元[*]

在死亡保险中,在指定了受益人的情况下,如果被保险人死亡,保险金理应支付给受益人。但由于某些客观原因,在未指定受益人情况下,死亡保险金应该支付给谁?这关乎消费者的切身利益。

一、立法实践

(一)死亡保险金归属于被保险人或其继承人

1. 归属于被保险人

我国台湾地区"保险法"第113条规定,死亡保险契约未指定受益人者,其保险金额作为被保险人的遗产。韩国《商法典》第733条规定,投保人有权指定或变更保险受益人。投保人尚未行使指定权即已死亡的,以被保险人作为保险受益人。

2. 归属于被保险人继承人

《俄罗斯联邦民法典》第934条第2款规定,如果合同中未指定其他人为受益人时,则人身保险合同视为为被保险人利益而订立。在合同的被保险人死亡,而合同中未指定其他受益人的,被保险人的继承人为受益人。

(二)死亡保险金归属于投保人或其继承人

1. 归属于投保人

我国澳门特别行政区《商法典》第1033条第5款规定,如于投保人死亡之日仍未指定受益人且无确定受益人的客观标准,则保险金额转为投保人的财产。法国《保险合同法》第L132-11条规定,死亡保险合同中没有指定受益人的,保险金应当属于投保人的遗产。德国《保险合同法》第160条第3款规定,如果第三受益人未能取得向保险人请求赔偿的权利,上述权利将归于投保人行使。在美国,在未指定受益人而被保险人死亡的情况下,如果保单所有

---

[*] 中银保险有限公司风险管理与合规部负责人。

人仍然幸存，那么保险金就由保单所有人领取。❶

2. 归属于投保人的继承人

德国《保险合同法》第160条第2款规定，保险事故发生时，在保险人将要向投保人的继承人赔付保险金时，如有疑义的，投保人死亡时的继承人依照其应继承的份额成为受益人。抛弃继承权的，并不影响其成为保险受益人的权利。

二、死亡保险金归属于"投保人"还是"被保险人"

在死亡保险中，投保人、被保险人与保险人三者的关系决定了死亡保险金的归属。如果被保险人是保险合同的利益第三人，则死亡保险金归属于投保人一方。如果投保人是被保险人的代理人，死亡保险金则归属于被保险人一方。死亡保险中投保人、被保险人与保险人究竟是什么关系？

（一）死亡保险中被保险人是利益第三人吗

利益第三人合同，又称为利他合同、第三人取得债权的合同或为第三人利益订立的合同，它是指合同当事人约定由一方向合同关系外的第三人为给付，该第三人即因之取得直接请求给付权利的合同。❷ 利益第三人合同中的第三人即为合同利益第三人。利益第三人合同实质是合同当事人通过合同赋予合同外的第三人独立请求权。利益第三人的权利来源于合同当事人的债权人一方。利益第三人是否知道当事人间订立的合同，以及是否有行为能力，对其权利之取得不发生影响。❸ 第三人在合同订立时是否存在或确定，也无关紧要，只要第三人在合同履行时能确定即可。❹ 利益第三人合同本质在于当事人之间订立的合同能够在不需要任何其他条件的情况下，直接赋予第三人以权利。"第三人取得权利不取决于其自己的任何行为，只决定于债权人与债务人是否有将该权利赋予他的意思。"❺

在死亡保险中，保险合同的生效原则上需要取得被保险人的同意。19世纪，德国保险法学者普遍认为，基于一方面生命、身体的不可计算性，另一方面为禁止以他人生命、身体为赌博行为的标的，主张若以他人之生命、身体为保险标的，则不论投保人对之是否具有利益，必须取得该他人的书面同意。❻以他人身体为保险标的者，皆规定须经该他人书面同意，此规定见于人寿保险

---

❶ [美]乔纳斯·朗：《保险原理：人寿、健康和年金（第2版）》，赵凯译，中国财政经济出版社2004年，第138页。

❷ 王利明：《合同法研究》，中国人民大学出版社2002年版，第123页。

❸ 叶金强："第三人利益合同研究"，载《比较法研究》2001年第4期；转自刘清波：《民法概论》（上册），五南图书出版公司1984年版，第300页。

❹ 叶金强："第三人利益合同研究"，载《比较法研究》2001年第4期；转自[美]科宾：《科宾论合同》（下册），王卫国等译，中国大百科全书出版社1998年版，第245页。

❺ 薛军："利他合同的基本理论问题"，载《法学研究》2006年第4期。

❻ 江朝国：《保险法基础理论》，中国政法大学出版社2002年版，第54页。

及伤害保险，以代替保险利益于财产保险的功能，防止主观危险事故发生。❶在多数情况下，如果被保险人同意保险人签发以自己生命风险为标的的保单，他的生命便多了一层保护，同意权可以减少被保险人被谋杀的风险。❷

德国、日本、韩国及我国台湾地区均规定了以死亡为给付条件的人身险，必须经被保险人同意，否则无效。❸ 美国近一半州的法律明文规定：以他人生命投保的保险，事前必须征得被保险人的同意，只有涉及配偶关系或者父母为未成年子女购买保险的除外。❹

另外，在死亡保险中，被保险人需要具有完全行为能力，且一般不得代理。德国规定，如果以他人死亡为保险事故订立保险合同并且约定之赔偿金额超过普通丧葬费用的，须经他人书面同意。如果他人为无行为能力人或限制行为能力人或有监护人的，即使投保人是其代理人，也不能代其做出同意。❺韩国规定，以未满15岁的人、心神丧失者或心智薄弱者的死亡为保险事故的保险合同无效。❻ 我国规定，投保人不得为无民事行为能力人投保以死亡为给付保险金条件的人身保险，保险人也不得承保。❼

综上，在死亡保险中，保险合同的生效原则上需要取得被保险人的同意，被保险人必须具有完全行为能力且不得代理，即被保险人享有的独立请求权不是无条件来自于投保人与保险人的约定，被保险人不属于保险合同中的利益第三人。

（二）死亡保险中投保人、被保险人与保险人是代理关系吗

代理分为直接代理与间接代理。直接代理是代理人为了被代理人的利益，在代理权限内，以被代理人的名义实施的法律行为，代理行为的效果由被代理人承担。间接代理指代理人接受被代理人的委托，为了被代理人的利益，在委托权限内，以自己的名义与第三人开展法律行为，最终效果由被代理人承担。我国《合同法》第402条、第403条规定了间接代理。

---

❶ 江朝国：《保险法基础理论》，中国政法大学出版社2002年版，第38页。
❷ ［美］小罗伯特·H. 杰瑞、道格拉斯·R. 里士满《美国保险法精解》李之彦译，北京大学出版社2009年，第142页。
❸ "台湾保险法"第105条规定，由第三人订立之死亡保险契约，未经被保险人书面同意，并约定保险金额，其契约无效。《日本保险法》第38条规定，以生命保险契约当事人以外之人为被保险人的死亡保险契约，未经被保险人同意不发生效力。《德国保险合同法》第150条规定，以他人之死亡为保险事故订立保险合同并且约定之赔偿金额超过普通丧葬费用的，须经他人书面同意保险合同才能生效。在公司养老保险计划的团体人寿保险中，上述规定不予适用。如果他人为无行为能力人或限制行为能力人或有监护人的，即使投保人是其代理人，也不能代其作出书面同意。如果父母为其未成年子女订立保险合同，并且根据保险合同约定在子女年满七岁之前死亡时保险人依旧要承担保险责任或者约定保险人之赔偿责任超过普通丧葬费用阳高限额的，须经未成年子女同意。《韩国商法典》第731条规定，以他人死亡作为保险事故的保险合同，须事先得到该他人的即被保险人的书面同意。
❹ ［美］小罗伯特·H. 杰瑞、道格拉斯·R. 里士满《美国保险法精解》李之彦译，北京大学出版社2009年，第142页。
❺ 《德国保险合同法》第150条。
❻ 《韩国商法典》第732条。
❼ 《中华人民共和国保险法》第33条。

在死亡保险中，投保人是以自己名义订立保险合同，显然不属于直接代理。投保人、被保险人与保险人是否属于间接代理关系呢？

韩国《商法典》第639条规定，投保人可经他人委托或不经他人委托，为特定的或不特定的他人签订保险合同。但在财产保险合同中，若未经他人委托，投保人应将该事实告知保险人，未告知的，不得以他人不知已签订保险合同的事实为由对抗保险人。

德国《保险合同法》第44条第1款规定，在投保人为第三人购买保险的情形下，被保险人可以依照保险合同享有保险权益，但只有投保人可以要求保险人交付保险单。第45条规定，不论是否载明被保险人的名称，投保人都可以自己的名义为第三人购买保险。在投保人为第三人购买保险的情况下，如果存有疑问，即使保险合同中已经列明了第三人的姓名，也应当认为投保人并非第三人的代理人而是以自己的名义为第三人订立合同。第47条规定，在为第三人投保的情形下，除投保人知悉及其行为具有法律上的意义外，还应考虑第三人知悉及其行为。如果投保人在被保险人不知情或无法及时通知被保险人的情形下为其订立保险合同，则被保险人的知悉不予考虑。投保人未受被保险人的委托订立保险合同并在与保险人订立合同时未向保险人披露其未受被保险人委托之事实的，保险人可以拒绝被保险人不知保险合同订立事实的抗辩。

意大利《民法典》第1891条规定，为他人或受益人而缔结保险的，投保人应当履行契约义务，除非根据契约性质仅能由被保险人履行。契约产生的权利属于被保险人；虽持有保单但未经被保险人明确同意的投保人，不得主张契约所生权利。

以上三个国家均规定了投保人是否经被保险人委托，均以自己名义订立合同，其保险金请求权归属于被保险人。其法律效果类似于间接代理。而在死亡保险中，被保险人的同意相当于对投保人为自己投保行为的承认。即在死亡保险中，投保人以自己名义投保并得到了被保险人的认可，委托关系成立。故，死亡保险中投保人、被保险人与保险人是间接代理关系。

三、死亡保险金归属于"死者"还是"生者"

（一）死亡保险的目的

通常情况下，买人寿保险的意义在于给受益人以保障，保障其在被保险人早逝之后的经济利益。换句话说，寿险合同对受益人因被保险人失去营利能力而遭受的损失进行"补偿"。❶"人寿保险的一个主要卖点就是人们需要为其受

---

❶ ［美］小罗伯特·H. 杰瑞、道格拉斯·R. 里士满《美国保险法精解》李之彦译，北京大学出版社2009年，第105页。

抚养者提供财务支持。一旦支持家庭或辅助支持家庭生计的人去世，健在的受抚养者在他死后的数月后就可能面临严重的困难。"❶ 人寿保险以投资作为其特征，由此，被保险人定期缴纳形成基金，该基金于被保险人死亡后向受益人支付而不是向被保险人支付。❷ "注意，只有那些在被保险人死亡时仍然生存的第一顺位受益人才能领取保险金；如果受益人先于被保险人死亡，其法定继承人无权领取保险金。"❸ "在大多数寿保单中，有条款明确规定，如果受益人（包括不可撤销受益人）先于被保险人死亡，其权利即告终止。这一条款防止保险金自动归于不可撤销受益人的遗产，而且允许保单所有人不可撤销受益人死亡以后重新指定新的受益人。"❹ 我国台湾地区有学者主张，在人身保险中，因为保险事故的发生而可以请求保险给付的人，未必因为保险事故发生而遭受损失，因此才创设"受益人"的概念。而在死亡保险中，当保险事故发生时，被保险人已经死亡，有保险金请求权的人是被保险人以外的第三人。因此，必须创设受益人的概念。❺

（二）死亡保险给付的实践

在美国，保单一般都同时规定主受益人和第二顺序受益人。主受益人就是被保险人死亡时领取身故给付的那个人。当然，被保险人死亡时，主受益人必须仍在生。否则，身故给付会支付给第二顺序受益人。如果同一顺序里存在一位以上的受益人，身故给付便需要在这些受益人中按照比例分配；主受益人如果全都先于被保险人而死亡，身故给付便在第二顺序的受益人中按比例分配。❻

1940年，全美统一州法委员会推出的《同时死亡统一示范法》规定：只要没有证据表明被保险人和受益人不是同时死亡，那么保险给付金便将按照受益人先于被保险人死亡来处理。1993年新的《同时死亡统一示范法》规定：如无清楚、有力的证据证明死者比另一死者多存活了120小时或以上，则视为该死者先于另一死者死亡。因此，只要被保险人与受益人在同一事故中死亡的时间间隔不超过120小时，受益人将被视为先于被保险人死亡。截至2007年，

---

❶ ［美］乔纳斯·朗：《保险原理：人寿、健康和年金（第2版）》，赵凯译，中国财政经济出版社2004年，第41页。
❷ ［美］约翰·F. 道宾：《美国保险法》，梁鹏译，法律出版社2008年版，第50页。
❸ ［美］乔纳斯·朗：《保险原理：人寿、健康和年金（第2版）》，赵凯译，中国财政经济出版社2004年，第137页。
❹ ［美］乔纳斯·朗：《保险原理：人寿、健康和年金（第2版）》，赵凯译，中国财政经济出版社2004年，第141页。
❺ 刘宗荣：《新保险法：保险契约法的理论与实务》，中国人民大学出版社2009年版，第66页。
❻ ［美］小罗伯特·H. 杰瑞、道格拉斯·R. 里士满《美国保险法精解》，李之彦译，北京大学出版社2009年，第158~159页。

17个州外加哥伦比亚特区采用了1993年示范法的规定。[1]

结语

在死亡保险中，投保人、被保险人与保险人是间接代理关系。投保人订立合同，被保险人享有保险合同的权利。被保险人以其生命作为条件，其目的是为了生存的第三人的利益。故在未指定受益人的情况下，死亡保险金应当归属于被保险人的继承人，而不是作为被保险人的遗产被继承。

---

[1] ［美］小罗伯特·H. 杰瑞、道格拉斯·R. 里士满《美国保险法精解》，李之彦译，北京大学出版社2009年，第180～181页。

受益人缺失与保险人赔付之处理

——以《保险法》第42条第1款为中心*

梁 鹏**

于被保险人死亡时，倘若人身保险合同没有受益人，我国《保险法》的惯行做法是将保险人应当支付的保险金作为被保险人的遗产处理，这一惯行做法的体现是，2009修订的《保险法》不仅沿用了1995年、2002年版本中的"保险金作为被保险人的遗产"字眼，并且，于2009年修法时新增了"依照《中华人民共和国继承法》的规定"的措辞，这一修法举措进一步强化了"在被保险人死亡且受益人欠缺的情况下，保险金就是被保险人的遗产"的观念。然而，在保险金与遗产并非同一事物的通识下，可否将保险金作为被保险人的遗产处理一直备受质疑，因为保险金的性质不可能因受益人的存在与否有所变化，"指定受益人便是保险金，未指定受益人便是遗产"的观点难以服众。正如有的学者所指，一方面将保险金作为"遗产"处理，另一方面又要求保险人给付"保险金"的做法自相矛盾。❶ 于此，有必要对此种情形下的保险金归属以及领取人身份加以研究。

一、在受益人缺失情况下保险金处理的方式

对受益人缺失情况下保险金的处理，世界立法有三种观点：将保险金支付给投保人、原受益人的继承人和被保险人的继承人。❷ 我国学界则主要有支付给投保人和被保险人的继承人两种观点。

（一）保险金归于投保人

此种观点认为："被保险人身故后，如没有身故受益人，不应当将保险金

---

* 本文为作者主持的国家社科基金项目《保险法司法解释及实施问题研究》（项目编号：11CFX019）的阶段性研究成果。

** 中国青年政治学院教授，法学博士，主要研究保险法。

❶ 王影："无受益人之人身保险的保险金给付问题研究"，载《中国保险法学研究会2013年年会论文集》，第365页。

❷ 为简化行文，如无特别说明，下文所指继承人仅指法定继承人，不包括遗嘱继承人。

作为被保险人的遗产处理,而应当指定投保人作为其身故受益人。"❶ 世界立法中,支持这种观点的主要有德国和我国澳门特别行政区。《德国保险法》第160条规定:"如无第三人作为受益人取得对保险人请求给付的权利者,保险金请求权归投保人享有。"《澳门商法典》第1034条第5款则规定:"如投保人未指定受益人,则推定其保留随时指定受益人之权能;如投保人死亡日仍未指定受益人且无确定受益人之客观准则,则保险金额转为投保人之财产。"美国的做法也大致如此,美国学者指出,"在保单未指定受益人或者指定受益人都先于被保险人死亡的情况下,如果保单所有人仍然幸存,那么保险金就由保单所有人领取,如果保单所有人已经死亡,保险金就成为保单所有人的遗产。"❷ 由于美国保险法上的保单所有人基本等同于我国保险法上的投保人,故而可以认为,在美国,在受益人欠缺情况下,保险金应归投保人所有。❸

(二) 保险金归于受益人的继承人

此种观点认为,在被保险人死亡时,若受益人已先于被保险人死亡,则保险金应由受益人的继承人领取。将这一观点作为立法基础的国家主要是韩国和日本。《韩国商法》第733条第3款规定:"保险受益人在保险存续中死亡时,保险合同人可以重新指定受益人。在此情形下,若保险合同人未行使指定权而死亡,则应将保险受益人的继承人作为保险受益人。"《日本保险法》第46条则规定:"保险金受领人于保险事故发生前死亡的,其全体继承人成为新的保险金受领人。"不过,保险金由受益人的继承人领取的做法,仅限于保单指定的受益人已经死亡的情形,不适用于保单原本就没有指定受益人的情形。对保单根本没有指定受益人的情形,《韩国商法》于第733条第2款规定:"投保人尚未行使第1款的指定权(受益人指定权)即已死亡的,以被保险人作为保险受益人。"第733条第4款则规定,投保人未指定受益人之前发生保险事故,被保险人死亡的,以被保险人的继承人为保险受益人。❹ 韩国理论界认为,无论投保人以自己还是他人作为被保险人投保,只要没有指定受益人,在被保险

---

❶ 张晓永:《人身保险法》,中国人民公安大学出版社2004年版,第60页。

❷ [美]哈瑞特·E·琼斯、丹尼·L·朗:《保险原理:人寿、健康和年金》(第二版),赵凯译,中国财政经济出版社2004年版,第138页。

❸ 另有美国学者指出:"当投保人未指定受益人,或者指定受益人在被保险人之前死亡时,通常按保单规定来确定受益人。在这种情况下,受益人往往是投保人本人或者投保人指定的遗嘱执行人或遗产管理人。"(See Muriel L. Crawford, *Life and Health Insurance Law*, seventh edition, FIMI Insurance Education Program Life Management Institute LOMA, Atlanta, Georgia, 1994, at 254.)

❹ 《韩国商法》第733条对保单欠缺受益人的情形作出了复杂的规定,可以总结如下:(1) 在保单上自始没有受益人,而在指定权人,即投保人死亡的情况下,以被保险人作为受益人;(2) 在保单上自始没有指定受益人,发生保险事故,在被保险人死亡的情况下,以被保险人的继承人为受益人;(3) 保单已经指定有受益人,但该受益人死亡,投保人又于重新指定受益人之前死亡的,该受益人的继承人为受益人;(4) 保单已经指定有受益人,但该受益人死亡,而被保险人亦于重新指定受益人之前死亡的,该受益人的继承人作为受益人。(参见崔吉子、黄平著:《韩国保险法》,北京大学出版社2013年版,第240页。)

人死亡时，保险金都应归于被保险人的继承人。❶《日本保险法》未对自始没有指定受益人的情形作出规定，理论界对这一问题的认识与韩国不同，他们认为，如果人身保险的受益人未加指定或指定无效，应推定投保人为受益人，❷但是，日本判例认为，保单未指定受益人的，保险金应归于被保险人的继承人。❸

（三）保险金归于被保险人的继承人

我国大陆地区和台湾地区大部分学者持这一观点，认为在受益人欠缺的情况下，保险金应由被保险人的继承人领取。❹ 在世界立法方面，俄罗斯、亚美尼亚、我国台湾地区的立法支持这一观点，例如，《俄罗斯民法典》第934条第2款第1项规定："如果合同中未指定其他人为受益人时，则人身保险合同视为为被保险人的利益而订立。在合同的被保险人死亡，而合同中未指定其他受益人的，被保险人的继承人为受益人。"我国台湾地区"保险法"第113条的规定更加简洁明确："死亡保险契约未指定受益人者，其保险金额作为被保险人的遗产。"无论是《俄罗斯民法典》中规定的"以被保险人的继承人为受益人"，还是我国台湾地区"保险法"中规定的"作为被保险人的遗产"，保险金最终均由被保险人的继承人领取。

（四）小结

大体说来，在受益人缺失情况下的保险金归属，世界立法分为三类，德国、美国、我国澳门特别行政区规定应归于投保人。日本、韩国规定，在受益人先于被保险人死亡，没有其他受益人的，保险金应归于原受益人的继承人，但在保单根本没有指定受益人的情况下，韩国理论界倾向于将保险金支付给被保险人的继承人，而日本理论界则倾向于将保险金支付给投保人。俄罗斯和我国台湾地区规定保险金应支付于被保险人的继承人。我国学界目前对这一问题的认识存在分歧：多数学者认为在受益人欠缺的情况下，保险金应归于被保险

---

❶ [韩]梁承圭：《保险法》，三知院2005年版，第456页。梁承圭教授认为："投保人以自己为被保险人时，若未指定保险受益人，除特殊情形外，应解释为投保人指定自己为受益人，此时即为'为自己的保险合同'。作为被保险人的投保人死亡时，应由投保人（即被保险人）的继承人继承保险金请求权。"同时他还认为，在投保人以他人为被保险人的生命保险中，"由于以投保人以外的他人为被保险人，若未指定受益人的，应视为'为被保险人的继承人的保险'。当被保险人死亡时，通说认为'被保险人的继承人'为受益人。"（参见崔吉子、黄平著：《韩国保险法》，北京大学出版社2013年版，第240页。）仔细分析，可以得出这样的结论：尽管韩国学界将投保人为自己投保情形下的受益人推定为投保人（即被保险人），将为他人投保情形下的受益人推定为被保险人的受益人，但保险金最终均由被保险人的受益人领取。

❷ [日]山下友信：《保险法》，有斐阁2005年版，第490页。

❸ 蔡军、赵雁丽："试论寿险受益人制度中的投保人"，载《经济研究参考》2003年第30期，第33页。沙银华：《日本保险经典判例评释》（修订版），法律出版社2011年版，第51页。

❹ 李玉泉：《保险法》（第二版），法律出版社2003年版，第252页；樊启荣：《保险法》，北京大学出版社2011年版，第202页；奚晓明：《〈中华人民共和国保险法〉保险合同章条文理解与适用》，中国法制出版社2010年版，第264页；徐卫东：《保险法学》，科学出版社2009年版，第69页；施文森：《保险法总论》，台湾三民书局1990年版，第26页；郑玉波：《保险法论》，台湾三民书局2003年版，第177页。

人的继承人，少数学者则认为保险金应归于投保人。

二、受益人缺失情况下保险金处理观点的评析

上述保险金处理的观点，各有理由，须仔细分别，方能选择出适合我国需要的处理规则。

(一) 保险金归于投保人的理由评析

支持保险金归于投保人的理由大致有二：第一，保险金是投保人缴纳保费交换的结果，是保单的所有权人，在无人领取保险金时，保单所有权人自然可以享受这种交换的结果，这符合市场交易中的"谁投资，谁受益"的原则。学者对这一理由的阐释是："商品经济社会中，所有权是进行交换的前提。人身保险合同中，投保人与保险人经过意思表示的一致，确认了双方的权利义务关系和内容，投保人通过履行交纳保险费的义务，获得人身保险保险单的所有权，成为保险单的所有者，被保险人、受益人的一切权利都是投保人通过订立保险合同，转移其权利而获得的。"❶ 第二，投保人是合同当事人，在保险关系中作用重大，于保单欠缺受益人的情况下，应当保护作为当事人的投保人的权利，以保证保险市场的存在和发展。学者对这一理由的阐释是："从合同的角度看，投保人的作用是至关重要的……是投保人实际履行交纳保险费的义务，保证了保险这一行业的存在和发展。而在确认受益人这一最终权利归属时，对投保人的利益不予考虑的话，势必导致对投保人利益的伤害，从而影响其参与保险行为的积极性。"❷

如果从普通市场交易的角度看，上述理由有其合理性，但是，如果考虑我国保险的发展水平以及保险合同的特殊性，我们可以发现上述理由有其瑕疵。

首先，尽管投保人可以通过缴纳保费而获取保单，但获取保单之人，未必一定获得保险金。保险合同属于为第三人利益的合同，❸ 投保人与保险人订立合同，通常并非为投保人本人利益而订立，而是为被保险人或受益人的利益而订立。这一观念与市场经济中的"谁投资、谁受益"的观念并不相符。

其次，在我国保险法理论上，投保人作为合同当事人的地位不像其在普通合同中那样重要。在普通合同中，合同当事人需要履行合同义务，与此相对应，其也享有合同权利。但是，在保险合同中，投保人几乎只是履行合同义务，例如，缴纳保费、如实告知、出险通知等，但并不享有合同权利，特别是

---

❶ 张晓永：《人身保险法》，中国人民公安大学出版社2004年版，第59～60页。
❷ 张晓永：《人身保险法》，中国人民公安大学出版社2004年版，第60页。
❸ 李利、许崇苗："以'为第三人利益合同'理论完善我国保险合同理论和法律体系"，载贾林青、许涛主编：《海商法保险法评论》，知识产权出版社2007年版，第204～205页。尽管人身保险合同究竟是为被保险人利益还是为受益人利益的合同尚有争论，但将人身保险合同定位为第三人利益的合同并无争议。

保险金请求权。也许正是基于投保人地位的这一特殊性，在英美保险法理论中，并不承认投保人的合同当事人地位，❶ 甚至在保险法教科书中也基本不出现投保人的概念。

最后，拒绝将保险金给付于投保人，不会影响投保人投保的积极性。在我国，投保人以他人为被保险人进行投保的情形，通常出现在亲属之间，投保人投保的目的，并不在于自己获得保险金，而在于保障其亲属利益，最终领取保险金的人选，亦由被保险人而非投保人确定。即使被保险人愿意将保险金支付于投保人，其最简便的方法是将投保人指定为受益人，如投保人未为指定，只能说明两个问题，第一，投保人对保险金的归属并无要求；第二，被保险人无意必须确定投保人为受益人；如被保险人指定投保人为受益人，而事故发生时作为受益人的投保人已经死亡，保险金已不能归其所有。❷ 既然投保人投保的目的不在于获取保险金，被保险人也未必同意将保险金支付于投保人，且保险事故发生时作为受益人的投保人已经因死亡而无法领取保险金，则投保人最终是否能够获得保险金这一因素对投保人投保的积极性影响不大。❸

（二）保险金归于受益人的继承人的理由评析

保险金归于受益人的继承人，其理由亦大致有二：第一，保险金请求权属于受益人的固有权利，不应因被保险人的死亡而有所变化。亦即，一旦投保人或被保险人在保单中指定了受益人，该受益人的保险金请求权便作为受益人的一项原始权利固定下来，即使受益人先于被保险人死亡，其受益权亦不会因此丧失，鉴于受益人已经死亡，受益权应由其继承人继承。这种将保险金受益权作为固有权利的观念根深蒂固，研究《韩国保险法》的学者指出"在为他人的保险中，受益人被指定后，当然有权请求保险金，此时，保险金请求权属于受益人的固有权利……被指定为受益人的继承人通过固有权利取得保险金请求权"。❹ 研究《日本保险法》的学者也持同样的观点："保险合同的第三者被指定为保险金受益人的情况下，该保险金受益人不是从投保人那里继承而取得该地位的，而是根据保险合同的成立作为固有权利而取得保险金请求权的。"❺ 第二，尊重投保人的意图。在韩国和日本保险法中，投保人具有指定和变更受

---

❶ Nicholas Legh-Jones：*MacGillivray on Insurance Law*，Ninth Edition，London，Sweet and Maxwell，1997，at 1. Attracta O'Regan Cazabon：*Insurance Law in Ireland*，Round Hall Sweet & Maxwell，1999，at 1.

❷ 邢海宝：《中国保险合同法立法建议及说明》，中国法制出版社2008年版，第422页。

❸ 当然，我们也很难排除投保人对获取保险金持强烈期待者，但在我国《保险法》关于受益人指定必须经被保险人同意的规定面前，其获取保险金的期待受到抑制。在被保险人指定投保人为受益人的情形，由于受益人同时也是投保人，即使其先于被保险人死亡，其可能也希望自己的继承人获得保险金而收回保费投资，如受益人持此希望，则应当通过在我国建立不可撤销受益人制度处理，关于此点，我们将在下文中进行讨论。

❹ 崔吉子、黄平：《韩国保险法》，北京大学出版社2013年版，第243页。

❺ 沙银华：《日本保险经典判例评释》（修订版），法律出版社2011年版，第19页。

益人的权利,相反,被保险人在这方面的权利反倒不受重视。[1] 如果保单上的受益权出现争议,其解释的首选办法是推测投保人的意图,[2] 而不是推测被保险人的意图。在受益人先于被保险人死亡,且没有再指定其他投保人的情况下,《日本保险法》对投保人意图的推定是:投保人更愿意让已死亡受益人的继承人获取保险金,因而规定已死亡受益人的继承人作为新的受益人领取保险金。

对上述两个理由,笔者持不同看法。

针对第一个理由,笔者认为,将保险金请求权作为被保险人的固有权利值得怀疑。如果发生保险事故,且受益人未死亡时,受益人的保险金请求权可以认定为一种固有的权利。但是,在发生保险事故之前,即被保险人死亡之前,很难说受益人享有一种权利。我国的主流观点认为,在投保人或者被保险人指定受益人之后,受益人即享有受益权,而受益权是一种期待权。[3] 但是,关于权利的研究表明,受益人享有的可能根本不是一种权利。德国学者舒佩和梅克尔认为,权利的本质为对特定的利益赋予法律上之力。[4] 权利的构成要素包括:(1) 主体的意愿,(2) 取得权利的行为,(3) 所体现的利益,(4) 法律的承认与保护。[5] 对于所谓的保险受益权来说,尽管其具备第 (3) 要素,即体现了一定的利益,但是,不具备其余三个要素。首先,投保人或被保险人指定受益人不须经过受益人同意,因此,有时受益人根本不知晓自己已被指定为受益人,其取得权利的意愿也就无从提起;其次,受益人不具备取得权利的行为,因为受益人的指定属于投保人或被保险人的行为,根本不需要受益人作出任何行为;最后,在保险事故发生之前,所谓的受益权其实不能得到法律的任何承认和保护。例如,第三人劝说投保人或被保险人变更受益人,原受益人即使认为自己的权益受到了第三人的损害,但其在法律上也没有要求损害赔偿的权利。[6] 也许正是基于上述分析,我国台湾地区学者江朝国教授认为,在保险事故发生前受益人所享有的仅仅是一种期待的地位而非期待权。[7] 可见,受益人在被保险人死亡之前享有的并非权利,而仅仅是一种期待地位,不符合我国

---

[1] 有学者将这种指定和变更受益人的权利称为投保人"一人专属"的权利(参见沙银华:《日本保险经典判例评释》(修订版),法律出版社 2011 年版,第 21 页)。而《韩国保险法》甚至仅规定了投保人指定和变更受益人的权利,对指定受益人是否需要经过被保险人同意的问题只字未提(参见《韩国商法》第 733 条第 1 款)。

[2] 沙银华:《日本保险经典判例评释》(修订版),法律出版社 2011 年版,第 19 页。

[3] 沈同仙、黄涧秋:《新编保险法学》,学苑出版社 2003 年版,第 287 页。魏华林:《保险法学》(第二版),中国金融出版社 2007 年版,第 149 页。任自力:《保险法学》,清华大学出版社 2010 年版,第 174 页。

[4] 郑玉波:《民法总则》,台湾三民书局 1979 年版,第 45 页。

[5] 申卫星:《期待权基本理论研究》,中国人民大学出版社 2006 年版,第 31 页。

[6] 乔平:《期待权若干问题研究》,载 http://class.chinalawedu.com/news/16900/174/2004/6/ma29652834126400293725_118259.htm,2013 年 10 月 26 日访问。

[7] 江朝国:《保险法论文集(三)》,瑞兴图书公司 2002 年版,第 243 页。

《继承法》中遗产的概念，❶ 也就无法将其作为遗产继承。故而，"若受益人先于被保险人死亡时，受益人之继承人不得以受益人身份对保险人请求给付保险金额。"❷

针对第二个理由，笔者认为，从推定投保人意图的角度看，投保人似乎更愿意推定自己的继承人作为受益人，而不是原受益人的继承人作为受益人。投保人指定第三人作为受益人，通常是因为投保人与第三人之间的特殊关系，例如挚友关系，如果受益人死亡，这种关系即告消灭，而第三人的继承人，如第三人的妻子、儿女与投保人之间关系往往并不密切。在这种情况下，投保人将自己的继承人指定为受益人乃人之常情。故而，在受益人先于被保险人死亡的情况下，日本和韩国保险法均将受益人的继承人作为新的受益人的做法无法令人信服。

不过，如果被保险人指定的受益人属于不可变更受益人，在该受益人先于被保险人死亡的情况下，保险金应归于该受益人的继承人。所谓不可变更受益人，是指被保险人指定受益人时，业已抛弃其对受益人重新指定的权利，在此情形下，保单利益于指定受益人之时即归于受益人，被保险人不得变更受益人。❸ 由此可知，不可变更受益人享有的是一种既得权利，❹ 在受益人死亡之后，其继承人继承其受益人地位，成为新的受益人，被保险人或其继承人对此无权干涉。❺

(三) 保险金归于被保险人的继承人的理由评析

在保险合同欠缺受益人的情况下，合理的做法是，由被保险人的受益人领取保险金。本部分本应列明此种做法的理由，但考虑文章各部分的协调性，并突出将保险金归于被保险人的继承人的理由，本文将其作为下一部分的内容单独论述。

(四) 小结

保险金归投保人的观点着眼于"谁投资、谁受益"的原则，认为投保人作为合同当事人在合同中地位非常重要，在受益人欠缺的情况下，如不将保险金

---

❶ 我国《继承法》中的遗产是指"公民死亡时遗留的个人合法财产"。
❷ 江朝国：《保险法论文集（三）》，瑞兴图书股份公司2002年版，第26页。
❸ 参见施文森：《保险法论文》（第一集），台湾三民书局1988年版，第216页。
❹ ［美］哈瑞特·E. 琼斯、丹尼·L. 朗：《保险原理：人寿、健康和年金》（第二版），赵凯译，中国财政经济出版社2004年版，第140页。
❺ 在美国的寿险保单中，有条款明确规定，如果受益人（包括不可变更受益人）先于被保险人死亡，受益人之权利即告终止。如此规定的目的在于防止保险金被自动归于不可变更受益人的遗产（［美］哈瑞特·E. 琼斯、丹尼·L. 朗：《保险原理：人寿、健康和年金》（第二版），赵凯译，中国财政经济出版社2004年版，第140页）。不过笔者认为，除非保险人设定受益人时明确指出，在受益人先于被保险人死亡时，其可以变更受益人，否则这一条款难谓妥当，因为该条款罔顾不可变更受益人享有的是既得权利的事实，对被保险人的自由意愿随意改，违反私法自治，尊重当事人意愿，保护该不可撤销受益人期待利益的理念。

给付于投保人，势必影响投保人投保的热情。但是，保险合同是一种特殊的合同，作为一种为第三人利益而订立的合同，投保人的地位不似普通合同当事人那样重要，在很多情况下，投保人投保不是为了自己的利益，不能适用"谁投资、谁受益"的原则。既然投保人投保的目的并不是为了自己获取保险金，即使最终其不能领取保险金，亦不会影响其投保热情。保险金归原受益人的继承人的观点认为，受益权属于受益人的固有权利，一旦被指定为受益人，便享有保险金请求权，即使受益人死亡，该权利亦应由其继承人承继。从投保人的角度看，在受益人死亡的情况下，投保人更愿意将保险金给付受益人的继承人。然而，研究表明，所谓的受益权，本身并不是一种权利，更无法称其为受益人的固有权利。从投保人的角度看，倘若被保险人死亡，投保人可能更愿意让自己的继承人作为受益人，而不是以原受益人的继承人作为受益人。故而，保险金归投保人，或者保险金归原受益人的继承人的观点均有探讨余地，在受益人缺失的情况下，保险金应归于被保险人的继承人。

三、在受益人缺失情况下保险金归属的深层理由

保险金因何归于被保险人的继承人，学界并未深入分析，许多教科书对此也避而不谈，只有少数学者以寥寥数语对此论述，认为其原因是：受益人是约定的保险金请求权人，被保险人是法定的保险金请求权人，当没有受益人时，保险金请求权回归被保险人享有。被保险人死亡后，应当由其继承人继承保险合同的利益。❶ 这一理由显得过于简洁，若想获知保险金因何归于被保险人继承人的理由，尚需对之作深层挖掘。笔者以为，保险金归于被保险人的继承人，其深层理由有三个：

（一）被保险人在保险关系中的核心地位

从保定义的角度看，被保险人是保险制度的中心所在。美国风险与保险学会的保险专业术语委员会对保险的定义是：保险就是通过将风险转移给保险人而对偶然损失进行共同分担。保险人同意对被保险人的损失进行赔偿，提供其他金钱上的补偿，或者提供处理风险方面的服务。❷ 从这个定义可以看出，保险是将被保险人的风险转移给保险人，保险人对被保险人的损失进行赔偿，或者对被保险人提供管理风险的服务。显然，对保险人一方来说，被保险人才是其服务的核心。

从保险功能的角度看，保险的基本功能是分散危险和补偿损失。❸ 所谓分

---

❶ 李玉泉：《保险法学——理论与实务》，高等教育出版社2007年版，第344页。

❷ See Bulletin of the Commission on Insurance Terminology of the American Risk and Insurance Association, (October 1965).

❸ 覃有土：《保险法概论》（第二版），北京大学出版社2001年版，第31页。

散危险，乃是将被保险人的危险分散于保险团体；所谓补偿损失，乃是补偿被保险人的损失，可以说，保险作为一种处理危险的手段，其最初和最根本的目的就在于保障被保险人的风险，对被保险人的损失予以赔付，所以，其必须以被保险人为核心而建立的。

从保险合同法律关系的角度来看，被保险人居于保险合同法律关系的核心地位。尽管通说认为，被保险人仅是保险合同的关系人，而非保险合同当事人，但保险合同当事人的权利义务是围绕被保险人展开的。在财产保险中，合同当事人的权利义务虽指向"财产或利益的风险"，但这些风险属于被保险人，所以，就主体的角度而言，投保人与保险人的权利和义务当然指向被保险人。如果说这一现象在财产保险中尚不明显的话，其在人身保险中的表现则较为明显，在人身保险中，由于保障对象"被保险人的寿命和身体"与"被保险人"很难区分，人们常常简单地将"被保险人"理解为保障对象，如采取此种理解，则不仅在主体方面，投保人与保险人的权利义务指向被保险人，而且在合同客体方面，投保人的权利义务也指向于被保险人。被保险人因而成为保险合同法律关系的核心所在。❶

（二）人身权保护与保险金处分权

保单具有财产价值无须多论，唯在人身保险，大陆法系国家同时强调保单中的人身权。对人身权的尊重，于投保环节便开始重视，《保险法》强调投保人于投保时便应对被保险人具有保险利益，而保险利益的判断，要么基于投保人与被保险人的身份关系，例如，父母子女关系、配偶关系、抚养或赡养条件下的近亲属关系等，要么基于对被保险人人格权的尊重，例如，被保险人同意投保人为其投保，一方面是为了防范道德危险，另一方面是为了尊重被保险人的人格。❷ 然防范道德危险的目的，实质上在于防范投保人故意侵害被保险人的生命权，亦属对被保险人人格权的关注。无论基于投保人与被保险人的身份关系还是对被保险人人格权的尊重，无疑都反映了大陆法系国家对被保险人人身权的关注。

正是基于对被保险人人身权保护的关注，大陆法系国家纷纷将保险金处分权归于被保险人。保险金处分权的表现是受益人指定，我国《保险法》第39条规定，被保险人享有受益人指定权，投保人指定受益人亦需经被保险人同意，这正是被保险人处分保险金的法条体现。在学理上，有学者指出："寿险契约所保障之直接标的，应为被保险人对自己生命、身体之利益，此种利益的反面即为损害，亦即为寿险契约所欲填补之对象。盖若承认寿险为在填补要保

---

❶ 姚军、于莉："被保险人意思表示对人身保险合同的意义"，载《中国青年政治学院学报》2012年第5期，第125页。

❷ 江朝国：《保险法基础理论》（第四版），台湾瑞兴图书股份有限公司2003年版，第84页。

人因为被保险人死亡所产生之经济上损害,则不啻于以'他人之生命、身体'作为自己经济上之利益而为之法律行为标的,如此一来,将有违反私法上尊重人格生命之基本原则。反之,若吾人承认被保险人得以自己之生命、身体之利益为标的,则无此顾虑。因此,真正享有保险金和有权处分保险金之人应为被保险人。"❶

(三) 被保险人处分保险金意思表示之解释

被保险人通过指定受益人处分保险金,如保单存在受益人,则无保险金归属之疑问。但是,如出现《保险法》第42条第1款规定的三种情况,保单并无受益人,而此时被保险人已经死亡,对被保险人欲将保险金归于何人,只能通过对被保险人的意思表示进行解释的方式加以推断。

被保险人处分保险金性质上属于单方法律行为,即单方的意思表示。单方法律行为是指"根据当事人一方的意思表示就可以成立的民事法律行为。只要一方当事人作出意思表示,无须再有他方当事人同意就可以成立。"❷被保险人处分保险金即指定受益人领取保险金,在我国,该行为既不需要经过投保人的同意,亦不需要经过受益人的同意,更不需要经过保险人同意,因此属于单方意思表示。

对单方意思表示进行解释,须遵循"探求当事人真意"的解释原则。意思表示的解释,可以分为客观主义和主观主义两种方法。❸客观主义注重意思表示之"表示",即以意思表示的外观为基准解释法律行为。❹主观主义则注重意思表示之"意思",其"不应满足于对词语含义的解释,不应拘泥于所使用的文字,而应探求当事人的真实意思"。❺在保单没有受益人的情况下,被保险人处分保险金的意思表示缺乏外在表现,因此不能适用客观主义解释。而在被保险人死亡,保险金必须由他人受领的情况下,我们必须对被保险人愿将保险金给付何人的"意思"进行推断,对此意思的推断,只能采取主观主义解释方法,以探求被保险人处分保险金的真意。

倘若探求被保险人处分保险金的真意,应推断被保险人欲将保险金给付于其继承人。于意思表示解释理论上,推断当事人意思应以当事人对法律行为所作价值判断和出发点,基于诚实信用并斟酌交易上习惯而认定。❻尽管这一理论旨在解释契约行为,但作为单方法律行为的意思表示解释,至少可以借用其中两个方面,即从法律行为的价值判断出发,辅之以交易习惯对行为人的意思

---

❶ 江朝国:《保险法论文集(三)》,台湾瑞兴图书股份公司2002年版,第339页。
❷ 江平主编:《民法学》,中国政法大学出版社2000年版,第185页。
❸ 李永军:《民法总论》,中国政法大学出版社2008年版,第224~226页。
❹ 张广新:《合同法总则》(第二版),中国人民大学出版社2012年版,第650页。
❺ 沈达明:《德意志法上的法律行为》,对外贸易教育出版社1992年版,第91页。
❻ 王泽鉴:《民法总则》(增订版),中国政法大学出版社2001年版,第415页。

表示进行推断。❶ 从被保险人对保险产品价值的判断来说，被保险人通常欲将保险金给付其继承人。于以被保险人死亡为给付保险金条件的合同，被保险人深知自身死亡后无法领取保险金，其对保险之价值需求乃在于保障亲属的生活，正如袁宗蔚教授论及人寿保险的目的时所指出的"保障因家长死亡所致家庭损失之补偿，使其家属可获得一定收入，以维持生活及偿付债务之需"。❷ 而亲属中最重要的通常当属继承人无疑，因此可以推断，被保险人欲将保险金给付于其继承人。从被保险人处分保险金的交易习惯来说，绝大多数保单中，被保险人指定的受益人乃是自己的继承人，这一做法乃是基于普通人性的做法，无须赘论，亦无可反驳。

继承人应当参照《继承法》规定的继承顺序与继承份额领取保险金。在继承顺序方面，我国《继承法》上的继承人包括第一顺序继承人和第二顺序继承人，其划分标准有二：第一是以婚姻关系和血缘关系为基础的亲属关系的远近；第二是相互间扶养关系的亲疏。❸ 总而言之，判断继承顺位乃以关系之远近亲疏作为标准。这一标准亦可作为推定被保险人分配保险金意图的标准。循人之常情，被保险人必愿将保险金给付关系更亲更近的第一顺位继承人，其次才是较远较疏的第二顺位继承人。倘若所有继承人不分顺序作为保险金受领人，不仅有悖被保险人的通常意愿，亦与我国习惯及继承法的公正理念相违背。在继承份额上，继承法遵循的一般均等、适当照顾、权利义务相一致和相互协商的原则，❹ 亦符合被保险人的意图及日常习惯。❺ 因之，继承法的继承顺序与继承份额的规定，可以推定适用于欠缺受益人情况下保险金受领人的顺序与份额。

倘若被保险人没有继承人，保险金应首先归于投保人，倘若投保人亦不存在，则保险金可以收归人身保险保障基金。在此种情形下，对保险金的处理有两种观点：一种观点认为，既然人身保险合同中没有受益人，被保险人也没有继承人，保险人可以不予支付保险金；另一种观点则认为，在被保险人无受益

---

❶ 依照王泽鉴教授的意思表示解释理论，可以从三个方面探求当事人的真意：行为人对法律行为的价值判断、交易双方的诚实信用、交易习惯。作为契约行为中探求当事人意思表示的方法，这一观点无疑是正确的。但是，由于被保险人处分保险金的行为属于单方法律行为，而非契约行为，这三个因素中的两个：法律行为的价值判断、交易习惯（在非交易行为中亦可称"习惯"）仍有用武之地，但诚实信用这一因素因适用于双方或多方法律行为中，在此不宜采用。
❷ 袁宗蔚：《保险学——危险与保险》，首都经济贸易大学出版社 2000 年版，第 639 页。
❸ 郭明瑞：《继承法》，法律出版社 1996 年版，第 113 页。
❹ 巫昌祯：《婚姻与继承法学》（修订版），中国政法大学出版社 2001 年版，第 318 页。
❺ 《保险法》第 40 条第 2 款规定了受益顺序与受益份额问题，在受益份额问题上，规定"未确定受益份额的，受益人按照相等份额享有受益权"，确立了同一顺位受益人完全平等的分配原则。但这是针对被保险人已经指定了受益人的情况。倘若被保险人未指定受益人，同一顺位受益人通常应当享有相同份额，但如存在特殊情形，例如继承人中存在生活有特殊困难的缺乏劳动能力的继承人、对被保险人尽了主要扶养义务或者与被保险人共同生活的继承人、有抚养能力和条件不尽扶养义务的继承人的，或者继承人之间协商同意，则可打破均分原则，且通常并不违反被保险人的意图。

人、无继承人的情况下，保险金作为被保险人的遗产，根据《继承法》的规定收归国有。❶ 笔者认为，第一种观点主张保险人不予赔付，对交易对方极不公平，在被保险人和受益人均不存在的情况下，交易对方或许尚有投保人健在，而且，投保人为保险合同支付了保险费，其领取保险金，一方面可以弥补其保费支出，另一方面又可以避免保险人的不当得利，况且，依照我国《保险法》，投保人又是对被保险人具有保险利益之人，故保险金归投保人所有应无障碍。第二种观点主张将保险金收归国有，但国有是个宽泛的概念，保险人将保险金支付于哪个部门仍是疑难，不如将保险金归于保险保障基金以便执行，其原因主要是，保险是在同一危险群体中分散危险的机制，保险理念为"我为人人，人人为我"，在保险金处置困难时，应本着这一理念将保险金归于对该群体进行保障的公权力机构，以便群体中的他人提供救助，而这一公权力机构在我国则为保险保障基金，具体说来，应为人身保险保障基金。❷ 不过，将保险金支付于人身保险保障基金，必须是在保单没有受益人、被保险人没有继承人，且投保人亦不存在的情况下，方为适宜。

不过，探求被保险人对保险金处理的真意，实质上是一种依照常理的推定，推定内容未必完全符合事实。因此，如有证据表明，被保险人对保险金另作处理，而非意欲将之给付继承人，则应依证据所表明的事实作为被保险人处分保险金的真意。譬如，被保险人虽未在保单中指定受益人，或其指定的受益人先于被保险人而死亡，但被保险人随后于有效遗嘱中指定继承人之外的人作为受益人，则该指定有效，应推定被保险人欲将保险金给付继承人之外的他人。

（四）小结

由于保险旨在保障被保险人的损失，分散被保险人遭遇的风险，为被保险人服务，并且，在人身保险中，被保险人几乎可以被看作是投保人和保险人权利义务指向的对象，因此，被保险人处于保险关系的核心地位。为保护这一核心主体的人身权，保险法将保险金处分权归于被保险人。在被保险人生存的情况下，其当然可以以明确的意思表示指定受益人，从而处分保险金。但是，在被保险人死亡的情况下，若因原本没有指定受益人，或指定受益人先于被保险人死亡，或者指定受益人丧失、放弃受益权，从而没有受益人时，对被保险人处分保险金的意思须加以推断。以意思表示解释理论为依据，我们认为：其一，自被保险人对保险产品价值的判断来说，其通常以补偿自己死亡之后继承人的

---

❶ 温世扬：《保险法》，法律出版社2003年版，第359页。

❷ 我国《保险保障基金条例》将该基金分为财产保险保障基金和人身保险保障基金。财产保险保障基金由财产保险公司缴费构成，人身保险保障基金由人身保险公司缴费构成。欠缺受益人情形的保险属于人身保险，自应归入人身保险保障基金。

生活为目标；其二，自被保险人处分保险金的惯例来看，绝大多数被保险人将其继承人作为受益人。故而，在没有受益人的情况下，法律应推定保险金给付于被保险人的继承人。继承人应当参照《继承法》规定的继承顺序与继承份额领取保险金。倘若被保险人没有继承人，保险金应首先归于投保人，倘若投保人亦不存在，则保险金可以收归人身保险保障基金。不过，如果有证据表明，被保险人意欲将保险金给付于继承人之外的他人，只要证据充分，保险金应归他人所有。

四、在受益人缺失情况下保险金受领人的身份

在受益人缺失的情况下，保险金归于被保险人的继承人当无疑问，但是，被保险的继承人究竟以何种身份受领保险金却不无疑义。我国现行《保险法》第42条第1款就受益人缺失时保险金的处理规定："被保险人死亡后，有下列情形之一的（即受益人缺失的三种情形），保险金作为被保险人的遗产，由保险人依照《中华人民共和国继承法》的规定履行给付保险金的义务。"在此，法条未对保险金受领人的身份明确规定，在解释上，理论界对保险金受领人的身份作出两种不同解释：第一，保险金受领人的身份是被保险人的继承人；❶第二，保险金受领人的身份为保险合同之受益人。❷ 受领身份的不同，可能导致其所获保险金数额多寡的不同。

（一）被保险人意图视角下的受领人身份

确定受领人身份时，考察被保险人的意图至关重要。其原因在于，保险合同法属于私法，意思自治为私法的核心理念，法律规定原则上应本诸当事人的意思，而不应违反当事人意思肆意规定。对现行法律规定的解释，亦应符合当事人的真意。特别是，当法律行为为单方行为时，由于其"只要一方当事人作出意思表示，无须再有他方当事人同意就可以成立"。则该当事人意思便显得尤其重要，针对该意思的法律规定或解释，必须以当事人的意思为准。被保险人处分保险金的行为正是单方法律行为，而《保险法》第42条第1款的规定，正是法律对该行为的规定，针对该规定的解释，当然必须考察被保险人的意图。

一个理性的被保险人，必不欲将保险金受领人的身份定位为继承人，因为若将之定位为继承人，根据《继承法》，该保险金必须只有在偿还被继承人债务之后才能归继承人所有；如将保险金受领人定位为受益人，至少现行法律未

---

❶ 徐卫东：《保险法学》（第二版），科学出版社2009年版，第69页；史卫进：《保险法原理与实务研究》，科学出版社2009年版，第61页；邢海宝：《中国保险合同法立法建议及说明》，中国法制出版社2009年版，第420页；吴定富：《〈中华人民共和国保险法〉释义》，中国财政经济出版社2009年版，第110页。
❷ 江朝国：《保险法论文集（三）》，台湾瑞兴图书股份公司2002年版，第26页；樊启荣：《保险法》，北京大学出版社2012年版，第202页；郑玉波：《保险法论》（第五版），台湾三民书局2003年版，第177页。覃有土：《保险法概论》（第二版），北京大学出版社2001年版，第343页。温世扬：《保险法》，法律出版社2003年版，第358页。

明确规定保险金必须偿还被保险人的债务。并且,如将受领人定位为继承人,将丧失合法避征遗产税的可能性,相反,受领人若被认定为受益人,依据世界各国规定,保险金可能在一定范围内免缴遗产税。由此,作为受益人的保险金受领人较之作为继承人的保险金受领人,可以领取较多的保险金。故而可以推测,被保险人更愿意将受领人定位为保险受益人。

(二) 生存权视角下的受领人身份

生存权是基本人权之一,当生存权与债权发生冲突时,应优先保护生存权。正如学者所言:"生存权是其他权利存在的基础,生存权得不到保障,其他权利也就无从依附,因此,保障主体的生存权具有优先考虑的必要。"❶ 一方当事人的生存权倘若与他方债权发生冲突,应当首先保护该方当事人的生存权,这在法学理论中已成为不争的规则。最典型的例证是,我国《民事诉讼法》规定,对被执行人进行强制执行,保障债权人权利实现时,应当保留被执行人及其所扶养家属的生活必需品。有学者甚至认为,保障生存权,不仅要保障基本的生活用品,而且应当包括当事人尊严生活的其他精神性物品。❷

继承权并非生存权,在权利顺位上,其劣后于债权,无法确保受领人的生存权利。如将保险金受领人定位为继承人,则保险金受领人享有的是继承权,❸ 依照我国《继承法》第33条,继承遗产应当清偿被继承人依法应当缴纳的税款和债务,倘若被保险人债权大于保险金数额,此时,即便受领人生存艰难,依照法律其仍无法获得保险金,保险金便无法起到保障受领人生存的作用。❹

但是,倘若将受领人定位为保险受益人,根据国际惯例,可以确保被保险人的生存。保险金免受被保险人之债权人的追索已经成为国际惯例,在美国,"很多州的法律不同程度地规定:债务人的保单可以免受债权人主张的影响。"❺ "如果个人为自己投保,并指定近亲属为受益人,这样的保险单,其给

---

❶ 董彪、刘卫国:"民事强制执行中生存权与债权的冲突与平衡",载《法学论坛》2007年第4期。

❷ 龚向和:"生存权概念的批判与重建",载《学习与探索》2011年第1期,第105页。

❸ 将保险金受领人定位为继承人,保险金就会变成遗产。

❹ 在美国,如果将被保险人自身视为受益人,保险金成为被保险人的遗产,其同样不能对抗被保险人的债权人,诚如美国学者所言:"如果被保险人指定自己或者自己的遗产管理人作为受益人,此时的现金价值和保险给付金便不大可能免受债权人的追偿,因为这样的保单本质上就是被保险人的个人资产,跟银行存款没什么分别,公共政策此时自然也就改变态度,不再禁止债权人对此申请冻结。"(参见〔美〕小罗伯特·H.杰瑞、道格拉斯·R.里士满:《美国保险法精解》,李之彦译,北京大学出版社2009年版,第169页。)

❺ 〔美〕小罗伯特·H.杰瑞、道格拉斯·R.里士满:《美国保险法精解》,李之彦译,北京大学出版社2009年版,第169页。需要说明的是,大体上说,美国各州均规定了债务人保单可以免受债权人追索的制度,但各州规定差异较大。通常来说,法院会考虑:(1)当事人要求豁免的是不是现金价值或给付金;(2)所涉及的是什么样的保单;(3)债务人与保单之间的关系,换句话说,债务人是否是保单持有人或者受益人(4)如果债务人是保单持有人,他是否有变更受益人的权利;(5)受益人与被保险人之间的关系;(6)年缴保费的金额等,从而决定保险金应否免受债权人追偿。

付金可以免受债权人的索偿。"❶ 在英国,《已婚妇女财产法》第 11 条规定,当丈夫明示为妻子、子女的利益给自己投保人身保险时,他们就为自己目的的实现确立了一种信托关系,在这些目的未达到之前,保险金不得并入被保险人的财产或用来偿还其所欠的债务。❷ 各国之所以作这样的规定,"目的是为了保护债务人的家人,因为一旦债务人身故,其家人便需要依赖债务人生前购买的保险来获得经济资助"。❸ 可见,如果将保险金受领人定位为受益人,则受益人之权利优于被保险人债权人之债权实现,从而保证了受益人的生存权。因此,自保障受领人生存权的角度看,应将其定位为保险受益人。

(三) 补充社会保障视角下的受领人身份

保险制度与社会保障关系密切,不仅社会保险是社会保障最主要的组成部分,而且商业性人身保险制度也是社会保障的重要补充。鼓励个人或其雇主主动购买人身保险产品除可以降低社会整体风险,还可以减少国家在社会保障中的投入。❹ 故而,世界各国莫不以税收上的优惠鼓励民众投保,以弥补社会保障的不足,❺ 人身保险因而成为广义社会保障的又一个方面。遗产税优惠正是国家促进投保,进而补充社会保障的一种措施。

如将保险金受益人定位为继承人,因遗产应交遗产税,无法达到鼓励投保的目的,也就无法补充社会保障。保险金转化为遗产的过程是:在受益人欠缺时,保险金仍应归被保险人所有,亦即,此时被保险人是实质上的受益人。但被保险人因死亡而丧失其权利主体资格,故不能领受保险金,保险金即成为被保险人之遗产。❻ 一般遗产当然应当缴纳遗产税,以保险为基础的遗产是否可以免除遗产税?我国台湾地区学者陈云中指出,死亡保险契约未指定受益人者,死亡保险金额并入遗产总额,不得免纳遗产税。❼ 而美国联邦遗产税法第 2042 节规定,如果以下两个条件中任意一个得到满足,人寿保险的死亡保险金就需要计入死者的总遗产中:(1) 保险金应付给被保险人的遗产或为被保险人的遗产的利益支付;(2) 被保险人在死亡时拥有保单的哪怕只是一部分的所有权附带权利。❽ 如将保险金受领人定位为继承人,其实质便是保险金成为被

---

❶ [美] 小罗伯特·H. 杰瑞、道格拉斯·R. 里士满:《美国保险法精解》,李之彦译,北京大学出版社 2009 年版,第 169 页。

❷ 李政宁:"保险受益权与投保人或被保险人的债权人利益的冲突与解决",载《内蒙古财经学院学报》2010 年第 5 期,第 92 页。

❸ [美] 小罗伯特·H. 杰瑞、道格拉斯·R. 里士满:《美国保险法精解》,李之彦译,北京大学出版社 2009 年版,第 169 页。

❹ 朱铭来:《保险税收制度经济学分析》,经济科学出版社 2008 年版,第 68 页。

❺ 江朝国:《保险法逐条释义》,台湾元照出版有限公司 2012 年版,第 228 页。

❻ 尹中安、赵鑫泽:"保险金遗产化或非遗产化之立法选择",载《保险研究》2010 年第 8 期,第 112 页。

❼ 陈云中:《人寿保险的理论与实务》(第九版),台湾三民书局 1992 年版,第 355 页。

❽ [美] 肯尼斯·布莱克、哈罗德·斯基博:《人寿与健康保险》(第十三版),孙祁祥、郑伟等译,经济科学出版社 2003 年版,第 326 页。

保险人的遗产,正好属于上述(1)之情形,保险金因而不能免除遗产税,也就不能达到鼓励投保、补充社会保障的目的。

相反,如将保险金受领人定位为受益人,则可以免缴遗产税,❶ 从而鼓励投保,达到补充社会保障的目的。保险金作为遗产通常不能免缴遗产税,是因为领取的金钱实质上归于被保险人而成为彻彻底底的遗产,但是,倘若保险金受领人被视为受益人,则其领取的金钱属于保险法上名副其实的保险金。对保险法上的死亡保险金,许多国家和地区均规定免征遗产税,例如,我国台湾地区"遗产及赠与税法"第16条第9款规定,约定于被保险人死亡时,给付其所指定之人寿保险金额不计入遗产总额。换言之,受领人若以受益人身份取得死亡保险金者,可免纳遗产税。❷ 由此可见,在保单欠缺受益人时,如法律将未来领取保险金之人视为受益人,因遗产税优惠,可吸引投保人投保,进而达到补充社会保障的目的。也许正是出于这一原因,俄罗斯和亚美尼亚均直接规定,在保单欠缺受益人时,被保险人的继承人作为受益人领取保险金。例如《亚美尼亚共和国民法典》第990条第2款第1项:"人身保险合同应当被看作是为被保险人利益订立的,除非保险合同中明确载明了受益人。在被保险人死亡并且没有其他受益人的情况下,被保险人的继承人应当被视为保险合同的受益人。"❸

尽管我国尚未征收遗产税,但早在2004年,财政部就出台了《中华人民共和国遗产税暂行条例(草案)》,该条例在2010年进行了修订,2013年,开征遗产税的问题再次被推到舆论的风口浪尖上。世界上已有114个国家开征遗产税,我国现在开征遗产税正当其时。❹ 可以预见,遗产税的正式开征已为时不远。将保险金受领人视为受益人,对人身保险,特别是保障型人身保险及投资性人身保险的保障部分来说,可享受一定的税收优惠。这一优惠不仅能使个人领取的保险金数额有所增加,而且间接缓减了我国本已捉襟见肘的社会保障基金。但是,如果将保险金受领人视为继承人,则无法避免遗产税的征收,对个人和社会均无好处。

---

❶ 值得注意的是,并非任何由受益人领取的保险金,均可以免除遗产税。现代保险产品种类繁多,并且许多产品更强调投资功能,而非保障功能,只有传统的保障型产品才有较好的规避遗产税功能,投资联结保险、万能保险、分红保险等产品,引起具有很强的投资特性,和生存保障关联不大,因而可能无法规避遗产税。不过,本文研究的正是被保险人死亡时的保障型赔付,所以大致可以适用遗产税免征制度。

❷ 陈云中:《人寿保险的理论与实务》(第九版),台湾三民书局1992年版,第354页。

❸ 在我国,1993年2月9日中国人民银行下发的《简易人身保险条款》第13条规定:"如果没有指定受益人或受益人先于被保险人死亡,被保险人的法定继承人即为受益人。"只是后来出台的《保险法》改变了这一做法,规定被保险人死亡后,受益人缺失的,保险金作为被保险人的遗产。

❹ 参见北京师范大学中国收入分配研究院课题组:"开征遗产税正当其时",载《理论参考》2013年第10期,第50页。

(四) 小结

投保人购买人身保险，特别是以死亡为给付保险金条件的人身保险，其目的并不在于保障被保险人本人，而在于保障被保险人死亡之后其家属的生存。于法理上，生存权优于债权，因此，即使被保险人的债权人对保险金提出主张，如将保险金受领人视为保险受益人，则在受领人的生存权面前，债权人的主张亦不能获得满足。但是，倘若将受领人视为继承人，由于继承权劣后于债权，债权人的主张可以获得满足。在遗产税问题上，依据世界惯例，如将保险金受领人视为受益人，则可以免缴遗产税；如将保险金受领人视为继承人，则无法避免遗产税的征收。而免征遗产税可以鼓励购买人身保险，特别是保障型人身保险，从而补充我国社会保障的不足。基于上述两点，在保单欠缺受益人，且被保险人死亡的情况下，可以推断，被保险人更愿意将保险金受领人视为受益人，而非继承人。由此，无论是从生存权保障的视角，还是补充社会保障的视角，抑或是被保险人意图的视角来看，法律均应将保险金受领人的身份定位为受益人。

五、受益人缺失情况下保险金处理的司法解释

我国《保险法》第42条第1款规定："被保险人死亡后，有下列情形之一的，保险金作为被保险人的遗产，由保险人依照《中华人民共和国继承法》的规定履行给付保险金的义务：（一）没有指定受益人，或者受益人指定不明无法确定的；（二）受益人先于被保险人死亡，没有其他受益人的；（三）受益人依法丧失受益权或者放弃受益权，没有其他受益人的。"这一条款一方面将保险金作为"遗产"处理，另一方面又要求保险人给付"保险金"，似乎存在矛盾之处。研究表明，该条中的"保险金作为被保险人的遗产"，并不是指"保险金就是遗产"，而是旨在确定受益人缺失时保险金的支付对象，其处理结果是被保险人的法定继承人被视为保险受益人，而非将被保险人本人视为保险受益人。保险人对被保险人的继承人的支付行为，性质上应为保险金支付，而非代被保险人给付遗产。如此处理，方符合被保险人指定受益人的本意，能够保障被保险人的法定继承人的生存，弥补我国社会保障的不足。由此，我们建议，《保险法》第42条第1款应作如下解释：

第一，于《保险法》第42条第1款规定的受益人缺失情况下，被保险人的法定继承人应当被视为保险合同的受益人。保险人应当参照《中华人民共和国继承法》规定的继承顺序与继承份额支付保险金。

第二，被保险人没有法定继承人时，投保人应当被视为保险合同的受益人。投保人已死亡时，人身保险保障基金应当被视为保险合同的受益人。

第三，保险合同指定的受益人为不可变更受益人，并且先于被保险人死亡，没有其他受益人的，该受益人的法定继承人应当被视为保险合同的受益人。

附录:其他国家或地区关于受益人缺失与保险金处理的规定

《德国保险合同法》

第 160 条:"如无第三人作为受益人取得对保险人请求给付的权利者,保险金请求权归投保人享有。"

《亚美尼亚共和国民法典》

第 990 条第 2 款第 1 项:"人身保险合同应当被看作是为被保险人利益订立的,除非保险合同中明确载明了受益人。在被保险人死亡并且没有其他受益人的情况下,被保险人的继承人应当被视为保险合同的受益人。"

"澳门商法典"

第 1034 条第 5 款:"如投保人未指定受益人,则推定其保留随时指定受益人之权能;如投保人死亡日仍未指定受益人且无确定受益人之客观准则,则保险金额转为投保人之财产。"❶

《日本保险法》

第 46 条:"保险金受领人于保险事故发生前死亡的,其全体继承人成为新的保险金受领人。"❷

《俄罗斯民法典》

第 934 条第 2 款第 1 项:"如果合同中未指定其他人为受益人时,则人身保险合同视为为被保险人的利益而订立。在合同的被保险人死亡,而合同中未指定其他受益人的,被保险人的继承人为受益人。"

《韩国商法》

第 733 条第 1 款:"投保人有权指定或变更保险受益人。"

第 2 款:"投保人尚未行使第 1 款的指定权即已死亡的,以被保险人作为保险受益人;投保人尚未行使第 1 款的变更权即已死亡的,保险受益人的权利

---

❶ 在我国澳门特别行政区,指定受益人之权利属于投保人,《澳门商法典》第 1034 条第 4 款规定:"投保人得指定受益人或改变已作出指定而无须保险人许可。"

❷ 日本的这一规定延续了原《日本商法典》第 676 条的规定意旨,该条第 1 款规定:"保险金额受领人系被保险人以外的第三人时,如其死亡,则保险人可以重新指定保险金额受领人。"第 2 款规定:"保险人未行使前款权利而死亡时,则由应当领取保险金的人的继承人为应当取得保险金的人。"对第 2 款中提到的"应当得保险金的人",日本最高裁判所在判例中将其解释为"指定受益人"。由此,在受益人先于被保险人死亡,没有其他受益人的情况下,应当领取保险金的人为原受益人的继承人。《日本保险法》第 46 条明确承认了这一做法。

视为已确定。但已经约定投保人死亡时,由其承继人行使第 1 款权利的除外。"

第 3 款:"保险受益人在保险存续中死亡时,投保人可重新指定保险受益人。此时,如果投保人未行使指定权即已死亡时的,以保险受益人的继承人作为保险受益人。"

第 4 款:"投保人行使第 2 款和第 3 款的指定权之前发生保险事故的,以被保险人或保险受益人的继承人为保险受益人。"

"台湾保险法"

第 45 条:"要保人得不经委任,为他人之利益订立保险契约。受益人有疑义时,推定要保人为自己之利益而订立。"

第 52 条:"为他人利益订立之保险契约,于订约时,该他人未确定者,由要保人或保险契约所载可得确定之受益人,享受其利益。"

第 113 条:"死亡保险契约未指定受益人者,其保险金额作为被保险人的遗产。"

互为受益人的被保险人共同遇难时保险金给付问题研究[*]

张秀全[**]

我国 2009 年修订的《保险法》借鉴美国 1940 年《统一同时死亡法》的规定，引入了共同遇难条款。这一条款为解决受益人与被保险人共同遇难时的死亡顺序推定问题提供了明确的法律依据，这无疑是我国保险立法的一个进步。但机械地适用这一条款处理保险实务中出现的一些特殊的共同遇难赔付纠纷，仍不免有困惑和疑问。因此，有必要结合司法实务中的典型案例，对互为受益人的被保险人共同遇难时的保险金给付问题做些深入探讨。

一、互为受益人的被保险人共同遇难案件的困惑

案例（一）[❶]

1. 案件缘由

原告余燕宾诉称，其妻顾萍于 2012 年 1 月 27 日因交通事故意外身故，顾萍生前向被告投保了人寿保险一份，受益人为其子余越。余越同时在该起事故中身亡，根据事故当时两人座位位置、受伤程度、《继承法》的规定，应推定顾萍死亡在先，余越死亡在后，故要求被告将顾萍的保险理赔款作为受益人余越的遗产进行分配。原告据此向被告索赔未果，遂诉至法院，请求判令将顾萍的保险理赔款 50 000 元作为其受益人余越的遗产进行分配，并承担本案的诉讼费用。

原告顾云福（顾萍生父）、朱日凤（顾萍继母）、翟步凤（顾萍生母）诉称，在同一次事故中不能确定顾萍及余越死亡先后顺序的前提下，应该适用《保险法》的规定推定受益人死亡在先，保险金应作为被保险人顾萍的遗产进行继承分配。顾萍的第一顺序继承人有四个，其作为继承人，有权主张将顾萍

---

[*] 本文系国家社会科学基金项目"利益衡平视野下寿险核保期风险分担法律问题研究"（项目批准号：11BFX034）的阶段性研究成果。

[**] 上海大学法学院教授，博士生导师。

[❶] 案情摘要引自南京市鼓楼区人民法院民事判决书（2012）鼓商初字第 497 号。

的保险理赔款50 000元作为顾萍的遗产进行分配。请求法院判决被告向四原告各给付12 500元。

被告国寿江苏分公司对双方的保险合同关系、被保险人因交通事故的发生而死亡构成保险事故,以及四原告系被保险人第一顺序继承人的身份等事实不持异议。但辩称:原告余燕宾主张根据顾萍及余越的座位分布及事故发生的过程推定顾萍先于余越死亡,没有事实依据。顾萍分别为自己及余越投保的两份保险合同,是独立的两个法律关系,在同一次事故当中不能确定顾萍及余越死亡先后顺序的前提下,应适用《保险法》的规定推定受益人先死。

2. 案件事实

经审理查明,2008年7月25日,顾萍以本人为被保险人向国寿江苏分公司投保康宁终身保险、康宁定期保险各一份,受益人为其子余越,保险期间分别为终身、43年,保险金额分别为10 000元、20 000元;康宁终身保险条款规定,被保险人身故保险金按三倍基本保险金额给付保险金;康宁定期保险条款规定,被保险人身故,保险公司按基本保险金额给付保险金。2009年4月25日,顾萍为其子余越投保国寿瑞鑫两全保险(分红型)及国寿附加瑞鑫提前给付重大疾病保险一份,受益人为顾萍,保险期限为80年,保险金额分别为10 000元,被保险人在未成年时身故,累计死亡保额不超过5万元。交通事故认定书载明顾萍、余越在事故中当场死亡。

另查明,事故发生后,国寿江苏分公司对于余越为被保险人、顾萍为受益人的寿险,根据《保险法》的规定推定受益人顾萍先死亡,余越的遗产由其父余燕宾继承,并向余燕宾给付了理赔款。

3. 争议焦点

(1) 受益人余越和被保险人顾萍谁应被推定死亡在先?

(2) 50 000元保险金应由原告余燕宾一人独享还是原告四人平分?

4. 裁判结果

法院认为,投保人顾萍与国寿江苏分公司所签订的保险合同合法有效,被保险人顾萍在保险责任期间意外死亡,已构成保险事故,保险人应当予以理赔。

顾萍和余越在同一交通事故中当场死亡,不能确定先后顺序,应推定受益人先于被保险人死。理由如下:一、交通事故认定书载明顾萍、余越在事故中当场死亡。余燕宾主张以尸体检验鉴定书、理赔领款通知书、顾萍和余越的座位分布,以及事故发生的过程来推定顾萍死亡在先的意见,没有事实依据,不予采纳。二、《继承法》司法解释关于继承人与被继承人共同死亡的死亡顺序推定规则的前提是被继承的遗产已经确定,不存在遗产归属的争议。但本案中被保险人顾萍与受益人余越在同一起事故中死亡,保险金应当成为谁的遗产尚且存在争议，不存在上述司法解释适用的前提条件。三、本案系保险合同纠纷，确定的是保险金的归属问题，应当适用《保险法》的规定，推定受益人死亡在先。保险与继承是不同性质的法律关系，在两份保险合同所建立起的两个相互独立的法律关系范围内，可以对同一事件的有关事实做出不同推定。即便国寿江苏分公司已经在被保险人为余越、受益人为顾萍的保险合同中做出顾萍先死亡的推定，在本案中做出余越先死亡的推定，仍然符合法律规定和保险法原理。本案中被保险人顾萍与受益人余越在同一起交通事故中死亡，应当适用《保险法》的相关规定，推定受益人余越先死亡。四、从法律适用的角度上看，《保险法》属于特别法，应当予以优先适用。

余燕宾、顾云福、翟步凤作为顾萍的第一顺序继承人，有权向保险人主张作为顾萍遗产继承的保险金。继母朱日凤对顾萍形成抚养关系，作为顾萍的第一顺序继承人，亦有权向保险人主张作为遗产继承的保险金。余燕宾主张国寿江苏分公司给付保险金总额1/4以外部分诉讼请求，没有事实和法律依据，不予以支持。

保险条款约定，康宁终身保险的保险金额为10 000元，被保险人身故后保险金按三倍基本保险金额给付；康宁定期保险金额为20 000元，被保险人身故后保险金按基本保险金额给付保险金。本案中被保险人顾萍意外身故，赔偿保险金总额合计50 000元，应作为其遗产由第一顺序继承人为余燕宾、顾云福、翟步凤、朱日凤四人继承。因此，保险人应当给付保险金额合计50 000元，其中给付余燕宾、顾云福、翟步凤、朱日凤各12 500元。据此依法判决被告国寿江苏分公司于本判决生效后10日内一次性给付保险金50 000元，其中给付原告余燕宾、顾云福、翟步凤、朱日凤各12 500元；驳回原告余燕宾的其他诉讼请求。

5. 案后困惑

这起案件虽然已经结案，但在案件审理过程中因共同遇难规则适用所隐含或引发的问题并没有真正被解决。在单一保单中适用共同遇难规则，推定受益人先于被保险人死亡，保险金作为被保险人的遗产由保险人根据《继承法》的规定履行给付保险金的义务，通常并不会引起疑义。但当我们面对两份或两份以上的保单，且被保险人互为受益人时，互为受益人的两个或两个以上的被保险人在同一事故中共同遇难，机械地适用共同遇难规则，在余越为被保险人的保单中推定受益人顾萍先死亡，而在顾萍为被保险人的保单中又推定受益人余越先死亡，则明显违反了一个人不可能死亡两次，也不应当被推定死亡两次的常理和逻辑，自相矛盾，难以自圆其说。

本案裁决中这种前后矛盾的死亡顺序推定，就像"按下葫芦浮起瓢"一样，并未真正解决互为受益人的被保险人共同遇难时如何推定被保险人与受益人死亡的先后顺序问题。本案中的问题实质上已经不是如何严格地适用法律，而是法律规则本身隐含着一定的漏洞，亟须我们反思、发现并弥补其漏洞。

共同遇难规则并未预设两份或两份以上的保单中互为受益人的两个或两个以上的被保险人共同遇难时如何推定死亡先后顺序的问题，并受制于《保险法》第42条第1款身故保险金在法定情形下作为被保险人的遗产的规定。此外，我国《保险法》第18条第3款中明确规定："投保人、被保险人可以为受益人"，但共同遇难规则实际上没有预设被保险人同时为受益人时如何推定死亡先后顺序的问题，笔者曾经探讨过这样一个被保险人同时为受益人而且互为受益人的共同遇难案例。

案例（二）

2009年12月11日，王贵与李红在蜜月旅行途中因车祸共同遇难，不能确定死亡的先后时间。在办完后事之后，李红的父母在整理李红和王贵的遗物时发现了两份保单。一份是李红当时的未婚夫、后来的第一任丈夫马凯在2005年12月5日作为生日礼物送给未婚妻李红的一份寿险保单。马凯以趸交的方式购买了这份保单，投保人为马凯，被保险人为李红，保险期限为10年，保险金额为50万元人民币，指定受益人一栏填写了"李红和李红的丈夫"。另一份是王贵在与李红恋爱期间的2008年1月5日，为自己购买的一份寿险保单，保额为100万元，保险期限为5年，并指定受益人为李红和王媛。

据此，李红的父母请求保险公司给付李红的身故保险金37.5万元。王贵的父母知道后，认为王贵的身故保险金应有一半即50万元属于王贵的遗产，王贵死后应由他们二老和王媛继承，另一半50万元由王媛受领，李红的身故保险金作为李红的遗产也应由王媛继承25万元。李红的前夫马凯知道后主张李红的保单是自己花钱买的，指定的受益人也是李红和当时的丈夫即自己，因此只有自己才有权领取李红的身故保险金50万元，李红的父母和王媛均无权继承。金英则主张作为李红的债权人，对李红的50万元身故保险金有优先受偿权。

经查，马凯与李红因感情不和，已2007年11月协议离婚，但未对保险单的现金价值进行分割，也未对保单作出任何变更。王贵与李红于2009年12月8日结婚，婚前生有一女王媛。2005年12月1日，李红曾向金英借款50万元，迄今未还。

该案中涉及的问题可能更为复杂，共同遇难规则应如何适用？150万身故保险金应如何分配？各方当事人主张各异。我国《保险法》的共同遇难规则的规定是否合理，互为受益人的被保险人共同遇难时如何修正死亡顺序推定规则？这些正是前引两个案例带给我们的困惑。

二、我国《保险法》共同遇难规则的合理性质疑

(一) 身故保险金能否作为被保险人的遗产

我国《保险法》第 42 条规定，被保险人死亡后，有该款法定的三种情形之一的，保险金作为被保险人的遗产，由保险人依照《继承法》的规定履行给付保险金的义务。而按照我国《保险法》的有关规定，被保险人的身故保险金究竟是否为被保险人的遗产，实际上取决于是否有指定受益人，指定受益人是否后于被保险人死亡，指定受益人是否丧失或放弃了受益权。如果有指定受益人、指定受益人后于被保险人死亡、指定受益人未丧失或放弃受益权，则身故保险金就不是被保险人的遗产，而是受益人对保险人享有的债权。反之，身故保险金就作为被保险人的遗产。

在法定情形下，身故保险金作为被保险人遗产的立法例并非我国《保险法》所首创，我国《保险法》第 42 条的规定实际上直接借鉴了我国台湾地区保险法的有关规定。❶ 而美国、日本、德国等国家则并未明确规定身故保险金为被保险人的遗产。例如，美国多数州采用的 1840 年制定的《统一同时死亡法》(The Uniform Simultaneous DeathAct) 规定，人寿保险或意外伤害保险的被保险人和受益人已经死亡，但无足够的证据可以排除其同时死亡的，则保险金应当以被保险人后于受益人死亡的原则予以分配。除非被保险人在死亡前对已指定的受益人予以变更或撤销，否则发生保险事故，保险人应向被保险人的继承人给付保险金。❷ 不可否认，当受益人与被保险人共同遇难时，不能确定死亡顺序，则推定受益人先于被保险人死亡，而非被保险人先于受益人死亡，将身故保险金作为被保险人的遗产而非受益人的遗产，由保险人向被保险人的法定继承人给付保险金，有利于维护与被保险人关系密切的继承人的利益。

但身故保险金仅仅因为有无指定受益人、受益人是否先于被保险人死亡、受益人是否放弃或丧失受益权而异其性质，其论证的理由和逻辑实难令人认同。首先，无论在何种情形下，身故保险金都不能和不应该作为被保险人的遗产，因为身故保险金根本不具有遗产的基本特性。遗产是公民死亡时遗留的个人合法财产，具有个人性、遗留性、合法性、财产性。遗产的遗留性意味着被继承人生前拥有某种财产权利或合法的财产利益，因各种原因没有消耗完毕而在其死亡时遗留了下来。身故保险金自始至终都是为被保险人身故后尚生存的

---

❶ 我国台湾地区"保险法"第 113 条（法定受益人）规定："死亡保险契约未指定受益人者，其保险金额作为被保险人之遗产。"第 121 条（保险人之免责事由），"受益人故意致被保险人于死或虽未致死者，丧失其受益权。""前项情形，如因受益人丧失受益权，而致无受益人受领保险金额时，其保险金额作为被保险人遗产。"

❷ 缪里尔·L. 克劳福特：《人寿与健康保险》，周伏平、金海军等译，经济科学出版社 2000 年版，第 250 页，第 401~402 页。肯尼思·布莱克、哈罗德·斯基博：《人寿与健康保险》，孙祁祥等译，经济科学出版社 2003 年，第 227 页。

至爱亲朋提供的经济保障。被保险人虽然可以借此了却遗愿，从而获得某种精神上的安宁，但被保险人生前实际上根本不可能消耗该项财产利益，既谈不上生前拥有，更不可能死后遗留。无论被保险人是否为投保人，身故保险金都不具有遗产的遗留性，而仅仅是为受益人提供了一个经济保障的期待地位或期待利益。其次，将身故保险金在法定的情形下作为被保险人的遗产，对被保险人的法定继承人是不公平的。因为一旦作为被保险人的遗产，就要受《继承法》关于遗产分配规则的拘束。遗产既包括被继承人的积极财产，也包括被继承人的消极财产，虽然我国《继承法》实行限定继承原则，继承人接受继承的，仅在被继承人遗产的实际价值范围内负有清偿被继承人生前债务的义务，但这一规则的适用使得被继承人的债权人处于优先受偿的地位。正如前面所讨论的案例二那样，李红的50万元身故保险金如果被作为李红的遗产，则应当首先清偿其生前对金英所负有的50万元债务，如此处理的结果将导致被保险人李红的法定继承人无法获得分文身故保险金。笔者主张，无论是指定受益人受领保险金，还是法定继承人受领保险金，身故保险金都不是被保险人的遗产，也不应作为被保险人的遗产。被保险人的债权人也因此不能对李红50万元的身故保险金求偿，更不可能优先受偿。在被保险人死亡时，将被保险人的身故保险金统一界定为受益人对保险人享有的债权，而非时而债权、时而遗产，无疑对被保险人的继承人更为有利和公平。在将来开征遗产税的情形下，身故保险金的债权性质将更加凸显其对被保险人的继承人的公平保护。

（二）被保险人可否作为身故保险金的受益人

我国《保险法》第18条规定"被保险人可以为受益人"。有学者甚至认为，被保险人是当然的受益人，被保险人之外的人之所以能够被指定为受益人，不过是被保险人对其当然享有的受益权处分的结果，换言之，这种情形下，实质上是被保险人将其当然享有的受益权处分给被保险人之外的人。❶ 在保险合同中，被保险人应仅仅是指其财产或者人身受保险合同保障的人。虽然在财产保险合同和人身保险合同中，通常情况下被保险人也是享有保险赔付和保险金请求权的人，即广义的受益人。但在含有死亡保险因素的人身保险合同中，则应严格区分被保险人和身故保险金的受益人。虽然我国《保险法》规定被保险人可以为受益人，但这里所讲的受益人实际上并非身故保险金的受益人，而是生存保险金、残疾保险金、医疗费用保险金的受益人。严格而言，身故保险金的受益人即狭义上的受益人❷不可能由被保险人兼任。因为，在任何

---

❶ 高宇："被保险人与受益人同时死亡时保险金之给付"，载《当代法学》2005年第6期。
❷ 邢海宝起草的《中国保险合同法》立法建议第18条［受益人］规定："受益人是指人身保险合同中由被保险人或投保人指定的在被保险人死亡时享有保险合同请求权的人，法律另有规定的从其规定。"邢海宝：《中国保险合同法立法建议及说明》，法律出版社2009年版，第57页。

含有死亡保险因素的保险合同中,其身故保险金归根结底都不是为被保险人的直接利益,而是为被保险人的至爱亲朋的利益提供经济保障。将被保险人指定为身故保险金的受益人是荒唐而无益的,徒增理论和实务上的混乱。如前引案例二中李红被指定为李红保单的身故保险金的受益人之一,如果机械地适用共同遇难规则,岂非要推定受益人李红先于被保险人李红死亡,或者认定受益人李红与被保险人李红同时死亡?笔者认为,保单中已经指定被保险人为其身故保险金的受益人的,因该指定自始客观不能履行而应归于无效,但该指定条款的无效不影响保单其他条款的效力。

(三) 身故保险金的受益人是否仅限于指定受益人

根据我国《保险法》有关受益人的定义、产生和变更方法及受益权丧失的规定,受益人仅限于指定受益人,而不包括被保险人的继承人。虽然《保险法》第42条第1款规定,被保险人的继承人在法定情形下可以根据《继承法》的规定取得作为被保险人遗产的身故保险金,但此时被保险人的继承人不是处于被保险人的受益人的地位,而是处于被保险人的继承人的地位。有学者将我国2002年《保险法》第64条规定的立法本意解读为确定被保险人死后又无受益人时保险金给付之对象的确定方法问题,认为此时法定继承人是以受益人之身份行使受益权,而非以法定继承人之身份继承遗产,因此应优先于被保险人的其他债权人,亦不课征遗产税。❶ 我国台湾地区"保险法"第113条虽然直接将该条的条文主旨用"法定受益人"表示,但该条已经明确规定"死亡保险契约未指定受益人者,其保险金额作为被保险人之遗产"。这与其第112条的规定截然相反。❷ 笔者认为,无论是我国2002年《保险法》第64条,还是2009年《保险法》第42条第1款,既然都已经明确规定法定情形下身故保险金作为被保险人的遗产,而遗产的取得根据只能根据继承法而非保险法,新法还特别明确增设"依照《中华人民共和国继承法》的规定",那么再将其解读为法定受益人受领保险金,不仅牵强附会,而且明显不符合法律条文的本意。

我们注意到,日本《保险法》上虽然也有受益人指定、变更的规定,但其并未规定指定受益人先于被保险人死亡时,保险金作为被保险人的遗产由被保险人的继承人继承,而是规定:"保险金受益人在保险事故发生前死亡的,其继承人全员为保险金受益人。"❸ 这一规定主要是考虑到投保人、被保险人生前可以随时撤销、变更或重新指定受益人,在没有撤销、变更或重新指定受益人,合同标准条款中又无关于被保险人的继承人作为候补的推定受益人的情况

---

❶ 覃有土、樊启荣:《保险法学》,高等教育出版社2003年版,第355页。
❷ 我国台湾地区"保险法"第112条(受益人之权利):"保险金额约定于被保险人死亡时给付于其所指定之受益人者,其金额不得作为被保险人之遗产"。
❸ 2008年《日本保险法》第46条。

下，应尊重投保人、被保险人的意愿，由先于被保险人死亡的受益人的继承人全员作为保险金受益人。而在日本保险实务上，曾发生被保险人唯一的法定继承人也是唯一的指定受益人先于被保险人死亡，指定受益人的第二顺序的法定继承人向法院请求保险人给付被保险人的死亡保险金的案例，法院最终则驳回了原告的诉讼请求。❶ 同样，当被保险人没有指定受益人，并有多个法定继承人的情况下，如何确定继承人的保险金份额，日本保险司法界长期存在按《继承法》规定的法定继承份额分配保险金的继承分配方式和按继承人的人数平分保险金的平均分配方式的争论。❷

笔者曾经撰文主张，在我国《保险法》中应引入法定受益人的概念，并提出当被保险人没有指定受益人，指定受益人全部先于被保险人死亡、丧失或放弃受益权时，应由被保险人的法定继承人而非投保人的法定继承人或受益人的法定继承人作为法定受益人；被保险人的法定继承人的两个继承顺序可以作为法定受益人的两个受益顺序；指定受益人应优先于法定受益人受益等修法建议。❸ 此外，虽然孙子女、外孙子女并非我国《继承法》规定的第二顺序法定继承人，但笔者认为，根据《继承法》关于代位继承的规定，为保护先于被保险人死亡的直系卑亲属的后代的利益，在法定受益人制度中，应规定代位继承人为与被代位继承人同一顺序的法定受益人。这里的代位继承人是法定受益人，而非指定受益人，因此不同于美国保险实务上的代位继承指定。❹

通过法定受益人取代法定继承人，身故保险金取代被保险人的遗产的规定，统一身故保险金的债权性质和合理规定受益人分类与产生方式，公平维护受益人的权利和合法利益，根除我国《保险法》不承认法定受益人、仅承认指定受益人所造成的不公平后果，使所有受益人都能获得受领保险金并享有无须负担清偿被保险人生前所负的债务、无须缴纳遗产税的利益。不仅如此，引入法定受益人的概念后，受益权丧失和放弃的规则也同样适用于法定受益人，而不会诱发被保险人的法定继承人为获得身故保险金而故意杀害被保险人的道德风险。

（四）可否推定共同遇难的被保险人先于受益人死亡

有人建议，我国《保险法》第42条应新增如下两款：一款是当投保人未

---

❶ 沙银华：《日本保险经典判例评释》，法律出版社2011年版，第42页。
❷ 沙银华：《日本保险经典判例评释》，法律出版社2011年版，第51～54页。
❸ 张秀全："保险受益人研究"，载《现代法学》2005年第4期。关于被保险人的继承人为法定受益人，有学者持有与笔者大致相同的看法，参见程任："死亡保险中的受益人及受益权——对原《保险法》第64条及新《保险法》第42条的讨论"，载《保险职业学院学报》2009年第4期。
❹ 代位继承指定是指任何指定的子女受益人先于被保险人死亡，而且有子嗣比保险人后死，则子嗣可以平分上一辈应得的保险金，依次类推。缪里尔·L.克劳福特：《人寿与健康保险》，周伏平等译，经济科学出版社2000年版，第249页、第231页。

指定受益人时,如果投保人与被保险人在同一灾难中死亡,不确定死亡先后顺序的,应推定被保险人先死,保险金作为投保人(受益人)遗产由其继承人继承。另一款是当同一灾难中的被保险人无法定继承人、遗嘱以及遗赠协议时,应推定被保险人先死,保险金作为受益人的遗产由其继承人继承。❶

笔者认为,前款建议旨在维护作为受益人的投保人的继承人的利益。后款建议旨在力图避免身故保险金成为无人继承、无人受遗赠的遗产归集体或国家所有,用心良苦。也有学者主张,"受益人与被保险人在同一事件中死亡,且不能确定死亡先后顺序的,推定被保险人死亡在先,受益人死亡在后"。❷ 这种观点更加看重受益人的继承人而非被保险人的继承人,旨在优先维护受益人的继承人的利益。但笔者认为,这种观点和前款建议不论被保险人有无法定继承人,都推定被保险人先于受益人或投保人兼受益人死亡,偏离了以被保险人利益为中心和重心的身故保险金保障的理念,笔者恕难认同。如果投保人或被保险人意欲将受益人的继承人或投保人兼受益人的继承人作为受益人,完全可以通过事先指定或事后变更受益顺位的方法将他们确定为劣后顺位的指定受益人,而不必通过立法过多干预和特别保护。

而对后款建议,因有被保险人没有法定继承人等前提要件,笔者认为此时不仅应推定共同遇难的受益人后于被保险人死亡,而且其前提要件中不应包括被保险人没有受遗赠人这一要件。这样规定既可避免身故保险金作为被保险人的遗产因无人继承、无人受遗赠而归国家或集体所有,又能兼顾或实现被保险人作为常人对指定受益人而有的爱屋及乌的意愿。

三、互为受益人的被保险人共同遇难时的死亡顺序推定

互为受益人的被保险人在同一事故中遇难的,应如何确定受益人与被保险人死亡的先后顺序,是否可以不顾及这种情形的特殊性,而以两份保单各自独立、互不影响为由,而径直适用受益人先于被保险人死亡的推定规则?或者抛开《保险法》规定的共同遇难规则,直接适用或参照适用《继承法》司法解释关于相互有继承关系的几个人在同一事故中死亡,不能确定死亡时间时的死亡顺序推定规则?我国有学者注意到了这个问题的特殊性,并主张参照《继承法》司法解释的规定作出这样的推定:当存在相互为被保险人与受益人关系的几个人在同一事件中死亡,如不能确定死亡先后顺序的,当几个死亡人辈分不同时,推定长辈先死亡;几个死亡人辈分相同,推定同时死亡,彼此不发生受益关系,由他们各自的受益人(继承人)分别受益(继承)。❸

---

❶ 侯懿倪:"共同灾难中保险金归属之探究",载《法制与社会》2010年6月(下)。
❷ 邢海宝:《中国保险合同法立法建议及说明》,法律出版社2009年版,第420页
❸ 陶前锋:"互为受益人同时死亡时如何推定死亡顺序",载《东方企业文化》2010年第2期。

笔者认为，如前文所述，身故保险金不是被保险人的遗产，也不能作为被保险人的遗产，无论指定受益人还是法定受益人受领保险金，都是受益人对保险人实现其债权。因此，不能直接适用或参照适用《继承法》司法解释的死亡顺序推定规则。《保险法》有关共同遇难规则的死亡顺序推定并未预设两份保单中的被保险人互为受益人的情形，因此也不能机械地适用受益人先于被保险人死亡的推定规则。这样适用的结果是荒唐和不合逻辑的，因为在两个保险合同不同的理赔关系中，无论是受益人还是被保险人都不应被作出两个自相矛盾的死亡顺序不同的推定。

笔者认为，可以借鉴《继承法》司法解释的规定，在将来修订《保险法》时规定：互为受益人的被保险人在同一事件中死亡，且不能确定死亡先后顺序的，如果有被保险人除了已经死亡的受益人外，别无其他受益人的，应推定没有其他受益人的被保险人先死亡，有其他受益人的被保险人后死亡；如果被保险人除了已经死亡的受益人外均有其他受益人的，应推定他们同时死亡，彼此不受益，由他们各自的其他受益人受益。

这样规定，一方面可以最大限度地避免身故保险金成为无主财产归集体或国家所有，实现身故保险金的保障宗旨；另一方面，可以充分保障与被保险人关系密切的人受领身故保险金的利益，避免先后适用《保险法》和《继承法》司法解释作出相互矛盾的多次死亡顺序推定。

这里没有参照《继承法》司法解释中根据共同遇难的继承人与被继承人的辈分因素设定不同的推定规则，是因为互为受益人的被保险人共同遇难的死亡推定，更应当顾及的是被保险人的利益，以被保险人的利益为中心，而非共同遇难的两个被保险人或受益人之间的长幼尊卑。假设父女互为被保险人和受益人，在一次车祸中遇难，不能确定死亡先后顺序。父亲有兄弟姐妹，而女儿没有其他受益人。按前述建议规则，应推定女儿先死亡，女儿的身故保险金由父亲受益后成为父亲的遗产，由父亲的兄弟姐妹继承；而父亲的身故保险金则由其兄弟姐妹受益而非继承。如果女儿还有外公，则推定父女同时死亡，彼此不受益，由他们各自的受益人受益。父亲的身故保险金由其兄弟姐妹受领，女儿的身故保险金由其外公受领。

这种推定规则，既不优先适用受益人先于被保险人死亡的推定规则，也不再进一步适用《继承法》司法解释的死亡推定规则。本文引用的案例一的判决，虽然优先适用《保险法》共同遇难规则，推定受益人先于被保险人死亡，但并没有在此基础上进一步适用《继承法》司法解释的死亡推定规则。如果进一步适用该规则，则母子各自的身故保险金应作为母子各自的遗产，因母子互为继承人又共同遇难，不能确定死亡的先后顺序，各自都有继承人，辈分又不同，依法应推定母亲先死亡，儿子后死亡。这样母亲的身故保险金应由其第一顺序的法定继承人丈夫、儿子、生父母、继母一分为五，被保险人的丈夫最后应得到 2/5，而非 1/4；儿子的身故保险金则由其父亲全部受益。而按照笔者建议的规则推定，则因母子各自除对方外，都有法定受益人，因此应推定二者同时死亡，彼此不受益，由各自的法定受益人受益。最后的结果是，儿子的保险金由父亲全部受益，母亲的保险金由其丈夫、生父母、继母各受益 1/4。虽然在本案的特定情形下得出了与裁判法院同一的结果，但其推定规则简单明了、前后一致、自圆其说，充分保护了与被保险人关系密切的人的利益。

按照我们建议的规则处理案例二，因李红和王贵各自都有受益人，应推定他们同时死亡，彼此不受益，保险金由他们各自的受益人受益。则李红的 50 万元保险金，应由其父母和女儿王媛各受领 1/3，金英无权受偿；王贵的死亡保险金由其指定受益人（女儿）全部受领。

四、共同遇难规则的相关修法建议

根据本文的上述分析和建议，笔者对我国现行《保险法》有关共同遇难规则的规定提出如下修改建议：

第 12 条第 5 款改为：被保险人是指其财产或者人身受保险合同保障的人。投保人可以为被保险人。

第 18 条第 3 款改为：受益人是指保险合同中享有保险金请求权的人。被保险人是身故保险金之外的其他保险金的当然受益人，保险合同另有特约或本法另有规定的除外。

增设第 3-1 款：被保险人不得被指定为身故保险金的受益人。指定被保险人为其身故保险金受益人的，指定无效。

增设第 3-2 款：指定受益人优先于法定受益人受领保险金。

第 39 条第 1 款改为：人身保险的指定受益人由被保险人或者投保人指定。

第 42 条第 1 款第一段改为：被保险人死亡后，有下列情形之一的，其身故保险金由被保险人的法定继承人作为法定受益人。依照《继承法》的规定，第一顺序的法定继承人为第一顺序的法定受益人，第二顺序的法定继承人为第二顺序的法定受益人。被保险人的代位继承人与被代位继承人为被保险人的同一顺序的法定受益人。由保险人按照法定受益顺序向法定受益人履行给付保险金的义务。

第 2 款改为：优先顺位受益人与被保险人在同一事件中死亡，且不能确定死亡先后顺序的，推定优先顺位受益人先于被保险人死亡，由劣后顺位受益人按顺位先后依次受益。

增设第 3 款：被保险人无指定和法定受益人的，应推定被保险人先于共同遇难的受益人死亡，身故保险金成为该受益人的遗产，由其法定继承人继承。

增设第 4 款：互为受益人的被保险人在同一事件中死亡，且不能确定死亡先后顺序的，如果有被保险人除了已经死亡的受益人外，别无其他受益人的，应推定没有其他受益人的被保险人先死亡，有其他受益人的被保险人后死亡；如果被保险人除了已经死亡的受益人外均有其他受益人的，应推定他们同时死亡，彼此不受益，由他们各自的其他受益人受益。

保单质押的基本法律问题探析
——实践的审视与规则的梳理

石旭雯[*]

当投保人急需短期融资，但又缺乏便利的融资渠道时，可以将有效的保单出质，向保险公司或者银行贷款，此即保单质押贷款。与退保相比，保单质押贷款对投保人更加有利，既可以解决投保人的短期财务问题，又可以继续维持保险合同的效力。实践中，保险公司和银行均可办理保单质押贷款，是银保合作中的一项重要业务。作为保单持有人的一项权利，保单质押贷款在许多国家和地区的保险立法中有明确的规定。但是，我国《保险法》对保单质押贷款付诸阙如，保险监督管理委员会亦未规定保单质押贷款的详细规范。

从法律角度分析，保单质押贷款是一种以保单为担保物设定质权并对借款债务进行担保的行为，只要交付保险费，保单价值就会上涨。与公司证券或者土地抵押相比，保单质押是一种相当稳妥的担保方式。但保单质押在我国的担保法律体系并无明确地位，《担保法》和《物权法》均未将保单列举为质押标的。

由于在基本法律中欠缺保单质押的明确规定，作为一种重要的担保形式，保单质押的基本规则以金融机构提供的格式条款的形式存在，由于保险公司从事保单质押贷款涉及利息的收取，以致现实中出现工商部门以保险公司经营保单质押贷款业务超越其经营范围为由对其进行处罚的现象。因此，亟须对保单质押贷款的法律问题进行研究，为立法提供理论基础。

一、保单的可质性

担保的机理在于以担保物的交换价值补强债务人的偿债能力，从而增强债务人的信用。因此，价值性和可转让性是质物的核心特性。就保单质押而言，尽管在实务操作中，投保人往往将保单提交给借款人以充当出质标的，但是，保单本身的价值微乎其微，并不具备充当质物的条件，因而充当出质物的并非

---

[*] 天津医科大学医学人文学院副教授，法学博士。

有形化的保单，而是保单上所彰显的保单持有人的权利。因此，保单质押的本质是权利质押。

从各国法律实践看，权利质押的标的一般为所有权以外可以转让的财产权。我国《物权法》和《担保法》明确规定，权利质押的标的包括票据权利、股权、知识产权中的财产权，公路桥梁、公路隧道或者公路渡口等不动产收益权。并以兜底条款的形式将"依法可以质押的其他权利"纳入权利质押的体系。虽然通说认为《保险法》第34条第2款❶以禁止性规范的形式间接确认了以死亡为保险金给付条件的寿险保单的可质押性，但《保险法》并无明确规定保单质押条款。因此，保单质押是游离于法律体系之外但在实践中已被适用的权利质押形态。法是由事物本质所产生的必然关系，作为职业法律人的立法者并不是创造和发明了法律规则，而是沿着事物的本质和踪迹不断地去接近法律。如果实践中的保单质押符合权利质押的基本原理，自然应当具有合法性。

根据利益内容不同，保单持有人的权利可以区分为财产性权利和非财产性权利。前者包括保单持有人的保险凭证签发请求权、对免责条款和除外责任的知情权、要求保险人对投保人的个人隐私和商业秘密保密的权利等。后者则主要包括保险金请求权，以及人寿保单中的现金价值请求权。由于保险金的给付具有不确定性，因此传统的保险业务仅允许以具有现金价值的人寿保单设定质押。我国台湾地区学者将此类保单称其为资本性的人寿保险❷，包括终身死亡保险及生死两合保险。

财产保单不具有现金价值，保险金请求权由于不具备确定性而不适宜担当质押标的。在我国司法实务中，也认为由于"财产保险单是保险人与被保险人订立保险合同的书面证明，并不是有价证券，也不是可折价或者变卖的财产。因此，财产保险单不能用于抵押"。❸ 但是随着保险产品的不断开发，保险公司也对某些投资保障性财产保险保单提供质押贷款业务，例如，中国人民保险公司金牛投资保障性家庭财产保险条款、中国人寿保险公司的圆丰投资保障型家庭财产保险条款中均包含允许投保人将保险单项下领受给付金的权利进行质押的条款。

现金价值请求权和投资保障性财产保单的给付金受领权是债权，它们是否具备担任质押标的的基本因素？质权的本质在于支配质押标的的交换价值，能够充当质押标的权利应当具备如下特征：首先，由于权利质押设立的目的在于保证债权人对于质押权利的价值优先受偿，因此必须为财产权；其次权利质权

---

❶ 《保险法》第34条第2款："按照以死亡为给付保险金条件的合同所签发的保险单，未经被保险人书面同意，不得转让或者质押。"
❷ 刘宗荣：《新保险法：保险契约法的理论与实务》，中国人民大学出版社2009年版，第404页。
❸ 最高人民法院1992年4月2日《关于财产保险单能否用于抵押的复函》（法函【1992】47号）。

行使的结果非常类似于权利让与，须为可让与的权利。另外还应当具备商业上的典型性和稳定性。而人寿保单现金价值请求权和投资保障性财产保单上的给付金受领权具备以上特征。

（一）保单质押权利具有财产性和确定性

无论是人寿保单的现金价值请求权还是投资保障型财产保单上的给付金请求权均是财产性权力。并且与保单上的其他财产性权利相比，人寿保单的现金价值请求权和投资保障型财产保单上的给付金请求权的共同特征是给付的确定性，此为两项权利在商业实践中充当质押标的关键所在。

人寿保单的现金价值又称为退保价值或者解约金价值，其来源于投保人溢缴保费。由于人寿保险采取"均衡保费"的缴纳方式，只要投保人缴纳保险费达到一定期限，溢缴的保费及其利息累积形成保单的现金价值，并且现金价值随着保费的逐年缴纳而逐渐增多。具有现金价值的寿险保单具有不丧失价值条款，即在保险合同解除或因其他原因终止时，保险人都必须向投保人返还保单的现金价值。具有现金价值的人寿保单主要包括死亡保险、生存保险和生死两全保险。由于保单上的现金价值来源于投保人的溢缴保费，其性质类似于在保险公司的储蓄。根据保单现金价值不丧失条款，不管保险合同的效力如何，在保险合同终止和解除时，投保人均享有保单的现金价值。因此，保单现金价值请求权不同于保险金请求权，是一种必然债权。

投资保障型财产保险是一种新型财产保险产品。通常该类型保险条款约定，投保人向保险人缴纳一定数量的金钱作为保险投资金，投保人无需再另外支付保险费，保险费从保险投资金的投资收益中获取。在该项保单下有两项权利：一是保险事故发生后的保险金请求权，这是所有财险保单项下都具有的权利；二是保险期间届满后的给付金（包括保险投资金及其投资收益）请求权，这是投资保障型财产保单项下特有的权利。与保险金相比，保险给付金具有确定性，既可以在保险合同期满后领取，也可以在投保人退保时给付，给付金不受保险事故是否发生以及被保险人是否已经获得保险赔偿的影响。

（二）保单质押权利具有可转让性及可公示性

权利质权的实现类似于权利的转让，因此不具有可转让性的权利不宜作为质押标的。如果出质权利不能转让，不能变现，就不能对债权实现提供担保。尽管保险法律关系的成立受到保险利益原则的限制，但保险合同权利的转让并不受保险利益原则的拘束，受让人无须与保险标的之间存在利益关系。因此，人寿保单的现金价值和投资保障型财产保单的给付金保单权利均具备可转让性。

由于保单转让伴随着保单上的权利义务的转让，因此需要厘清保单转让和保单权利转让之间的关系及其在保单质押问题上的意义。保单权利的转让和保单的转让具有不同的法律性质。保单转让是权利义务的概括转让，而保单权利转让仅是保单上部分权利的让与，因此在《美国保险法》中，将人寿保单质押视为保单权益转让的一种，称作相对转让，即保单持有人只是暂时性地转让了保单的部分权益，作为对所借贷款的质押，当保单持有人已经偿还贷款时，贷方将把这些权益转回给保单持有人。与此相对应的另一种转让称为绝对转让，即人寿保单的持有人将保单赠与或售予别人，不可撤销地转让了对保单的全部权益。

财产保单和人寿保单的转让规则有所不同。财产保单的转让意味着保单上权利义务的概括转让，必须遵守保险利益原则，其往往发生在保险标的转让的情形下，各国保险法多规定保单随着保险标的的转让而转让，各国在具体规则上有细微区别，有些国家规定对此保险人具有同意权，有些国家则规定如果因转让而显著增加保险风险时，保险合同丧失效力。我国《保险法》则赋予保险人对风险的重新评估及选择合同效力的权利。人身保险保单的转让，由于不涉及保险风险的变化，因此，无须保险人同意，但是应当以书面形式通知保险人。而保单上财产权利的转让遵循一般债权的转让规则即可，即转让人和受让人就权利转让达成协议，向债务人履行通知义务，权利转让即对三方主体产生效力。保单质押的表现为保单权利的转让而非保单的转让，因此关于保单权利转让的法律规则与保单质押紧密联系。

质权的担保作用主要体现在优先受偿效力和留置效力两个方面。❶ 因而，担当质押标的的权利应具有占有和转让的便利性，其权利上的变化应当易于通过特定形式予以公示，以保障利害关系人。与普通的债权质押相比，由于保单质押权利的凭证具有唯一性和确定性，保险单及其他保险单证具有法定的权利凭证的地位，使得保单质押的设立及变更易于公示。目前，权利质押的公式方式包括交付、背书和登记，例如票据质押公示方式为交付及背书、一般债权、存款单、仓单、提单质押以交付为权利公示方式；而以知识产权中的财产性权利出质，以在法定机关登记为公司方式；另外，我国担保法律制度规定股权设质也以登记为公示方式。就保单质押而言，交付保单、保单上批注质押事项，以及通知保险人，基本上能够达到限制出质人权利及公示质权的作用。

二、保单质押的设立

我国现行法律中对保单质押设立的明确规范可检索至我国《担保法》对质押行为必须采取书面形式的规定，以及《保险法》对死亡保险中，被保险人对保单质押的同意权的规定。除此之外，关于保单质押设立的其他要件则体现为

---

❶ 谢在全：《民法物权论（下）》，中国政法大学出版社1999年版，第755页。

各金融机构的内部规则。金融机构的业务规则作为格式条款进入到保单质押合同中,在目前缺乏法律明确规定的条件下,应当从保单质押的角度探讨金融机构保单质押格式条款的合法性。

(一) 出质保单的条件

由于我国现行的《担保法》《保险法》以及《合同法》等对保单质押贷款都没有做出详细、明确的规定,因此,在实践中各保险公司对保单质押所必须具备条件的要求也是各不相同的。例如,新华人寿保险公司规定:保单生效满两年且缴费满二年后才可以质押;有的金融机构没有对缴费期限作出特别规定,而只是规定具有现金价值即可。许多保险公司和银行规定已经发生保费垫付且投保人未清偿垫付保费的保单以及保费豁免❶的保单不能进行质押。可见在保单质押实务中,除了对保单本身合法性的要求之外,"清洁保单"是保险公司和银行对可质保单的进一步的要求。"清洁保单"禁止设质保单存在欠缴保费记录,禁止设质保单存在向保险公司曾经借款的记录,禁止设质保单已经存在质押或者存在迟延支付保险费而致发生保费自动垫付的情形,禁止设质保单上存在失效的且在缴费期内的或已办理挂失手续后又复得的记录。

从理论上看,一方面,人寿保单质押的本质是以保单所具有的现金价值进行质押贷款,当出质人无法按期清偿债务时,质权人在可以发生保险事故时取得保险金或要求投保人退保以取得保单的现金价值来实现自己的质权。因此,只要保单具有现金价值即可设定质押,美国寿险实务上也多以保单具有现金价值或者贷款价值作为投保人办理保单质押贷款的唯一条件。另一方面,保险费缴费方式的不同,导致保单现金价值产生时间并不一致。采纳趸交支付保险费,保险费缴纳后即生保单现金价值,而采取年缴的支付方式,一般在缴足两年以上的保险费后,才能产生现金价值。由此可见,我国在规定保单质押的条件时也应当将具有现金价值作为保单质押的条件,而不必要求缴纳保费达到一定期限。

(二) 保单质押的出质人

由于在人寿保单上既存在当事人,又存在关系人,因此在保单质押贷款的实务中,对于有权以保单出质的主体身份的规定并不一致。有的规定投保人可以保单出质贷款,❷ 有的则规定投保人和被保险人均可以保单出质贷款;如果投保人以保单质押贷款,必须提供被保险人和受益人签字同意质押的书面证明;被保险人以保单质押贷款,必须提供投保人和受益人签字同意质押的书面

---

❶ 保费豁免即投保人发生意外后,保单受益人不需继续缴纳保费,保险合同仍然有效,投保人可以继续享受保单保障。

❷ 例如新华人寿保险公司的保单质押贷款规则。

证明。❶例如，要求投保人、被保险人、受益人亲自填写《质押保单退保变现承诺书》，填写《保险单质押止付通知》报保险公司，并将《保险单质押止付通知》随同保险单原件视同重要空白凭证移交登记管理。还有观点认为，由于保险单的财产权利属于受益人，因此受益人是保险单质押贷款的出质人。

实际上，被保险人仅是保险合同的关系人，除了在特定情形下的同意权之外，被保险人并不享有保险合同上的财产利益。从权利发生角度看，保单现金价值来源于投保人的溢交保费累积，仅由投保人对该现金价值享有法定权利；在保险合同存续期间，保单现金价值仅为期待权，只有在保险合同解除时才能返还给投保人，而被保险人并非保险合同的当事人，自无权行使合同解除权。换言之，保单现金价值请求权专属于投保人，亦仅有投保人有权将其予以让渡。因此，仅有投保人可以保单质押贷款，而被保险人无权为之。

受益人可否称为保单质押的主体，也是司法实践中可能出现的问题。如上所述，保单现金价值请求权专属投保人，受益人无权设质与转让。另外，受益人由投保人和被保险人指定，也可因该二主体的主观意图而发生变更。可见，受益人的法律地位处于不稳定状态，不应成为保单质押的主体。

（三）保单质押的公示及其效力

为了保障不特定第三人的利益，保单质押仍然应当遵循物权公示公信原则。标的动产性、移转占有性和交付公示性是质权制度的三大特征，考察各国关于权利质押的规定，权利质押往往需要转移权利或者交付权利凭证，除股权和知识产权外，多以交付和通知为公示手段。我国《物权法》关于权利质权公示的手段确定为交付、登记和通知。

由于保单质押贷款并非法律明确规定的质押类型，其公示方式在实务中较为混乱。在实践中保单质押采取以下操作方式：在保险人为质权人的情形下，投保人与保险人签订保单质押贷款的合同，并将保单交付给保险公司；在银行为质权人的情形下，除了签订质押协议和交付保单，取得被保险人的同意之外，还要求征得受益人的同意，并且由该保险人以在保险单上批注方式对质押予以确认。只有签发人身保险单的保险人对质押予以确认后，质押合同才生效。

由此可见，保单质押的公示方式包括：保单的交付、保险人的批注、被保险人和受益人的同意。根据实践中的操作规则，上述条件缺一不可。但从法理角度分析，对保单质押的效力影响应当有所不同。

根据债权质押的一般原理，债权凭证的转移是债权质押公示的主要方式。因此，将保单留置于质权人是既符合法理又易于操作的公示方式，也是

---

❶ 例如中国银行的保单质押贷款业务规则。

保单质押成立的生效要件。保险人在保单上的批注行为的实质是将保单质押通知保险人并经其确认。依据法理，保单质押类似债权的转让，无须征得债务人的同意，因此，通知保险人并非保单质押的生效要件，而是对抗要件，如果投保人未通知保险人，一方面，不影响质押合同的效力；另一方面，质押对保险人不具有法律约束力，因而在质押期间保险人将保单现金价值给付投保人的，该给付行为有效。为了防止道德危险，保单质押征得被保险人的同意是行业通用的规则，也为我国《保险法》所认可，并且被保险人同意与否决定着保单质押的效力。

三、保单质押的特殊效力

（一）保单质权的保全

质押关系一经设立，质权即受到法律的保护，出质人具有维护质押标的经济价值不贬损和不丧失的基本义务，在特定权利充当质押标的的情形下，为了防止入质权利的丧失和经济价值的贬损，根据权利质权的一般规定，对出质人与第三债务人之间的行为进行限制，即出质人与第三债务人之间未经质权人同意，不能为一定法律行为而致入质债权消灭或变更。如未经质权人同意，出质人不得请求债务人清偿、不得抵消出质债权、不得免除债务人债务、不得推迟履行期限等。

保单的效力和法律状况对质权人权利的实现意义重大，根据《保险法》的基本原理，投保人可以随时解除保险合同，而保单现金价值在扣除相关费用后应当返还给投保人。另外，根据保单现金价值不丧失条款，如果投保人延迟交付保费，保险公司会主动利用保单现金自动垫付保费；或者投保人根据保单现金价值不丧失条款，将保单的现金价值补交保费，采取保费的趸交方式，将保单改变为相同种类的小额保单；或者改为展期保单，从而削减保单的现金价值。上述情形均会降低或者耗损保单的现金价值，进而影响到保单质权的实现。因此，应当限制投保人的合同解除权和保单现金价值不丧失条款在保单质押场合的使用，并强化投保人按时履行各期的保费缴纳义务。对此，许多银行保单质押的业务规则中均有细致的规定，例如，已办理质押批注的保险单，投保人退保、领取给付金或挂失时，除提交约定的单证外，还应提供质权人同意的证明。或者银行往往要求在设立保单质押时，向保险公司办理保单的质押止付，即在保单质押期间，保险公司不得向质权人以外的其他人支付保险金或者解约金。

上述保险公司和银行业务规则符合质押的基本法理，属于保全质权的事前手段。根据质押的基本法理，即使投保人的行为导致保单现金价值减损，质权人还可以采取事后的补救措施。以人身保险合同设立质押后，如果人身保险合同设有保险单自动垫交条款,若投保人不缴纳保险费致使保险单的现金价值明显减少,足以危害质权人权利的,质权人可以要求出质人提供相应的担保。出质人不提供的,质权人也可以提前处置保险单,并与出质人协议将所得的价款用于提前清偿所担保的债权或者向与出质人约定的第三人提存。出质人未经质权人同意而有使入质债权消灭或范围缩减的行为的,该行为对质权人不发生效力,质权人仍有权要求保险人在设立质押时保单的价值范围内清偿。

(二)质权人的质权和受益人权利的竞合

在保单质押存续期间,如果发生保单列明的保险事故,从而引起保险人向受益人支付保险金时,质权人的质权如何保障?我国保险公司和银行的业务规则多规定质权优先于受益人的保险金请求权。例如,太平人寿保险的保单质押贷款合同规定,如果贷款未清偿前被质押的保单发生解约、减保、理赔给付以及其他变更导致的退费时,保险公司无需任何通知可直接在现金价值或各种保险给付金中优先扣除贷款利息和本金,若有剩余,再行给付。但是这种规定的合法性值得商榷。

追溯保单现金价值在保险法律关系运转过程中的转化,即可得出明确的结论。尽管保单现金价值来源于投保人的溢缴保费,但是仅在保险事故并未发生且投保人解除保险合同时,投保人才是保单现金价值的权利请求人;当保险事故发生时,保单上的一切财产权利均归属于受益人,投保人自无主张保单现金价值的权利,相应的保单现金价值上的质权亦无行使的前提。对此,台湾《保险法》的规定符合原理且可资借鉴。根据台湾保险法理论,在保单质权人的质权和受益人权利的竞合发生时,区分投保人是否放弃更换受益人的处分权。"如果投保人放弃变更受益人的处分权,则对于保单价值准备金等权利已经没有处分权,因此其转让保险单或者保单价值准备金权利的行为,除非得到受益人的同意,否则不得对抗受益人。也即在投保人抛弃处分权的情形,投保人若以保险单或者保险单价值准备金为质,设定质权向第三人借款,受益人就保险契约所生的权利优先于被保险契约担保的债权人。但是,如果投保人保留有更换受益人的处分权。此时,即使投保人未经受益人同意,将保险单或者保单价值准备金设定担保予第三人,于保险事故发生时,该债权人(第三人)可以主张优先受领保险金。"❶ 因此,除非在保单质押设立时将银行变更为第一受益人,否则,在保单质押期间发生保险事故时,受益人的保险金请求权优先于保单担保的债权。

---

❶ 刘宗荣:《新保险法:保险契约法的理论与实务》,中国人民大学出版社 2009 年版,第 399 页。

(三) 质权的实现

在保单质押有效期间，如果借款人如期履行还本付息的义务，则保单质押的关系解除，保险人或者银行应当将保单返还给投保人。如果投保人未能到期返还，若债权人为保险公司，保险公司则可以解除保险合同，并在贷款范围内就保单的现金价值优先受偿。如果债权人为银行，借款人未按期归还本息，债权银行应及时催收。逾期超过一定时间，无须经借款人同意，债权银行可依据协议约定，主动处置质押保单，持相关资料到保险公司办理退保手续即质押物处置变现手续。但债权人要求解除合同的范围，应以未实现的债权为限。也就是说，在质押保险单的现金价值超过未实现债权的情况下，债权人无权要求全部解除合同，仅以部分解除。取得的退保金用于清偿贷款本息，若退保金不足以清偿债权银行的债权，债权银行可继续向借款人追索，若退保金清偿债权银行的债权后尚有剩余，剩余部分由保险公司转交该保单第二顺序受益人或借款人。

当保单所担保的主债权后于保险合同到期，质权人是否可以要求提前清偿？根据我国《担保法》的规定，质权人可以选择提前清偿，也可要求将质押标的提存。据此，保单质押的质权人即可提前接受清偿，也可要求将保险金提存，待主债权到期后，再就保险金优先受偿。当保单所担保的主债权先于保险合同到期，质权人能否直接行使质权则存在争议。观点一认为，质权人可以直接行使质权。❶ 观点二则认为，质权人需等到出质债权的清偿期届至时，方可向出质债权的债务人请求给付。❷ 本文赞同第二种观点，保单质押涉及投保人、质权人和保险人的三方利益，如果允许质权人直接行使质权，就是剥夺了保险人的期限利益，与法理相悖。

四、保单质押贷款的法律完善

保单质押处于《物权法》《担保法》和《保险法》法律体系交互调整范围之内，因此，对于保单质押法律完善涉及《物权法》《担保法》和《保险法》的修订和完善。

(一) 将保单纳入权利质押的客体范围

保单质押的客体是人寿保单现金价值请求权和投资保障型财产保单上的给付金受领权，其本质均属于债权。根据债权是否与证券相结合，可将其区分为证券化债权和普通债权。证券化债权通过有价证券的形式表现其权利，如本票、支票、汇票、债券；而非证券化的债权则为普通债权。与普通债权相比，

---

❶ 孙宏涛：“保单质押的法律规则探析”，载《金融与保险》2009 年第 9 期。
❷ 李祝用、熊德政："财产保单质押理论与实务研究"，载《保险研究》2004 年第 5 期。

证券化债权具有较强的流通性和变现能力，与质押的本质更加相符。我国《物权法》和《担保法》中，已经明确认可债权可以作为质权标的，并将债权质押的标的列举为汇票、本票、支票、债券、存款单、应收账款，并未将保单纳入到债权质权的客体范围。虽然结合《物权法》第223条第7款❶及《保险法》第34条第2款❷的规定，可以推定保单质押具有合法性。但是由于缺乏法律的明确规定，保单质押依然处于合同自治的领域，缺乏明确的法律指引，鉴于保单质押具有鲜明的融资功能，且在质权的设立和效力方面具有不同于一般债权质押的特定，应当以司法解释的方式将保单纳入《物权法》有关权利质押的客体范围。

如上所述，并非所有的保单均具有可质性，因此，应当同时限定能够充当质押标的的保单的范围，虽然目前适宜充当保单质押客体的是现金价值请求权和投资保障性财产保单的给付金受领权，但本文认为不适宜用列举的方式规定可质押保单的范围，而应当用概括立法的方式，从而为保险实践的发展提供余地。在概括列举模式中，应当标明可质押保单的基本特征：保单质押权利具有财产性和确定性、保单质押权利具有可转让性及可公示性。

（二）规定保单质押的设立条件

保单质押的设立条件包括出质人的规定和对设立的形式要件的规定。如上所述，保单的投保方当事人较为复杂，包括投保人、被保险人和收益人，而依据我国目前的法律规定，仅有投保人具有以保单质押的资格。对于人寿保单质押成立的要件上也应明确规定应当具有现金价值。

保单成立形式要件也应当在法律中明确规定。普通债权质押中质权的实现必须依赖债务人的履约行为，与证券债权质押不同，普通债权凭证的转移并不导致债权的转移，因此，保单质押的成立要件也相对复杂。首先，应当订立书面质押合同，明确质押关系的具体内容。其次，向质权人交付保单。交付保单不仅是保单质押成立的条件，也是保单质押的公示方式。再次，将保单质押通知给保险人。保险人是保单质押实现时的义务履行人，通知到保险人有助于质权的顺利实现。而且，将保单交付质权人，并不能控制出质人以提前退保、办理挂失或者拒不缴纳保险费等方式损害质权人的利益，并且在自动垫付保费的保险合同中，如果保险人不知晓保单质押的存在，未对保单实施控制，对保费的自动垫付会导致保单现金价值的减损，从而直接影响到质权人的利益，因此通知保险人是保障质权的有效途径。但是通知保险人并非保单质押的生效要

---

❶ 《物权法》第223条第7款："债务人或者第三人有权处分的下列权利可以出质……法律、行政法规规定可以出质的其他财产权利。"

❷ 《保险法》第34条第2款："按照以死亡为给付保险金条件的合同所签发的保险单，未经被保险人书面同意，不得转让或者质押。"

件，而是对抗要件，因而在质押期间保险人将保单现金价值给付投保人的，该给付行为有效。最后，征得被保险人的同意。该要件主要存在于人身保险中，由于人身保险潜在的道德风险，征得被保险人同意是控制道德风险的重要手段。征得被保险人同意是保单质押的生效要件，欠缺此要件，保单质押无效。

上述内容，应当在《物权法》中做出基本规定，在《保险法》中进行细化处理。

（三）制定保单质押的业务操作规章

保单质押不仅是债权的担保形式，更是一种融资手段，处于金融监管机构的监管范围，为了降低保单质押过程中存在的风险，应当从质押设立的程序进行监督。而此类制度不宜在《物权法》和《担保法》中进行规范，而应当由监管部门制度单独的业务操作规则。本文建议由保监会制定相关部门规章，对保单质押的审核、查询、登记止付、明确投保人办理质押时应当提供的资料以及保险公司办理业务时的各项义务，以及对贷款利率进行控制。

中间型定额保险的契约危险问题

——中间型保险重复投保引出的话题[*]

韩长印[**]

一、问题的引出

屠某以本人为被保险人于 2008 年 6 月 14 日向某甲保险公司投保两全保险，附加的综合住院医疗保险中含有每日住院现金利益给付 200 元/天的条款。在投保单中，屠某告知保险公司其职业为上海某商贸公司总经理，平均月收入为人民币 1 万元，在保险公司询问的"其他商业保险"是否包含"每日住院现金给付"一栏中未填写任何内容。2009 年 11 月 3 日，屠某因病住院治疗 27 天，出院后申请理赔，保险公司以屠某在投保时未如实履行告知义务为由拒绝理赔，并决定解除附加综合住院医疗保险合同，屠某不服诉至法院。

法院审理中另外查明：2003—2008 年期间，屠某还在某乙、丙、丁保险公司分别购买有多份附加住院定额补贴的人身保险，本案申请理赔时，这些住院定额补贴保险均在保险有效期限之内，其中"住院补贴计划 A+保险"中的每日住院保险金为 500 元/天。法院还查明，屠某于 2008 年 9 月至本案案发时，住院五次共 146 天，按照上述合同约定共可获得住院补贴保险金人民币 82 450 元；法院同时查明，屠某 2004 年通过了保险代理人从业资格考试，投保时所称的某商贸公司地址不存在，申请本案理赔时其真实职业为某俱乐部市场部经理，账面工资为人民币 2000 元/月。

一审法院认为，本案争议的保险合同属于住院补贴型险种，根据损失填补原则，住院补贴险的设计目的在于弥补被保险人住院期间不能正常工作而导致的收入方面的损失，保险公司赔付的每日住院保险金不得超过其正常工

---

[*] 本文系国家社科基金重点项目"我国机动车三责险改革问题研究"的阶段性成果（项目编号：14AFX019），原刊发于《中外法学》2015 年第 1 期。

[**] 上海交通大学凯原法学院教授。

资收入(即每月2000元),否则就有可能引发逆向选择,诱发道德风险;本案中屠某未告知其在其他保险公司购买住院补贴的事实以及隐瞒真实收入的事实足以影响保险人决定是否承保,因此保险公司解除合同的决定符合法律规定。

屠某不服一审判决,以如下理由提出上诉:(1)人身保险不适用损失填补原则;(2)法院并未对何谓告知义务中的"重要事实"作出认定;(3)判决书对有关未告知事项"足以影响保险人决定是否同意承保或者提高保险费率"的判定,既缺乏证据证明,也没有说出理由。二审法院最终驳回上诉,维持原判。❶

本案提出了如下值得思考的问题:(1)实务中普遍存在的住院定额补贴险,作为人身保险的一个特殊险种,是否适用损失填补原则?(2)此类保险的投保方需要告知的"重要事实"究竟包括哪些风险因素?是否包括"其他商业保险"中"每日住院现金给付"的累计金额?如否,过高的定额给付保险金额是否有可能诱发道德危险?如是,立法是否对中间型定额保险中投保人应当告知的"重要事实"做出了明确无误的规定?(3)如何辨别和防范中间型定额保险的契约危险?❷

二、我国中间型保险的立法现状及理论认知

(一)我国中间型保险的立法现状

在立法层面上,我国现行《保险法》以保险标的为分类标准,将保险合同分为人身保险和财产保险两大合同类别;❸同时根据保险业务与保险监管的需要,再把保险业务分为人身保险与财产保险,并在贯彻"分业经营"规

---

❶ 参见上海市第一中级人民法院(2010)沪一中民六(商)终字第199号民事判决书,载中国保险行业协会组织编写:《保险诉讼典型案例年度报告》(第三辑),法律出版社2011年版,第71~75页。无独有偶,在何丽红诉中国人寿佛山市顺德分公司、佛山市分公司一案中,黄国基、何丽红夫妇先后向5家保险公司投保1份"人身意外伤害综合保险"31万、1份"祥和定期保险"20万元、3份"安康如意卡保险"28.8万元;5份"如意卡保险"15万元;1份"愉快人身意外伤害保险"100万元;3份"多保通吉祥卡"30万元。保险金额合计173.8万元。两份保单的投保人、被保险人均为黄某,受益人均为何某。在涉诉两份保险合同案件中,黄某在保单中填写的工作单位和职业均为"某建筑水电安装队负责人",职业代码"070121",平均年收入为"5万元"。对于投保单第三项告知事项中的第11款内容,即"A.目前是否有已参加或正在申请中的其他人身保险?如有,请告知承保公司、保险险种名称、保险金额、保险生效时间";黄某对第一份保单中未填写任何内容,在第二份保单中填写"否"。此外,黄某于2013年9月16日进入某乙保险公司工作,兼任个人寿险业务代理人,次年1月2日离职。其妻何某同期进入某乙保险公司工作,次年2月2日离职。法院认定投保人未填写任何内容的保单上,保险公司构成弃权和禁止反言,在填写"否"的保单上,投保人构成违反告知义务。参见《最高人民法院公报》2008年第8期。

❷ 本文之所以没有选择定额给付保险或者人寿保险的契约危险,是因为人寿保险中的定额给付性质几乎是不为人们所怀疑的。而健康保险和意外伤害保险中因为本属人身保险而加入了财产保险的运作模式,极易产生争执。

❸ 我国《保险法》第二章第二节为人身保险合同,第三节为财产保险合同。

则的基础上，允许财产保险公司经营"短期健康保险和意外伤害保险业务"。❶

如果仅仅按照保险标的的划分标准以及保险公司的"分业经营"规则加以判断，健康保险和意外伤害保险无疑均归属于人身保险业务而由寿险公司经营，因为立法已经明确规定了"保险人不得兼营人身保险业务和财产保险业务"。但《保险法》第95条第2款的"但书"条款却又同时将"短期健康保险和意外伤害保险业务"确定为经营财产保险业务的公司可以经营的保险险种。至此，一方面，《保险法》在立法层面确立了人身保险与财产保险两套完全不同的法律适用规则，也即人身保险贯彻定额给付规则，❷ 排除对损失填补原则以及作为损失填补原则下位规则的重复保险、超额保险以及保险代位等规则的适用，❸ 而财产保险则适用损失填补原则以及重复保险、超额保险和保险代位等财产保险的特殊规则；另一方面，《保险法》又允许财产保险公司经营"短期健康保险和意外伤害保险业务"，允许这一部分人身保险合同同时适用财产保险的调整规则。这种法律规范的结构安排，实际上已经把"短期健康保险和意外伤害保险业务"作为一种"骑墙性"的险种加以定性了。

但不得不指出的是，我国《保险法》关于前述两种中间型保险的规定仅仅是从划定保险公司业务范围的角度加以"提及"而已，并没有对其法律适用规则作出明确而具体的规定，更没有从中间型保险的运营基础、赔付基础、赔付方式、风险管理模式的差异性角度出发，建立一套明确完备的法律规范体系。

实际上，在2009年《保险法》修改之前，2006年9月1日生效施行的中国保监会《健康保险管理办法》已经把健康保险进一步区分为疾病保险、医疗保险等险种，并对其中医疗保险的赔付方式作出了"定额给付"与"费用补偿"（实支实付）两种属性的进一步区分。该办法第2条规定："本办法所称健康保险，是指保险公司通过疾病保险、医疗保险、失能收入损失保险和护理保险等方式对因健康原因导致的损失给付保险金的保险"。医疗保险"是指以保险合同约定的医疗行为的发生为给付保险金条件，为被保险人接

---

❶ 我国《保险法》第95条规定："保险公司的业务范围：（一）人身保险业务，包括人寿保险、健康保险、意外伤害保险等险种业务；（二）财产保险业务，包括财产损失保险、责任保险、信用保险、保证保险等险种业务；（三）国务院保险监督管理机构批准的与保险有关的其他业务。保险人不得兼营人身保险业务和财产保险业务。但是，经营财产保险业务的保险公司经国务院保险监督管理机构批准，可以经营短期健康保险业务和意外伤害保险业务。保险公司应当在国务院保险监督管理机构依法批准的业务范围内从事保险经营活动。"

❷ 精确的表述应当是，人寿保险完全贯彻定额给付原则，健康保险和意外伤害保险中的死亡、伤残也贯彻定额给付原则，死亡、伤残之外的危险才可能产生中间型保险问题。

❸ 比如，《保险法》在第二章"人身保险合同"一节的第46条规定："被保险人因第三者的行为而发生死亡、伤残或者疾病等保险事故的，保险人向被保险人或者受益人给付保险金后，不享有向第三者追偿的权利，但被保险人或者受益人仍有权向第三者请求赔偿。"

受诊疗期间的医疗费用支出提供保障的保险。"❶ 第 4 条第 1、3 款规定:"医疗保险按照保险金的给付性质分为费用补偿型医疗保险和定额给付型医疗保险。""定额给付型医疗保险是指,按照约定的数额给付保险金的医疗保险。"

由此可见,中国保监会《健康保险管理办法》已经明确对健康保险这一人身保险中的医疗保险,根据其赔付的方式的不同,允许其选择采用"损失填补"或者"定额给付"两种不同的保险保障模式,从而肯定了健康保险中医疗保险的"中间型"属性。❷

(二) 对中间型保险的理论认知

就我国《保险法》仅仅依照保险标的的差异而未依照保险赔付方式的不同,作为区分保险合同当事人权利义务和保险人保险责任承担规则标准的立法模式,理论上普遍认为,财产保险合同和人身保险合同的分类,补偿性保险合同和给付性保险合同的分类,应当构成我国《保险法》的两种基础分类。❸ 我国《保险法》仅仅依照"财产保险、人身保险"的二元划分标准作为保险合同的分类标准及体系架构,由于未顾及人身保险的二元性差异,忽略了在人身保险中同时存有的如财产保险一样属于填补经济损失的险种。❹ 健康保险和意外伤害保险既为人身保险,其保险标的即为"人的身体",这一判断在逻辑上无可争议,但却未能全面准确地揭示健康保险和意外伤害保险的保险标的的真实面目。实务上的健康保险和意外伤害保险,按其保险金给付模式可分为定额给付型保险和费用补偿型保险,❺ 故而这些骑墙性保险中存在着大量损害填补的内容,无法完全纳入人身保险之中。

所谓定额给付型保险,正如有学者指出的,是指保险合同中其给付基础非

---

❶ 显然,这里对医疗保险同时从损失填补和定额给付两种保障属性上做出了界定。

❷ 尽管这里的保险范围在保险标的风险范围划分上,可以说产生了矛盾。比如该办法一方面规定健康保险是针对"因健康原因导致的损失给付保险金"的保险险种;另一方面还规定健康保险中的失能收入损失保险是指因"疾病或者意外伤害导致工作能力丧失为给付保险金条件"的保险险种,也即在健康险中加入了"意外伤害导致的工作能力丧失"的因素而"给付"保险金。并且,该《办法》也未在医疗保险、护理保险中对疾病或意外伤害导致的保险事故原因做出区分。如此一来,健康保险与意外伤害保险的区分,在这些险种上就可能产生较多的重合。换言之,健康保险与意外伤害保险在保险金给付条件方面,呈现出较多的兼容性。然而,2006 年 9 月 13 日中国保监会关于《健康保险管理办法》实施中有关问题的通知第 2 项又指出,保险责任仅仅包含意外事故造成的医疗费用补偿的保险产品,暂不适用《健康保险管理办法》和本通知。

❸ 史卫进:"论第三领域保险的几个理论问题",载王保树主编:《中国商法年刊》(2008 年卷),北京大学出版社 2009 年版,第 83-85 页。

❹ 樊启荣:"'人身保险无保险代位权规范适用'质疑",载《法学》2008 年第 1 期。文章指出,健康保险和年金保险因无第三者负责之情形亦无代位权适用之余地;意外伤害保险在应由第三者对保险事故负侵权之责的情形下,对其医疗费用应许适用保险代位权。

❺ 温世扬:"'中间性保险'及其私法规制",载《北方法学》2013 年第 3 期。

以填补被保险人实际损害为目的,而任由其所约定的保险金额作为给付范围之限制。❶ 定额给付保险订立后,保险人所应履行的保险金给付义务与范围乃于契约订立时即以约定,其金额的约定并无客观可得估计的价值作为限制。故于保险事故发生时,一方面因契约订立的目的并非全然填补经济上可得估计的损害,另一方面也没有可以估计的客观价值加以判断,只能就所约定的金额由保险人加以给付。❷

由此可见,我国保险法理论界在关于中间型保险的法律属性问题基本上达成了如下共识:健康保险和意外伤害保险虽属人身保险,但保险理赔机制上具有中间型保险的属性。详言之,死亡、伤残给付部分的保险金采取定额给付的支付方式,医疗费用等部分的保险金既可选择实销实报、损失填补的支付方式,又可基于简易理赔程序,选择定额给付的支付方式。也正是因为上述险种不同于人寿保险须遵循定额给付的保险原则,所以称之为中间型保险。

然而,本文关注的重点不限于前述健康保险和意外伤害保险这两类中间型保险中的医疗费用能否适用损失填补原则问题。因为,如果说该问题尚未清晰地在立法和司法层面加以澄清的话,至少在学理层面,该两类保险的中间型保险地位基本上已经获得了理论的支持,健康保险和意外伤害保险中的医疗费用完全可以摆脱其人身保险的本来属性而适用损失填补原则。本文研讨的重点在于,因为健康原因和意外伤害原因产生的医疗保险中的住院补贴(甚至医疗费用补贴等)保障事项,如果采取定额给付的方式加以约定和承保,会否诱发额外的道德危险?这些道德危险的构成要素有哪些?保险法立法是否将这些危险因素列入投保人如实告知的范围之内?保险实务层面如何对此作出防范和应对?显然,对这些问题,都有进一步加以揭示的必要。

三、保险危险的类别划分及契约危险的一般法理

(一) 保险危险的类别划分

要想有效地管理危险,必须先对危险的类别做出区分,并根据不同的危险性状分别采取不同的危险管理方式,对于危险的类别划分多采用制度和技术相结合的方式,而对于不同危险类别的风险管理,多采用法律与制度相结合的方式进行管理。

一般认为,按照危险预测的数理基础划分,《保险法》上涉及的危险,可

---

❶ 但其所约定者并非定值保险中所约定的保险标的的价值。即便人身保险中有损害填补性质的医疗费用保险,其于合同订立时所约定者也仅仅是保险金额及保险人于保险事故发生时所负的给付上限,非为合同订立时保险标的的价值,亦非财产保险中的定值保险。定值保险是财产保险中,为避免事故发生时,保险标的的价值难以勘估或者保险标的的价值本身难以客观标准加以估计,因而与合同订立时即约定其保险标的的价值,以此作为保险金履行保险金给付义务的限制。参见汪信君:"复保险规范范围之再论",载《月旦民商法杂志》2004年第5期。

❷ 汪信君、廖世昌:《保险法理论与实务》,元照出版有限公司2010年版,第174页。

以分为客观危险和主观危险两个类别。前者系指保险标的客观存在的所有危险，后者系指因被保险人的心理状态所造成的危险。而能够以大数法则将其损失发生率及损害额加以精算，反映于保险费当中的，理论上应当仅限于客观危险，这也是应当并且仅仅可以向保险公司转移的危险；至于主观危险，保险人虽得由被保险人或者保险标的的情况间接了解，但因无一普遍接受的方法可证明其为可信与有效的，且完全因人而异，故无法对其进行精算而反映至保险费中，❶ 故而不属于应当向保险公司转移的危险。保险人管理危险的重点工作之一，便是通过危险管理措施试图对主观危险加以排除的过程，尽管实际上通常很难达到危险管理的这个终极目标。

  需要强调的是，所谓主观危险，又称契约危险、道德危险，❷ 是指被保险人投保之后，因为投保人或者被保险人防范保险事故发生的诱因及注意程度将因此可能降低会产生的风险，取决于被保险人在保险契约成立后的行为。❸ 换句话说，是指投保人、被保险人或受益人为图取保险金而故意或过失地作为或不作为所造成的危险或者扩大的危险。❹ 之所以称之为契约危险，主要是因为如果投保人没有投保而与保险人订立保险契约，通常不会产生此类危险。

  具体说来，道德危险虽然确实是人们的一种意志或心理，但若没有保单上利益的引诱或者刺激，则不会见诸于行为，只不过是一个"良心"问题。因此，伦理经济学对道德危险所作的结论是："良心"问题的诱因则为保单上利益所刺激。道德危险既是投保人的"良心"问题，又是保险单本身的问题。❺ 与客观危险存在于人的意识之外，因而可以运用数理手段完成对客观危险发生、发展和演变概率的测算不同，主观危险缺乏客观的数理计算基础，很难对这种危险进行科学和准确的概率分析与研究，只能依据经验和主观判断处理和

---

  ❶ 叶启洲：《保险法专题研究（一）》，元照出版有限公司2007版，第44页。
  ❷ 本文之所以更多地使用契约危险一词而不是道德危险，原因在于契约危险更能突出道德危险在中间型定额保险中的危险比重，也即突出由于契约约定的保险金数额欠缺具体的保险价值作为评估基础而约定过高的保险金额使然。就两种危险与契约危险的关系，其实属于相似的内涵，如果非要加以区分，能否认为，契约危险是诱因，道德危险是危险行为的外在表现形式，主观危险则是支配危险发生的内在表现形式。比如，故意制造保险事故属于道德危险，但超额保险是契约危险因素，构成故意制造保险事故的诱因。从危险发生的概率上讲，由于这些危险因素无法通过精算或者技术加以测算，因而属于主观危险。也有学者把主观危险具体区分为道德危险与心理危险，所谓道德危险是一种与人的道德修养有关的无形因素，即由于特定的团体或个人违反基本的诚信义务或者出于不正当动机可能导致的破坏社会或者个人利益的内在原因。例如，生产假冒伪劣产品、违约拖欠货款、偷税漏税、贪污受贿、欺骗敲诈等行为导致的社会公共利益和个人利益的损失都属于道德危险的范畴。所以，道德危险是一种完全与人类的不正当社会行为有关的危险。所谓心理危险，是一种与当事人的心理状态和情绪有关的无形因素。即由于特定的团体或个人主观上的疏忽和过失可能导致的损失概率增加或损失程度扩大的内在原因。例如，错误的舆论导向、主观臆断作出的决策和计划、粗心大意的行为、违反管理或操作程序等行为导致的社会公共利益和个人利益的损失都属于心理危险的范畴。参见郝演苏：《保险学教程》，清华大学出版社2004版，第11页。
  ❸ 转引自张冠群："重论复保险相关规定与医疗费用保险之适用"，载《月旦法学杂志》第192期，第191页。
  ❹ 施文森：《保险法总论》，台湾三民书局1985年版，第10页。
  ❺ 樊启荣："保险损害补偿原则研究"，载《中国法学》2005年第1期。

控制危险,并且可能由于研究人员认识的差异导致相同的危险预测出现较大的计算偏差。❶ 因而,《保险法》上的危险管理,除了对客观危险的防灾减损之外,从某种意义上讲,危险管理的重点就是对契约危险的排除、防范和化解问题,询问告知义务的履行无疑是其中最重要的一环。

(二) 契约危险的一般法理

从法学意义上看,"契约危险"这一概念,是对被保险人的主观状态与保险事故间的因果关系所作的"价值判断"。

根据被保险人的主观过错状态,契约危险可类型化为二:积极的契约危险与消极的契约危险。前者系指投保人、被保险人或者受益人为图取保险金而故意促使危险发生的种种行为或企图,是被保险人"热切希望发生的危险";后者又称为"心理危险",系指投保人或被保险人因保险契约的存在,息于保护或疏于施救被保险标的而造成或扩大的危险,与积极的道德危险相比较,被保险人因持有保险之故而息于应有之注意。❷ 前者表现为"因保险契约可获得一定利益者,为求保险给付故意导致保险事故发生之情形";后者表现为"被保险人疏忽、过于冒险所导致有投保者之风险较未投保者高之情形"。❸ 由于积极危险的主观恶性程度较高,保险人危险管理的重点也就常常放在对积极危险的防范方面。我国《保险法》第 27 条第 2 款规定,投保人、被保险人故意制造保险事故的,保险人有权解除合同,不承担赔偿或者给付保险金的责任;除本法第 43 条有关人寿保险合同投保人已交足二年以上人寿保险合同的保险费而退还保单的现金价值之外,也不退还保险费。

从契约危险的发生原因看,契约危险往往是投保人或者被保险人故意制造保险事故、虚构保险事故、虚报的保险损害赔偿额或者给付数额,以及其他本不属于保险人理赔范围,但由于保险人无法有效证明属于除外不保或者免责范围的事项,使得被保险人成功获得理赔的危险事项。❹ 故而,积极危险一直是契约危险管理的重点所在。

就契约危险的内在诱因而言,损失填补型保险与定额给付型保险的内在诱因存在较大的差异,前者由于通常存在保险标的的客观价值作为保险利益的判断标准,因而,契约危险的内在诱因主要表现在超额保险以及(狭义)重复保

---

❶ 郝演苏:《保险学教程》,清华大学出版社 2004 版,第 5 页。
❷ 樊启荣:"保险损害补偿原则研究",载《中国法学》2005 年第 1 期。
❸ 江朝国:《保险法逐条释义》(第一卷 总则),元照出版有限公司 2012 年第 1 版,第 520 页。
❹ 以人寿保险为例,故意违反告知义务而带病投保,甚至通过冒名体检成功逃避保险人核保环节的风险管理措施,或者故意违反告知义务而在危险发生之后故意拖延报案,使得保险人的合同解除权超过《保险法》第 16 条规定的除斥期间的保险事故,都可能成为保险人不得不承担的契约危险。参见韩长印、张力毅:"故意违反告知义务与保险人合同撤销权——目的性限缩的解释视角",载《月旦民商法杂志》第 44 期。而这些危险因素明显不同于人寿保险中如下常见的客观危险因素:艾滋病感染、毒瘾、高血压、心脏病、厌食症、精神病等诸多疾病。

险问题上，❶ 不足额保险与全额保险中并没有太大的契约危险问题。❷ 而定额给付保险，由于并无保险价值的存在，无法直接将保险金额与保险价值进行比对判断，从而确定被保险人可能获取的不当得利的限度，其契约危险的诱因并不在于超额保险或者重复保险，而在于单一保险金额或者累计保险金额与投保人或者被保险人的收入状况或者保费负担能力之比上，其中，累计保险金额涉及定额给付保险的重复投保问题，❸ 所以，定额给付保险危险管理的难度通常也会高于损失填补型保险。

具体说来，定额给付保险金额过高时（尤其是当投保人本身收入不高时），无疑会生发契约危险问题。其金额过高既可能见于单份保单的金额过高，也可能见于复合保险的金额过高，❹ 比较而言，定额给付型保险的契约危险无疑较高。由此可见，重复投保的事实虽与保险事故危险（即保险危险事实）的客观发生率无涉，但会影响保险人是否承保的意思表示，❺ 也属于契约危险事实的范畴，构成契约危险的重要因素。原因在于，重复投保抬高保险金额的结果，有可能悖离被保险人的保费负担能力以及对风险转移需求的限度，为保险人负担投保人的不正常保险契约请求（超出契约原来负担的范围）埋下隐患，并有可能对投保方的道德危险行为形成激励。

正是因为保险单本身能够改变对被保险人行为的激励方向，改变保险公司所依据的风险概率，比如超过房产价值的火灾保险单可能诱导纵火或至少是疏忽纵火。❻ 也即保单中的契约危险因素能够直接改变保险危险发生的概率。所以，在保险契约的订立阶段必须给保险人以管理风险，尤其是排除契约危险的机会，并且对于不同的风险性状，应当允许保险人采取不同的风险管理措施，包括通过询问告知的方法来尽可能地获知主客观危险因素以及有针对性地采取风险管理措施以排除主管危险因素。比如，对于客观危险，应当以加强保险标的的危险管理为主；而对于主观危险范畴的契约危险，则当以防范订立过高的

---

❶ 我国《保险法》关于重复保险采用的是狭义重复保险的内涵，也即重复保险累积的保险金额大于保险标的的价值，并且按照立法规定仅适用于财产保险。

❷ 至于作为消极保险的责任保险以及费用支出型保险，保险责任的承担系以被保险人对第三人承担的民事（赔偿）责任为前提，或者所需支付的费用限额有其限度，加上保险人按照法律规定或者契约约定所享有的保险和解参与权，其契约危险发生的概率通常很小。

❸ 我国《保险法》第 56 条第 4 款在"财产保险合同"一节中规定："重复保险是指投保人对同一保险标的、同一保险利益、同一保险事故分别与两个以上保险人订立保险合同，且保险金额总和超过保险价值的保险。"显然，这是采用了不同于复合保险的狭义重复保险的概念，并且从逻辑上讲，也不适用于人身保险。但重复购买定额给付保险的结果，可能使得累计保险金额远远超出投保人或者被保险人的保费负担能力，构成诱发契约危险的主要原因。

❹ 本文所谓复合保险系指同一保险标的、同一保险危险、在同一保险期间内重复投保，但累计保险金额并未超过保险标的价值，或者无法将保险金额之和与保险价值进行对比时的复保险情形，可以算作广义复保险的范畴。

❺ 汪信君："复保险规范范围之再论"，载《月旦民商法杂志》2004 年第 5 期。

❻ Arrow, Essays in the theory of Risk-bearing, North Publishing Company, 1970. P. 42. 转引自樊启荣："保险损害补偿原则研究"，载《中国法学》2005 年第 1 期。

保险金额,对重复投保多项保险的风险程度作出评估以决定是否承保为主的风险管理措施为主。

四、中间型定额保险的契约危险管理

综上所述,关于寿险中的定额给付保险,保险实务界并没有什么争议。而关于中间型保险的双重性质,尽管学理上已经达成了共识,保险立法也在针对保险业分业经营的业务界分方面实现了突破,❶ 但因保险立法尚未完成损害填补保险与定额给付保险的明确划分,❷ 在很大程度上影响了司法实务中对中间型保险两重法律属性以及两种业务操作模式的正确认识。其明显的误区之一就在于,机械地恪守所谓人身保险不适用损害填补原则及重复投保规则的理念,在所谓"生命、健康和身体无价"的思维导向下,并未将保险金额的多少以及累计保险金额之和的高低当作一个突出的契约危险纳入定额保险的危险管理规范体系。

(一)明晰定额保险的契约危险因素

不同险种所面临的危险因素是不同的,无论是实质危险(物理危险)因素还是契约危险因素,不同险种的契约危险的性状、类型、特征相应地也都存在着较大的差异。从实现风险识别的角度看,中间型定额保险的危险管理必须首先对该类险种的契约危险因素做出识别。

第一,包括住院补贴险在内的中间型定额保险存在实施道德危险行为的可能性。

本来,就健康保险而言,投保人断无故意降低对自己健康注意程度之理,因为健康保险的被保险人对作为保险标的的自身健康较难控制,比如不可能给自身人为制造某种疾病。但住院补贴之住院本身无疑易发生契约危险。首先,是否需要住院通常缺少精确客观的判断标准;其次,医院往往将程度不同的利润最大化作为其经营目标,❸ 对患者住院秉持鼓励态度,这从对患者负责的角度讲,是医生善意行为的表现,但有可能会显著增加保险公司支付保险金的几率;最后,在作为病患者的被保险人购买有住院补贴险的情况下,无疑会对医患双方积极住院的态度产生积极有效的激励。此外,不排除某些医护条件优越

---

❶ 详见前引我国《保险法》第95条第1、2款规定。
❷ 前述中国保监会《健康保险管理办法》并不属于法律或者法规性质,其效力层次限于部门行政规章。
❸ 有学者早就指出,"目前中国医疗保险制度所采用的是由政府的社会保险机构筹集资金,并由公立医疗机构提供服务的模式……服务收费已经成为公立医疗机构收入的基本来源。就这一点而言,它们已经商业化,但是在医疗服务市场上却缺少充分的竞争。企业和职工是基本医疗保险费用的最终承担者,可是由于基本医疗保险被看成是'福利事业',它们更多地被看成是福利的受益者,而它们作为购买者和消费者的权利还没有得到充分的体现"。加之,"保险产生的道德风险与医院的诱导需求相结合成为商业保险的陷阱",严重阻碍了我国商业医疗保险的发展"。参见左学金、胡苏云:"城镇医疗保险制度改革:政府与市场的作用",载《中国社会科学》2001年第5期。

的医院,住院本身就是一种变相的保健疗养或者休养。其结果,就有可能使某些住院医疗行为超出实际必要的限度和范围。❶

此外,由于保险实务中的住院补贴同样适用于由于意外伤害原因产生的住院行为,因而,遇有被保险人购买意外伤害保险住院补贴的场合,如果被保险人对自己的身体缺乏爱惜与珍重,甚或属于风险喜好型被保险人,同样也会滋生契约危险问题,其故意制造意外事故诈取定额给付保险金的可能性,较之于健康原因所致定额给付保险的可能性要大得多。所谓生命、健康、身体无价,说到底是指不同的人对自身的生命、健康、身体有不同的评价,否则,意外伤害保险中当无故意制造保险事故换取死亡、伤残保险金一说了。

中间型定额给付保险中投保方实施道德危险行为的根本诱因,在于人身保险的重复投保所致过高保险金额的契约危险,而这无疑应当构成包括住院补贴险在内的定额给付保险的又一重要危险因素。需要强调的是,如果说损害保险关于重复投保的相关规则在现行立法下没有突出意义的话,那么定额给付保险关于重复投保告知义务的意义则至为明显。因为,损害保险即便形成复保险的事实,也不影响保险人对保险损失的比例赔付以及损失填补原则的贯彻;而定额保险重复投保事实的存在,由于其不考虑对被保险人保险危险的损失评估,加上保险金的给付完全取决于当事人关于保险金额高低的约定,其诱发道德危险的可能性更大。正如有学者指出的,人身保险尤其是伤害保险,因无复保险规定的适用,且保费低廉,投保人重复投保的成本不高,保险金额不低,较可能地创造高道德风险,❷ 并且,此危险会随着被保险人所投保同类型保险契约的个数及保险金总额的增加而增加。❸ 实际上,人身保险的射幸性程度大于财产保险,若投保金额过巨,则易生道德危险。因此保险人于承保人身保险之前,常须先行了解投保人对该保险是否已向其他保险公司投保,以及其他投保金额多少,以作为危险估计。若投保人故意隐匿或者过失遗漏而不为告知者,足以变更或减少保险人对危险的估计,保险人得以解除合同。❹

第二,现行保险法并未将重复投保因素明确纳入危险的管理范畴。

我国《保险法》第16条第1款规定:"订立保险合同,保险人就保险标的或者被保险人的有关情况提出询问的,投保人应当如实告知。"由此可见,《保险法》关于保险合同当事人询问和告知的事项限于"保险标的或者被保险人的有关情况",也就是说,要么是"保险标的",要么是"被保险人的有关情况"。

---

❶ 何况法理上对何谓住院本身就不易做出准确的界定。参见张冠群:"'日间住院'之理赔争议—评台湾'高等法院'花莲分院2013年度保险上易字第一号判决",载《月旦法学杂志》第227期,第257~277页。

❷ 张冠群:"台湾保险法关于恶意复保险法律效果之检讨与修正建议",载《月旦民商法杂志》第31期,第113页。

❸ 汪信君、廖世昌:《保险法理论与实务》,元照出版有限公司2010年版,第165页。

❹ 梁宇贤:"论复保险",载《中兴法学》1991年总第32期。

并且,这里所谓"被保险人的有关情况",在本文看来,显然没有把诸如被保险人的收入状况、购买定额保险的份数及累计保险金额等"契约危险"的因素事项,列入保险人询问的事项范围之中,因为这里的立法逻辑是:询问的事项限于保险标的的客观危险(而未包括契约危险因素)。而《保险法》第12条第3款关于人身保险的保险标的是这样规定的:"人身保险是以人的寿命和身体为保险标的的保险。"❶

上述法条中使用"或者"这一连接词的语义学解释,应当是两者择一,并且前两个选项之间的内容应当具有同一属性或者相似性,因而告知义务的范围在"或者"之前是"保险标的"的话,"或者"之后肯定不可能不就保险标的进行询问。也即"或者"之后的询问内容重点仍然是保险标的,以及保险标的的客观风险。之所以使用了"被保险人的有关情况",或许是为了在《保险法》总则部分,就保险人询问的事项区别于财产保险的"保险标的"而回避使用,故将被保险人作为"保险标的"的替代用语罢了。❷

有理由认为,本条关于保险人询问的内容仅限于客观危险,而不包括主观危险,也就是说并未明确允许保险人对主观危险提出询问,严格按照本条规定甚至可以理解为投保人有权利可不回答关于主观危险的询问。问题是,按照前述契约危险的一般法理,应当允许保险人在识别和确定客观危险的范围时,对主观危险一并进行评估并加以排除。典型的如德国1939年保险契约法修正,就增订第16条第1款第2句,将契约危险事实构成告知义务对象,径以立法方式加以确认。❸

关于重复投保是否属于应当告知的重要事项,我国台湾地区"保险法"第64条并未限定,仅仅正面限定在保险人的书面询问,反面限定在足以影响危险估计的重要性方面。大陆立法虽然对告知事项的重要性有规定,即足以影响保险人决定是否同意承保或者提高保险费率的,保险人有权解除合同。但仍限定为"前款规定的如实告知义务",并未扩展至书面询问加重要事项这两方面的告知范围。

退一步说,如果可以将《保险法》第16条所谓的"被保险人的有关情况"扩大解释为包含被保险人的年龄、职业乃至收入的话,那么,无论如何都不可能包含"定额给付保险的累计保险金额",也就无法将累计保险金额与被保险人的收入加以对比来进行风险评估了。

---

❶ 准确地说,人身保险的保险标的还应当包括健康,也即寿命、健康和身体分别对应人寿保险、健康保险和意外伤害保险。

❷ 2014年10月22日最高人民法院发布的《关于适用〈中华人民共和国保险法〉若干问题的解释(三)》公开征求意见稿第5条中(投保人和被保险人为不同主体时,保险人就被保险人的有关情况向被保险人提出询问的,被保险人应当如实告知),就使用了"被保险人的有关情况"一语,可以看出,没有包括主观危险的内容。

❸ [日]中西正明:《伤害保险契约之法理》,盛钰译,有斐阁1994年版,第153页。

第三，现行法关于重复保险也只有通知义务的规定，并无告知义务的规定。

由于我国《保险法》在立法结构上把关于重复保险的第 56 条规定放在"财产保险合同"一节，法律适用上就难以将重复保险的相关规则适用于人身保险的定额保险之中，遑论重复保险是否构成中间型人身保险的告知义务及通知义务的重要事项了。退一步说，即便重复保险规则解释上适用于人身保险，关于重复保险也只有通知义务的规定，没有明确将重复保险的有关情况列入告知义务的范畴。

根据《保险法》原理，投保人或被保险人于保险契约订立后，知悉有复保险契约时，应立即向保险人提出书面说明，请求其同意批注于保单之上。保险人于知悉复保险合同时，不论是否收受同意批注其事实的请求书，均得解除自己的保险合同，且经解除后，对于复保险合同事实发生后的事故所致之损害，不负保险金给付义务。条款规定有此项解除之情形时，保险人应按日数比例返还未满期的保险费。复保险契约的通知义务与他公司契约的告知义务，具有共通的思考基础，只不过二者系目的相异之独立制度，违反义务之要件及效果亦互不相同。他公司契约的告知义务，旨在提供保险人判断是否签订保险契约的资料，与保险人于契约订立时的危险选择问题有关；反之，复保险契约的通知义务，则涉及危险变更的问题，亦即限制重复就同一被保险人订立伤害契约，其目的在于使该契约道德危险的程度，具有与契约订立时同一水准。❶ 问题在于，我国《保险法》确立的复保险的法律适用规则，仅仅停留在了财产保险合同的保险事故成就时，保险公司对复保险的保险标的损失的比例分摊规则，既没有体现事先对契约危险的管理内容，也没有协调复保险合同规范产生竞合时的法律适用方法。

（二）建立相应的信息共享平台

既然重复投保以及畸高保险金额的投保方式是道德危险行为的根本诱因，"如何解决定额给付保险重复投保的问题，一方面必须避免道德危险的发生，另一方面也必须谨慎处理以防止损害被保险人应有权益，实为此类问题的困难所在"。❷ 应当承认，即便严格遵从现行法确立的询问告知规则对中间型定额保险的契约危险进行管理，仍难免存在如下局限性：其一，无法杜绝告知不实现象；其二，危险管理的效果往往产生于事故发生之后，容易激发当事人之间的理赔纠纷；其三，单个的询问告知是无效率的制度安排。

我国台湾地区也有学者主张将主观危险即契约危险事实列入告知义务的对

---

❶ ［日］中西正明：《伤害保险契约之法理》，盛钰译，有斐阁 1994 年版，第 21 页。
❷ 汪信君、廖世昌：《保险法理论与实务》，元照出版有限公司 2010 年版，第 165 页。

象范围之内,但在保险事故已经发生后须受台湾保险法第 64 条第 2 款但书的限制,即当告知事项与危险发生之间具有因果关系时保险人方可不承担保险责任,而实际上重复投保的事实通常与事故发生没有因果关系,从而保险人无法行使合同解除权。

基于此,另有学者主张诸如定额保险的重复投保等契约危险因素不应列入告知义务的范畴,而通过其他方式加以解决,其一,主观危险通过《保险法》第 29 条的适用能够加以解决,保险人对故意导致保险事故发生的危险毋庸给付保险金;其二,寿险及伤害险在行政管理上具有各保险公司之间的通报机制,通报标准为单家保险公司寿险或伤害险累计危险保额 300 万元以上,保险公司可由此通报机制得知是否有重复投保情形,进而采取拒保或限制保额的防治手段,以防免主观危险的产生。❶

本文认为,仅仅通过故意导致保险事故发生而免于承担保险责任的方式来对主观危险加以管理,只能发挥事后防范被保险人通过保险契约危险获利的效果,而不能事先对契约危险加以有效防范或者杜绝其在萌芽状态。根本的解决之道在于及早建立作为行政管理措施的保险通报机制,以实现各保险公司在定额给付保险危险管理方面对被保险人信息的共享机制。在建立信息共享机制之后,由保险人根据被保险人的收入、累计保险金额等信息,决定是否对被保险人定额给付的特定保险金额加以承保,一旦加以承担,则须按保险合同的约定给付保险金;如果经保险人判定被保险人因为累计保险金额多高而有实施道德危险的可能性,则可以拒绝承保或者调低被保险人的保险金额。但为保护被保险人的隐私考虑,在共享信息方面应当限于姓名、身份证号码、累计保险金额之和等三项信息范围之内。

而在此信息共享机制建立之前,允许保险人对主观危险因素提出询问并课以投保方的告知义务,可能是化解契约危险的有效途径,这一方面,可以通过有权机关对投保方告知义务的范围作出扩张解释,以将重复投保以及所形成的累计保险金额作为事先告知以及事后通知的重要事项;另一方面,"允许当事人于契约中约定投保人于重复投保时的通知义务。若被保险人为复保险而未对已定约的保险人为通知时,未受通知的保险人即不负保险责任,也即将其置于保险人管理风险之合同自治范畴"。❷

结语

保险制度系人类基于互助精神而发明的良善制度,任何人不得恶意地滥用

---

❶ 江朝国:《保险法逐条释义》(第二卷 保险契约),元照出版有限公司 2013 年第 1 版,第 578~579 页。
❷ 张冠群:"重论复保险相关规定与医疗费用保险之适用",载《月旦法学杂志》第 192 期,第 198~199 页。

此一制度，而将自己的主观危险转嫁于保险人或其他被保险人。❶ 定额给付规则以及定额保险中关于累计保险金额与被保险人收入状况之比的危险管理问题同时存在于人寿保险和中间型保险，但寿险中对定额给付规则的严格适用在我国司法实践中不存在什么疑问，只有中间型保险在适用定额给付和损失填补规则时，常会令法官左右摇摆、无法定夺。因而，累计保险金额与被保险人收入状况对比的危险管理问题在中间型保险中就显得异常突出。在我国现行法律框架下，通过对投保人课以"他保险及累计保险金额"的告知义务，以及建立相应的信息共享平台，或可成为有效抑制契约危险的重要手段。

在文首所引案例中，法院似乎没有对投保人故意违反告知义务的保险理赔后果做出判定，法官或许已经意识到，直接适用故意违反告知义务的法律后果（按《保险法》第16条规定，既不给付保险金又不退还保费）较之于按照被保险人每月2000元的工资标准的赔偿，对被保险人会更为苛刻，与定额给付的赔偿规则会相距更远。但不从违反告知义务的角度审理此案的结果，一方面，陷入了定额给付保险适用损失填补原则的自相矛盾困境；另一方面完全回避了中间型定额给付中保险危险因素的管理范围问题，无法涉及该问题的核心。当然，对于契约危险的管理是否仅作为保险人的一项权利，还是保险人本身就有此义务（只是因为保险人调查能力有限，故必须赋予投保人告知义务予以配合），这本身就是个问题，因为保险人不负责任地对定额支付保险一概予以承保，其实在很大程度上纵容了投保人道德风险的蔓延，而危险一旦发生，保险人虽有一系列拒绝给付保险金的抗辩，但对于已经发生的生命与健康方面的惨剧则往往无法挽回。本文意旨在倡导建立统一的信息共享平台，以维护保险业的健康发展。

---

❶ 叶启洲：《保险法专题研究（一）》，元照出版有限公司2007年版，第45页。

城乡居民大病保险制度法律研究

孙东雅[*]

在前期试点的基础上，2015年8月，国务院办公厅印发了《关于全面实施城乡居民大病保险的意见》，决定2015年大病保险制度要覆盖全体城乡居民，大病患者看病就医负担有效减轻；到2017年，建立起比较完善的大病保险制度，与医疗救助等制度紧密衔接，共同发挥托底保障功能，有效防止发生家庭灾难性医疗支出，城乡居民医疗保障的公平性得到显著提升。作为一项预期覆盖超过10亿人的重要保险制度，从法律上看，它融合了传统社会保险制度和商业保险制度的不同特点，具有独特的法律模式。

一、城乡居民大病保险制度产生的背景

（一）国际医疗改革经验的借鉴

从国际上看，医疗保障制度是现代国家重要的经济社会制度之一。"二战"后，西方发达国家陆续建立起医疗保障福利制度，在促进经济繁荣、维护社会稳定方面发挥重要作用。20世纪80年代以后，随着发达国家经济社会环境与人口结构的变化，医疗费用持续高涨，政府财政不堪重负，医疗保障制度的公平和效率严重失衡，高福利的医疗保障制度面临重重困境。2008年席卷全球的金融危机使各国经济遭受重创，发达国家经济增长缓慢、政府税收减少，医疗保障制度的可持续问题愈加突出。

自20世纪80年代至今，发达国家普遍反思和改革过去的医疗保障制度：一是改革医疗保障管理体制，使公共医疗保障的行政管理、事务经办、监督控制相互分离。这是现代西方福利国家医疗保障制度改革的一个共同取向。二是提倡医疗保险市场化运行，支持企业、社会团体承办法定医疗保险（即基本医疗保险），鼓励发展商业健康保险。三是强调医疗保障筹资不仅是国家责任，社会和个人也应承担相应责任，形成国家、社会与个人共同分担的筹资机制。同时在医疗服务补偿机制和支付方式，支持基本医保经办机构对医疗行为进行

---

[*] 法学博士，现就职于中国保监会。

制约和监督。国际医疗保障制度的发展和改革对我国医保制度的改革方向和大病保险制度的建立起到了重要借鉴作用。

（二）国内医改工作的深化

2009年我国启动了医药卫生体制改革，到2011年年末，三年医改五项重点改革任务全面完成，我国基本医保制度框架全面建成。截至2011年年底，职工基本医疗保险（以下简称职工医保）、城镇居民医保、新农合三项基本医疗保险制度参保人数达到13.05亿人，参保率超过95%，为城乡居民"病有所医"提供了制度保障。

与此同时，我国基本医疗保障水平，特别是城镇居民医保和新农合制度的保障水平还比较低，全国范围来看，实际补偿比例[1]平均仅为50%左右，仍有超过一半以上的医疗费用需要群众自己承担。对大病患者而言，由于病情治疗的需要，对社保报销目录以外的诊疗项目、药品等需求量较大，实际补偿比例会更低。因病致贫、因病返贫现象比较普遍。为此，有必要针对大病患者建立专门的制度予以保障。

党的十八大报告提出，要"健全全民医保体系，建立重特大疾病保障和救助机制"。《深化医药卫生体制改革"十二五"规划》提出"探索建立重特大疾病保障机制。统筹协调基本医保和商业健康保险政策，积极探索利用基本医保基金购买商业大病保险或建立补充保险等方式，有效提高重特大疾病保障水平"。在此基础上，2012年8月，发改委、人社部、卫生部、财政部、民政部、保监会六部委联合发布了《关于开展城乡居民大病保险工作的指导意见》，建立了城乡居民大病保险制度。截至2014年年底，大病保险制度已覆盖约7亿人口，大病患者实际报销比例在基本医保支付的基础上提高了10~15个百分点，有效解决了群众因大病致贫、返贫问题。

二、城乡居民大病保险制度的主要特点

城乡居民大病保险是在基本医疗保障的基础上，对大病患者发生的高额医疗费用给予进一步保障的制度安排。城乡居民大病保险制度是我国的首创，国际上没有先例，具有明显不同于传统社会医疗保险和商业健康保险的特点。

（一）制度定位

城乡居民大病保险制度是以城镇居民医保、新农合制度为基础，对大病患者医疗费用的再次补偿。从法律性质上看是基本医疗保障制度的延伸与拓展，所有城乡居民都将纳入保障对象，享受同样政策和待遇，承办大病保险的商业

---

[1] 实际补偿比例是指基本医保报销的医疗费用占患者的总医疗费用（包括基本医保政策范围外的药品、诊疗等费用）的比例。

保险机构不得"因既往病史拒绝承保"或"按健康状况区别对待"。从保障功能上看，城乡居民大病保险制度作为我国全民医保制度的重要组成部分，与基本医保、商业健康保险、医疗救助及慈善救助等制度共同组成了我国覆盖城乡居民的多层次医疗保障体系，形成了多层次、多样化、内在逻辑严谨的医疗保障制度结构。

（二）基本原则

城乡居民大病保险制度运行坚持以下原则：一是坚持以人为本，统筹安排。把维护人民群众健康权益放在首位，切实解决人民群众因病致贫、因病返贫的突出问题。充分发挥基本医疗保险、大病保险与重特大疾病医疗救助等的协同互补作用，加强制度之间的衔接，形成合力。二是坚持政府主导、专业运作。政府负责基本政策制定、组织协调、筹资管理，并加强监管指导。利用商业保险机构的专业优势，支持商业保险机构承办大病保险，发挥市场机制作用，提高大病保险的运行效率、服务水平和质量。三是坚持责任共担，持续发展。大病保险保障水平要与经济社会发展、医疗消费水平及承受能力相适应。强化社会互助共济的意识和作用，形成政府、个人和保险机构共同分担大病风险的机制。强化当年收支平衡的原则，合理测算、稳妥起步，规范运作，保障资金安全，实现可持续发展。四是坚持因地制宜，机制创新。各地在国家确定的原则下，结合当地实际制订开展大病保险的具体方案。鼓励地方不断探索创新，完善大病保险承办准入、退出和监管制度，完善支付制度，引导合理诊疗，建立大病保险长期稳健运行的长效机制。

（三）保障范围

城乡居民大病保险制度的保障对象范围是城镇居民医保、新农合制度内的全体参保（合）人，预期覆盖对象超过10亿人。

大病保险制度主要在参保（合）人患大病发生高额医疗费用的情况下，对城镇居民医保、新农合补偿后需个人负担的合规医疗费用给予保障。高额医疗费用可以按个人年度累计负担的合规医疗费用超过当地统计部门公布的上一年度城镇居民年人均可支配收入、农村居民年人均纯收入为判定标准，具体金额由地方政府确定。

城乡居民大病保险制度以避免城乡居民发生家庭灾难性医疗支出[1]为目标，要求合理确定大病保险补偿政策，实际支付比例不低于50%。随着大病保险筹资能力、管理水平不断提高，进一步提高支付比例，减轻个人医疗费用

---

[1] 世界卫生组织对家庭灾难性支出的界定是：一个家庭的医疗支出占家庭支付能力的比重等于或超过40%。其中，家庭支付能力指除去维持生存需要（食品支出）之外的有效收入。按照2011年我国城乡居民人均可支配收入（纯收入）、食品消费支出等数据测算，城乡居民灾难性医疗支出标准与城乡居民人均可支配收入（纯收入）基本相当，超过这个标准，即可能出现因病致贫、返贫问题。

负担。为此，城乡大病保险制度创设了"合规医疗费用"一词，用于指实际发生的、合理的医疗费用。换句话说，城乡居民大病保险制度的保障范围不局限于目前基本医保报销的"政策目录"范围，实事求是地解决患大病群众实际发生的高额医疗费用问题。

（四）资金来源

建立大病保险制度的资金来源于城镇居民医保基金、新农合基金中一定比例或额度。城镇居民医保和新农合基金有结余的地区，利用结余筹集大病保险资金；结余不足或没有结余的地区在城镇居民医保、新农合年度提高筹资时统筹解决。大病保险资金由基本医保主管部门（或财政部门）直接划转给承办的商业保险机构，不需要保障对象另行缴费，也不需要承办的商业保险机构以营销方式获取保费。

城乡居民大病保险制度的筹资标准依据各地经济社会发展水平、医疗保险筹资能力、患大病发生高额医疗费用的情况、基本医疗保险补偿水平以及大病保险保障水平等因素，精细测算，科学合理地确定。

根据2012年国务院医改办对全国1亿人口样本数据的测算情况来看，各地大病的发生概率大约在0.2%~0.4%，平均为0.3%。按照50%的实际报销比例（《关于开展城乡居民大病保险工作的指导意见》的政策要求），人均筹资最少的地区为17元，最多的为60元，平均在45元左右。目前已开展大病保险地区的筹资水平也基本是按照这样的标准操作的。

（五）运行机制

城乡居民大病保险制度采取向商业保险机构购买大病保险的方式，由商业保险机构负责具体承办。大病保险各方参与主体受到严格监管，包括，一是对大病保险承办机构的运行的监管，督促商业保险机构提高服务质量和水平，并主动接受社会监督。二是加强对医疗机构、医疗服务行为和质量的监管，强化诊疗规范，规范医疗行为，控制医疗费用。大病保险制度涉及各参与主体的责任如下。（参见下图）

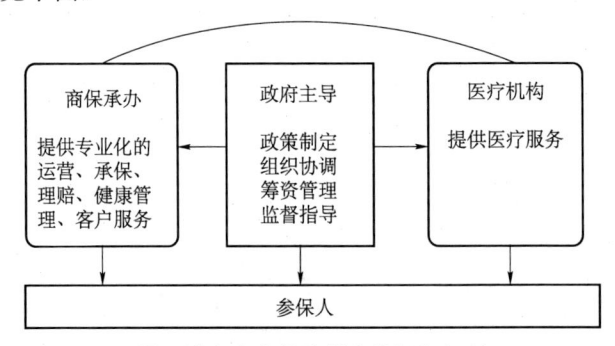

图 城乡大病保险制度的运行机制

政府及有关部门：一是制定当地大病保险政策；二是拟定（需要与承办机构协商）大病保险的筹资、报销范围、最低补偿比例，以及就医、结算管理等保障方案；三是招标选定承办大病保险的商业保险机构；四是从服务质量、财务制度、信息安全等角度对商业保险机构承办大病保险实施监管，并合理控制商业保险机构盈利率，保证"收支平衡、保本微利"和可持续发展。

商业保险机构：一是以保险合同形式承办大病保险业务，承担经营风险，自负盈亏；二是为参保人提供专业化的运营、承保、理赔、健康管理等服务；三是在政府支持下，强化医疗机构合作与医疗风险控制。

医疗机构：向参保人提供医疗服务，并接受政府和大病保险承办机构的监督。

城乡居民大病保险采取由政府主导与市场机制相结合，并由保险机构承担经营风险的方式，是对我国基本医保运行机制的一次重大创新，可以发挥保险公司体制机制、专业技术、机构网络的作用，实现大病保险保障水平更高、风险管控更强、营运成本更低、服务质量更优的效果。保障水平更高是大病保险工作的基本目标。要最大限度地发挥保险机制的杠杆作用和保障功能，让基本医保基金为人民群众提供更高的医疗保险保障。风险管控更强是商业保险机构的核心优势，可通过精算和风险管理经验，科学厘定大病保险费率，为政府基本医保定价提供参考。同时可发挥"第三方"制约作用，防范和减少过度医疗、虚假医疗等不合理和不合规的医疗行为，有效控制医疗保险赔付率，确保医疗保障制度可持续发展。营运成本更低是政府购买服务的重要考虑因素。商业保险机构善于经营管理、精于成本核算的优势，尽量减少人力、财力、物力成本，可以有效控制各项管理费用，实现医疗保障制度运行成本的最小化。服务质量更优是人民群众满意的根本要求。商业保险机构可运用信息技术和机构网络优势为参保群众提供即时结报、异地审核结算等"一站式"服务，提供双向转诊的便利，方便群众。

三、城乡居民大病保险制度的价值

建立城乡居民大病保险制度，对于完善全民医保制度，改进医保服务，实现人人享受基本卫生服务，促进社会的公平正义具有重要价值。

（一）有利于解决因病致贫、因病返贫问题

"因病致贫、因病返贫"在全世界都是一个普遍问题。即便是在美国，超过60%的破产家庭的破产原因也是"付不起医疗费用"，而不是"投资失败"或"房价下跌"。建立城乡居民大病保险制度，科学确定并逐步提高医疗费用的补偿范围和报销比例，重点解决高额医疗费用补偿问题，将明显提高城乡居民的医疗保障水平，减轻大病医疗费用负担，有效缓解"因病致贫、因病返

贫"的问题，进而促进社会公平正义。

目前城乡居民基本医保的实际补偿比例为 50% 左右，大病保险报销后，城乡居民大病患者的实际个人负担将减少至 25% 左右，剩余个人负担费用基本低于城乡居民可支配收入，灾难性医疗支出的风险在相当程度上得以消化。

（二）有利于健全多层次医疗保障体系

城乡居民大病保险制度的建立是在基本医保报销水平不高的情况下，对大病患者医疗费用的再次补偿。由此，我国覆盖普通患病人群、大病人群和困难人群等全体城乡居民的多层次的医疗保障体系进一步健全。

同时，城乡居民一体化的大病保险制度为城镇居民和农村居民提供统一的大病保障，有助于缓解目前我国基本医疗保障体系不同制度的服务人群不统一、保障程度不一致、运行管理不衔接等突出问题，促进基本医保各项制度逐步并轨运行和全民医保制度不断完善。

（三）有利于将政府主导与市场机制相结合，提高医疗保障的运行效率和服务质量

城乡居民大病保险由政府主导，制定保障内容、建立运行机制，并对商业保险机构进行监管。商业保险机构接受政府的委托，以"收支平衡、保本微利"为原则负责大病保险的具体承办。采用这种机制有助于改变政府既是"裁判员"又是"运动员"的不合理角色，更好地行使监管职责；有助于在以保公平为基础和目标的前提下，更好地发挥市场机制在提升效率和优化资源配置方面的积极作用，促进大病保险运行效率、服务水平和服务质量的提高。

"如实告知"义务：在健康保险业务中的理解和实践

李铁钢[*]　兰全军[**]

现代保险公司作为集中风险和管理风险的企业，为维护投保人、被保险人和自身的利益，必须在承保时排除个别投保人的逆选择风险。但是，就保险标的或被保险人的风险状况而言，保险公司无法对其进行全面了解，而投保人和被保险人作为利害关系人则通常知之甚详。为了使保险人能够在熟悉情况的基础上，就是否订立保险合同做出真实意思表示，投保人负有提供与合同订立相关的信息义务。如果投保人对信息告知不充分、不真实，即未做到"如实告知"，则必然影响保险公司对事实的判断，在此基础上所达成的保险合同肯定有失公平，并损害其他投保人、被保险人、受益人以及保险公司的合法权益。因此，如实告知义务制度对于保险合同的订立意义重大。可以说，"如实告知"义务也是作为《保险法》"最大诚信原则"在订立保险合同时的具体体现。我国《保险法》对投保人应当履行的如实告知义务作出了明确规定。本文将结合健康保险业务实际对"如实告知"义务进行分析和探讨。

一、如实告知义务的理解分析

（一）如实告知义务的必要性分析

1. 保险是转移风险的措施之一

人类生活在一个充满不确定因素的世界上，而其中一些因素一旦成为现实，就会对人（包括自然人和法人）造成损失，而这种一旦发生就造成人损失的因素就是风险。人类在与风险抗争的过程中，创造了包括保险在内的转移或分散风险的方法。保险是通过聚集单个个体的力量，形成危险共同体，共同承担风险可能造成的实际损失。"保险的真义，在于利用自己有限的力量，配合

---

[*] 中国人民健康保险股份有限公司法律合规部总经理，中国人民健康保险股份有限公司法律责任人。
[**] 现供职于中国人民健康保险股份有限公司法律合规部。

他人的力量,结合成团体的力量,以救助自己或者他人的经济准备措施。"❶

2. 保险人为经营保险业务,必须选择能够承受的风险

从经济学角度看,通过保险,被保险人将风险转移给保险人,而通过保险人分析风险发生的概率,预测损失,并用投保人缴纳的保险费来赔付损失。但是为了维护保险人的正常运营,需要保险人在收取保费和赔付的保险金差额之间,应具有一定比例的承保利润。这就需要在承保前对危险事实做出明确选择,即哪些风险是可以接受的,哪些风险是不能接受的,构成"危险之选择"。"所谓危险之选择,是指保险人于订立契约前,为求对其保险契约之危险种类和危险程度,有相当的认识;并对于保险金额、保险费率的妥当与否,有相当之估计起见,所加于保险标的(物)之查看费用。其目的在于:① 维持危险团体之健康发展;② 达成保险经营之利益计划;③ 促成危险分担之公平性;④ 防止逆选择之流弊。"❷

3. 投保人的如实告知是保险人解决风险、选择问题的主要途径

保险人对于风险选择和承受,取决于其对承保风险的正确估计或判断,即哪些危险可保,哪些危险不可保;在可保风险中,应收取多少保险费,以达到损失平衡。但是问题在于保险人如何对危险作出判断,即解决风险选择的途径。由于保险标的均在投保人或被保险人控制之中,保险人欲知悉保险标的的风险状况,无外乎以下两种方式:一种方式是自行对保险标的进行调查和危险识别;另一种方式是依靠投保人或被保险人的如实告知。通过上述途径,保险人对保险危险做出正确的估计和判断,以此确定是否承保以及相应的保险费率。对于保险人而言,为确保危险共同体的正常维持和运转,应对危险做详细的调查,以尽到其注意义务。但如果每一保险风险均要求保险人进行调查,不仅使保险人成本巨大,而且由于不能迅速地订立保险合同,导致投保人和被保险人难以有效得到保险保障,实际也损害了投保人和被保险人的利益。由于投保人和被保险人直接掌握保险标的的最直接、最真实的情况,在投保时对保险标的的危险情况做出如实的告知,使保险人做出准确的判断,可减少订立合同的交易成本,促进保险交易的快捷达成,实现保险最终分散风险的目的。

从另一方面看,保险业务中的逆选择风险,证明确实存在居心不良之人,为牟取巨额保险金,故意隐瞒重要事实,不做如实告知,保险人仅根据其陈述做出承保决定,该危险必然发生,损害保险人和其他投保人、被保险人的利益,对于保险业的正常发展损害巨大。因此,要求投保人或被保险人履行如实告知义务,正是维护保险这一分散风险措施的根本保证之一。

---

❶ 吴荣清:《财产保险概论》,台湾三民书局1992年版,第5页。
❷ 陈云中:《人寿保险的理论和实务》,台湾三民书局1986年版,第37—38页。

（二）从法律角度对"如实告知义务"的分析

1. 如实告知义务是最大诚信原则的具体体现

最大诚信原则是对保险合同中当事人（包括关系人）具体诚信原则的抽象概括，是保险法基本原则之一，它具体包括说明义务、危险增加通知义务、保证、弃权和禁止反言等内容。其中说明义务包括保险人的说明义务和投保人（如实告知义务人）的如实告知义务。由于保险契约为射幸合同，其前提必须是建立在最大善意的基础上，否则，无异于诈骗，所以保险合同必须以最大诚信立身，是最大诚信合同。保险合同既为最大诚信合同，就要求在订立合同前，如实告知义务人应该善意地将保险人可能承担的危险向保险人作出说明，以便保险人充分了解保险标的的真实情况，判断其风险，决定是否承保以及决定费率的高低。可见，如实告知义务是最大诚信原则的集中体现之一。

2.《保险法》第16条关于"如实告知"规定的解读

2009年2月28日修订的《保险法》第16条对投保人应履行如实告知义务、如实告知的方式、告知事项范围、告知时间以及违反如实告知义务的法律后果做出了规定。

（1）投保人应履行如实告知义务。保险合同和一般合同相较而言，较为复杂。除保险人与投保人作为合同当事人外，还有合同关系人——被保险人和受益人。一般来说，投保人恒为告知义务人，但被保险人是否为告知义务人，各国立法例不尽一致。我国《保险法》第16条第1款规定，订立保险合同时，保险人就保险标的或者被保险人的有关情况提出询问的，"投保人应当如实告知"。可见我国《保险法》是将投保人作为告知义务人，要求其在订立保险合同时，履行如实告知义务（关于被保险人是否作为告知义务人，本文将在第三部分进行讨论）。

（2）告知采取"询问告知主义"的告知方式。《保险法》立法例上有"询问告知主义"和"自动申告主义"之分。"询问告知主义"是指投保人仅就保险人所询问的，且以对于危险估计有关系的事实，据实告知于保险人，至于询问以外的事项，虽有重要性，投保人亦不负告知义务。如《德国保险合同法》第18条第1项规定："保险人依明了且以书面之询问有疑义时，推定为重要事实。"我国《保险法》也采用了"询问告知主义"，在第16条第1款规定："订立保险合同，保险人就保险标的或者被保险人的有关情况提出询问的，投保人应当如实告知。"在保险实务中均在投保书上，设置告知栏，栏内设置一定问题，要求投保人据实回答，并签名确认，即所谓"询问表"制度。

"自动申告主义"是指投保人应为告知事项，不问自己确知与否，皆须尽量告知保险人，并须与客观存在的真实事项相符，以便保险人据其告知，作为估计危险的依据。因而投保人的告知义务范围不以保险人询问的重要事项为限,对于未询问的重要事项亦负有告知义务。

(3) 如实告知事项的范围,必须是"足以影响保险人决定是否同意承保或者提高保险费率"的重要事实。

关于告知事项的范围,1906年英国《海上保险法》第18条第(1)款规定:"在合同订立前,被保险人必须将其所知道各种重要情况告知保险人……如果被保险人没有进行这些告知,保险人可以取消合同"。该条规定确立"重要事实"的范畴和规则后,被其他国家保险立法仿效,只要是重要事项皆须告知,其中"重要情况"是指"影响保险人确定保险费或决定是否承保的每一情况"。我国《保险法》第16条第2款规定"投保人故意或者因重大过失未履行前款规定的如实告知义务,足以影响保险人决定是否同意承保或者提高保险费率的,保险人有权解除合同"。即投保人如实告知的事项范围是"足以影响保险人决定是否同意承保或者提高保险费率"的重要事实。由于保险人是专业从事保险业务的保险公司,其对于投保人应告知的重要事实的理解是最全面的,因此《保险法》规定由其进行询问,告知义务人仅仅承担根据询问而如实提供信息的法定义务。

但是,应当注意的是,不能认为保险人询问的每一个事实都是重要的事实。否则,在保险实务中,保险人为了降低自己承担的风险,会尽可能地扩大询问的范围,询问一些与保险危险评估来说没有实质联系的问题,只要义务人的回答有所偏差,保险人就可以据此抗辩,来拒绝承担保险赔偿责任,即滥用拒赔权和合同解除权。所以,必须对保险人询问事项的重要性加以适当的限制,只有"足以影响保险人决定是否同意承保或者提高保险费率"的事实,才是保险人询问事实中的"重要事实"。

(4) 违反如实告知义务的主观要件与法律后果

依据《保险法》第16条第2款规定"投保人故意或者因重大过失未履行前款规定的如实告知义务,足以影响保险人决定是否同意承保或者提高保险费率的,保险人有权解除合同"。第4款规定"投保人故意不履行如实告知义务的,保险人对于合同解除前发生的保险事故,不承担赔偿或者给付保险金的责任,并不退还保险费"。第5款规定"投保人因重大过失未履行如实告知义务,对保险事故的发生有严重影响的,保险人对于合同解除前发生的保险事故,不承担赔偿或者给付保险金的责任,但应当退还保险费"。上述3款规定,实际上是对保险人的权利救济,即在投保人违反如实告知义务的,保险人有权拒赔,解除保险合同。投保人违反告知义务的主观分为故意和重大过失两类,并区分了其应承担的不同法律后果。

故意是指投保人就其告知义务范围内的重要事项,明知而故意不告知,或虚构事实诱导保险人。投保人故意不履行如实告知义务者,说明投保人在保险合同的订立过程有欺诈行为,此时保险合同的性质属民法上因欺诈所订立的合同,发生保险事故的,保险人可行使解除权而使合同自始无效,并不退还保险费。保险人不退还保险费应视为是对投保人缔约过失的一种经济惩罚,并不适用《民法》上有关解除合同恢复原状的规定。

过失与故意两者的法律性质迥然,法律后果亦不同。过失是指投保人就其告知义务范围内的重要事实,知悉或应该知悉其情况,但因过失而未能告知。投保人因过失未履行如实告知义务,主观上并不存在恶意,也不存在欺诈行为,不能看作是违反诚实信用原则。同时,《保险法》第16条第2款和第5款均规定"过失"为"重大过失"。所以,对于因重大过失未履行如实告知义务的,保险人可以解除保险合同,但应退还保险费。但是对于因一般过失未履行如实告知义务的,从上述两款的规定看,均不影响受益人取得保险赔偿的权利。可见《保险法》第16条是根据投保人的主观过错程度,对于投保人未履行如实告知义务应承担的法律后果做出了明确的区分,兼顾了保险人和投保人的利益。

二、健康保险业务中对"如实告知义务"的分析

某保险公司对其健康险业务中的49起保险合同纠纷案件进行了统计分析,在37起拒赔案件中,以投保人"未如实告知"为由拒赔的案件共计18起,约占拒赔比例的50%,均为住院定额津贴保险和医疗费用保险案件;拒赔理由涉及投保时未如实告知的既往症(8起)、在其他保险公司投保(7起)、其他理由(3起)。从结案情况看,共计结案15起,其中,胜诉3起(均为未如实告知的既往症理由拒赔),败诉2起,调解结案10起(调解结案方式也是在庭审过程中为避免败诉结果而为)。可见该类案件的胜诉率并不高,仅占20%。现结合健康保险业务实际,对该业务中的"如实告知义务"作如下分析。

(一)健康保险业务涉及的风险因素不同于寿险,需要投保人如实告知被保险人的身体健康状况和既往症情况

根据中国保监会《健康保险管理办法》的规定,健康保险业务包括疾病保险、医疗费用保险、护理保险和失能保险。其保险标的为被保险人的身体健康状况,主要风险因素在于被保险人的疾病发病情况,其定价依据是疾病发生率,而不同于寿险的经验生命表。对于开展健康保险业务的保险公司而言,在承保前根据投保人或被保险人的如实告知,全面了解被保险人的身体健康状况和既往症情况,据此做出是否承保或是否加费的决定。可见在健康保险业务中,被保险人的"身体健康状况和既往症情况"是投保人或被保险人应当如实告知的"重要事实",也是保险公司关注的主要风险。投保人或被保险人未对上述事实进行如实告知,就违反了如实告知义务,应根据其主观过错承担相应

的法律后果。

（二）只有证明被保险人未如实告知的既往症或危险因素与保险事故的发生有因果关系，能够符合法律规定的"足以影响保险人是否同意承保或者提高保险费率"的重要事实，才符合法律的本意，在诉讼中才能得到法院的支持

在医疗保险中，往往存在这种情况，投保人为能够顺利签署保险合同，在投保时并不如实告知被保险人其患有既往症的情况或身体存在的危险因素，但保险事故一旦发生，被保险人在就诊时会如实向医生说明上述情况。因此，保险公司在理赔调查时，查询被保险人住院病历，往往可以取得投保人未履行如实告知义务的证据，以此证明未被告知的事实与保险事故的发生有因果关系，并据此做出拒赔决定。该行动的合理性在于，从目前人们普遍关注自身健康的角度看，投保人对于被保险人患有既往症的情况或身体存在的健康隐患应该是了解的；而从向保险公司和向医院说明其患病情况的时间间隔看，后一个时间在后，投保人或被保险人却记得清清楚楚，以供医生掌握全面信息，予以及时准确的治疗；而前一个时间距离既往症的情况或身体存在的健康隐患的发生时间比后者更短，但投保人或被保险人却在投保时对此予以否认。在这种情况下，保险公司有权根据《保险法》的规定，认定投保人在投保时故意不履行如实告知义务。

案例1：投保人对其应知悉的重要事实未履行如实告知义务，法院判决保险公司拒赔有理。

投保人何某，女，2007年7月，为其本人投保某保险公司的个人重疾保险，保险期间为2007年7月18日至2008年7月17日。何某在填写投保书时，对于是否患有投保时所列明的疾病以及其他疾病均填写"否"。2008年5月，何某因乳腺肿瘤住院治疗，花费医疗费用共计6000余元。出院后向保险公司申请理赔。保险公司经理赔调查发现，何某在医院住院病历上的"患者自述"中明确告知医生，其在发病两年前曾发现有乳腺肿块，但未予注意；同时通过调查了解到何某毕业于某医科大学医学专业，获硕士学位。为此，保险公司以何某故意未履行如实告知义务为由，做出解除保险合同、拒赔，并不退还保险费的决定。何某不服，向法院提起诉讼。在庭审中，保险公司提出其拒赔理由：（1）何某在投保前一年自己就已发现有乳腺肿块，投保时却在保险公司投保书的询问事项时填"否"，但在医院就诊时却向医生做出全面陈述；（2）作为具有医学背景的人，何某对于乳腺肿块的情况应比一般人更具有注意的能力和义务，属其应当知悉的重要事实，但在投保时并未向保险公司如实告知，属于故意隐瞒其身体健康状况。何某未如实告知的事实直接导致了保险事故的发生，其行为构成了故意不履行如实告知义务，保险公司有权拒赔。法院判决保险公司胜诉。

案例2：根据住院病历证明投保人在投保时未履行如实告知义务，保险公司有理由拒赔。

原告刘某（同时作为被保险人）于2008年10月投保保险公司个人重疾保险，保险期间为2008年10月20日至2009年10月19日。2009年6月，原告因腹痛高烧、扁桃体发炎到医院住院治疗，医院诊断为：酒精性脂肪肝、糜烂性胃炎、高甘油三酯血症、食管裂孔疝和双肾多发囊肿。原告共花费住院费12 000余元。出院后，原告到保险公司申请理赔，保险公司经理赔调查发现，原告的住院病历显示：（1）被保险人20余年前患类风湿性关节炎并遗留双侧肘关节功能障碍；（2）长期大量饮酒史：饮酒20余年，每周3～4次，每次6～7两，38～42度白酒。但上述事实，原告在投保时均未如实告知，且原告本次保险事故为酒精性脂肪肝、高脂血症等，与长期大量饮酒有明显相关性。根据旧《保险法》第17条规定，投保人故意隐瞒事实，不履行如实告知义务的，保险人有权解除保险合同，对于合同解除前发生的保险事故，不承担赔偿或者给付保险金的责任，并不退还保险费的规定。保险公司据此做出拒赔并解除保险合同的决定。原告对此不满，起诉至法院，请求判决保险公司单方解除保险合同无效；责令被告支付本次原告理赔款。在案件审理过程中，保险公司依据上述调查的事实理由和法律规定，进行了答辩，得到了法院的认可，法院判决保险公司公司胜诉。

在上述两起案件中，保险公司均通过调取被保险人的病例，通过病例中被保险人对既往症或风险因素的陈述，证明投保人未就"重要事实"履行如实告知义务，且该未如实告知的重要事实与保险事故的发生有因果关系，所做出的拒赔决定得到了法院的支持。

（三）如实告知的范围应严格遵从法律的规定，不宜作扩大解释，保险行业惯例以"未如实告知在其他保险公司投保事实"为由拒赔，属于扩大如实告知的范围，缺乏法律和合同依据

如前所述，在订立保险合同时，投保人询问的事实并非均是"重要事实"，只有"足以影响保险人决定是否同意承保或者提高保险费率"的事实，才是保险人询问事实中的"重要事实"。但对于投保人在投保时，未如实告知其在其他保险公司已经投保的事实，保险业界通常认为投保人已购买了多份保险，为防止其获得不当利益，即所谓"恶意投保"，一般不予赔付，这种做法已经成为保险行业的惯例。但从实践来看，这个行业约定俗成的习惯，并没有相关法律依据或合同依据。从合同约定来看，大多数保险公司没有在合同中明确约定这一内容，更没有在免责条款中作出特别约定，实际上更不会在销售签订保险合同时会对此作出明确的询问或告知。此外，从该事实本身判断，是否属于"重要事实"，是否可以能够影响到保险人是否承保或提高保费？在理论上往往难以成立。实践中我们往往看到的事实是，保险公司根本罔顾客户多家投保的情况，为争夺客户获取业务，不惜误导甚至欺诈投保人重复投保。在司法实践中，受益人、法官并不认可保险公司的看法，该惯例往往得不到法院的支持。保险界本身也存在较大争议。

案例3：投保人未如实告知在其他保险公司投保的事实，并不影响公司应承担的赔付责任。

张某于2007年11月，向某保险公司投保个人住院定额津贴保险，保险期间是2007年11月9日至2008年11月8日。2008年2月，张某因"左眼球钝挫伤角膜擦伤、上呼吸道感染"，住院治疗。同年4月，张某向保险公司进行赔付住院定额的理赔申请。经保险公司调查，张某于投保前向其他保险公司购买了同类型的商业保险，并因本次保险事故得到了赔偿。保险公司认为：张某在投保同类保险产品的情况下，却在投保时予以否认，其行为明显违反了如实告知义务。故依照上述的保险行业惯例，以投保人未尽实告义务为由做出拒赔决定，同时做出解约不退还保费的决定。

2008年7月，张某向法院提起诉讼，要求判令保险公司：继续履行保险合同，并支付理赔款人民币3075元。该案经一审和二审法院审理，均判决保险公司应支付理赔款，但未支持其继续履行保险合同的诉讼请求。

对于该案的分析：

1. 从形式上看，投保人违反了如实告知义务。

原告在投保书中告知事项第5项"是否有正在生效的商业人身险"，回答"否"，并未如实告知其已投保其他商业人身保险的事实。从形式上看，原告违反了如实告知义务。

2. 该保险行业惯例在诉讼中并未得到法院的支持。

但就本案而言，仅以投保人未如实告知"有正在生效的商业人身险"为由拒赔，依据过于宽泛，很容易引发投保人的异议，在实践中也得不到法院的支持。通常法官会对投保人应告知的事项范围从严掌握，即投保人未如实告知的事实必须是对保险事故的发生有影响，或者是否影响保险人决定承保或费率的重要事实。而未如实告知是否在其他保险公司投保，这一事实与被保险人投保时未如实告知的疾病不同，并未增加保险人的风险，并不会对保险事故的发生有决定性影响，且并非一定会对保险人是否决定承保产生影响。

从个人住院津贴定额保险合同看，只要被保险人发生保险合同约定的保险事故的，受益人就可以向保险公司申请给付住院津贴，更符合保险合同"射幸合同"的性质。同时保险条款也没有限制其投保人投保保险公司的数量和给付保险金额。因此，两级审理法院均认为，该惯例并不符合《保险法》的规定，以此拒赔无效。

根据《健康保险管理办法》第 29 条规定："保险公司销售费用补偿性医疗保险，应当向投保人询问被保险人是否拥有公费医疗、社会医疗保险和其他费用补偿型医疗保险。保险公司不得诱导被保险人重复购买保障功能相同或类似的费用补偿型医疗保险产品。"从该规定来看，首先是要求保险公司的询问义务，其次询问的目的是不得重复向投保人销售同类、功能相同的产品，最后该规定适用于费用补偿性医疗保险产品。因此可以看出，仅以投保人未如实告知"有正在生效的商业人身险"为由拒赔，法律和实践依据不足。

三、增加被保险人作为履行告知义务的主体，完善现行《保险法》"如实告知义务"的建议

（一）现行《保险法》未将被保险人列为如实告知义务人，在立法上存在一定缺憾

现行《保险法》第 16 条第 1 款规定，负有如实告知义务的人为投保人。如果投保人和被保险人为一人，那么现行《保险法》的规定应无问题，但若两者不一致，则应该规定被保险人负如实告知义务。因为在财产保险中，投保人通常即为被保险人，如果两者不为同一人，被保险人作为财产标的所有权人或权利人，对标的物的状况了解最为详细；在人身保险中，投保人和被保险人不为同一人时，被保险人为保险事故的客体，对自己身体健康状况了解最为透彻。因此，不论财产保险和人身保险，被保险人应当负有告知义务。在投保人和被保险人并非为一人的情况下，投保人对重要事实的知悉、了解情况可能很有限，要求投保人全面掌握被保险人和保险标的物的情况，并对于重要事实向保险人履行如实告知义务，对于投保人而言，过于苛责（尤其对于团体保险业务而言，更是明显）。从另一个角度讲，投保人和被保险人并非为一人的，在投保时，二者可能会对是否履行如实告知义务存在差异认知：投保人为尽快订立合同，不排除其隐瞒重要事实的可能，而被保险人为使受益人获得保险保障，有可能将重要事实向保险人如实告知。因此，尽管从保险合同的角度看，被保险人并非保险合同的当事人，仅是关系人之一；但是从法律角度规定被保险人应承担如实告知的法律义务，以确保保险业的健康、有序发展，维护保险人、投保人和受益人的合法权益，并无不可。因此，现行《保险法》未规定被保险人作为如实告知义务的义务人的做法在立法上确实存在一定缺憾。

（二）国外立法例规定投保人作为如实告知义务的义务人的做法值得借鉴

《德国保险合同法》第 16 条规定告知义务人仅为"投保人"，但第 79 条第 1 项又规定："依本法各条之规定，若要保人之行为及知悉事项具有重大之法意义者，于为他人利益之保险时，被保险人之行为及知悉事项亦为考量之因素。"此外，在生命保障章的第 161 条及意外伤害险中第 179 条第 4 项均有类

似的规定。从上述条文看,"要保人"的概念,并不等同于"投保人",否则该法对于同一法律主体却使用不同称谓,毫无意义。而且从第79条第1项的规定看,在特定条件下,对于要保人知悉的重大事项(包括被保险人的行为和知悉事项),均应作为重要事项予以告知,可见被保险人也属于告知义务人(即其应属于"要保人"的范围)。《日本商法典》对"损失保险"的告知义务人规定为"投保人";而对"生命保险"的告知义务人则直接规定为"被保险人"。《韩国商法典》第651条规定告知义务人为"投保人或被保险人"。

(三)关于完善被保险人应履行如实告知义务的途径和步骤的建议

首先,通过保险合同和中国保险行业协会的示范文本予以规定。

尽管现行《保险法》第16条第1款规定,负有如实告知义务的人为投保人,但是保险公司通过保险合同和保险条款增加对被保险人的应履行如实告知义务的约定,并不违反法律的强制性和禁止性规定,具有法律效力。中国保险行业协会也可以通过制定示范文本的方式,指导保险公司推广落实这一约定,以确保保险业的健康发展,防范保险风险和声誉风险。

其次,在最高人民法院相关司法解释中增加这一规定。

最高人民法院已经制定了关于《保险法》的司法解释,建议中国保监会和中国保险行业协会继续总结《保险法》实施中遇到的问题以及相应的建议,在最高人民法院制定第二个《保险法》司法解释时,将本问题一并解决。

最后,条件成熟时,通过修订《保险法》的方式确定。

在第三次修订《保险法》时,建议中国保监会向立法机关反映,增加被保险人履行如实告知义务的法律规定,将其作为被保险人的法定义务,彻底弥补现行《保险法》的这一缺憾。

第三编

保险业法的健全与适用

保险强国视角下建设我国巨灾
保险所需关注的制度环节

贾辰歌[*]

2014年8月，国务院发布《关于加快发展现代保险服务业的若干意见》（以下简称"新国十条"）。其中，不仅将我国保险服务业的发展目标，确定为到2020年基本完成由保险大国向保险强国的转变，更针对该目标的实现从10个方面提出了32条的具体意见。其中的第10条专门就建立我国巨灾保险制度进行了全面阐述，表明巨灾保险制度的建设已经成为我国保险服务业深化发展的一大战略任务。

一、运用巨灾保险的国际经验的比较借鉴

巨灾保险是现代保险服务业的一个特定领域，专指针对因突发性的、无法预料、无法避免且危害后果特别严重的，诸如地震、飓风、海啸、洪水、冰雪等所引发的灾难性事故造成的财产损失和人身伤亡，给予保险保障的风险分散制度。此类巨灾风险的存在是客观的不可避免的，并能够带来巨大的、广泛的灾难性后果，与此相对应，需要保险业实施较大甚至巨大数额的保险赔偿。例如，按国际风险评估机构预测，2011年3月11日的日本大地震可能导致最高2.8万亿日元（约合350亿美元）的保险损失，几乎相当于2010年全年全球保险行业360亿美元的保险赔偿额。

巨灾保险以其明显的特点区别于其他保险领域，首先，从适用依据上讲，巨灾保险往往依据有关立法的直接规定而加以适用。目前，已经建立巨灾保险制度的10余个国家，大多是用法律形式确立了巨灾保险制度的基本框架，并对巨灾保险的运作模式、损失分摊机制、保障范围、政府的支持政策等做出了具体规定。例如，美国于1973年颁布《洪水巨灾保护法案》，1968年通过《全国洪水保险法》，1994年和2004年两次出台的《洪水保险改革法案》，构成了美国洪水保险适用和发展的制度依据。日本作为地震多发国家之一，其自

---

[*] 首都经济贸易大学工商管理学院教师。

1966年起建立的巨灾保险制度就是由该年发布的《地震保险法》等相关法律规定为基础的。法国亦于1982年颁布了《自然灾害保险补偿法》，并历经多次修订完善，形成用综合性立法确立巨灾保险运行法律依据的立法模式。

其次，从适用范围上讲，巨灾保险涉及的社会范围广泛，参与的社会主体较一般保险活动更为复杂多样化。归纳比较各国以巨灾保险为核心的巨灾风险补偿机制，往往涉及灾区的灾民、地方政府、商业保险公司、再保险人、国际再保险市场、证券市场以及中央财政机构等7类参与者。尤其是再保险市场、证券市场和中央财政支持等已然构成巨灾保险的重要组成部分，对于巨灾保险的分散风险、控制风险的作用的发挥具有至关重要的作用。

再次，从保险内容上讲，巨灾保险的可保性具有明显的相对性。与一般保险产品相比较，巨灾保险承保的巨灾是各种灾害中级别较高或者最高的，具有低概率、高损害的特点，难以用传统的大数法则来分散风险、转移损失，因而通常被排除在一般保险的可保风险以外。不过，所谓巨灾风险的可保性是相对而言的，其在保险业的发展过程中表现出日益扩张的趋势。随着现代保险精算技术的发展和多家保险公司组成共保体来共同承保方式的出现，逐步使得巨灾风险转变成可保风险而纳入巨灾保险的保障范围。

最后，从保险价值上讲，巨灾保险具有明显的准社会公共产品的属性。由于巨灾保险所面对的巨灾一般都是高损失且灾难损害波及的范围广泛，其处置结果大多涉及为数众多的灾民和众多的社会领域，而不同于一般保险基本上是针对参与具体的保险关系的个体当事人提供的保险保障服务的情况。因此，巨灾保险的适用结果普遍带有高赔付的特色，但向社会公众收取保险费的水平又必须属于低水平的，具有突出的保障民生和维持社会稳定的社会效果。从而，巨灾保险的适用离不开再保险和政府的大力支持。

不但如此，巨灾保险在各国的运行模式并没有一致，而是各不相同的。概括各国的巨灾保险实践，可以将其归纳为三种类型：

1. 政府主导型，也有人称其为强制保险模式。采取该运行类型的典型代表的是美国，其特色在于政府从中起着主导作用的非营利性的巨灾运行模式。美国是当前设立巨灾保险项目最多的国家，涉及地震、洪水、飓风等各类自然灾害，以及战争、恐怖袭击等人为灾害，并且，可以分为联邦政府的巨灾保险项目和各州政府的巨灾保险项目。仅以大家常常谈及的美国洪水保险为例，它开始于1956年，经过几番调整后的全国性、强制性保险。依据美国国会1968年的《全国洪水保险法》而拟定的"国家洪水保险计划"（NFIP）确立的内容，政府在此类巨灾保险的适用过程中处于主导地位。表现在政府负责洪水保险的管理和资金运用方面，直接对巨灾保险实施保险费补贴，并统一采取强制投保形式，为洪水保险的运行提供了强制性保护和有力的财政支持。同时，经营洪水保险的商业保险公司在政府主导的基础上从事巨灾保险运营,其中,商业保险公司负责巨灾保险的销售,其因此所得全部保险费用于集聚保险基金,向众多投保人提供保险服务,社会公众因洪水灾害遭受的损失可从保险公司那里获取保险赔付,而政府则是最终的巨灾风险承担者。

2. 政府与保险公司合作管理类型,也有人称为综合保险模式。它的突出特点是政府与保险公司在巨灾保险运行中地位并重,各司其职,各有各的作用。日本便是较为成功的实例。因其属于地震多发的国家,其地震保险十分发达,并体现出较强的公益性。其地震保险的运作情况是,居民向商业保险公司投保,然后,商业保险公司再向地震再保险公司分保。而再保险公司向政府再次分保,由政府提供再保险责任的分担和支持。可见,日本的地震等巨灾保险的制度设计,是由商业保险公司、再保险公司和政府共同分担风险的,其中,政府承担的风险责任大多超过商业保险公司。

3. 商业化运作类型,也有人将其称为纯商业保险模式。英国的巨灾保险可为例证,其明显的特点是由商业保险公司进行商业化经营,因采取自愿保险模式而由投保人自愿选择投保。政府不参与巨灾保险的运作,也不提供财政补贴。不过,因英国的保险市场和再保险市场较为发达,尤其是其成熟的再保险市场能够进一步分散巨灾风险,而政府又集中社会资源进行洪水等防御设施的兴建来降低巨灾风险,使巨灾具有了相应的可保性,因此,英国巨灾保险的参保率仍然很高。

由此说明,巨灾保险的制度设计和运行模式应当与各国的经济发展水平和保险理念、保险传统相适应,因此,各国在这些方面的差异决定着各自的巨灾保险运行模式存在区别也就不足为奇,这才能使得巨灾保险的积极作用发挥得愈加充分。同时,各国运用巨灾保险制度的经验也表明,巨灾保险制度大多出现在经济发达或者较为发达而保险市场又比较完善的国家和地区,使其成为分散巨灾风险、处置聚在损害的重要手段。原因是,当地人与这些国家保险市场的发达程度相适应,有强烈的保险意识,人们能够认识到巨灾保险独特的事先科学地积聚保险基金而在发生巨灾后用以进行保险赔付来达到分散和转移巨灾风险的制度价值,是单纯的财政救济其他处置巨灾风险的方法所无法取代的。此外,各国政府普遍参与巨灾保险活动,并通过提供财政支持,或者承担再保险责任等方式在其间发挥主导性作用亦为各国巨灾保险实践所证明,这意味着巨灾保险制度的存在已经成为各国政府发展社会经济、稳定社会秩序的一种战略安排。上述有益经验都应当是我国建立和运用巨灾保险制度过程中予以借鉴的。

国家间适用巨灾保险的成功经验给出的结论是,巨灾保险不仅体现着一个国家政府的风险管理水平,更是完善灾害损失补偿机制、保护民众利益、维持社会稳定的重要手段。可以说，巨灾保险制度的建设成为衡量一个国家的经济发展水平的标志，因此，我们应当从社会发展的战略高度考虑建立巨灾保险制度的问题。

就我国的现状而言，基本表现为社会经济稳定发展对巨灾保险保障存在的急切需求与相应的巨灾保险体系滞后而导致巨灾风险的保险赔偿能力低下的矛盾状态中。一方面，我国是公认的地震、洪水、台风等自然灾害发生频繁的国家。仅以发生于2008年春季的南方低温雨雪冰冻灾害为例，其导致的直接经济损失达1516.5亿元；再看2008年四川汶川地震的直接经济损失是8451亿元。另一方面，我国目前在处置灾害损失的手段上，主要依靠国家财政支持的政府主导型的巨灾风险管理模式，政府承担了基本的灾后补偿救济责任，甚至形成了社会公众在处置巨灾损害时对政府的依赖性，而保险所发挥的作用却微乎其微。虽然，随着中国保险业的快速发展，其行业规模、市场结构、服务质量和监管水平都实现了大进步、大提升。不过，从20世纪90年代中期以来，根据我国保险监管机关立足于控制和防范保险公司经营风险而发布的一系列规章❶，各保险公司分别对巨灾风险采取停保或者限制承保的策略，比如将洪水灾害作为特约附加险予以承保，对地震、海啸、台风等则不予单独承保。相应地，保险业就重大自然灾害的保险赔付率极低，可说是杯水车薪的效果。上述2008年春季的南方低温雨雪冰冻灾害导致的直接经济损失只从保险业获取42亿多元的保险赔付，仅占损失的2.8%。而保险业针对2008年四川汶川地震造成的直接经济损失的保险赔偿仅接近20亿元，占比约为0.2%。据统计，我国每年发生各种自然灾害所造成的经济损失都在1000亿元以上，而保险赔偿仅占损失的1%，远低于36%的全球平均水平。显而易见，作为一个新兴的保险大国，缺少完善且行之有效的巨灾保险制度确是明显的制度漏洞。

二、构建我国巨灾保险制度的设想

鉴于此，尽快建立符合我国国情的巨灾保险制度就成为完善我国防灾减灾体系的必要课题。借助巨灾保险特有的事先科学地集聚保险基金而事后实现灾害补偿的机制来弥补单纯性灾后救济的不足，充实我国防灾减灾体系。正是在此意义上，"新国十条"将建立巨灾保险制度纳入建设保险强国的目标范围内，并确立了"以制度建设为基础，以商业保险为平台，以多层次风险分担为保障"的方针。在实务中，中国保监会历经近十年的研究，先后批准深圳、云南地区开展巨灾保险试点，探索建立适应我国国情需要的完善的巨灾保险制度体系。

---

❶ 根据中国人民银行当时的规定，1996年7月1日适用的新的企业财产保险条款，将洪水、地震和台风等巨灾风险自基本责任中予以删除；而中国保险监督管理委员会自1999年起，要求保险公司停办地震保险，2000年和2001年又相继发文，要求保险公司不得将地震作为主险单独承保。

针对构建我国巨灾保险制度需要解决的若干关键问题，理论界和实务界仍存在着不同的见解。在此，笔者谈谈自己的看法，与大家进行讨论。

1. 需要完善我国巨灾保险立法体系，为巨灾保险制度的适用提供直接的立法依据。

各国运用巨灾保险的共性经验，表明有关巨灾保险的立法依据是必不可少的。巨灾保险属于保险市场上的特定领域，除了应当接受一般保险立法的约束，还需要有涉及巨灾保险的专门立法加以规范调整。当然，有关巨灾保险的立法体例并不相同，存在着综合立法形式与分项立法形式的区别。前者可以法国的《自然灾害保险补偿法》作为综合性立法而涵盖各类巨灾风险的巨灾保险立法；而以美国的《全国洪水保险法》、日本的《地震保险法》等为代表的，针对具体的巨灾风险而制定专门适用的巨灾保险立法。

我国巨灾保险制度的建立，同样需要在《保险法》基础上的巨灾保险立法作为其构建和运行的依据，这成为建立巨灾保险制度的首要工作。不过，借鉴上述的立法经验，笔者认为我国的巨灾保险立法应以分项立法形式较为适宜。原因是我国地域辽阔，各地区之间不仅经济发展的内容和水平存在差异，而且彼此之间的自然环境也不尽相同，发生自然灾害的规律和导致灾害的主要巨灾也有所不同。因此，不宜采取综合立法来统一规定我国的巨灾保险制度，而应当针对发生较为频繁、造成损害后果比较重大、影响程度巨大的地震、台风、洪水、干旱等各项巨灾，分别制定各类巨灾保险法。该巨灾保险立法模式的优点，集中表现在各项专门立法的适用对象和适用范围均具有特定性，并可以根据各项巨灾发生的规律确立有针对性的巨灾保险规则，提升各项立法的科学性和可操作性。

2. 应当明确政府和保险公司在巨灾保险领域的角色定位。

这决定着我国巨灾保险的运行模式问题，并需要恰当地确立政府和保险公司各自在巨灾保险适用过程中的职能作用，上述各国运用巨灾保险的经验充分说明，只有将政府和保险公司两方面的职能相互结合，才能够督促巨灾保险制度有序地运行，最大限度地发挥其损失补偿机能，维护社会稳定和经济发展。

一方面，保险公司应当运用其具有的从事商业保险经营以及积聚和运用保险基金的经验和优势，参与巨灾保险的经营，不仅能够实现巨灾保险产品的创新设计，完成保险费率厘定，还可以向广大社会公众和社会组织提供高效、全面的巨灾保险服务，尤其是在发生巨灾损害后，实施快捷、合理、充分的巨灾保险理赔，使灾民能及时获取巨灾保险赔偿。不仅如此，巨灾保险本身的准公益性决定着保险公司参与巨灾保险经营就是承担社会责任的标志，可以向社会展现其良好的社会形象和商业信誉。

另一方面，政府介入巨灾保险成功运行所不可缺少的条件，已为各国巨灾保险运行的经验所证明。因为，政府的介入既能够借助其自身的社会公信力来宣传巨灾保险制度的社会价值，增强社会公众对巨灾保险的意识，扩大巨灾保险的覆盖范围，尤其是面对我国各地差异性突出的特点，政府的介入作用在实现各项巨灾保险的适用效果上具有明显的促进作用。原因是，在我国现实条件下不能采取全国单一的巨灾保险制度，必须有中央政府进行巨灾保险的协调，而由各地方政府根据本地区巨灾风险情况，制定本地区的巨灾保险运行方案。如果是某一巨灾风险严重地区，可适用相应的强制性巨灾保险，例如，地震多发地区应实行强制地震保险，泛洪区强制投保水灾保险，而某一巨灾发生较少的地区，则可以将相应的巨灾保险确定为自愿保险。同时，更可以通过政府的财政支持、税收政策、保费补贴、政府购买巨灾保险等方式，提升保险公司就巨灾保险的偿付能力，扩大巨灾保险的正面效果。

3. 科学地建立多途径、多层次积聚巨灾保险所需的保险基金体系。

众所周知，积聚保险基金是保险公司开展保险经营的物质前提，而就巨灾保险来讲，因其保险赔付的金额往往非常巨大，则必须有充足的巨灾保险基金又可能确保经营巨灾保险的保险公司拥有雄厚的保险基金供巨灾赔付的需要。目前，全球有十多个国家为巨灾保险的运行而建立了巨灾保险基金，通过政府与保险公司的合作机制来分担巨灾风险❶。

借鉴国际上的经验，用科学的制度设计来完成巨灾保险基金的积聚，就是建立我国巨灾保险制度的一个关键环节。笔者认为，根据我国的实际情况，积聚巨灾保险基金应当设计为多途径、多层次的制度体系。其中，所谓多途径，是说巨灾保险基金应当来源于若干个渠道。出于应对突发性巨灾损害的需要，应当有巨大的巨灾保险基金规模，这是任何一方的单独财力均难以满足的，因此，需要从多个途径来进行巨灾保险基金的积聚工作，即包括政府拨付一定的财政资金、社会公众和社会组织通过认购巨灾证券和捐助、购买巨灾保险的投保人所缴纳的巨灾保险费等多种途径。

所谓多层次，是说巨灾保险基金可以来自于各个不同的地域范围和社会行业，构成阶梯形式的积聚模式。以政府的财政出资为例，包括中央政府从中央财政拿出的财政款项用于建立全国性的巨灾保险基金，而各地方政府亦可支出地方财政款项来建立本地的巨灾保险基金，此外，政府还可以采取向保险公司购买巨灾保险的方式来充实巨灾保险基金。同时，政府或者保险公司可以将巨灾保险与资本市场相连接，借助资本证券化来吸收社会资金，采取发行巨灾保险债券等有价证券的形式吸收社会公众手中的闲散资金，显然是一种有效的积聚巨灾保险基金的手段。

---

❶ 吴焰："从汶川地震看建立巨灾保险机制"，载《人民日报》2008 年 6 月 24 日。

4. 强调再保险在巨灾保险中不可或缺的作用。

巨灾保险的巨额损失意味着其风险巨大，巨灾保险就需要多层次的风险分散机制，因此，各国的巨灾保险运行经验告诉我们，再保险是无法缺少的必要组成部分。任何一家作为原保险人的保险公司对于其在巨灾保险中承担巨灾风险的偿付能力都是有限的，加之跨年度经营所形成的保险责任的积累进一步导致了巨灾风险与偿付能力的失衡状态。为此，再保险特有的分散风险的作用就是不可忽视的，凭借向再保险分入人转移部分风险，使得分出人避免在经营巨灾保险的过程中出现上述的失衡情况，达到确保巨灾保险正常运行的目的。

鉴于此，建立我国的巨灾保险制度时就必须强调再保险的作用。为此，需要完成如下的制度建设工作：

第一，在有关巨灾保险的各项立法中，明确规定巨灾保险运行时所涉及的适用再保险的制度规则，诸如法定的分出人转移风险的分出标准和分出比例，分出义务的承担以及违反分出义务的法律责任等。

第二，扩展巨灾保险中进行再保险的范围和形式。考虑到巨灾保险不同于一般商业保险之处，其面对的往往是规模巨大的损害结果，需要进行保险赔偿的规模更是难以实现控制，从而，通过再保险来进一步分散巨灾风险就显得尤为必要。因此，巨灾保险所涉及的再保险范围和形式便具有自身特点，不仅需要再保险人之间的共保、协保，更应当适用向国际再保险人的分保等，并逐步扩大向国际再保险市场分散巨灾风险的比重。而且，笔者认为，应当考虑由国家出资设立巨灾再保险公司，既可以由其代表中央政府以保险经营者的身份参与巨灾保险的经营运行，接受各个巨灾保险分出人的分出业务，发挥其分散巨灾风险的作用；也能够逐步减少甚至取代中央政府对巨灾保险的单纯性财政补贴和财政支持。

第三，培育和发展我国的再保险市场。相比较而言，我国的再保险业务以1996年中国再保险公司成立为标志而结束了中国保险市场无专业再保险开始，中国再保险市场的发展不足20年，市场规模仅占全球市场份额的0.1%，难以适应我国保险市场发展的需要。因为，"再保险市场是保险市场发展的产物，两者紧密相连，互相支持和依存"❶。出于建立我国巨灾保险制度的需要，大力培养和发展中国再保险市场就势在必行。当然，为了改变巨灾再保险缺失的局面，现阶段发展中国再保险市场的首要任务就是针对中国再保险市场上现有市场主体数量少、市场供给的结构性不足等问题入手，增加市场主体数量，不仅扩大再保险经营者的规模，并通过完善再保险公司经营管理水平而提升再保险市场的供给能力。具体做法是，鼓励中资的保险

---

❶ 张拴林主编：《再保险》，东北财经大学出版社1999年版，第38页。

集团或者直保公司投资设立再保险公司，同时，引导国内的社会资金向再保险领域进行投资，并且，吸引更多的国际再保险人来华设立再保险公司等，实现巨灾保险制度运行上的直保公司的承保能力与再保险的分散巨灾风险能力之间的平衡发展。

巨灾保险偿付能力监管：追征式方法刍议

何启豪[*]

一、简介

"风险社会"是现代社会的重要特征。以自然灾害为代表的巨型灾害给人类社会造成了巨大的生命和财产损失，应对巨灾风险是各国面临的共同挑战。根据瑞士再保险公司的统计，从1970—2013年，巨型自然灾害风险事件呈逐渐增多之势，全球面临着越来越多的巨灾风险的威胁。（见图1）我国是世界上自然灾害最为严重的国家之一，具有灾害种类多，分布地域广，发生频率高，造成损失重的特点。[❶]伴随着全球气候变化以及中国经济快速发展和城市

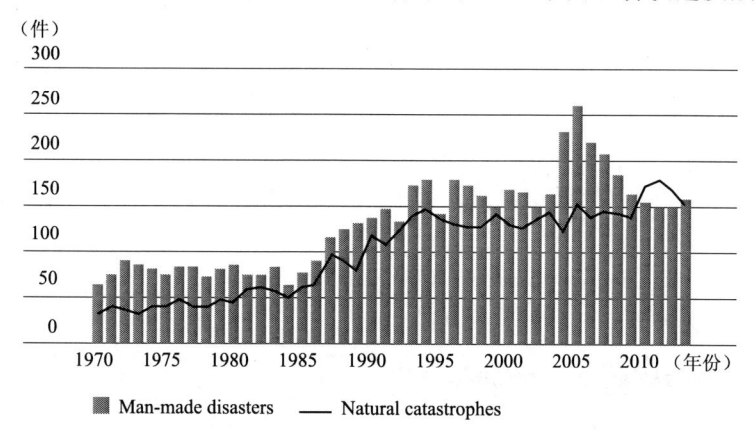

图1 1970年到2013年巨灾数量趋势（来源：瑞士再保险）[❷]

---

[*] 宾夕法尼亚大学法学院访问学者（2015），康涅迪格大学法学院保险法学博士生（S. J. D. candidate in Insurance Law）。

[❶] 中华人民共和国国务院新闻办公室：《中国的减灾行动》，2009年，据新华网北京2009年5月11日电。

[❷] Sigma, Natural catastrophes and man-made disasters in 2013: large losses from floods and hail; Haiyan hits the Philippines（2014），available at http://reliefweb.int/sites/reliefweb.int/files/resources/SwisRe_2014_Natural_Catastrophes_sigma1_2014_en.pdf.

化进程不断加快，资源、环境和生态压力加剧，应对自然灾害的形势更加严峻复杂，巨灾风险管理面临愈发严峻和迫切的挑战。

与一般风险的高频率小损失性质相比，巨灾风险发生频率较低但损失较大。目前我国主要采用"举国体制"的方式进行巨灾应急管理、救助以及灾后重建：即以政府为主体、以财政为支撑，统一动员和调配全国相关资源的灾害管理模式。❶"举国体制"虽然能够在超出常规的时间内或正常的发展规律下完成重大任务，但由于主要依靠政府强制力量，较少利用保险等市场化手段，不仅存在救济成本大且效率低、灾害救助不公平、政府财政压力大等问题，而且不利于公民风险意识的培养。❷保险是风险管理的重要工具。但与中国巨灾损失不对称的是，保险的承保和赔付却很低。据统计，1980—2008年在中国发生的大灾害中，保险赔付与直接经济损失的比例只有1.43％。❸中国的巨灾保险赔付水平较世界平均水平（约30％~40％）要明显低许多。❹随着我国市场化改革的深入、人均收入的增加，利用保险机制进行风险管理、保障居民生命财产安全逐渐被广泛接受。在巨灾风险领域，建立巨灾保险制度也已成为共识。相关实践也已在深圳、云南、宁波等地开展。

由于巨灾风险的特殊性质，即发生频率低但损失大，导致单纯地依靠商业保险市场建立并维持巨灾保险并不可行，尤其是对于商业保险市场尚不发达的中国，巨灾保险制度的建立需要政府的介入和监督，而且巨灾保险制度的良好运作需要有效的监管。例如，在美国的联邦洪水保险项目、英国的洪水保险、日本的地震保险等，巨灾风险的定价、融资和管理一直以来都是争议的焦点。基于此，本文研究的核心议题是：建设中国的巨灾保险市场，政府的介入和监管是必然选择，在保险监管的众多领域中，偿付能力监管是核心，而采用"追征式方法"（assessment approach）有助于帮助解决保险公司应对巨灾风险面临的偿付能力难题，从而维持巨灾保险制度的良好运作。

二、巨灾保险监管的理论基础

保险监管是经济学和法学共同关注的主题，从不同的视角解释保险监管的必要性和合理性。

---

❶ 王和：《巨灾保险制度研究》，中国金融出版社2013年版，第3-6页。
❷ 王和：《巨灾保险制度研究》，中国金融出版社2013年版，第4-6页。
❸ 周学峰："巨灾保险制度比较研究及其对中国的启示"，载《北京航空航天大学学报（社会科学版）》2012年第3期。
❹ 冼青华："论我国巨灾保险立法的历程、现状与改进"，载《重庆理工大学学报（社会科学版）》2010年第2期；周学峰："巨灾保险制度比较研究及其对中国的启示"，载《北京航空航天大学学报（社会科学版）》2012年第3期。

(一) 市场失灵理论 (Market Failure Theory)

政府监管的重要经济合理性在于保险市场存在市场失灵。[1] 巨灾保险市场存在的市场失灵现象主要表现在巨灾保险产品供给不充分、保险公司的道德风险等。

由于巨灾风险的性质,其供给受到很大限制。首先,由于历史数据有限,确认和量化巨灾风险更困难,可保性一直存有争议;其次,巨灾风险具有很强的关联性,难以运用大数定律对风险进行定价;最后,巨灾风险造成的损失巨大,超过一般保险公司的承保能力。这些因素大大削弱了保险公司的供给意愿。

信息不对称问题使巨灾保险市场存在道德风险。[2] 保险消费者,尤其是居民和中小企业,难以全面理解巨灾保险合同条款并评估保险公司的财务风险。道德风险可能诱使保险公司做出损害消费者利益的行为,比如因过度投资而带来财务风险等。

(二) 行为决策理论 (Behavioral Decision Theory)

行为决策理论从保险消费者保护的角度,强调政府监管的必要性。传统理性决策理论更支持市场自我调节,[3] 而行为决策理论则呼唤政府适当监管。行为决策理论认为,当人们做决策时,受到认知偏见的影响而表现出"有限理性"。[4] 对于巨灾风险,由于受到可获得性偏见、过度自信等认知偏见的影响,消费者在购买巨灾保险时做出的决策并未最大化自己的预期效用。而政府监管可能影响或改变消费者对巨灾风险的认知和评估,从而提高消费者福利。[5]

(三) 公平和秩序理论

从法律的角度来看,只有法治的市场经济才是好的市场经济,保险市场的发展离不开法律的规范和治理。通过对市场主体行为的干预,实现国家对保险市场的调整,是在保险领域实现法的秩序和公平价值的重要手段。[6]

---

[1] Jeffrey R. Brown (eds.), Public insurance and private markets, AEI Press, at 1 (2010); Spulber DF, Regulation and Market, MIT Press (1989).

[2] Klein, Robert W. An overview of the insurance industry and its regulation, in The Future of Insurance Regulation (Brookings Institution Press) (2009).

[3] 传统理性决策理论认为,作为自利的经济人,人们做决策时会最大化自己的预期效用 (expected utility)。See Michael P. Vandenbergh, Amanda R. Carrico, & Lisa Schultz Bressman, Regulation in the Behavioral Era, 95 MINN. L. REV. 715, 730 (2011).

[4] Gilovich, T., & Griffin, D. Introduction-heuristics and biases: Then and now, in Heuristics and biases: The psychology of intuitive judgment, 1-18 (2002); KEITH E. STANOVICH, DECISION MAKING AND RATIONALITY IN THE MODERN WORLD, Oxford University Press, 52 (2009).

[5] 比如,政府通过自由家父主义式 (libertarian paternalistic) 的方法,在给予消费者自由选择权利的同时,予以适当的引导。See Cass R. Sunstein, Richard H. Thaler, Libertarian Paternalism Is Not an Oxymoron, 70 U. Chi. L. Rev. 1159 (2003).

[6] 郭宏斌:"论保险监管的理论根源",载《政法论坛》2004年第4期。

保险监管法律制度的秩序价值在于能够通过法律的强制力，规范保险市场主体的经营活动并维护交易安全。❶ 如上文的"市场失灵理论"所述，巨灾保险市场广泛存在市场失灵的现象，需要政府依法对保险市场进行干预以维护正常的市场秩序。保险监管法律制度的公平价值在于能够通过法律的强制力维护市场主体的地位平等，限制保险公司的垄断和不正当竞争，保护保险消费者的正当利益。❷ 由于巨灾风险的特殊性，巨灾保险市场的进入更加严格。政府保险监管的目的之一就在于监督并防止保险公司滥用垄断地位，保护消费者的正当利益。

三、偿付能力监管的解决方案："追征式方法"（Assessment Approach）

偿付能力监管是保险监管的核心。❸ 巨灾保险监管的目标在于使保险公司有能力承担巨灾风险的损失并且保持偿付能力。❹ 到目前为止，美国监管保险公司的风险资本标准（RBC）和欧盟监管保险公司的资本标准并未明确考虑巨灾风险。美国在最初开发风险资本制度（RBC）时，监管者考虑到如果加入对巨灾风险的资本要求，会使RBC标准过于复杂。而欧盟在推行偿付能力标准II之前，监管保险公司资本标准的方法非常简单，也没有明确要求增加应对巨灾风险的资金。监管者在监管保险公司的偿付能力时还面临着巨灾保险产品"可承受性"（affordability）的难题。如果对公司的偿付能力要求过高的话，可能会导致保险公司不得不提高保费，致使很多消费者不愿或不能购买巨灾保险。随着欧盟开始适用偿付能力标准II，巨灾风险被纳入资本标准范围。在美国，全国保险监督官协会（NAIC）近年来也一直在推动将巨灾风险因素纳入RBC计算公式。

中国的保险监管正在从费率监管向偿付能力监管过渡。2012年中国保监会正式启动中国第二代偿付能力监管制度体系（即"中国风险导向偿付能力体系"，简称"偿二代"）建设；2015年2月13日，保监会正式印发"偿二代"监管规则以及过渡期内试运行的方案，这标志着中国基本上建成"偿二代"并开始进入以偿付能力监管为核心的新时期。❺ 以风险导向为主要特征的"偿二代"，将保险公司面临的风险分为难以监管风险和可监管风险，其中可监管风

---

❶ 郭宏斌："论保险监管的理论根源"，载《政法论坛》2004年第4期。

❷ 郭宏斌："论保险监管的理论根源"，载《政法论坛》2004年第4期。

❸ Emmett J. Vaughan & Therese Vaughan, Fundamentals of Risk and Insurance 106 (10th ed. 2008); Albert H. Mowbray et al., Insurance: Its Theory and Practice in the United States 519 (6th ed. 1969).

❹ Klein, R. W., & Wang, S. Catastrophe risk financing in the US and EU: A comparative analysis of alternative regulatory approaches, Journal of Risk and Insurance, vol. 76, No. 3, 607-637 (2009).

❺ 陈文辉："中国偿二代的制度框架和实施路径"，载《中国金融》2015年第5期。

险又分为固有风险、控制风险和系统风险。❶ 对巨灾风险的归类尚存争议。从性质上来看，巨灾风险仍应属于可监管风险，但对其定量监管尚存在很大难度。

承保巨灾保险对于保险公司的偿付能力具有特殊的挑战。第一，巨灾一旦发生，在一定区域内几乎所有财产均会遭受损害，而且损害数额异常之高，保险公司有可能因此而陷入清偿不能的危险。中国自1996年开始，保险监管机构开始限制商业保险公司承保地震险等巨灾风险，其主要目的正是在于担心保险公司在缺乏有效监管的情况下因巨灾赔付而陷入清偿不能。❷ 第二，虽然巨灾造成的损失大，但其发生的频率相对较低，如果保险公司为应对可能发生的赔付而准备大量保险准备金，又会带来很大的资金负担，而且资金利用效率低。

"追征式方法"被广泛应用于"追征式保险"（assessment insurance）中。所谓"追征式保险"，是指保险公司在保险事故发生前，虽尽最大努力但仍难以计算出恰当的保费，当保险事故发生后，保险公司可以要求被保险人缴纳更多的保费。❸ 事后保费可以根据每个被保险人在事故发生后本应遭受的损失的概率和数额来确定。❹ 例如，在互助保险（mutual insurance）中，根据特定条款，保险人可以要求被保险人在保险费之外再缴纳一定数额的款项，用以弥补实际损失超出预估损失的差额。"追征式方法"与保险公司通常的做法有所不同。通常保险公司应对风险是通过在保险事故发生前收取保费，事故发生后予以赔付。而"追征式方法"虽然事前也收取一定的保费，但当保险损失太大，或由于精算技术等条件的限制使得事前确定恰当的保费非常困难，通过追征保费的方法赔付保险事故。

巨灾风险与一般风险相比，不确定性更大，"追征式方法"可能更为适当。首先，在保险发展的历史上，有无数的例子证明，保险人在无法预知风险的时候仍然承保风险，而且这些保险都没有要求必须事前确定固定保费。❺ 其次，保险行为经济学的研究表明，人们在巨灾发生前低估并忽视风险，认为肯定不会发生在自己身上，但当巨灾发生后，对保险的需求迅速上升。❻ 例如，汶川

---

❶ 陈文辉："中国偿二代的制度框架和实施路径"，载《中国金融》2015年第5期。
❷ 周学峰："巨灾保险制度比较研究及其对中国的启示"，载《北京航空航天大学学报（社会科学版）》2012年第3期。
❸ Baker, Tom, Embracing Risk, Sharing Responsibility, 56 Drake L. Rev. 561, (2007-2008).
❹ Baker, Tom, Embracing Risk, Sharing Responsibility, 56 Drake L. Rev. 561, (2007-2008).
❺ Baker, Tom, Embracing Risk, Sharing Responsibility, 56 Drake L. Rev. 561, (2007-2008).
❻ Kunreuther, Howard. "Disaster mitigation and insurance: Learning from Katrina." The Annals of the American Academy of Political and Social Science 604.1 (2006): 208-227.

地震后,广东省经历了一波保险销售的高潮,因为这些保险对地震风险进行了覆盖。❶ 人们面对巨灾风险事前和事后的非理性决策,使得"追征式方法"更容易收取保费。最后,"追征式方法"可以和中国现行的巨灾救助"举国体制"相结合。"举国体制"是指以国家利益为最高目标,统一动员和调配全国相关的资源和力量,在超出常规的时间内、在正常的发展规律下完成重大任务的工作体系和运行机制。❷ 例如,汶川地震抗震救灾取得巨大成功的核心机制就是救灾成为国家的最高目标,通过政府体系和"体制内"网络统一集中和动员全国的力量投入到这一目标中。❸ 根据实践中的表现,"举国体制"也是事后资金筹集而非事先筹集机制。中国正在建立巨灾保险制度,但这一制度不能完全忽视现有的灾害救助"举国体制"。政府和保险公司合作,事先和事后资金筹集相结合是较现实的选择。在这种情形下,"追征式方法"更容易实现与灾害救助"举国体制"的合作。因此,应用"追征式方法"将目前中国政府灾害救助的"举国体制"与保险公司合作的机制,是解决保险公司承保巨灾风险偿付能力问题的可行路径。

结语

保险监管对于保险健康发展的作用毋庸置疑。在巨灾保险领域,对政府监管和介入有着特殊的需求。与其他险种相比,巨灾保险更容易遭遇市场失灵(market failure)。中国正在建立巨灾保险制度,中国巨灾保险市场的发展也面临着各国遇到的共同问题。在保险监管的众多领域中,偿付能力监管是核心也是难点。"追征式方法"通过与灾害救助的"举国体制"相结合,有助于解决保险公司应对巨灾风险面临的偿付能力难题。

---

❶ 田玲、骆佳:"供需双约束下中国巨灾保险制度的选择——长期巨灾保险的可行性研究",载《武汉大学学报(哲学社会科学版)》2012 年第 65 卷第 5 期。

❷ 史培军、张欣:"中国应对巨灾的机制——汶川地震的经验",载《清华大学学报(哲学社会科学版)》2013 年第 3 期。

❸ 史培军、张欣:"中国应对巨灾的机制——汶川地震的经验",载《清华大学学报(哲学社会科学版)》2013 年第 3 期。

互联网保险监管的法律思考

王 萍[*] 陈声桂[**]

"互联网＋"时代的来临掀起了互联网金融的高潮，从整个业态发展来看，互联网保险的创新发展相对滞后于其他金融业务。互联网保险不只是通过互联网销售既有的保险产品，还通过产品创新为互联网的经营者和参与者提供一系列的整体解决方案，化解和管理互联网经济的各种风险。而这样一种全新的模式决定了其与传统保险行业的差异。中国保监会于2015年7月23日发布了《互联网保险业务监管暂行办法》，这一积极的举措既是对互联网保险业务的有效推动，也决定着互联网保险市场的发展趋向。本文拟在现有互联网监管政策的基础上，对未来监管的实际操作和内容界定提出一些建设性意见。

一、互联网保险业务概述

（一）互联网保险业务开展的现状

1. 内涵

结合《互联网保险业务监管暂行办法》（以下简称《暂行办法》）对互联网保险定义，互联网保险业务是指保险机构依托互联网和移动通信等技术，通过自营网络平台、第三方网络平台等订立保险合同、提供保险服务的业务。第三方网络平台，是指除保险机构设立的自营网络平台外，在互联网保险业务活动中，为保险消费者和保险机构提供网络技术支持辅助服务的网络平台。

从1997年新华人寿保险股份有限公司在互联网保险信息公司售出第一张网上保险单，到2013年11月阿里巴巴、腾讯、中国平安联合入股成立的第一家互联网保险公司众安保险正式挂牌。2015年1～5月共有91家保险机构开展互联网保险业务，累计实现保费收入659.93亿元，互联网保险占业务规模比例为5.7%，比2014年提升了1.5个百分点。伴随着互联网金融的春风，保险行业无疑已跨入了"互联网＋"的时代。

---

[*] 中国政法大学民商经济法学院副教授。
[**] 中国政法大学民商法专业硕士研究生。

2. 业务模式

目前，互联网保险主要有四种经营模式：保险公司自营、保险中介机构自营、保险机构与第三方网络平台合作、专业互联网保险公司经营。

据中国保险行业协会发布的首个《互联网保险行业发展报告》，2011~2013 年，国内经营互联网保险业务的公司从 28 家上升到 60 家，年均增长达 46%；规模保费从 32 亿元增长到 291 亿元，三年间增幅达到 810%，年均增长率达 202%；投保客户数从 816 万人增长到 5437 万人，增幅达 566%。需要注意的是，目前所定义的"互联网保险"既包括保险公司在官方网站或第三方平台销售的意外险、车险、万能险等，也包括各公司结合互联网消费的碎片化、小金额、大批量、高频次等特点创新推出的退货运费险、快递延误险、货到付款拒签险、个人账户资金安全险、手机碎屏险等。并且，通过第三方网络交易平台，如淘宝保险、网易保险、中民保险网等销售的保险已占互联网保险保费总额的七成以上。

互联网保险集合了线下线上的优势，化解和管理着各类风险，但作为抵御风险的经济屏障，其在快速发展的同时也暴露出了很多问题，例如假网站假保单、虚假宣传、理赔服务不到位等。这使昔日起着风险抵御的保险行业随着自身模式和保险产品的创新，亦可能化为另一重风险。

（二）创新的契机

互联网的特征使得互联网保险在产品创新、销售、核保和理赔等各个环节上都已与线下模式有着实质区别。因而，互联网保险产业创新的契机发端于其相异于线下模式的数个方面。首先，和传统的保险相比，其具有明显的虚拟性，保险人不再需要有形的营业场所和人员配备，仅需一个数字化的网络交易平台，整个交易过程即在这个平台当中进行❶。其次，在传统保险的销售模式中，保险产品的销售往往倚重于中介机构，这使中介机构的水平很可能限制了保险人开发的产品优势。互联网保险恰恰弥补了这个不足，网络销售平台的搭建使保险人得以直接面对消费者提供保险产品，这种直接性消除了中介机构水平对保险人销售的影响。并且，互联网保险的时效性更是为保险人的销售增强了优势。网络交易是一个信息的获取、传递和交换的过程，这个过程可以短暂到分秒之中即可完成。最后，互联网具有跨域性，互联网保险销售之时，基本上不存在地域之分，这也正是互联网带给消费者的全新体验，跨越了时间和空间的限制，同时也为互联网保险的创新奠定了基础。

经营模式的创新总是先于法律制度的调整，虽然立法者可以在立法之时预留创新的空间，然成文法之特性总是在一定程度上成为创新路上的枷锁。互联

---

❶ 吕志勇、李东："我国网络保险的风险及风险管理研究"，载《上海保险》2014 年第 4 期。

网保险在互联网技术创新的基础上得以进行自身的产品创新,因而,互联网保险与传统线下的销售模式已有本质差别。这导致基于传统销售模式的保险监管已无法完全适应互联网保险发展的要求。一方面,监管政策已无法完全覆盖互联网保险业务引致的新的销售行为,存在监管真空;另一方面,部分监管政策不适用于互联网保险业务的发展,成为其发展桎梏。如何将互联网保险业务有效地纳入监管,如何将现有的监管政策进行完善以适应互联网保险业务的发展,已经成为监管部门亟待解决的问题。

(三)互联网保险的行业机遇和法律挑战

1. 机遇

互联网保险发展的机遇大致包括四个方面:

第一,更加细化的标准化保险合同的产生。为了互联网销售的便利,大部分保险合同需要标准化,实现海量供应,并避免条款争议。虽然保险合同本来就是以标准化合同为其特点的,但是,在网络上销售的保险合同标准化程度应当更高,例如特别约定、解除条款、免责事由、免赔率等,都需要更进一步精确并与保费金额挂钩,以保证海量供应和个体需求的契合点能够满足更多消费者的选择需求。

第二,产品创新需求。互联网保险并非简单地利用互联网销售保险、改变销售渠道和签约方式。互联网保险的实质应当包括两个方面:其一,是真正与互联网行业相关的险种的开发,例如运费险、快递延误险、退货险、产品责任险等;其二,是利用互联网资金池形成的便利,使保险资金流动性增加,当然,这一点同时也存在着公开募集资金的风险。

第三,个性化保险产品。互联网保险自产生以来,关于定制保险的探索一直在进行中。网上定制保险不单是消费者选择判断能力的增加,也要求保险公司在风险测算和管理方面更加细致。私人定制保险的不断涌现,可能进而催生专业细分的保险公司。

第四,互联网的信息便利和技术优势对保险定价机制、合同动态变更等会带来一些积极的影响。例如,海量信息、数字化后台、大数据应用使保险定价机制更加灵活,风险评估、风险的增加和减少信息掌握更便利,需要投保人和被保险人如实告知的范围相对减少。

2. 挑战

与机遇相对应的是规制互联网保险所面临的法律挑战,我们必须看到,无论何种形式的保险经营,对风险管理的专业性和专发专属性不能突破,保险制度的社会功能不能偏离。因而,脱离了风险管理的所谓"保险"就是互联网对保险制度的挑战。目前互联网保险在制度上面临的挑战大概包括如下几个方面:

第一,格式合同规制的条款需要重新审视。正如前述,海量标准化合同是互联网保险的优势,而对格式合同不利解释、禁止抗辩❶又可能对互联网标准化保险合同的广泛推行产生约束。重新界定对格式合同规制的妥当标准,是《保险法》需要面对的新课题。特别是改变现在将禁止抗辩规则理解为无效条款的做法,回归其本源是非常必要的。

第二,保险产品创新不违背保险本质的制度控制。传统《保险法》上有保险利益原则、损失补偿原则、近因原则,英美保险法上也有可保风险标准等规范,这些制度都是为了保证保险合同之为保险,而非赌博、买卖、投资或其他类型的合同。互联网提供了产品创新的机遇,却也带来了制度突破的困扰。笔者以为,这些传统制度是否可以突破,该做怎样的调整来适应互联网保险的创新需求,值得更加深入的研究。

第三,互联网保险主体是否需要特定化也是一个法律上的难题。目前的《暂行办法》将四种利用互联网进行保险经营的模式均纳入互联网保险的范围,虽然有利于将所有网上经营行为纳入监管,但也存在对互联网保险核心性质界定上过于宽泛的问题。从域外法规范的特点来看,越来越多的国家试图将互联网金融监管的重心专注于互联网金融专业机构,而非所有利用互联网开展业务的机构。随着保险机构的专业职能进一步细化,更加细致的监管细则是非常必要的。

第四,如实告知和明确说明义务的重构。现行《保险法》中的投保方如实告知义务和保险人对免责条款的明确说明义务,基本上都是基于纸质合同而言的。虽然在《保险法》司法解释中,对线上合同的明确说明义务履行标准有所降低,但仍不足以完全覆盖互联网保险日新月异的创新需求。笔者认为,线上保险合同,特别是新型合同的出现,将使信息掌握的事实发生变化,因而如实告知义务和明确说明义务等为实现信息对称而实施的制度针对互联网保险合同,有必要进行适当的调整。

二、互联网保险规制要点分析

(一)《暂行办法》的规制特点

1.《暂行办法》大大拓宽了险种范围

以前的互联网保险产品险种多是投连险,主要模式是"保险+信托",即凭借养老保险公司能够为多个客户办理集合养老保障业务的资质,集合投保人资金,然后将资金运用于信托计划,相当于投保人间接购买信托产品。此模式

---

❶《保险法》第19条:采用保险人提供的格式条款订立的保险合同中的下列条款无效:(一)免除保险人依法应承担的义务或者加重投保人、被保险人责任的;(二)排除投保人、被保险人或者受益人依法享有的权利的。

的前提在于保险公司具有汇集公众资金的资质,根据《中国保监会关于印发〈保险公司业务范围分级管理办法〉的通知》中第8条的规定,人身保险公司具有开展投连险的资质。此次《暂行办法》第7条明确规定了互联网保险的险种范围,即(1)人身意外伤害保险、定期寿险和普通型终身寿险;(2)投保人或被保险人为个人的家庭财产保险、责任保险、信用保险和保证保险;(3)能够独立、完整地通过互联网实现销售、承保和理赔全流程服务的财产保险业务;(4)中国保监会规定的其他险种。较之此前互联网保险较为单一的险种,《暂行办法》大大拓宽了险种范围,产品的增多或许将迎来互联网保险的爆发式发展。

2. 经营主体的明确

《暂行办法》明确了保险中介机构的定义,厘清了自建平台、第三方平台以及与第三方合作平台的关系。《暂行办法》称保险机构是指经保险监督管理机构批准设立,并依法登记注册的保险公司和保险专业中介机构。保险专业中介机构是指经营区域不限于注册地所在省、自治区、直辖市的保险专业代理公司、保险经纪公司和保险公估机构。自营网络平台是指保险机构依法设立的网络平台。第三方网络平台是指除自营网络平台外,在互联网保险业务活动中为保险消费者和保险机构提供网络技术支持辅助服务的网络平台。需要指出是,《暂行办法》规定第三方网络平台经营开展保险销售、承保、理赔等保险经营行为的,应取得保险业务经营资格,且需要进行备案。

笔者认为,这一主体范围的界定更加明确了行为监管才是互联网保险监管的中心。原因是:其一,主体监管原有的规范是不能逾越的,互联网环境只是扩大了保险代理人的范围,从根本上不能改变保险服务提供者的专属性。其二,产品创新才是互联网保险监管的对象,即使有新型主体的出现,也将是在产业成熟的情况下才会出现的。

3. 经营行为进一步细化

《暂行办法》主要从经营条件、信息披露、经营规则方面对经营行为进行了细化。例如,明确了保险机构通过自营网络平台和与第三方网络平台合作开展互联网保险业务平台需要具备的条件;设信息披露专章,坚持切实保护投保人信息知情权的原则,明确规定开展互联网保险业务不得进行不实陈述、片面或夸大宣传过往业绩、违规承诺收益或者承担损失等误导性描述,应在官网上设立信息披露专栏,以清晰易懂的语言披露规定的内容。

在经营规则方面,第三方网络平台应在醒目位置披露合作保险机构信息及第三方网络平台备案信息,并提示保险业务由保险机构提供。为保证资金安全,投保人原则上要使用本人账户支付保险费,交付的保险费应直接转账支付至保险机构的保费收入专用账户,第三方网络平台不得代收保险费并进行转支付。

(二) 需要进一步规制的问题

1. 线上保险产品定制

目前,保险公司设计开发适合互联网保险平台产品的能力还很弱,在线提供的产品亦很单一,除了旅游险、定期寿险、车险、家财险等少数险种外,适合网络销售的产品还不多。但是,这并不意味着产品开发这一环节是保险监管可以忽视的。实践已经表明,互联网保险企业开发的产品中,互联网寿险产品主要以万能险居多,健康险、普通寿险产品虽有增长,但占比不高。单品销量较高的多个万能险产品,预期年化收益率高达7%甚至以上,不过,险企都是通过把万能险的保障功能弱化,重点突出理财功能以提高产品收益率。但在当前万能险产品平均结算年利率为4%~5%的背景下,预期一年7%的收益率能否兑现令人怀疑。保险资金的长期投资收益率一般在5%~6%,设定较高的预期收益率可能导致产品的实际收益率严重偏离客户预期,最后承担风险的只能是客户。对于险企而言,一旦产品到期,集中支付难以避免,可能会面临较大的资金流压力。因而,此类保险产品也偏向于理财产品的内涵。不仅如此,某些产品创新非但不是实实在在地解决保险需求,反而是在忽悠消费者,进行恶意炒作。2014年6月26日,保监会网站发布《保监会关于规范财产保险公司保险产品开发销售有关问题的紧急通知》,叫停了数个保险产品,其中有3款产品在网络平台上销售。互联网金融的蓬勃发展催热了保险产品创新的热潮,"世界杯遗憾险""灰机险""37℃高温险""夜猫子险"等一批保险新品计划上线,但紧接而来的是对噱头、博彩等质疑。其中尤其值得注意的是,针对安诚财险在世界杯小组赛期间推出的世界杯遗憾险,保监会在此次下发的监管函中,明确认定该保险条款的被保险人对保险标的不具有保险利益❶。

2. 线上核保、理赔风险

互联网保险公司难以创新大量的保险产品,很大程度上是由于一些技术含量高、保险金额大并且非实地考察难以认定风险的标的物一旦承保,则需实地进行考察,目前还无法完全在网上进行核保。在承保过程当中,保险公司也很难通过线上的信息对线下标的物进行风险管理。由此暴露出的更深层次的问题是道德风险在互联网保险线上核保、管理风险这个过程中被成倍放大。这是因为保险公司获得的关于标的物的信息由投保人提供,如若保险人仅依靠投保人提供的信息而省去自身实地勘验的环节,投保人与保险人之间则存在着严重的信息不对称。保险人的行为完全依靠投保人提供的信息,投保人极有可能歪曲

---

❶ 杭州日报:"保监会紧急叫停另类保险产品",载 http://hzdaily.hangzhou.com.cn/dskb/html/2014-08/20/content_1785329.htm,访问时间:2015年6月11日。

事实,不履行如实告知义务,从而引发道德风险,使保险人承受巨额损失。同时,核保过程中对核保利益的判断也显得更为艰难,保险公司很容易出现难以认定的情形,从而为保险欺诈者提供了机会。

同样的问题出现在理赔环节中。依照传统保险的模式,出险后,保险人需对出险标的物进行实地勘验、核查,为进一步的理赔程序提供一定事实和法律上的依据。但在互联网保险中,保险人理赔的基础将保险人掌握的信息。

3. 线上保险销售

如果说互联网加剧了投保人可能出现的道德风险,那么它同样放大了互联网保险产品销售过程中的保险人的信息不对称优势。从已有互联网保险产品的销售过程看,部分产品对相关风险提示不足。如支付宝的"马上发财"产品,在宣传页面中甚至都看不到保险产品的字样,该产品宣称"保本保底",对于收益的不确定性和费用扣除、退保损失等没有明确说明,未按照监管要求采用高、中、低三档演示未来的利益给付,且与银行活期存款作简单对比,使客户在购买保险过程中缺乏对产品属性的足够认识和对潜在风险的理性判断。一旦客户提前退保或产品收益达不到预期,造成纠纷的可能性较大,甚至会让部分客户产生上当受骗的感觉,对险企、对行业都是潜在的信用隐患。这是由于互联网保险业务主要是通过消费者自主交易完成,一方面为保险人与投保人提供了莫大的便利;另一方面,与传统交易方式相比,交易双方缺乏面对面的交流沟通。而网络销售强调吸引眼球、夸张演示的营销方式,与保险产品严谨审慎、明示风险的销售要求存在较大差异。全面、充分的信息披露和风险提示在保险产品销售过程中就显得尤为重要❶,甚至是在奠定双方交易基础和保护消费者权益的核心的重要性。

4. 网站维护

安全是互联网保险发展的前提和基础,缺乏安全性,其将失去所有用户的信任。安全性的基础主要在于保险人是否拥有足以维护互联网保险交易平台正常运行的网络技术,这不仅关系到保险人自身运营的成功与否,亦与投保人和被保险人的利益直接相关。当前,互联网上屡屡发生的一些窃取网站信息、进行病毒干扰或篡改相关数据的事件,正是一些不法分子别有用心,利用了个别互联网网站的技术漏洞,骗取客户信息和财务,甚至攻击网站使其瘫痪。对客户而言,这些风险主要体现在三个方面:首先,计算机硬件和软件问题带来的运行风险,如若保险人不能及时跟进对信息管理系统的优化和完善,可能就会使得保险公司的产品和服务在传送过程中出现问题。其次,一般而言,保险公

---

❶ 保监会提出完善互联网保险监管制度的意见建议:http://finance.sina.com.cn/money/insurance/bxdt/20140925/014620405182.shtml 2015 年 6 月 12 日访问。

司的技术支持来自于技术供应商,虽然这是很好的一种合作和经营模式,但是,保险人在一定程度上又无法控制和监督技术供应商的行为,从而可能引发一些操作风险。最后,网上支付是互联网交易的核心和关键,因而其安全性也成为人们关注的焦点,甚至成为互联网保险发展的瓶颈之一。总之,互联网保险对自身交易平台的有效维护是保险产品进行安全交易的前提,保险人必须首先拥有这个能力和技术才能进入互联网保险领域。

三、互联网保险监管的国际经验

国际上发达国家和地区的互联网保险监管的历程可为我们提供经验。各国对互联网保险创新的监管态度在一定程度上直接决定了互联网保险在本国的发展方向,更重要的是,他们的成果体现了如何让新的经营模式健康快速地融入现实经济社会发展,因而,各国监管体制建构的重心往往对他国具有一定的借鉴意义。

(一) 美国互联网保险的监管体制

作为互联网的发源地,美国的互联网金融规模一直走在世界前列,其中,美国互联网保险的发展和规范与其高效合理的监管政策密不可分。美国互联网保险的监管路径秉承其市场为主的理念,以市场主体的自我调节为出发点。在监管过程中,担任监管职责的是由政府支持、企业出资设立的非营利性机构,一方面其具有一定的政策导向作用,另一方面又能深入市场中的经营主体,切实考察互联网保险公司运行中的问题,提出相关建议和政策[1]。另外,美国互联网保险的监管倾向于事后救济,在市场上暴露一定的问题之后,才会针对问题着手制定相应的法律法规,以最大限度地鼓励创新,激发市场活力。在监管重心方面,其通过颁布《全国电子商务纲要》,对保险人各方面的行为进行约束,强制保险人对相关信息进行披露,并保护消费者的隐私安全。

(二) 欧洲互联网保险的监管体制

和北美相当,欧洲的互联网保险规模也是处于世界前列,尤其是西欧。但与美国以非营利机构为监管中心、以市场主体自我调节为主的监管思路不同,欧洲对互联网保险的监管重心在于制定审慎的准入门槛,通过对开展互联网业务的市场主体制定关于技术传输、信息保护和支付环境等多方面标准,为互联网保险业务的开展创设安全的运行环境。同时建立合理的评估机制,对互联网保险公司在运行过程中的信息披露程度和偿付能力进行实时评估,最大限度地避免由于保险人盲目开发产品或扩大规模而带来的不合理风险。监管机构也得以通过此种方式对市场主体的运营方向提供一定的指引。

---

[1] 易祖泉、李洪:"浅析互联网保险的特殊风险及监管",载《上海保险》2014 年第 9 期。

（三）日本互联网保险的监管体制

日本拥有亚洲最大的保险市场，结合其先进的互联网技术和高比例的互联网普及率，日本互联网保险人不仅开展业务的时间早、业务精，而且已有互联网保险公司于 2011 年在东京证券交易所上市，利用筹集的资金开拓国际市场。日本互联网保险的监管方式有其特殊之处，即特别注重行政指导的作用。虽然日本亦制定了完善的法律法规，设置了多层次的市场准入原则，但日本政府在监管中起着不可替代的作用。政府通过教育、示范和警告等方式对市场隐患行为和违规行为进行前期处理，有效地缓解了市场主体对监管部门的抵抗情绪，起到了强制执行所无法达到的效果。其监管内容的中心在于市场主体相关信息的披露和规模扩大的合理控制。

四、互联网保险监管的重点剖析

各国在面对互联网保险这个新生模式时，分别从监管主体的设置、监管模式的选择以及监管重心的选取等多个角度构建本国的监管制度。各国监管主体和监管模式的选择和本国的社会环境、经济发展状况以及历史传统有很大关系，因而，不论是美国、欧洲还是日本，他们作为互联网保险行业发达的国家或区域，并没有选择相同的监管主体设置以及监管模式[1]。但是，有一点是相同的，即互联网保险的监管重心，这也是主体和模式选择后所要达到的主要目的，以真正促进该行业的发展。由上文比较可知，各国监管重点主要在以下几个方面：

（一）信息披露

互联网的主角不是全球无以计数的计算机，也不是以各种身份使用互联网的用户，而是信息。网络打破时空的限制，使信息得到了无限扩展。互联网产生的初衷在于实现信息的开放和信息传递的快速便捷[2]。因而，在通过互联网平台开展保险业务时，空间界限被跨越，中介作用被弱化，互联网平台对保险产品享有绝对的信息优势，示明义务自然大部分落到了以网页为表达途径的保险销售一方，如果保险人并不履行自己的信息披露义务，则其永远处在交易的优势地位。目前，部分互联网保险产品的销售平台存在明显的信息披露不充分的现象，不仅弱化了保险产品的性质，使其与一般理财产品混同，而且在其销售网页上片面夸大收益率却没有风险提示的标志[3]。另一方面，在传统保险销

---

[1] 李红坤、刘富强、翟大恒："国内外互联网保险发展比较及其对我国的启示"，载《金融发展研究》2014 年第 10 期。

[2] 王萍："互联网环境下的民事法律变革——从方法论出发的研究"，载《法大民商经济法评论》（第三卷），法院出版社 2007 年版，第 104～122 页。

[3] 刘锋："互联网保险鼓励创新，适度监管"，载《金融世界》2014 年第 9 期。

售模式中,保险人对保险合同中的免责条款和减责条款具有明确说明的义务,互联网保险人同样负有此义务。由此可以看出,风险导向日益成为信息公开披露的一个侧重点,可能存在风险或利益相关处,则需披露信息。只有促使交易双方同时获得充分的信息,才得以在最大限度上监管互联网保险在运营过程中产生的风险,保障投保人的合法权益。

(二)偿付能力

保险行业最大的风险是偿付不能,即投保人或被保险人在出险并向保险人申请理赔时,保险公司可使用的资金不足。偿付能力不足的原因主要来自两个方面的原因,第一个方面是保险公司自身资金实力,第二个方面是保险精算的准确度[1]。为了保证保险公司自身的资金实力,各国都建立了相应的制度进行监管,如资本金充实率、风险准备金计提等制度。互联网保险的销售模式改变的是销售渠道以及收费方式,因而,只要保险人按照相关要求计提风险准备金以满足资本金充实率,那么互联网保险模式并不会额外加大保险人资金不足的风险。其不降低保险精算的准确度,保险精算主要是基于大数法则,依照数学上的概率方法进行计算。也许互联网的出现使大数据的使用优先于传统数据收集方式,但这仅是操作上的差异,并且极有可能提高保险精算的准确度。但仍需注意的是,互联网金融保险产品在创新过程中可能使用浮动费率,如阳光保险推出别有新意的"爱升级"保险,可以随着参与人数的增加使保险费率也发生改变。此浮动费率有一个相对固定的区间,这就要求保险公司的资金即使在费率的"极值处"也应能顺利偿付。我国实行保险产品费率备案制,坚持此项制度即可对互联网保险人的偿付能力进行有效监管。

(三)信息保护

互联网上人格的虚拟性和互联网信息的开放性使民事主体享有自由扩张的同时,也暴露了权利冲突更加激烈的矛盾。仅信息公开一点,互联网就面临着置疑,个人数据资料一旦在互联网上发布,就面临着被无限传输和复制的可能,隐私资料的传输则会使个人一些不欲为人知的保密信息被曝光[2]。互联网保险平台皆要求获得用户的私人信息以进行进一步的签约行为,互联网保险平台借助技术优势和交易时的地位优势,往往能获得大量的投保人信息。然而保险人一旦获得该私人信息,则可能用于其他商业目的。更何况还存在黑客问题、技术缺陷给财产权和商业秘密等所带来的冲击。这使得监管部门不得不解决如何保护客户信息的问题。用户信息的泄露往往正是由于平台内部的不法操

---

[1] 佚名:"关于互联网保险监管问题研究",载 https://www.11186.com/news/detail/12608,访问时间:2015年6月14日。

[2] 王萍:"互联网环境下的民事法律变革——从方法论出发的研究",载《法大民商经济法评论》(第三卷),法院出版社2007年版,第104~122页。

作，这就要求强化参与互联网保险业务的公司承担的保密义务。同时，互联网保险公司所依靠的网络技术就需要在成立时即达到某种水平，也要在运行过程中时刻优化和升级，以保证能维护客户和网站的信息安全。更需注意的是，不仅要对违规泄露用户的保险人施以行政处罚，而且要研究如何赋予用户本身追究保险人责任的民事权利。

（四）业务范围

是否有必要明确规定互联网保险人的业务范围取决于互联网是否带来了额外的业务上的风险。互联网主要改变的是保险产品销售的渠道、数量以及保费的缴纳方式，这些似乎都没有产生特殊规定保险人业务范围的必要。此外，与其说互联网保险产品的创新是互联网给保险行业带来了额外的风险，更合适的观点应是其带来了创新的契机。有些存在问题的互联网保险产品，例如具有博彩性质的，并非为互联网保险独有的，且早已为传统保险监管规范所禁止，不需再另行规定。同时，还存在一些技术含量高、保险金额高且风险大的保险标的不适合在互联网保险平台上投保，有其自身技术和业务局限性。如果有互联网保险人愿冒其风险，自信能通过互联网即可确定可保利益，完成销售、核保和理赔事宜，则应归属为商业风险的自愿承担，只要满足信息披露和偿付能力的相关要求，不需另外规制。因而，对于互联网保险的业务范围，线上线下可以统一适用同一个规范。

五、互联网保险监管的制度构建

监管制度的构架往往需要兼顾监管主体的选择和协调、监管方式的选取以及监管重心的鉴别，上文已经详细分析了互联网保险监管过程中应重点监管哪些方面，在此基础上，结合我国现状构建互联网保险监管的制度构架。

（一）前端治理，实现信息充分公开

产品信息的不对称和交流过程的"空口无凭"是导致传统渠道销售误导的根源之一。无论是个险渠道还是银保渠道，均以多为主，销售人员分散化，销售话术个性化，很难避免销售人员的"选择性宣传"。而互联网保险销售则具备一对多的销售特点，全程留痕，集中管理。这为互联网保险监管利用大数据、云计算等技术手段，实现销售误导的"过程介入"创造了条件。如监管部门可以联合淘宝网等销售平台，设置明确的禁用话术，对页面宣传内容和客服聊天记录进行后台监控，一旦发现违规话术，及时予以屏蔽并自动为客户推送相关风险提示。根据客户过往的互联网消费记录，对客户风险偏好进行适当归类，一旦客户购买行为严重偏离，可自动将其纳入重点核保对象。通过对客户经验数据的分析避免产品错配，实现"把合适的产品卖给合适的客户"。

需要说明的是，这里说的信息披露并非明确说明义务，而是对合同缔结、

履行等所有交易内容和程序的信息提供。为了防范互联网保险的销售误导，新规要求在保险产品的"销售页面"上列明充分的提示或警示信息。如要求经营主体突出提示和说明免除保险公司责任的条款，并以适当的方式突出提示理赔要求、保险合同中的犹豫期、费用扣除、退保损失、保险单现金价值（这些对投资连接保险尤为重要）等重点内容；要求经营主体应向消费者提示其经营区域，以及由消费者对重要保险条款进行确认等关键内容，以最大限度地保障消费者的知情权和自主选择权。在制度设计时还应注意三个方面的制度建设：(1) 披露保险合同内容准确、完整；(2) 保费比率与保险人责任范围的说明；(3) 明确虚假、误导性信息披露的民事赔偿责任。

（二）把可保风险纳入合同适法性评价标准

我国保险合同法规范中，有保险利益、被保险人同意等适法性判断标准，但忽略了一个对保险业务和合同有效性均有重要影响的概念，即可保风险。对于线下合同，由于保险人的缔约控制较为严格，且不会采用众筹等大规模交易的合同订立方式，没有可保风险的规制影响不大。但对互联网保险而言，无论是线上合同订立的方式，还是产品创新的灵活性，以及交易的频度、广度等因素，均使传统合同效力判断的标准受到影响。因此，笔者认为，对互联网保险应当将可保风险纳入适法性评价标准，例如，对网上流行的众筹爱情保险，现行立法缺乏规制条款，从现实的角度来看也有鼓励情侣走向婚姻的正面意义。但是，它毕竟不符合保险损害补偿机制的社会功能定位，也没有保险公司风险管理职能的体现，充其量可以算是对赌型理财产品。决定其性质不是保险的一个重要原因就是其不具备可保风险，不具有不可预知不可控的特点，赔付的条件也不是风险的发生。因而，笔者认为，前述提及的保险产品创新应当受可保风险的控制，这也是保险业务实质性判断的重要标准。之前被叫停的"世界杯遗憾险""跌停板险""分手险"，这些保险的效力之所以不能被承认，并非没有保险利益，而是没有可保风险。因此，可保风险纳入合同适法性判断标准，对保险产品创新的约束是必要的。同时，可保风险也是《合同法》影响业法、介入业法的途径。

（三）以客户参与管理为必要模式，实现供需沟通顺畅

应发挥互联网生态优势，让客户共同参与管理。保险合同的附和性特点使被保险人在与保险人进行交易时处于相对不利的位置，因此，需要通过保险监督管理来保护被保险人的利益。而互联网业务是一个公开透明的生态系统，有着"自传播"的媒体属性，客户自我保护的意识和能力均有所增强，与传统业务有着显著的区别。客户参与是互联网模式建立的特色和优势。但在立法上需要明确究竟是否为法定要求，以及依托作为销售渠道的代理商互动，还是与保险公司的服务部门互动，是否设计两三种可选模式或示范模式。因此，监管部门在加强自身建设的同时,还要引导险企加大信息披露力度,为客户参与共同管理创造条件。例如,网上订立的合同虽然是格式合同,但是在适用较广泛、认知度较高的时候,并不一定需要受格式合同法律规范的限制。保险合同如果对内容、保费与风险的对比关系等披露详尽,可以免受禁止抗辩和不利解释原则的困扰,这是为了便于标准化合同大面积地推行的缘故。

(四) 灵活审慎的准入制度

正如前述所及,互联网保险行为可区分为很多类型,对互联网保险行为监管的必要性更高于主体监管。因此,互联网保险经营的准入条件应当根据行为类型来确定。包括某些机构如果参与的只是保险业务中一个环节,则应当参照传统保险业务监管该环节时的监管措施,确定是否需要设定"门槛",或者说是否以主体条件为门槛。而在以行为监管为基础时,还要强调动态监管的模式。创新往往带来对规则的冲击,监管的滞后性是全球各国的普遍现象,美国也一样。在动态监管方面,我们提出了备案制的建议,但是必须强调不是备案了就可以,还要具备备案公示制度,即使保险产品消费者能够便捷地查询到相关产品是否已经备案获准。

(五) 单独立法和系统立法衔接,依托大金融兼管机制实施监管措施

在互联网保险监管方面,应当考虑到与其他立法的衔接,单独地忧虑互联网保险信息安全的问题也没有必要,笔者主张还是适用一般性电子商务法的方法处理,不必设定高于其他电子交易的安全屏障。另外,要对商业利用、侵权行为,援引民事赔偿(损害程度有时很难证明)及惩罚性赔偿、集体诉讼等制度,以免造成广泛的侵权事件。

此外,对游离于监管体系之外的互联网金融,应建立"一行三会"互联网金融监管的信息共享机制,并确定以商业银行作为第三方资金托管机构,实现互联网金融平台账户与客户账户分离;同时还应把互联网金融纳入反洗钱监管,加快研究制定专门的"互联网金融消费者权益保护办法"等。

综上所述,互联网时代的金融创新必然带来我们对传统法制的检讨和重构。与银行、证券等金融业务相较,保险业更需要坚守传统的行业,否则可能颠覆投保人对保险的认知,产生对风险管理的误解。因而,在互联网保险走向兴盛的阶段,虽然鼓励创新、放松监管是推动市场发展的趋势,但是抓准行业特点,强化对金融消费者保护,修正甚至重新设定主体、行为、内容、要件等立法标准,在所难免。

论我国相互保险公司法律制度的建构

石东洋[*] 袁 冰[**]

相互保险公司作为与股份保险公司并驾齐驱的世界两大保险公司组织形式之一,在全球保险市场上占有重要地位。我国改革开放30多年来,保险业发展迅速,是国民经济中发展最快、也是最具活力的行业之一,在服务整个经济社会发展全局的进程中发挥着日益重要的作用。但是,与发达国家的保险业相比,我国的保险产业属于新兴行业,尚处于发展的初级阶段,无论是保险的深度、密度,还是市场的成熟程度都与发达国家仍有相当大的差距。在保险业全球化和我国加入世界贸易组织的大背景下,若不及时引进相互保险公司这种组织形式,我国的保险企业无论是走出去或者是引进来,都将面临多种保险组织形式的竞争,这将使我国的保险企业在国际竞争中陷入被动。因此,扩大保险业开放、丰富我国的保险业组织形式是中国保险业改革与发展的必然选择。通过对国外保险市场和法律制度以及目前我国的实践情况的考察,不难看出相互保险公司具有股份保险公司所不具备的优势,如果能够通过构建完善的保险法律制度,把它引入我国,作为对商业保险公司所不能达到的领域的有效补充,对于完善我国的保险体系,促进有效市场竞争,增强社会的抗风险能力,促进社会的和谐稳定必将起到重要作用。

一、相互保险公司的价值及发展历程

(一) 相互保险公司的重要价值

1. 缓解日益增加的保障压力

相互保险公司是保险领域内特有的公司类型,它是指由具有相同保险需要的社会成员作为股东,以缴纳保险费方式出资并建立保险基金,又均作为被保险人相互之间通过保险公司接受保障的非营利性的保险组织。目前我国正处在社会转型时期,因经济发展所产生的国民两极分化日益严重,社会保障面临巨大压力。相互保险公司防保结合的制度优势能够有效降低赔付发生的频率和强

---

[*] 山东省阳谷县人民法院法律政策研究室,审判员。
[**] 山东省阳谷县人民法院,助理审判员。

度，它不以营利为目的，资费相对低廉，能够起到保障中低收入群体的作用，同时也是保险社会管理职能的具体体现。

2. 促进保险市场主体多元化，增加有效供给

目前，我国《保险法》保守的立法模式，使我国的保险业组织形式单一，产品多样性受限、服务质量低、竞争不够充分。引入相互保险公司这种新型的组织形式，可以使保险公司在确定组织形式时根据自身的条件做出选择，丰富保险市场经营主体形式，在有效促进竞争的同时，促进保险行业的整体服务质量的提升。

3. 有利于我国保险业与国际接轨

在保险业全球化和我国加入世界贸易组织的大背景下，扩大保险业开放是中国保险业改革与发展的必然选择。在这种形式下，若不及时引进相互保险公司这种组织形式，我国的保险企业无论是走出去还是引进来，都将面临多种保险组织形式的竞争，这将使我国的保险企业在国际竞争中陷入被动。因此，有必要在我国发展相互保险公司，完成我国保险业在保险企业组织形式上与国际的接轨，使我国保险企业能够公平地参与国际竞争。

4. 有利于保障我国农业的健康发展

农业是社会发展的稳定器，但长期的二元经济结构，使我国城乡保险业发展极不协调，特别是我国的农业保险严重滞后，制约了我国农业的健康发展。因为农业险具有低费率、高赔付的特点，以逐利为目的商业保险公司一直缺乏参与农业险的积极性，不能为农民提供多样化、保费低廉的险种。纯粹由商业性保险公司办农险，已不能适应形势发展需要。因此，当务之急是进行组织制度创新。相互保险公司能够在不牵扯政府很大财力、物力的情况下，满足农民的保险需求，调动各方积极性。从而有力地保障农民利益，促进农业稳定，达到社会效益和经济效益的统一。

（二）相互保险在国外的发展历程

综观发达国家相互保险制度的发展轨迹，相互保险制度发展历程大致可以分为四个阶段：萌芽阶段，初步形成阶段，发展成熟阶段，逐渐式微阶段。

1. 相互保险的萌芽阶段

人类社会从一开始就面临着诸多自然灾害和各种意外事故的侵扰，为了弥补这些灾害所造成的经济损失，使生产得以持续，保障生活，在古代就萌芽了一些朴素的互助共济思想和原始的相互保险形态。

公元前4500年，古埃及的一项文件中记载，当时石匠中盛行一种互助基金组织，通过收缴会费来支付会员因意外事故死亡的丧葬费用。公元前2500年前后，巴比伦国王曾命令僧侣、官员等对其辖区内居民征收税金，作为火灾及其他天灾救济使用。在公元前3世纪，古罗马历史上曾出现过丧葬互助会，

还出现过一种交付会费的士兵团体，在士兵调职或退役时发给旅费，在死亡时发给继承人抚恤金。

在古希腊，一些政治哲学或宗教组织由会员摊提形成一笔公共基金，专门用于意外情况下的救济补偿。这些都是相互保险的原始形态。[1]

2. 相互保险的形成

尽管古代已有相互保险的萌芽，但由于经济发展水平的限制，这些处于萌芽状态的互助保险制度发挥作用的范围和规模都非常有限。到了中世纪，欧洲大陆的经济社会出现了快速发展，各国城市中陆续出现了各种行会组织，其共同出资救济的互助范围包括死亡、疾病等不幸的人身和财产损失事故，这种行会或基尔特制度在13～16世纪特别盛行，并在此基础上产生了互助合作的保险组织，相互保险雏形已经浮现。基尔特组织可以看成是随附性相互保险的成型。[2] 1756年，英国伦敦公平保险公司的设立，第一次以公司为载体、以相互保险的组织形式来经营保险业务，也标志着现代相互保险制度的初步形成。

3. 相互保险的发展和成熟

19世纪末20世纪初，由于股份制保险公司在运营的过程中，其竞争逐利的消极特点暴露得越来越充分，而以互助互利为特点的相互保险公司的组织形式日益得到社会和市场的认同，相互保险公司进入快速发展的黄金时期，同时也得到了法律上的正式确认。1901年德国制定《保险企业监督法》，1935年日本制定《保险业法》，先后在法律上正式确认了相互保险公司这种组织形式。1856年，英国出台《保险公司法》，确认了相互保险公司是可以接受保险业务的两种法定组织形式之一，赋予了已经存在100余年的相互保险公司的法人地位。

随着法律对相互保险公司的确认，为享受政府税收等方面的优惠，全球保险业出现了股份保险公司相互化的浪潮。欧美、日本等发达国家的股份制保险公司纷纷转型为相互保险公司。据统计，美国在20世纪的前40年间，至少有15家人寿保险公司由股份制经营模式转变相互保险公司组织形式。包括了当时美国保险市场的三大巨头。日本在"二战"后对保险业进行改革期间，有90%的人寿保险公司由股份制经营模式转变为相互保险公司组织形式。保险公司相互化浪潮的出现标志着相互保险制度的成熟。

至20世纪90年代，在全球保险市场中，相互保险公司已占有相当份额。据保险杂志《Sigma》统计，1997年，全球10大保险公司中，相互保险公司占据了其中的6家。在美、德、英、法、日等五个主要发达国家的保险业务中，相互保险公司的保费收入占其全部保费收入40%以上。相互保险公司在

---

[1] 上海财经大学保险教研室编：《保险学原理》，百家出版社1989年版，第16～17页。
[2] 何春燕："相互保险公司法律制度研究"，中国政法大学2006年硕士学位论文，第6页。

这几个主要发达国家的巨大市场占有率，也有力地证明了他们在全球市场的巨大竞争力。

4. 相互保险公司在 21 世纪发展的式微

在 20 世纪最后几年，国际上出现了相互保险公司非相互化浪潮。众多相互保险公司纷纷向股份保险公司转制。特别是在人寿健康保险领域中表现更为明显。发生这种"非相互化"现象的原因是多方面的：相互保险公司缺乏从社会募集扩大资本，增强资本流动性的机会。相互保险公司收益分配的压力大，同时费率提高比较困难，制度本身提供的经营条件约束太多，导致相互保险公司不可能积累较高的资本金。消费者需求将其兴趣由储蓄转向投资，相互保险公司本身的不足限制了其投资或融资的能力。

1994 年，欧盟把保险监管的重点转向对偿付能力的监管；美国也放松了银行业和保险业之间的界限。相互保险公司缺乏股份制保险公司那种财务上的灵活性。❶ 但是，非相互化转制的浪潮并没有消除相互保险公司的竞争优势，特别是地区性、专业性较强的相互保险公司，由于所需信息成本较低，投保人能有效的约束管理层，相互制组织形式的优势在这些保险公司中依然非常明显。❷

二、相互保险公司在我国的实践及困境

我国作为一个农业大国，有 7 亿多人口在农村，存在着极大的农业保险潜在需求。股份制保险公司等商业性保险公司，由于其经营范围所限，不敢轻易涉足农业保险等高风险、陌生的领域。因此，形成了目前我国农业保险领域有效供给不足的局面。而相互保险公司由于其互助共济和非营利性的特征，成为保障农业保险需要的一个重要的突破口。我国第一家相互保险公司——阳光公司，自成立后经营良好就是一个很好的例子。❸

（一）我国相互保险业的发展实践

据外国一些保险书籍记载，远在公元前 3000 年，中国一些商人在扬子江的危险水域运输货物时就采取了一种分散风险的办法，即把每人的货物分装在几条船上，以免货物装在一条船上有遭受全部损失的风险，这是水险起源的最早实例。这种分散风险的方法体现了现代互助保险的基本原理。

我国历代有着储粮备荒以赈济灾民的传统制度，如春秋战国时代的"委积"制度、汉朝的"常平仓"制度、隋唐的"义仓"制度，这些都是以实物形式的救济后备制度，由政府统筹，带有强制性质。至宋朝和明朝，在民间出现了"社仓"制度，属于相互保险的原始形态。

---

❶ 刘愈：《保险学》，科学出版社 2005 年版，第 90 页。
❷ 莫立宁："关于建立中国相互保险公司制度的研究"，广西大学 2008 年硕士学位论文，第 12 页。
❸ 罗丹："关于我国发展相互保险公司的思考"，载《时代金融》2012 年第 3 期，第 56 页。

尽管我国保险思想和互助共济的制度产生很早，但是因中央集权的封建制度和重农抑商的传统观念的局限，商品经济发展缓慢，我国古代并没有产生商业性保险，更没有产生相互保险制度。❶

进入近代，伴随着国门被列强的坚船利炮打开，保险制度也开始进入古老的中国。据考证，1805 年，由英国人设立"广州保险公司"是中国第一家保险公司，其主要承办海上保险业务。

19 世纪中叶以后，面对外国势力在华的急剧扩张和民族危亡，中国的有识之士在学习、引进和传播西方资产阶级的先进文化和科学技术的同时，也掀起了实业救国的浪潮。1865 年左右，中国人开设了第一家自己的保险经营机构——"义和保险行"。此后，民族保险业开始发展，在香港、上海等地相继出现了一批保险公司，主要经营船舶运输保险、人寿保险等业务。1907 年上海九家华商保险公司成立了中国历史上第一家保险同业公会组织"华商火险公会"，标志着民族保险业的独立。据统计，到 1948 年，上海华资保险公司已达 178 家，外资保险公司只有 63 家，说明旧中国的民族保险业的规模和质量有很大发展。与此相适应，当时的保险立法也开始起步。当时，政府对保险公司的组织形式的规定采取了国际保险业法上最通行的两种方式——股份保险公司和相互保险组织。例如，晚清的《保险业章程草案》、北洋政府编制的《保险业法案》均明确规定相互保险公司为法定保险企业组织形式之一。但由于的特殊社会环境，没有实施的条件，所以两法均未真正施行。1935 年 7 月 5 日，国民党政府公布了《保险业法》，共 7 章 80 条，该法第 2 条规定："经营保险业者，以股份有限公司与相互保险社为限。"同时对保险公司、相互保险公司的其他制度进行了规定，涉及保险人的责任准备金、保证金、会计制度及违法后的处罚措施。对于未用相互保险公司的名称而采用相互保险社的名称，在最初的《保险业法草案》给出了解释：即因为当时的《公司法》中没有相互公司的名称，为和《公司法》相适应，避免歧义，故称相互保险社。❷

新中国成立后，我国政府宣布废除国民党的六法全书，并开始有步骤、有组织、有分别地对旧中国的保险业进行清理和整顿。到 1953 年全部接管了官僚资本的保险公司，对民族资本的私营保险公司进行了改造，外国资本的保险业务也全部撤出了我国保险市场，相互保险公司彻底退出了市场。这一时期我国的保险立法主要是对一些强制保险进行规定。此后，受极左思想的影响，1952 年我国停办了农村保险，1955 年停办了所有强制保险，而到了 1958 年，除国外业务外，国内保险全部停办，只象征性保留了国际货物保险。我国保险

---

❶ 许谨良主编：《保险学》，上海财经大学出版社 2011 年版，第 11 页。
❷ 何春燕："相互保险公司法律制度研究"，中国政法大学 2006 年硕士学位论文，第 27 页。

第三编　保险业法的健全与适用

发展进程中断,保险立法也处于停滞状态。

党的十一届三中全会以后,我国经济开始复苏,国内保险业开始恢复,海外保险机构和保险业务开始逐步扩展。虽然我国《保险法》并没有规定相互保险公司这种组织形式,但相互保险却已在我国社会实践中广泛存在。如1984年成立的中国船东互保协会及后来在我国基层单位普遍设立的职工互助合作保险和近几年实行的农村合作医疗保险等,这些组织虽然尚称不上是公司的形式,但他们仍然在为某些领域提供风险保障方面发挥了重要作用,填补着商业保险的空白。2004年,农业保险开始在全国范围内开展试点,相互保险公司这种互助共济的组织形式成为开展农业保险试点的一个重要方向。2005年1月11日,阳光农业相互保险公司(以下简称阳光公司)的腾空出世,开始了相互保险公司在农业保险领域的率先实践。

阳光公司作为我国第一家相互保险公司,同时作为政策性的农业保险制度的一个试点,在治理模式、运营模式、监管模式等方面都是一种全新的探索和尝试。在治理模式上,阳光公司的会员代表大会是公司的最高权力机构,董事会和监事会成员均由成员代表大会选举产生,董事会下设总经理,由董事会聘

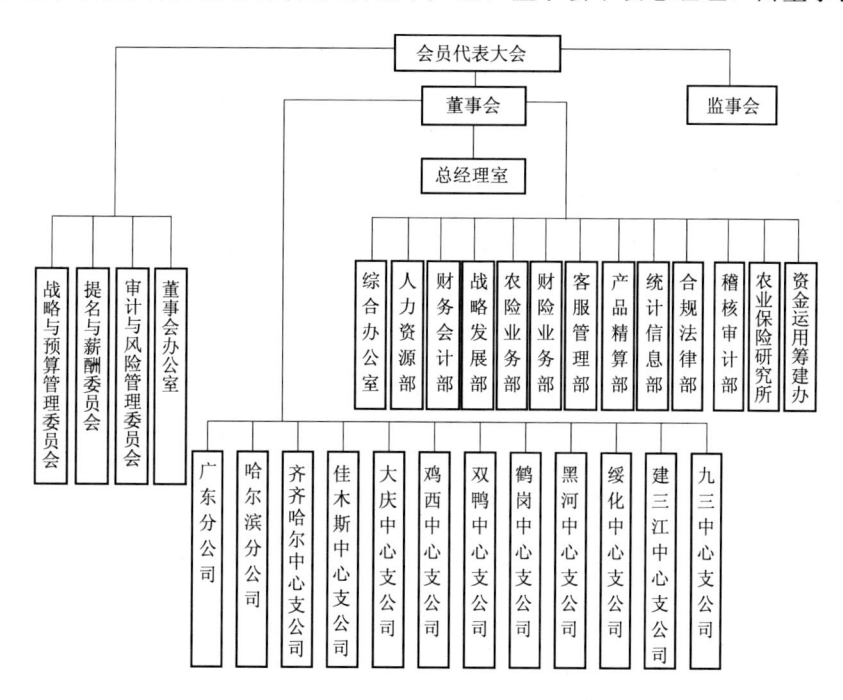

图1　阳光保险公司组织架构图❶

---

❶ 本结构图来自于阳关农业相互保险公司首页 http://www.samic.com.cn/01samicInsure/organiseStructure/,访问时间:2015年10月10日。

请经理人经营管理。在管理体制上,以统一经营为原则,以保险社互助经营为支撑,实行双层治理、双层经营的模式。在机构设置上,分为总公司、分公司、中心支公司、保险社、保险分社,以会员为单位进行自上而下的管理和运行。

在保费方面,阳光公司实行"三方筹集"的模式,即"农户缴一块,农垦总局筹一块,国家补一块",地方财政补贴(暂由黑龙江农垦总局承担)15%,国家财政补贴20%,农民只需承担剩余的65%,有利于为减轻农民负担,提高农民参保积极性。但是目前阳光公司只是在种养两业险方面按照互助模式经营,而不是整体都以相互保险的模式进行运作,因为阳光公司的营业范围已不仅限于相互农业险(下文将有论述)。另外,阳光公司"防保结合"运营模式,❶也有利于防灾减灾体现的建立和完善。

(二) 我国相互保险公司运行的法律困境

目前,我国法律缺乏对关于相互保险公司法律地位的确认,构成了相互保险公司运营的最大障碍。因为我国《保险法》只是明确规定了股份有限公司和国有独资公司两种组织形式,虽然也有"其他性质的保险组织,由法律、行政法规另行规定"的条款,但这样的规定无疑过于笼统,不能确定相互保险公司的合法地位,因为迄今为止我国仍没有任何涉及相互保险公司的专门法律法规。

在我国,第一家相互保险公司(阳光公司)是由中华人民共和国保险监督管理委员会(以下称"保监会")批准而设立的。但是保监会只是经国务院授权的商业保险的主管部门,并没有制定法律和行政法规的权力。因此,保监会批准阳光公司的行为无疑有越权之嫌。

今距阳光公司成立已经有7年多的时间了,关于相互保险公司的立法虽早已被提上日程,但却也一再难产。阳光公司也只能一直在无法可依的尴尬中运营。据有关调研显示,虽然阳光公司属于相互保险组织形式,但是在实际运营中,由于无法可依,工商、税务等部门在其年检、纳税过程中只能以股份制公司的规定要求其资本充足率和纳税等,为其正常运营造成障碍。因此,完善相互保险公司的法律架构,成为在我国进一步发展相互保险公司的一个重要前提。

应该说,我国保险业经过30年的运行,相关的经营管理技术已经成熟,特别是阳光公司的运行实践,为我国发展相互保险公司积累了宝贵的实践经验。1998年,国务院保险业监督管理委员会的成立,对保险业实行专门监督,也使我国保险业监管水平趋于成熟,所以我国已经具备了发展相互保险公司的

---

❶ 丁琨:"相互保险公司立法研究",外交学院2007年硕士学位论文,第10页。

可行性。

三、我国相互保险公司法律制度的建构

引进相互保险公司是一项复杂的系统工程，涉及税收、监管等多个方面。但首先要解决的就是修改《保险法》的相关内容，赋予相互保险公司法人身份，为其在我国的发展提供法律依据和保障。在修改《保险法》时，应明确规定相互保险公司是同股份保险公司和国有独资并列的保险企业的法定组织形式之一，专设"相互保险公司"一章，对相互保险公司的特有问题作出原则规定，并在不同的章节中体现有关相互保险公司的内容。

(一) 相互保险公司的设立

1. 相互保险公司设立的实体条件

相互保险公司设立的实体条件是指设立相互保险公司所应达到的能承担责任的物质标准和其他标准。

(1) 资本金或基金。相互保险公司的资本金或者基金的实质是投保人预交的保险费。相互保险公司的资本金或基金既是其从事经营活动的基本保障，也是构成其偿付能力的关键因素。美国、德国、日本等国的相互保险公司有着较长时间的历史，有足够的盈余资金退还股东，也有足够的保单维持公司正常运转，所以均未对此予以特殊的规定。例如，日本保险业法规定"保险公司的资本金或者基金总额必须达到10亿日元以上，公司的组织形式应为股份有限公司或相互公司"。我国目前只有一家相互保险公司——阳光农业相互保险公司，且尚处于刚刚起步阶段，因此，我国在设定相互保险公司的市场准入条件时，不能盲从发达国家的规定，而要经过充分的论证研究，结合我国的实际，规定一个符合相互保险实际情况的最低资本金数额。

由于相互保险公司的优势主要体现在中小企业中，因此笔者认为相互保险公司最低注册资本可以适当低于股份有限公司500万元的规定，可以限定为300万元，否则可能会不利于人们自发地设立相互保险公司。另外，由于相互保险公司在成立后，可能兼营非相互保险业务，因此在立法时应当考虑到这种情况。为保障相互保险公司非成员投保人的利益，提高其偿付能力，法律应规定相互保险公司兼营非相互保险业务的，最低资本金应当不低于股份保险公司的最低要求。

资本金或基金必须以现金形式支付。公司的经营收入优先用于支付创立费用和业务费用，只有在盈余在扣除准备金后仍然高于创立资本金或基金时，才可以向出资人还本付息。

(2) 具有公司章程。相互保险公司的章程中必须包括以下内容：

第一，公司的名称，必须包括表明其性质的词组，即必须含有"相互保

险"的字样；

第二，公司所在地；

第三，公司的基金总额和缴纳方式；

第四，公司成员资格的取得；

第五，公司的经营范围即将要经营的险种；

第六，成员大会或成员代表大会，董事会、监事会成员及其他高级管理人员的选任方式及权限；

第七，盈余分配和亏损承担的方式。

以上内容属于公司章程的绝对必要记载事项，必须经公司创立大会通过，并且由保险监管机构批准才能产生法律效力。

2. 相互保险公司设立的程序条件

相互保险公司设立的程序条件，是指设立相互保险组织依照法律规定所应遵循的程序方面的要求。相互保险公司设立的程序，与股份制公司基本相同。基本程序为：

（1）申请筹建。欲设立相互保险公司的人或组织，应当向国务院保险监督管理机构提出书面筹建申请，并提交设如下材料：

第一，设立相互保险公司申请书。申请书应当载明拟设立相互保险公司的名称，注册资本、业务范围等。

第二，设立相互保险公司的可行性报告。

第三，拟设立相互保险公司的筹建方案，包括筹建基金来源，筹集人员、筹集时间等。

第四，拟设立相互保险公司投资人的基本资料及拟任职的高官名单及本人认可证明。

保险监督管理机构应对收到的筹建申请进行审查，并自受理之日起六个月内作出批准或者不批准的决定。不批准的应当书面向申请人说明理由。申请人应当自收到筹建通知之日起，一年内完成筹建工作，筹建期间不得从事保险经营。

（2）开业申请。相互保险公司的筹建工作完成后，申请人具备相互保险公司的条件的，可以向国务院保险监督管理机构，提出开业申请，并交下列资料：相互保险公司的章程；创立成员名册及其基金份额；验资报告书及资金到位证明；公司拟任职高级管理人员简历及符合资格的证明；公司拟经营的范围和险种（拟兼营非相互保险业务的应当同时载明）；公司经营场所及其他设施的资料其他应提交的文件及资料；

国务院保险监督管理机构应当自受理开业申请之日起60日内，作出批准或者不批准开业的决定，决定批准的，颁发相互保险业务许可证，申请兼营非保险业务经审核符合条件的，同时批准其兼营非相互保险业务；不批准的，应当书面通知申请人，并说明理由。

（3）相互保险公司分支机构的设立程序。相互保险公司可以设立分支机构，但应当经国务院保险监督管理机构批准，并提交以下材料：设立相互保险公司分支机构申请书；拟设立分支机构的经营计划及范围（应载明是否兼营非相互保险业务）；拟任职高级管理人员的资格证明材料。

国务院保险监督管理机构应当对相互保险公司设立分支机构的申请进行审查，并自受理之日起60日内作出是否批准的决定，决定批准的，颁发分支机构经营许可证，申请兼营非保险业务经审核符合条件的，同时批准其兼营非相互保险业务；不批准的，应当向申请人书面说明理由。

（4）设立登记。经批准设立的相互保险公司及其分支机构，凭国务院保险监督管理机构批准的经营相互保险业务许可证，到工商行政管理机关办理登记，并领取营业执照。相互保险公司及其分支机构自取得经营保险业务的许可证之日起六个月内，无正当理由未向工商行政管理机关办理登记的，其经营保险业务许可证失效。

（二）相互保险公司的治理结构

1. 成员大会或成员代表大会

成员大会应作为相互保险公司的最高决策机构。由于相互保险公司规模不一，成员分布有别，例如对于一个有千万成员的相互保险公司来说每个成员都参与成员大会是不现实的。所以，应当规定成员人数超过一定规模的相互保险公司应设置成员代表大会代行成员大会职权，但法律应对法定最低出席人数作出规定。选举代表的方式可以将选择权交给公司，由公司根据成员意愿灵活安排，并在章程中作出明确规定。相互保险公司的投保人是成员大会的当然成员，并有权被选举为成员代表。

成员大会或者成员代表大会行使表决权采取一人一票制，而不考虑其保费数量和保险金额的大小。同时应严格限制管理人员的代理投票权。成员大会或者成员代表大会一年召开一次，在出现涉及公司成员重要利益或者公司重大经营的事项的特殊情况下，经董事会或监事会提议，或者经五分之一以上成员或成员代表提议，可以召开临时大会。成员大会或者成员代表大会对以下重要事项享有决策权：

（1）对董事和监事的选举权；

（2）对变更组织形式、解散公司的决议权；

（3）对利润分配的决定权；

（4）其他重大事项决策权，包括公司章程的修改、公司组织形式变更、增加公司资本金等。

对于一般的决策事项应当经出席成员大会或成员代表大会的成员或成员的过半数通过；对于公司章程的修改、公司组织形式的变更、公司解散等重大问题应经成员大会或者成员代表大会半数以上成员或成员代表出席，并经出席大会的成员或成员代表四分之三以上投票通过。

2. 董事会和监事会

相互保险公司应设立董事会和监事会，董事和监事由成员大会或者成员代表大会选举产生，其选举方法及权限，除公司章程另有规定外，应适用《公司法》关于股份有限公司董事会、监事会的规定。

除此之外，由于相互保险公司在治理结构上存在缺陷，成员往往对公司的经营状况缺乏必要的了解，因此有必要在借鉴外国的有益经验的基础上，对相互保险公司治理结构进行改良。建议：（1）在相互保险公司内部设立信息咨询办公室。定期向保单持有人提供公司的收入、支出等有关情况，解答他们的疑问，并听取他们对公司经营和管理的意见和建议。（2）在董事会设立独立董事。其成员由相关领域的专家学者组成，独立董事有权对公司经营的重要事项提出建设性的批评意见。

（三）相互保险公司的运营

1. 相互保险公司运营的原则

阳光公司成立后，实行以统一经营为原则，以保险社互助经营为支撑，双层治理、双层经营的模式，取得了良好的经济效益和社会效益，为我国相互保险公司的运营模式提供了宝贵的经验。我国相互保险公司在运营模式上可以采取阳光公司"防保结合"的模式，完善我国的防灾减灾体系。在保费缴纳方面，保费缴纳的方式可以采用灵活的方式，既可以采取摊收保费制，也可以采取预收保费制或者永久保险制。究竟适用何种制度，可以将选择权交给公司，但相互保险公司必须在章程中对保费缴纳制度作明确的规定。

当然，由于阳光公司经营时间短，缺乏相关经验，也存在着一些问题。我国在引进相互保险公司时，可以对阳光农业保险探索出的有益的经营规则进行研究和总结，并进行相应的改进，使之能够更加健康地运营，适应我国当前经济社会生活的实际需要。

2. 相互保险公司的经营范围

相互保险公司应该严格按照国务院保险监督管理机构核准的业务范围进行经营，原则上不得兼营人身相互保险业务和财产相互保险业务。

但是，由于相互保险公司一般地域性、专业性较强，经营范围较为狭窄，加之保费较低，所以公司的进一步发展往往受到限制。因此，阳光农业保险相互公司设立后，为获得公司进一步发展所需的资金，在稳步经营农业财产相互保险的同时，2005年向保监会申请开办机动车商业险，并获得批准。由于相互保险公司经营其他险种属于新的探索和尝试,保监会对此非常慎重,❶ 几年来,阳光农业相互保险公司商业车险及交强险业务经营势头良好,为阳光公司的快速发展提供了资金。2009年,阳关公司又申请在广东设立了分公司,经营区域突破了黑龙江省的局限,分公司也同时经营车险和交强险,形成了农业相互保险和其他直接保险相得益彰的局面。因此,我国《保险法》在规定相互保险公司的业务范围时,应当规定相互保险公司可以经营短期他种非相互保险业务,但是应当具备相应条件,比如资本金要同时满足股份保险公司关于资本金的最低限制、非相互保险业务要与相互保险业务分别核算等,并必须经过国务院保险监督管理机构批准。

3. 相互保险公司的盈余分配、亏损承担

我国《保险法》应明确成员的盈余分配权,并且应规定只有经成员大会或者成员代表大会出席大会的成员或者成员代表的过半数通过,才能决定相互保险公司的盈余分配方案。同时应规定盈余分配的分配方式:要先行支付投保人资本金的利息,如尚有剩余则转入公积金、准备金或者分配给公司成员及经营者。为保证相互保险公司盈余分配的公正、均衡和公司经营的稳健,应对盈余分配的内容、顺序、和各种公积金、准备金的提取范围(最高值和最低值)等做出严格的限制。

当相互保险公司出现亏损时,应首先动用公积金、准备金及剩余金填补。若仍不足时,对于采用确定保费制的公司,采取消减一部分保险金的办法加以解决。对于采用不确定保费制的公司,则由保单持有人分摊保险费予以弥补。

为稳妥起见,应当要求相互保险公司的盈余分配方案要报请保险监督管理机关批准方可实施。

4. 相互保险公司组织形式的变更

当今国际保险市场既存在股份保险公司的相互化,也存在相互保险公司的股份化。各国保险法对保险组织形式的变更大都作了相关规定,其中日本法规定的最为细致全面,对我国最具有借鉴意义。我国在对相互保险公司组织形式变更规定时,应当全面,既有相互化的规定,又有股份化的规定,允许保险组织根据自身发展的需要,选择适合自己的组织形式。

(1) 股份公司转变为相互公司。股份有限公司在变更为相互保险公司时,须编制组织变更计划书,提交股东大会决议。决议若获得通过,则必须在该决议通过之日起15日内将决议内容及资产状况进行公告,并分别向股东及股东名单上记载的质权人通报决议的内容。

---

❶ 中国保监在2005年12月17日在《关于阳光公司机动车辆保险条款和费率的批复》的批复中要求:"你公司应审慎稳健地开展车险业务,加强对车险业务的管理,重视车险管理经验的总结和积累,做好经营风险防范工作。经营中如遇重大问题,应及时向中国保监会、黑龙江保监局报告。"

董事会必须将组织变更的有关事项报告给投保人大会或投保人代表大会。在投保人大会或投保人代表大会上，除做出规定有关章程及其他相互保险公司的组织机构改革必要的决议外，必须同时选出相互保险公司的董事及监事。

股份有限公司的董事在需要筹集组织变更后的相互保险公司的基金时，必须在投保人大会或投保人代表大会结束后，就所需要的金额毫不迟疑地进行筹集。股份有限公司的董事在接到该项筹集的款项后，必须毫不迟疑地召集第二次投保人大会或投保人代表大会。

组织变更必须经保险监督机构批准，否则不发生效力。保险监督机构在接到请求批准的申请时，必须审查其是否符合下列标准：组织变更后的相互保险公司有足够的财产基础以保证其保险业务的健康开展；组织变更不会损害投保人的现有权益；组织变更不会妨碍公司业务健康地运作。

组织变更后相互保险公司必须在组织变更后毫不迟疑地将其组织的变更进行公告。并且自变更之日起 15 日内在公司总部或主要事业所在地、20 日内在分公司或营业所在地，对组织变更前的股份保险公司进行注销，并对组织变更后的相互保险公司进行设立登记。

（2）相互保险公司变更为股份有限公司。相互保险公司在进行组织变更时，应当制作组织变更计划书，并必须经过成员大会或成员代表大会决议通过。

相互保险公司在进行组织变更决议时，从该决议通过之日起 15 日内，应当将决议的内容及公司资产状况进行公告。

相互保险公司尚有未偿还的基金时，必须在组织变更以前，按照组织变更计划书的规定偿还全部金额。按照组织变更的规定，相互保险公司的成员可以接受组织变更后的股份保险公司的配股。

以上组织的变更，应得到保险监督机构的批准，未取得批准的组织变更无效。相互保险公司在进行组织变更时，组织变更前的相互保险公司应进行解散登记，组织变更后的股份保险公司应当进行设立登记。

（四）相互保险公司的监管

1. 保险监督管理机构的监管

（1）加强对相互保险公司经营决策流程的监管

第一，对决策机构的监管。如上所述，相互保险公司具有运营不透明的治理结构缺陷，相互保险公司发展壮大后，一般会将管理权和经营权移交给少数人代理，可能会产生"客大欺主"的现象，特别是在相互保险公司存在相互保险业务和非相互保险业务兼营的条件下，还存在如何平衡作为股东的成员投保人和非股东投保人的利益、保证非股东利益不受损害的问题。因此，一方面应完善相互保险公司决策的程序和规则，使相互保险公司的决策建立在合法有效的基础之上；另一方面要完善信息定期披露制度，由董事会专门机构定期将公司的经营信息、资产状况等重大事项定期向成员披露，加强相互保险公司决策的透明度，对不按期向公司成员披露信息，或者故意向成员隐瞒重要信息，给公司成员造成损失的，保险监督管理机构应当给予责任人相应的处罚，并且责令其限期作出整改。

第二，对公司高级管理人员的监管。由于相互保险公司具有专业性特征，所以对相互保险公司高级管理人员的任职资格的规定可以适当严于股份保险公司，如规定必须从事农业相关行业满5年才能担任农业相互保险公司的董事、监事、总经理等高级管理职务。相互保险公司的董事、监事及其他高级管理人员对公司负有忠实和勤勉的义务。在召开成员大会或者成员代表大会时，公司董事、监事及其他高级管理人员应当列席，并接受成员或者成员代表的质询。董事、监事及其他高级管理人员违反法律法规或者公司章程的规定，给公司造成损失的，应当承担相应的赔偿责任。给公司成员造成损害的，成员可依自己的名义向人民法院提起诉讼。

(2) 相互保险公司偿付能力的监管

对相互保险公司偿付能力的监管，是各国保险监管的最重要内容之一。如果偿付能力不足，保险公司就无法履行其赔付的职能，应承担相应的责任。加强对相互保险公司特别是兼营非相互保险业务的相互保险公司偿付能力的监管，防止成员投保人利用自身的成员优势损害非成员投保人的利益，这对于维护非成员投保人的利益具有重要意义。对相互保险公司偿付能力的监管实际上也是相互保险公司早期预警系统的一部分。

加强对相互保险偿付能力的监管，应当规定相互保险公司定期向保险监督管理报送经专业审计机构审计的季度和年度报告、年度精算报告、资产损益表等，保险监督管理机构一旦发现相互保险公司的认可负债高于认可资产时，应当立即采取以下措施，要求相互保险公司采取矫正行为，防止其偿付能力状况继续恶化：减少或者停止相互保险公司签发新的保单；增加相互保险公司的资本金；暂停或限制相互保险公司向股东或保单持有人派发红利；对相互保险公司的某些投资进行限制，或者禁止其进行保险监督管理认为不合适的投资。

上述措施实施后，在规定的期间内相互保险公司仍不能摆脱财务恶化的趋势的，国务院保险监督管理机构可以依法对其进行接管。

2. 保险行业的自律

行业自律是政府监管的延伸和补充。由于保险业具有专业性、技术性和法律性较强的特点，使得保险业自律具有政府监管所不可替代的作用，因此，保险行业的自我管理，已经成为许多发达国家保险监管体系中重要的组成部分。

当前，我国保险业自律机制还很不完善，所以国务院保险监督管理机构应当在总结上海、深圳等地方行业组织和中国保险行业协会工作经验的基础上，借鉴发达国家的相关做法，通过适当授权，例如将相互保险业的保险条款和费率厘定的职能授予行业协会行使等，赋予其对相互保险公司经营行为的监督检查权和对违规行为实施行政处罚的权力，提高行业协会的权威性，以强化保险行业的自律力量。

3. 保险公司内控

无论是保险监督机构的监管还是行业自律，都是属于对相互保险公司进行外部防范和控制，具有间接性、滞后性的特点，监管的措施一般是在保险违法违规行为已经存在或已经发生时。虽然这种监管必不可少，但是往往代价也很高。在现代市场条件下，保险经营的特点决定了保险市场主体的经营状况并不能及时、准确、全面地表现出来，所以外部监管总会有一些盲区。事实上，即便是再坚强有力的外部监管，再完备的保险法律和政策规范及行业规则，也只有内化为保险人的自觉行为监管的目的才能实现。完善保险公司的内控制度，主要包括❶：

（1）完善相互保险公司内控的各种制度。国务院保险监督管理机构，应当组织力量，对相互保险公司在经营过程中可能出现的风险进行分析，并对各种风险的防范与控制进行全面研究，制定出科学、富有操作性的内控规范，如制定《相互保险公司内控制度》等。

（2）强化相互保险公司的内控机制。充分发挥相互保险公司内控人员的监督作用。相互保险公司要建立健全的监事会制度，确保公司董事会和总经理及其他高级管理人员依法行使职权，维护成员投保人特别是给成员投保人的合法权利。同时，要切实保证公司的会计、审计、精算等内控机构和人员依法行使职权，明确其法律责任，发挥其对公司财务、费率、偿付能力和资金运用等业务活动的监督职能。

（3）加强对相互保险公司员工尤其是管理人员的教育、培训和管理，提高他们的政治素质和业务素质。相互保险公司的员工是经营活动的主体，关系到保险经营的整体质量和效率。随着我国保险体制改革的深化和对外开放的扩大，对相互保险公司市场开拓、资金管理、和风险控制等方面的要求越来越高。国内外的实践表明，完善的规则和制度，既需要外部力量的强制推行，更有赖于主体的自觉遵守。相互保险公司只有造就一支高素质的员工队伍，内控制度才能有效地运作。

---

❶ 邓成明等：《中外保险法律制度比较研究》，知识产权出版社2002年版，第339~342页。

论"保险业务"的实质判定标准

——兼析经营延保、救援服务是否构成非法经营保险业务

曹顺明[*] 赵 鹏[**]

一、保监会两个批复（复函）引发的法律思考

我国《保险法》对"保险"虽有明文定义，但如何判断一项业务是否构成"保险业务"则无论理论界还是实务界均未深入研究，更勿论形成共识。近年来，保监会发布了两个涉及此方面的批复（复函）——《关于财产保险范畴认定问题的复函》（保监厅函〔2008〕361号）和《关于涉嫌非法经营保险业务问题的复函》（保监厅函〔2012〕62号）——非常值得保险业界和学界关注与研究。前者为对湖南省岳阳市工商行政管理局岳阳楼分局的复函，具体内容为："你局《关于岳阳市某商场所开展的家安保电器延保计划活动是否构成从事保险业务咨询的函》收悉。经研究，现函复如下：财产保险所承担的是财产标的因危险事故发生而造成的损失，这种损失应当是由于不可预料的外力作用而产生的，如果仅是基于标的物本身的性质因其使用所造成的自然磨损或损坏，则不属于财产保险的范畴。本案中，商场开展的家安保电器延保计划活动，是否构成从事保险业务，应依据上述原则标准，就其具体内容进行分析判定。"

后者为对广东保监局的批复，具体内容为："你局《关于广州救援在线商务服务有限公司涉嫌非法经营保险业务案处理的请示》（粤保监发〔2012〕7号）收悉，经研究，现函复如下：一、根据《保险法》第二条对保险的定义，保险包括投保人支付保险费，当被保险人死亡、伤残、疾病或者达到合同约定的年龄、期限等条件时，保险人承担给付保险金责任的商业保险。根据上述表述，原则上给付保险金条件并未仅限定为'死亡、伤残、疾病或者达到合同约定的年龄、期限'。二、实践中，符合商业保险特征，以保险费以外名义向社会公众收取费用，承诺履行的义务中含有保险金赔偿、给付责任或者其他类似

---

[*] 中国再保险（集团）股份有限公司内控合规与法律事务部总经理。
[**] 中国保监会发展改革部副处长。

风险保障责任的活动,可考虑认定为非法经营商业保险业务行为。是否认定,应结合案件具体情况予以明确。"

此两个批复（复函）的对象、涉及业务种类虽然各不相同,但回答的均为同一个问题——行政相对人的行为是否构成非法经营保险业务？其直接指向的均为保险法中的同一基本问题——"保险业务"的实质判定标准是什么？

我国《保险法》第6条规定,"保险业务由依照本法设立的保险公司以及法律、行政法规规定的其他保险组织经营,其他单位和个人不得经营保险业务。"第8条规定,"保险业和银行业、证券业、信托业实行分业经营、分业管理,保险公司与银行、证券、信托业务机构分别设立。国家另有规定的除外。"第159条规定,"违反本法规定……非法经营商业保险业务的,由保险监督管理机构予以取缔,没收违法所得,并处……"可见,某一业务是否构成"保险业务",对该业务是否得允许保险公司以外主体经营甚为重要,对相关主体切身利益也利害攸关。但是,对何谓"保险业务"？应按何种标准判定某一业务为"保险业务"？不仅《保险法》未作明文规定,我国保险理论界也基无研究。然而,随着市场经济的快速发展,产品与服务的推陈出新,类似前述两个批复（复函）中涉及的业务与服务已经大量涌现而且将会越来越多,因此非常有必要明确"保险业务"的实质判定标准,以既利于保险市场持续健康发展,又利于产品与服务的创新不断推出。

二、确定"保险业务"实质判定标准应坚持的原则

由于我国法律并未就何谓"保险业务"、应按何种标准来判定某一服务是否属于"保险业务"作出明文规定,而保险理论界对此又基本研究。因此,在确定"保险业务"的实质判定标准前,宜先就如何确定"保险业务"实质判定标准的原则形成共识,然后依此原则按图索骥。

（一）符合法治的原则

党的十八报告提出要"全面推进依法治国","要推进科学立法、严格执法、公正司法、全民守法……推进依法行政,切实做到严格规范公正文明执法"。判定某一服务是否属于"保险业务",与对该业务经营者是否构成非法经营保险业务直接相关,涉及相对方利益殊为重大,其直接关涉行政执法。根据全面依法治国要求,行政执法机关在行政执法时一定要以法律规定为依据,特别是在涉及可能会对行政相对人利益构成重大影响时,更要严格依法。近年来,"法无禁止的市场主体即可为,法未授权的政府部门不能为"的法谚深入人心,并为国家高层所倡导甚至写入国家政策文件。[1] 由于"保险业务"属特

---

[1] 参见国务院《关于大力发展电子商务加快培育经济新动力的意见》。

许业务，需国家行政许可方可进行，故更需坚持法治原则，即应以法律法规的规定作为实质判定"保险业务"的基础和依归。

（二）符合保险原理的原则

作为金融的一种，保险具有显著特殊性。此种显著特殊性，即保险的原理或称为保险的构成要件，它决定一行为之所以为保险而非其他，其不仅将保险与非保险区分开来，也将保险产品与其他金融产品区别开来。但保险原理或构成要件具体包括哪些内容？由于各国保险立法不同，学界也认识各异。例如，有的认为包括共同团体、危险、同一性、补偿之需要性、有偿性、独立之法律上请求权；❶ 有的认为包括对价关系、保险利益、可保危险、危险承担、危险分散、契约名称、经济制度；❷ 有的认为包括该项业务是否涉及保单持有人之风险移转与分散、该项业务是否为保险人与被保险人间保险契约关系之实质部分、该项业务是否仅限于保险业经营；❸ 有的认为包括危险、补偿需要性、团体性、有偿性、独立之法律上请求权；❹ 有的认为包括保费、保险利益、危险、危险承担、危险分散，❺ 等等。因此，对不符合保险原理或构成要件的"类保险"业务不应纳入"保险业务"。

（三）有利消费者权益保护的原则

是否属于"保险业务"，对相关各方最直接的影响是该业务是否需要获得保险经营许可方能经营。世界各国对保险业务实行特许经营和高度监管制度，其出发点与合理性基础主要在于保护投保人、被保险人利益。因此，在判定某一业务是否属于"保险业务"时，要将如该将业务纳入"保险业务"是有利于消费者权益保护还是作为考量与价值判断的重要因素。

（四）有利维护市场秩序和促进创新的原则

"维护社会经济秩序和社会公共利益，促进保险事业的健康发展"是保险法的立法目的，也是保险监管的重要目标，当然也应该是确定"保险业务"实质判定标准的重要因素。同时，在推崇创业、鼓励创新的经济发展新常态下，确定"保险业务"的实质判定标准也应充分考虑该标准是有利创新还是阻碍创新。再者，还需要充分认识现代金融产品的融合对判定"保险业务"的影响。例如，受托资产管理或代客理财原属传统证券领域，但时至今日，保险公司发

---

❶ 江朝国：《保险法基础理论》，中国政法大学出版社2002年版，第19页以下。
❷ 我国台湾地区金融监督管理委员会保险局2006年4月10日、6月28日研讨会上的讨论。卓俊雄："论类似保险之意涵——台湾高等法院一百年度金上诉字第二八号判决民事评析"，载《月旦法学杂志》2012年第7期。
❸ 美国联邦最高法院观点。卓俊雄："论类似保险之意涵——台湾高等法院一百年度金上诉字第二八号判决民事评析"，载《月旦法学杂志》2012年第7期。
❹ 德国司法实务及通说。卓俊雄："论类似保险之意涵——台湾高等法院一百年度金上诉字第二八号判决民事评析"，载《月旦法学杂志》2012年第7期。
❺ 美国Jordan案（Jordan v. Group Health Ass'n. 107 F. 2d 237（1939））观点。转引自施文森："论类似保险"，载《保险法论文第一集》，自版，台湾1988年版。

行的投连产品、保险资产管理公司发行的资管产品、银行发行的理财产品、信托公司发行的集合资金信托产品、PE 基金发行的 PE 产品等均具有受托资产管理或代客理财的特性。因此,"保险业务"的判定标准不宜模糊、过低和过于固守陈规,否则易动辄构成或令人担心构成"保险业务",从而影响经济服务的开展与发展、创业与创新。而且,就促进保险业的健康发展而言,并非是实行"非我族类,格杀勿论"、严禁能部分替代保险功能的产品出现或经营的政策更优,相反采取允许部分替代保险功能的产品存在的政策更能促进保险业的不断创新与精细化经营,从而更有利于保险业的持续健康发展。

另外,在确定"保险业务"的实质判定标准时,要注意区别"保险业务"与"保险公司的业务"这两个概念。此二者为属种关系,前者为种,后者为属,即前者范围能够为后者所包含。例如,我国《保险法》第 95 条规定,"保险公司的业务范围:(一)人身保险业务,包括人寿保险、健康保险、意外伤害保险等保险业务;(二)财产保险业务,包括财产损失保险、责任保险、信用保险、保证保险等保险业务;(三)国务院保险监督管理机构批准的与保险有关的其他业务。"依《保险法》第 6 条、第 159 条规定,保险业务仅能由保险公司和法律、行政法规允许的其他机构经营,但保险公司除经营保险业务外,仍得经营经批准的非保险业务,如投资与资产管理。

三、"保险业务"的实质判定标准

根据前述确定"保险业务"实质判定标准应坚持的四项原则,并结合境内外实务做法,特别是根据法治原则依据我国《保险法》第 2 条等规定,我们认为,"保险业务"实质判定标准包括以下四个要件:

(一)危险显著转移与危险承担

此要件事实上包括三个要素:危险、危险显著转移、危险承担。《保险法》上的危险是指不可预料或不可抗力事故,此危险的发生须为可能且未发生,❶ "无危险则无保险""危险的存在是构成保险的第一要件"。❷ 但何谓构成保险要件的"危险",我国立法并未提供明确标准。《保险法》第 2 条规定的"对合同约定的可能发生的事故因其发生所造成的财产损失"、第 16 条规定"保险事故是指保险合同约定的保险责任范围内的事故。"《保险法》在对"危险"的界定时均强调保险合同的约定,至于哪些"危险"可约定为保险保障范围内的"危险",则完全留待保险合同约定。危险显著转移是指风险应由投保人一方显著地转移出去;危险承担是指保险人实质性地承担了承保风险。根据我国保险

---

❶ 江朝国:《保险法基础理论》,中国政法大学出版社 2002 年版,第 21 页。
❷ 李玉泉:《保险法》,法律出版社 1997 年版,第 11 页。

监管机构有关认定保险业务的标准,如果危险没有或者仅是很少部分地转移,则不属于保险。❶ 因此,对某些保证性质的保险,如果保险人在履行保险赔偿责任后还有权向投保人追偿的,则其风险事实上并未从投保人一方转移出去,故难谓其为"保险业务"。由于保险公司可经营者并不仅限于"保险业务",因此,只要经监管机构审批,保险公司当可经营此类业务,然其他机构如担保机构、银行亦可经营此类业务,只不过其不得以"保险"二字称之。

(二) 非依附性与独立法律请求权

这是指被保险人于保险事故遭受损失时,对保险人具有法律上请求保险赔偿给付之权。其包含两方面的内容:一是该请求权是单独存在的,非为其他法律行为之附随给付请求权;二是该请求权是法律上所得支持者,非为无法律约束力的"请求"。因此,生产商为其产品提供高于法律规定的质量保证或其他保证不属"保险业务",互助团体对其成员于特定事故发生时提供的无法律约束力的经济援助不属"保险业务"。

(三) 给付的射幸性与补偿性

保险给付是否发生或发生的时间,取决于合同约定的事故是否发生或何时发生,此即给付的射幸性。补偿性是指保险给付目的在于补偿被保险人一方所受损失,而非使其获得额外利益(于机动车辆损失保险时,在受损的旧配件更换为新配件时,保险人也予全额赔偿。此似与补偿性不一致,但此是为实务中操作方便,因为事实上难以更换同一新旧程度的旧配件,如保险公司仅赔偿更换旧配件的金额,对被保险人殊为不公,故应不影响补偿性)。因此,赌博、博彩因不存在补偿性而不属"保险业务",购物、普通服务因不存在射幸性而不属"保险业务"。

(四) 对价性与金钱给付

保险既为一群共同遭受同类危险威胁之人所组成的共同团体,而于危险事故发生时,将其损失分散于其他成员,自然需要一笔基金。此基金的形成须由各成员分摊。此即保险的对价性或有偿性。同时,在保险事故发生时,保险人须向被保险人或受益人为给付。此给付形式,各国规定不一样,有的规定仅能为金钱给付,也有规定可为金钱给付、恢复原状或其他方式。前者如美国纽约、美国佛罗里达州、德国,❷ 后者如美国马萨诸塞州、阿拉巴马州等。❸ 我国《保险法》第 2 条规定的是保险人承担"赔偿保险金责任""给付保险金责任"。"保险金责任"属金钱给付义务应无异议。在我国保险实务中,保险人除

---

❶ 保监会:《重大保险风险测试指引》,见保监发 [2010] 6 号。
❷ 卓俊雄:"论类似保险之意涵——台湾高等法院一百年度金上诉字第二八号判决民事评析",载《月旦法学杂志》2012 年第 7 期;转引自施文森:"论类似保险",载《保险法论文第一集》,自版,台湾 1988 年版。
❸ 转引自施文森:"论类似保险",载《保险法论文第一集》,自版,台湾 1988 年版。

了向被保险人或受益人承担赔偿保险金责任或给付保险金责任外，有的也提供诸如代驾、加油、拖车等给付或服务。我们理解，只要法律不禁止，保险人提供金钱之外的给付应不违法，这符合"法无禁止市场主体即可为"这一法治理念。但是，由于"保险业务由依照本法设立的保险公司以及法律、行政法规规定的其他保险组织经营，其他单位和个人不得经营保险业务"（《保险法》第6条），因此，除保险公司及依法得经营保险业务的组织外，其他单位和个人不得承保或给付赔偿保险金责任的"保险业务"。

至于有观点认为"保险业务"构成要件包括"危险分散""共同团体性"与"同一性""保险利益"，我们认为值得商榷。首先，"危险分散"实为保险经营者为有效管理风险而做的科学安排，如果将其作为"保险业务"的构成要件，则一方面须明确危险分散到何种程度方为"危险分散"，另一方面会导致目前被无争议地认为属于"保险业务"的业务被判定为非保险业务。例如，依前述观点，对核保险等保险标的较少且风险特别集中的业务，如果某保险公司只承保了一单或较少的业务且未作分保，我们就不能认为其是保险，这与现实明显冲突，也不合理。其次，虽然保险理论界通说认为保险具有"共同团体性"与"同一性"，即"任何一个保险皆以一共同团体之存在为先决条件，此团体乃由各个因某种事故发生而将遭受损失之人所组成"。其包含两层意义：一是保险的存在以危险共同团体存在为前提；二是危险共同团体中所欲保的风险具有同一性，即于此危险共同团体中的每一成员，须皆可能因某类危险的发生而遭受损失。[❶] 这是保险经营的事实基础，其作为保险理论上的一种认识本身不存在问题，但如将其作为"保险业务"构成的实质认定标准则会产生较多问题，例如，其过于抽象与模糊，该"共同团体"得以多少人始能构成、"同一性"须以多少相同或相似始能认定？这些不仅保险理论上未有深入研究，保险立法更未明文规定。因此，如果将其作为"保险业务"认定实质标准的构成要件，则不仅难以操作，而且易产生混淆甚至引发混乱。再者，"保险利益"通常被认为是保险合同的有效要件之一，无保险利益则保险合同无效。[❷] 因此，从逻辑上讲，难谓保险利益是"保险业务"的构成要件。

四、经营延保、救援服务是否构成非法经营保险业务的法理分析

在我国，延保、救援服务的形式多种多样，其涉及的操作模式与各方权利义务也不尽相同。但总体而言，延保服务无外乎由厂家、销售商或第三方提供，由提供方向产品买方收取一定费用，并承诺在厂家依法提供的质保期届满

---

❶ 江朝国：《保险法基础理论》，中国政法大学出版社2002年版，第20页以下。

❷ 温世扬：《保险法》，法律出版社2003年版，第34页以下。

后继续提供免费维修、更换零部件或整件等服务；救援服务主要是服务购买者提前购买救援卡或支付一定费用，待发生需要救援的情形，由救援企业提供相应救援服务，包括安排入院、垫付押金、转运、拖车、换胎、送油、抢修等。

关于延保、救援是否属于"保险业务"，实务界曾有一定探讨。前述保监会两个批复（复函）即是针对此种探讨的一种官方权威结论，但遗憾的是前述两个批复（复函）未就"保险业务"的实质判定标准进行全面阐述，而且"财产保险所承担的是财产标的因危险事故发生而造成的损失，这种损失应当是由于不可预料的外力作用而产生的，如果仅是基于标的物本身的性质因其使用所造成的自然磨损或损坏，则不属于财产保险的范畴""在实践中，符合商业保险特征，以保险费以外名义向社会公众收取费用，承诺履行的义务中含有保险金赔偿、给付责任或者其他类似风险保障责任的活动，可考虑认定为非法经营商业保险业务行为"与《保险法》的明文规定并不完全一致。依前述规定，机动车辆损失保险中的自燃险难谓"保险业务"、《保险法》关于保险金给付责任的规定可扩大理解为"保险金赔偿、给付责任或者其他类似风险保障责任"。

我们认为，判定一项延保、救援服务是否构成"保险业务"，必须坚持以"保险业务"的实质判定标准为依据进行衡量。按照前述我国"保险业务"的四个实质判定标准，多数延保、救援服务符合危险显著转移与承担（在认为危险不包括因标的物本身性质因其使用所造成的自然磨损或损坏之观点时，仅提供延长产品保修期服务的延保产品不符合本要件）、非依附性与独立法律请求权（在延保服务由厂家或销售商提供除外）、给付的射幸性与补偿性、对价性等标准，但目前看，很少有符合金钱给付这一构成要件或认定标准的。因此，笔者建议，在依法治国和鼓励创业、创新大背景下，对多数延保、救援服务目前不宜按照非法经营保险业务处理。如果从保护消费者权益等考虑，将来确有必要将其作为保险业务进行监管，则宜先修改《保险法》的规定，明确规定保险给付内容除金钱外，还可以是其他形式。当然，如果某一延保、救援产品包含了服务供应商向客户给付金钱赔偿内容且同时又符合危险显著转移与承担、非依附性与独立法律请求权、给付的射幸性与补偿性、对价性标准时，则该延保、救援业务应被认定为"保险业务"，其经营者如果不是保险公司或依法律、行政法规规定可以经营"保险业务"的机构，则应被认定为非法经营保险业务。

需要特别说明的是，就前述观点是否符合有利消费者权益保护、有利维护市场秩序和促进创新原则而言，我们可用如下事实进行理性分析：在我国，延保、救援服务已经发展成一个规模可观、市场渗透度较高的市场，虽然笔者未找到权威的统计数据，但从雨后春笋般成立的延保、救援服务机构，从日新月异、内容不同、无处不在的电器延保、汽车延保、道路救援、医疗救援、意外救援等延保救援产品，从消费者从仅可选择保险产品（且有的需求保险公司暂无相应保险产品供给）转移风险到可从延保、救援、保险产品中选择适合自己的产品转移风险的自由度扩展过程中，从有的延保、救援服务公司已经运营近10年、一家公司建立的救援服务网络遍及全国各市县（如中国延保救援集团）的蓬勃发展中，从诸多延保、救援服务供应商从保险公司购买保险产品为其服务提供风险保障中，从许多保险公司从延保、救援服务供应商购买相应产品以为保险公司客户提供优质的修理、救援等服务中，从我国近年保险行业高速发展及服务水平不断发展看，延保、救援服务的出现、发展与壮大，不仅没有阻碍我国保险行业的发展，相反应是促进了我国保险行业的发展，推进了创业与创新，并使消费者得到更多实惠。其他行业的同类例子是：目前我国进入大资管时代，不仅没有侵蚀证券业的代客理财业务，反而出现保险理财、保险资管、银行理财、信托集合资金理财、证券基金业代客理财共同大发展的欣欣向荣局面。

事实上，前述认定建议在境外发达国家和地区已有先例和定论。例如，我国台湾地区施文森教授考察发现，"服务契约不视为保险契约，在美国保险法上已成定论"。❶ 美国服务协议行业委员会（Service Contract Industry Council）制定的《服务协议法》（Service Contract Act），明确规定服务协议（基本类似我国所称的延保服务或延保计划）不属于保险业务，不受保险法规范。❷

---

❶ 转引自施文森："论类似保险"，载《保险法论文第一集》，自版，台湾1988年版。本文中的延保服务、救援服务与美国法上的服务契约为同一事物。事实上，笔者见到境外关于一些行为被认定为"保险业务"因而禁止非保险公司经营的案例，多发生在18、19世纪及20世纪70年代前，鲜有近30年的类似案例。

❷ SCIC 'Service Contracts Act'（2012年11月版）第1条规定，"The purposes of this Act is to create a legal framework within which service contracts are defined, may be sold and are regulated in this state. It declares that service contracts, as defined, are not insurance and not otherwise subject to the insurance code. It adds significant consumer protections and eliminates unnecessary administration."

比较法视野下保险资金不动产投资的
法律监管及其启示

冯 辉[*] 刘思佳[**]

一、引言

自 2004 年 4 月保监会《保险资产管理公司管理暂行规定》出台以来，截至 2013 年 2 月，保监会共批复保险资产管理公司 21 家。保险资产管理公司的成立与发展，以及近年来我国金融市场的不断开放，加之相关专业人才的大批涌现、监管的日渐成熟，必将使我国保险资金得到更有效的利用，保险业的发展也必将实现质的飞跃。2006 年保监会颁布了《保险资金间接投资基础设施项目试点管理办法》(以下简称《管理办法》)，开启了我国保险资金不动产投资的闸门，依据当时的规定，保险资金只被允许投资交通、通信、能源、市政和环境保护等资质较高的国家级重点基础设施项目。2009 年新修订的《保险法》第 106 条明确规定"保险资金可用于投资不动产"，此后于 2010 年出台的《保险资金投资不动产暂行办法》(以下简称《暂行办法》)中第 2 条明确了保险资金可投资不动产的范围。[❶] 2012 年 7 月保监会再次发布《关于保险资金投资股权和不动产有关问题的通知》(以下简称《通知》)，此次《通知》的颁布结合了保险市场的现实需求，调整、放松了部分限制，强化了风险控制要求，令保险资金在不动产投资的道路上又向前迈进了坚实的一步。

投资总是伴随着风险的，保险资金投资不动产方式的多样性决定了其所面临的风险必将呈现多样化和多层次的特点。[❷] 如果不重视风险防范或者防范措施不当，不仅不能提高保险资金投资的收益，还可能带来巨额的损失。我国资

---

[*] 对外经济贸易大学法学院副教授、博士生导师。
[**] 对外经济贸易大学法学院硕士研究生。
[❶] 《保险公司投资不动产暂行办法》第 2 条："保险资金投资的不动产，是指土地、建筑物及其他附着于土地上的定着物。保险资金可以投资基础设施类不动产、非基础设施类不动产及不动产相关金融产品。"
[❷] 李殿君：《保险业九大课题》，中国金融出版社 2005 年版，第 154 页。

本市场仅有 20 年左右的发展历史,市场发育不成熟,保险资金投资于资本市场所面临的系统性风险和非系统性风险都相当大,做好资金运用的风险控制,不仅是保险公司健康发展的重要保证,也是维护保险投资人利益和市场稳定运转的需要。保险资金的快速积累,投资渠道的不断拓展,加之资本市场变幻莫测的风险,对于保险资金投资不动产的科学、有效的监管迫在眉睫。由于我国保险资金不动产投资领域还处于刚刚起步的阶段,因此,在法律监管和规制方面还存在诸多有待完善的地方。这就要求我们对保险资金运用主体在不动产投资过程中可能存在的风险进行全面、正确的认识与严格的控制,要求监管部门树立现代的金融监管理念,制定更加完善的监管法规,从而使保险资金不动产投资在法制的框架内规范有序的发展。

二、保险资金不动产投资监管的国际比较

（一）美、英、日保险资金不动产投资概述

美国是全世界最重要的保险市场,其保险资金形成的资产规模十分可观,保费收入达到 GDP 的 10% 左右。美国保险资金不动产投资资本的重要源泉是寿险公司的资产,近年来投资于不动产的保险资金在用于投资的保险资金中所占的比重有所下降。美国不动产投资有直接投资和间接投资两种方式,对保险资金不动产直接投资的监管较为严格,各个州对直接投资的投资方式和投资比例都有明确的规定。直接投资是指通过购置、开发等方式对不动产进行直接配置；间接投资是指通过资产证券化产品、基金等方式对不动产进行间接配置。在美国,直接投资模式按照用途分为自用、出租和出售三种类型。

进行不动产间接投资的形式主要可以分为证券化产品和投资基金两类。得益于高度完善的资本和金融市场,美国的保险资金间接投资领域十分发达。随着 20 世纪 90 年代资产证券化的兴起,各类不动产证券化产品不断出现。保险公司开始逐渐减少不动产直接投资的比例转向"间接投资为主、直接投资为辅"的投资模式。❶ 值得关注的是,2008 年国际金融危机的导火索是 2007 年爆发的美国次贷危机,而 MBS、CDO 和 CDS 则在次贷危机中扮演了重要的角色。美国虽然对保险资金不动产直接投资有着明确的比例限制,但对间接投资比例却没有特别的限定,仅将其视作一般债券类的资产,并未实施分类监管,这就容易导致不动产风险的过度集中。❷

---

❶ 曲杨："保险资金运用的国际比较与启示",载《保险研究》2008 年第 6 期。
❷ 陈成、宋建明："保险资金投资不动产模式研究",载《保险研究》2009 年第 10 期。

美国2007~2011年保险资金不动产直接投资情况

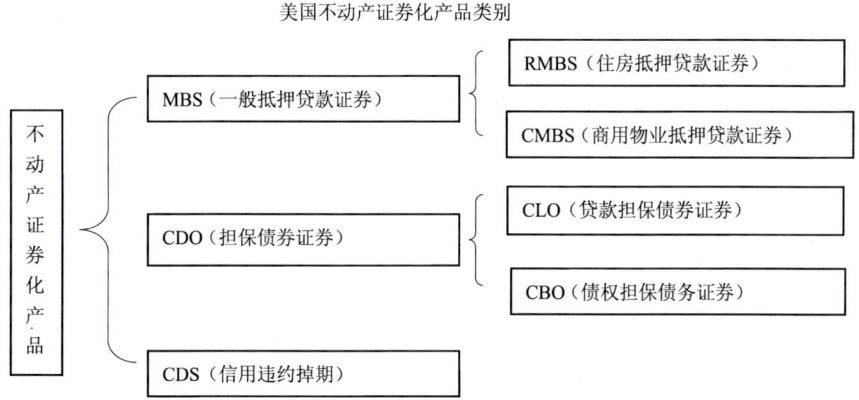

年份	2007	2009	2011
保险资金总额（百亿美元）	296	332	351
其中：不动产直接投资的数额（百亿）	1.96	2.12	2.21
不动产直接投资的比例（％）	0.66	0.63	0.62

美国不动产证券化产品类别

不动产证券化产品：
- MBS（一般抵押贷款证券）
  - RMBS（住房抵押贷款证券）
  - CMBS（商用物业抵押贷款证券）
- CDO（担保债券证券）
  - CLO（贷款担保债券证券）
  - CBO（债权担保债务证券）
- CDS（信用违约掉期）

　　同美国一样，英国的保险资金不动产投资在投资总资产中所占份额较小，近几年也趋于稳定，表现出一个成熟市场里面资产配置的低波动性，其不动产投资模式也分为直接投资和间接投资的模式。但是英国的不动产投资环境相对于世界上大多数国家和地区来讲，比较宽松。英国保险监管机构认为保险公司的投资行为是市场主体行为，其投资对象和投资规模应该由其根据自身情况和市场状况来自由决定，所以对保险资金投向的监管更多的奉行行业自律原则。[1] 首先，在保险资金不动产直接投资方面，对投资领域及投资比例没有明确的限定，只要保险公司符合规定的偿付能力并能按期公布业绩，就可以自行决定投资结构和投资比例。其次，在不动产间接投资方面，因为英国保险法规对保险公司的投资没做任何限制，保险公司的投资渠道非常广泛，在法律没有限制的情况下，英国保险公司构筑了一个多样化投资的投资组合。

　　日本是世界上保险业最发达的国家之一，其人寿保险业务收入长期位居世界首位。日本《保险业法》对于保险资金的投资范围和各项投资金额在保险公司资产规模中的上限均作了明确的规定，其中不动产投资不得超过投资总额的20%，不动产可投资规模仅次于国内股票和外汇资金。除了对于不动产的投资额度的要求外，日本《保险业法》还规定了不同投资形式对于同一主体的投资

---

[1] 张洪涛："保险资金投资不动产问题研究"，广西大学2012年硕士毕业论文，第35页。

比例要求上限。然而，日本保险公司在不动产投资中资产的配置比例一般处在3％～6％的水平，远远低于法定上限。日本的保险资金不动产投资波动较大，加之国土面积小、人口多、资源稀缺，使其不动产类资产价格居高不下，所以依靠强大的资本支持，积极开拓海外不动产市场构成了日本保险资金不动产投资的主要特色。❶

（二）美、英、日保险资金不动产投资的监管

美国的保险投资监管具有严格性的特点。美国的保险监管较为独特，由州政府而非联邦政府主要负责，各州都设有保险监管部门，长期以来，美国在保险资金投资的比例限制方面比较严格，如《纽约州保险法》规定保险公司投资于不动产的比例不能高于25％。总体而言，美国的保险监管政策经历了一个从严到松的过程，已经从费率、保单内容、保险资金运用较严格的限制和监管转向对偿付能力的监管和保险基金的管理。美国保险监督官协会（NAIC）在1974年建立了保险管理信息系统（Insurance Regulatory Information System），对保险公司的经营状况和财务状况为主的偿付能力进行监控，并于1992年在美国各州强制推行偿付能力标准。但是这种放松并非绝对标准的放松，只是监管方式的转化。目前，全国保险监督官协会在信息交换、最低偿付能力要求、财务评价制度、技术和法律援助及跨州监管协调等方面发挥着日益重要的作用。

英国保险法规没有严格、直接地规定保险资金投资的比例与方式，对保险市场的监管实行行业高度自律，保险行业协会可以制定比法律规范更严格的行业规则，由于行业规则的自愿性，其更容易被保险人遵守，并为社会公众所接受。❷ 英国保险监管机构主要通过对保险公司的偿付能力进行严格监管来保证其投资的安全，并分别规定了财险和寿险公司的偿付能力额度。此外，保险公司还需每年向保险监管机构提交财务报告，保险监管机构定期到保险公司进行现场检查。一旦发现保险公司的偿付能力低于法定标准，保险公司将会被禁止从事相应的投资活动，并受到处罚。虽然英国对保险资金的投资监管宽松，但是并不意味着对其放任自由，英国对于保险资金投资监管的规定大量存在于其他的规定中。英国现行金融监管体制最大特点是集中监管，❸ 保险资金运用的监管只是其中的一部分。《金融服务与市场法》开宗明义地提出了英国金融服务局的四个宏观目标：一是保持社会对金融体系的信任；二是增进社会公众对

---

❶ 卜海燕："我国保险投资不动产研究"，吉林大学2011年硕士毕业论文，第14页。
❷ 杨晶："保险资金投资监管法律制度研究"，山西大学2010年硕士毕业论文，第28～30页。
❸ 英国的集中监管表现为两个方面：一是集银行、证券、保险监管于一体，形成单一监管部门；二是集金融监管和金融服务于一体，监管是为了保障金融产品消费者的权利，服务是以全球大市场为背景，促进本国金融业的健康发展。

金融体系的了解和理解；三是在适当的程度上保护金融消费者的合法权益；四是减少和打击金融犯罪，❶ 这四项目标同时也是保险资金运用监管的目标。

日本对保险资金投资的监管严格程度仅次于美国。但是与美国不同，日本对保险资金投资的监管具有浓重的行政特色，其保险监管部门是金融检察厅，实施以规则、公告和指导方针为依据的行政监管方式，❷ 保险机构的设立、经营资格的取得、名称变更、资本增加等，均须获得金融厅的批准。日本的保险业非常发达，相比之下其保险市场开放程度不高的原因与金融厅对各种行政审查权的严格控制密切相关。经济泡沫破灭后，日本保险资金投资在以下几个方面加强了监管：首先，完善了保险资金运用的信息公开制度，新《保险业法》规定，保险公司应将自己所从事的业务内容、经营情况、财务状况等编制成"经营信息公开资料"，使消费者可以随时查阅和了解有关信息，强化社会力量对保险公司的监督，敦促保险公司加强自律。其次，加强了对保险公司偿付能力监管，并以此作为检察保险公司经营状况是否良好的标准，同时引入早期改善措施，以防患于未然。最后，加强了对保险资金运用监管的现场监督。

三、我国保险资金不动产投资法律监管的不足及完善

（一）我国保险资金不动产投资的法律监管现状

我国有关保险资金不动产投资监管涉及的法律规范散见于不同的立法之中。按法律效力可以划分为三个层次：第一，法律，如《保险法》《合同法》《物权法》《证券法》《公司法》《行政许可法》；第二，国务院授权颁布的行政法规，如《中华人民共和国营业税暂行条例》《中华人民共和国企业所得税暂行条例》《外资保险公司管理条例》；第三，部门规章和规范性文件，如中国人民银行颁布的《中国人民银行关于向金融机构投资入股的暂行规定》，保监会颁布的《保险资金运用管理暂行办法》《保险公司信息披露管理办法》《保险资金间接投资基础设施项目试点管理办法》以及《基础设施债权投资计划管理暂行规定》《保险资金投资不动产暂行办法》《保险资金股权和不动产有关问题的通知》等一系列针对不动产投资的规定。

1. 关于投资行为的规定

在保险资金投资不动产方面，《暂行办法》对保险公司可以投资的不动产做了自用性不动产和非自用性不动产的区分，对于二者的权利义务有着不同的规定与要求。

首先，投资比例的限制不同。保险公司投资非自用性不动产账面余额不高

---

❶ 杨晶："保险资金投资监管法律制度研究"，山西大学 2010 年硕士毕业论文，第 28～30 页。
❷ 王绪瑾：《保险法》，经济管理出版社 2001 年版，第 197 页。

于本公司上季末总资产的 15%，投资非自用性不动产、基础设施债权投资计划及不动产相关金融产品，账面余额合计不高于本公司上季末总资产的 20%。❶ 而对于自用性不动产则没有这一限制要求。

其次，资产管理部门的专业人员的要求不同。保险公司投资非自用性不动产，其资产管理部门拥有不少于规定人数的具有不动产投资经验的专业人员，其中对于工作年限和不同工作年限的人员数量都有严格的要求。❷ 而在 2012 年，保监会将保险公司投资自用性不动产专业人员的基本要求调整为"资产管理部门应当配备具有不动产投资和相关经验的专业人员"，取消了对专业人员的工作年限以及人数的限制。

再次，不动产投资标的应符合的要求不同。保险公司购置自用性不动产不受《暂行办法》第 11 条关于不动产的条件以及区位的限制。❸

最后，可运用资金的范围不同。保险公司购置自用性不动产，"除使用资本金外，还可以使用资本公积金、未分配利润等自有资金；保险公司非自用性不动产投资，可以运用自有资金、责任准备金及其他资金"。❹

由于自用性不动产和非自用性不动产的投资所面临的风险环境不同，因此应"严防保险公司运用自用性不动产的名义，以投资性不动产为目的，变相参与土地一级开发"。对此，《暂行办法》规定："保险公司转换自用性不动产和投资性不动产属性时，应当充分论证转换方案的合理性和必要性，确保转换价值公允，不得利用资产转换进行利益输送或者损害投保人利益。"

在投资不动产相关金融产品方面，虽然《暂行办法》中也进行了诸如投资比例、投资标的的条件以及应注意的问题等原则性的规定，但是，保险资金投资不动产相关金融产品的细则，还有待中国保监会另行规定。

2. 关于风险控制的规定

从风险控制的源头来看，《暂行办法》要求保险公司建立"有效的业务流程和风控机制，形成风险识别、预警、控制和处置的全程管理体系，加强资产后续管理，建立和完善管理制度"，规范、完善决策程序和授权机制，确定股东（大）会、董事会和经营管理层的决策权限及批准权限，并规定"保险资金

---

❶ 《暂行办法》第 14 条第 1 款。
❷ 《暂行办法》第 8 条第 3 款："资产管理部门拥有不少于 8 名具有不动产投资和相关经验的专业人员，其中具有 5 年以上相关经验的不少于 3 名，具有 3 年以上相关经验的不少于 3 名。"
❸ 《暂行办法》第 11 条："保险资金可以投资符合下列条件的不动产：（一）已经取得国有土地使用权证和建设用地规划许可证的项目；（二）已经取得国有土地使用权证、建设用地规划许可证、建设工程规划许可证、施工许可证的在建项目；（三）取得国有土地使用权证、建设用地规划许可证、建设工程规划许可证、施工许可证及预售许可证或者销售许可的可转让项目；（四）取得产权证或者他项权证的项目；（五）符合条件的政府土地储备项目。保险资金投资的不动产，应当产权清晰，无权属争议，相应权证齐全合法有效；地处直辖市、省会城市或者计划单列市等具有明显区位优势的城市；管理权属相对集中，能够满足保险资产配置和风险控制要求。"
❹ 《保险资金投资不动产暂行办法》第 36 条。

投资不动产不得采用非现场表决方式"。此外，还确立了相关人员在职期间以及离任后的责任追究制度、资产隔离制度与信息披露制度。这就有利于提高相关人员在履行职责时的审慎性，确保资金的专款专用，保障受众群体的知情权。通过这一系列的规定，降低因投资主体的失误可能引发的风险。

从对投资行为的控制来看，《暂行办法》对于股权、债权、物权三种投资方式以及投资不动产相关金融产品，都分别做出了风险防范的要求与提示。例如，股权投资中对于拟投资的项目公司限定其经营范围，并禁止项目公司对外进行股权投资。债券投资合同中对于还款方式、担保方式的提示，物权投资中对于不动产权属的风险提示等。

3. 关于监管的规定

对不动产投资的监管主要有非现场检查和现场检查两种方式。非现场检查方式的监管主要体现在《暂行办法》规定的报告制度上。依规定，保险公司投资不动产，投资余额超过 20 亿元或者超过可投资额度 20%，应向保监会报告，对此，保监会规定了报告的时间与内容。保险资金投资养老项目，在确定投资意向后，须通报中国保监会。此外，保险公司应按时提交季度报告和年度报告，报告的内容包括但不限于保监会列出的项目。投资机构就保险资金投资不动产相关金融产品情况，应定时向中国保监会报告，托管机构也需按时按要求地向保监会提交季度、年度报告。此外，保险公司及投资机构须依照保监会制定的不动产投资能力标准自行评估，按时报告。这一系列的报告，有助于中国保监会对保险公司及相关投资机构的不动产投资管理能力及变化情况进行检验并跟踪监测，节约现场检查的成本，提高监管的效率。

此外，对于不符合规定的投资行为，保监会有要求其"停止投资业务、限制投资比例、调整投资人员、责令处置不动产资产、限制股东分红和高管薪酬"的权利，"情节严重的，保监会有权责令保险公司不得与该机构开展相关业务，并通告有关监管或者主管部门依法给予行政处罚"。❶

（二）我国保险资金不动产投资法律监管存在的主要问题

1. 监管立法层级低，配套规范不完善

立法的层级也即法律位阶问题。所谓法律位阶，是指每一部规范性法律文本在法律体系中的纵向等级。下位阶的法律必须服从上位阶的法律，所有的法律必须服从最高位阶的法。在我国，按照《宪法》和《立法法》规定的立法体制，法律位阶共分六级，它们从高到低依次是：基本法、普通法、行政法规、地方性法规和规章。目前，我国对于保险资金投资不动产的大量的、具体的、操作性的规定都是以保监会发布的指引、意见、通知的方式出现的，而上述文

---

❶ 《保险资金投资不动产暂行办法》第 35 条。

件只能作为政府机构的规范性文件。❶ 这些规范性文件的大量存在,不可避免地导致了法律的适用风险。例如,在保险资金不动产投资过程中,不可避免地会涉及大量的合同。依照我国《合同法》的规定,"违反法律、行政法规的强制性规定的合同无效",依据上述规定,如果保险资金不动产投资的合同没有违反法律、行政法规的强制性规定,而仅仅是违反了保监会的规范性文件,则所签订合同并非无效。当然,在这种情形下,保监会可以采取行政处罚的方式来进行处理,但是关于相关合同的效力,却不能因此而被否定。这就造成了对违规者的惩罚不彻底,给那些企图从中获利的人留下了空间,让违规者对于不法利益和违法成本的权衡判断产生错误决策,❷ 从而使规范的权威性受到挑战。

2. 缺乏风险评估与预警体系

2004年我国出台了《保险资金运用风险控制指引》(以下简称《指引》),作为引导保险资金运用风险控制体系建立的纲领性文件,《指引》只规定了保险资金运用的事前和事中监管,忽略了对事后监管的规定。此外《指引》对保险公司的约束力以及罚则方面还比较欠缺。而《暂行办法》也仅对保险公司的风险评估和预警作了原则性的规定,要求保险公司应建立规范有效的业务流程和风控机制,涵盖风险监测等关键环节,形成风险识别、预警、控制和处置的全程管理体系,定期或不定期做压力测试,全面防范和管理不动产投资风险。《暂行办法》对此缺少严格的监管措施与之对应,此外,对于保险公司检测、评估风险也缺少标准化的要求。以上不足还都有待监管部门在探索中进行进一步的规定。

3. 保险公司信息披露制度不完善

《暂行办法》第28条规定了保险公司的信息披露义务,对披露的信息做了"及时性、真实性、完整性和合法性"的要求,此外还列举了"投资规模、运作管理、资产估值、资产质量、投资收益、交易转让、风险程度"七项必须披露的内容。原则的确立和内容的列举有利于保险公司及时、准确的信息披露,但另一方面,我国的信息披露监管缺少对披露方式以及相应的责任承担的规定。

4. 违法责任缺失

《暂行办法》中没有专门的"法律责任"部分规定,除了原则性的董事责任追究制度外,对保险公司及相关机构违反规定的投资行为只做了"投资机构和专业机构参与保险资金投资不动产活动,违反有关法律、行政法规和本办法

---

❶ 詹昊:"当前保险资金运用中的法律风险及控制",载《中国城市经济》2009年第11期。
❷ 詹昊:"当前保险资金运用中的法律风险及控制",载《中国城市经济》2009年第11期。

规定的,中国保监会有权记录其不良行为,并将违法违规情况通报其监管或者主管部门。情节严重的,中国保监会将责令保险公司不得与该机构开展相关业务,并由有关监管或者主管部门依法给予行政处罚以及"有权责令其改正"的法律责任规定。《保险法》中规定了对保险公司主要规定了"罚款、责令停业整顿或者吊销业务许可证、限制其业务范围、责令停止接受新业务、吊销其资格证书、禁止有关责任人员一定期限直至终身进入保险业、治安管理处罚、行政处罚"七类违反法律规定的相关法律责任承担形式,以及给他人造成伤害时应承担的民事责任和构成犯罪时应承担的刑事责任。

从之前的论述我们知道,保险资金不动产投资过程中面临诸多的法律关系问题,但是我国目前的监管法律法规并没有对各类违法、违规行为的专门、细致的责任承担方式的规定。此外,现存的规定也有待完善,例如,缺乏对于"限期整改"的期限的法律规定,对于违法运用的资金也没有规定在整改期间资金应如何处置,此外,对于民事责任的规定过于笼统,缺乏承担民事责任的主体规定,同时对承担民事责任方式也没有具体确定,操作性差。

(三) 完善我国保险资金不动产投资法律监管的对策

1. 树立科学、合理的监管理念

当前,无论是《保险法》还是《暂行办法》等规范性文件,都没有对我国保险监管的目标作出原则性的规定。在进行不动产监管时过多地顾及安全性,而忽视了流动性与盈利性。现代保险资金投资的监管理念应该是在安全性监管的基础上提高保险资金的盈利能力。保险资金投资的原则为"安全性、流动性、收益性",我国保险资金投资监管也应确立与此相对应的监管目标。现阶段,我国的金融市场不成熟,保险资金投资缺乏经验,还处于发展初期,保险公司应对风险的能力还有待提高,加之金融衍生品的快速发展,因此"安全性"应作为保险资金运用监管的首要目标。然而,保险公司进行投资的根本目的是盈利,保险资金对外投资不仅对保险公司有一定的经济收益,更具有一定的社会效益,提高对保险资金投资收益性的重视是今后我国监管过程中应加以注意的部分,此外,随着政策、利率等因素的波动,保险资金的流动性常常受到考验,因此,在确保保险资金安全的前提下,应兼顾流动性和收益性监管。监管的基本理念确立后,在原则性的规定下,不仅有利于监管机构职责的履行,也为其职责履行提供了指引与评价标准,有助于监管工作更好地展开。

2. 扩大监管主体

目前我国实行的是保险、证券、银行分业经营与管理的模式,保监会、证监会、银监会三大管理机构并存,各机构在各自的权限范围内进行行业监管,不得超越既定业务范围。但是,综观国际潮流,混业经营已然成为金融业发展的潮流。英国于1986年率先废除了分业经营的限制,进行了混业经营体制改革。日本与此同时也积极向混业经营的方向改革，不断取消对商业银行业务的限制。作为分业监管的创始者，美国也在1999年出台《金融现代化法》，终结了分业经营的历史。目前我国金融业表现出了走向混业经营的趋势，面对这种趋势，我们必须对现行的分业监管模式进行相应调整，逐步从现有的分业监管过渡到混业监管模式。这就需要保监会与银监会、证监会定期召开联合会议，形成实质性的一体化监管机制，对于监管信息相互交流共享监管的经验，提示彼此应注意的风险，明确权限与职责范围。此外，保监会顺应国际化的趋势，加强与国际组织的合作，如国际保险监督官协会、国际证监会组织、国际清算银行等，借鉴国际经验、发出中国声音，积极参与监管标准、监管方法的一体化进程。

在考虑到监管主体的时候需注重行业协会自律制度的建设。保险行业协会是由保险行业中的经营者在自愿的基础上组成并依法成立的，以谋取和增进全体会员的共同利益，协调保险市场竞争，提高保险技术，促进保险行业共同发展为目的自律性民间社团组织。行业协会能够从行业长远利益发展的角度出发进行自我约束和管制，制定行业规则，解决业内问题，有效地解决了政府及市场失灵的问题。首先，行业协会中的监管人员更为专业，能有效地分析、解决保险资金投资中的各类问题；其次，行业协会的标准往往高于法律法规的规定；再次，行业协会的监管成本低，处罚措施灵活。但是我国保险行业协会自律监管在监管体系中的地位不明、独立性差，其功能没能得到有效发挥。对此，我们应加快行业协会法律体系的建设，健全其组织结构，明确其管理权限和范围，并对其行为进行必要的监督，防止权力的滥用。

3. 完善保险公司内部治理制度

完善保险公司的内部控制制度，是保险资金投资法律监管制度不可或缺的部分。完善公司治理、加强内控建设是从源头上防范和化解风险和监管创新的重要方面。保险公司治理结构和决策程序是保险监管的关键组成部分。随着保险资金投资的不断发展，内部控制问题已不仅仅是保险公司的内部问题，更多地涉及社会公众和整个国家的利益。因此，加强保险公司的内部控制制度对于完善现行法律监管体系具有重要的意义。完善保险公司的内部控制制度，要以优化股权结构为基础，以加强董事会建设为核心，以形成制衡机制为关键，以健全内控制度为保障，促使保险公司真正建立其现代企业制度。对此，我们应从以下几个方面进行规制：

首先，研究制定《保险公司治理结构指导意见》，要求保险公司强化管理层责任、充分发挥内部审计的作用、强化风险评估在内控建设中的地位等方式引导保险公司建立规范、高效的内部运作机制。其次，把公司治理水平作为评价保险公司的重要指标，对公司治理结构不完善的公司进行重点监督。再次，探索建立独立董事报告制度。保险公司独立董事在发现公司董事及高级管理人员有违法违规行为时，有向监管部门报告的责任；同时，监管部门应把对保险公司分支机构和高级管理人员违法违规的处理信息向公司董事会反馈。最后，为完善保险公司治理结构创造良好的外部环境，健全保险法律法规和相关规章制度，促使保险公司按市场化和国际化的规则办事。加强诚信建设，使保险公司自觉把诚信贯穿到企业经营和资金管理的各个环节。加强市场监管，创造统一、开放、竞争有序的市场环境。

4. 完善具体的监管制度与措施

（1）提升保险资金投资的立法层级，协调相关法律规范间不匹配的规定

从法律效力上来说，当规范性文件与法律、部门规章或行政法规的规定相冲突时，其效力必然大打折扣，从而影响其权威性。随着保险资金不动产投资以及保险资金运用的不断发展，制定法律层级的资金运用规定将有效地改变不动产投资法律监管的现状，从而避免法律适用过程中的尴尬。不仅如此，现行法律层面的保险资金投资规定无法涵盖保险资金不动产投资过程中会遇到的诸多问题，法律的缺位将使保险资金不动产市场缺乏有力的监管，导致市场失灵。因此，非常有必要先将保险资金运用相关的普遍性以及具有原则性的规定纳入法律的层面，待相关条件成熟时，再制定完备的保险资金运用监管的法律。保险公司不动产投资过程中涉及股权、物权、债权、信托、合同等多种法律关系，由上文的论述可知，我国现行法律法规对于不动产投资中涉及的问题存在与《暂行办法》等保监会规范性文件相冲突的情况，对此，要联合多部门共同商议，对于保险资金投资不动产过程中产生的规范冲突问题进行梳理，明确问题的解决办法，协调法规间的冲突规定。

（2）根据资金来源确定保险资金的不同投资标准

保险资金依来源可分为寿险资金和非寿险资金。寿险资金具有可投资期长、给付时间相对固定的特点，非寿险资金多属于短期资金，需要较强的流动性。因此寿险资金投资更注重长期性、安全性；非寿险资金投资更注重收益性、流动性。将保险资金依据来源不同规定不同的投资标准，已被多数国家采用，如美国的全美保险监督官协会（NAIC）就是采用两套示范性法规对保险公司进行监管的。对于人寿保险公司的投资以"谨慎"标准为依据，而对于财产和责任保险公司的投资主要采用"鸽笼式"的方法。❶《暂行办法》对此并未进行规定，只在规定投资自用性不动产和非自用性不动产的投资资金时做了自有资金的区分。不动产投资周期长、收益稳定的特点决定了其资金来源主要应为寿险资金。在规范中对这一点进行规定，不仅是保险资金运用国际化的趋

---

❶ 赵国贤：《美国保险监管及法规》，经济管理出版社 2005 年版，第 25 页。

势也是符合我国该阶段严格管制的特点的。

(3) 健全保险资金风险评估制度和风险预警体系

为避免投资的整体风险，保证保险公司的投资决策部门所作的决策是在全面了解资金运用周转情况、进行风险评估、熟知盈余能力的基础上作出，监管法规需要确立保险资金运用投资决策期间的统一风险评估标准，规定保险投资资产的统一估价方法，建立由风险评估、资金运用效益评估、资产状况报表和风险要素评估等制度构成的投资风险预警体系，❶ 此外，还要对非正常情况规定应对措施。

(4) 完善保险公司信息披露制度

自从有了市场和竞争以后，信息就一直是经济学研究中被频繁设计的命题。❷ 信息可以反映过去、现在和未来的状态与变化，保险公司的信息关乎其投资能力、投资方式以及偿付能力等诸多要素。随着我国保险资金投资市场的日渐成熟、监管制度的逐步完善、对外开放的日益深化，有关保险公司信息披露的问题也因此越来越引起社会的重视与关注。此外，保险行业具有较强的专业性、保险资金不动产投资具有其特殊性，导致投保人与保险人之间信息的不对称。由此可见，完善保险公司的信息披露制度是保险资金投资持续、健康、稳定发展的必然要求，也是维护社会公众利益的有力保障。对此可借鉴美国等发达国家的经验。美国证券交易委员会（SEC）在20世纪90年代后针对新的网络信息冲击，建立了网络化下的信息披露制度框架，确立电子招股说明书术语规范范围，但内容必须保持与纸质招股说明书完全一致，电子邮件、公告牌、互联网址等均属合法传递方式；此外，还建立了电子数据库收集分析与检索系统，所有法定披露信息一律采取电子化申报方法；不仅如此，还组织专门人员对互联网实施监测，在SEC网站上建立执法投诉中心等手段，以保证网络上披露的信息适当。对于法律责任的规定方面，还规定了违反信息披露违规行为应承担的行政、民事和刑事责任。❸

(5) 完善对违反不动产投资行为法律责任的规定

不动产投资涉及的法律责任可以分为行政责任、民事责任和刑事责任，由于刑事责任应遵循罪刑法定的原则，所以对此只需作出指引性的规定即可，在此不再论述。保险公司投资不动产过程监管过程中保监会主要对保险公司、投资机构及服务机构的行政责任进行惩处。投资主体承担行政责任的情形可以分为以下三类：主体资格与规定不符；公司投资决策与内控机制与规定不符；投资行为违反法律法规的规定。承担责任的主体为保险公司及其高级管理人员、

---

❶ 任燕珠："试析我国保险资金运用法律监管制度的完善"，载《学术探索》2007年第1期。
❷ 李克穆：《保险业信息披露研究》，中国财政经济出版社2007年版，第1页。
❸ 李克穆：《保险业信息披露研究》，中国财政经济出版社2007年版，第46～63页。

投资机构和服务机构，处罚的方式除了前面提到过的罚款、责令限期整改、吊销营业执照、取消准入资格等外，还应当建立"黑名单"制度，根据投资方以往披露的信息、经营情况以及保监会监管过程中对于投资方的检查状况，将多次严重违反法律规定的主体列入黑名单，进行重点监督并限制其行业准入。此外，对于责令整改应规定具体的时间期限，在整改期间冻结其违法行为所涉资金，并限制其相应的行为。对于民事责任的规定，应结合《物权法》《合同法》《土地管理法》等相关法律，针对违法行为涉及的法律关系，引用不同的法律规则进行规制，保监会在规定民事责任时应明确承担责任的主体与责任承担方式。

由于保险资金不动产投资涉及资金巨大，影响的利益群体广泛，因此在法律责任制定过程中应兼顾到社会效益与社会影响。比如，以债权方式投资不动产过程中，在合同履行期间，发现基础合同效力存在可撤销的情况时，应兼顾行政与民事法律的调节原则，结合行业的专业经验进行综合对待规定其应承担的法律责任。尽快完成不动产投资法律责任的规定不仅有利于促进投资主体对于现行规范的遵守，更有利于公平、规范的市场环境的确立，对我国保险资金不动产投资的规范化发展具有重要意义。

我国保险资金境外投资监管制度研究

吴民许[*]

最近一两年内,我国保险公司海外投资的大动作引起海内外的广泛关注:平安、安邦、国寿、阳光等公司频频发力,英国伦敦的劳埃德大厦、美国纽约的华尔道夫酒店、比利时百年历史的保险公司FIDEA和久负盛名的金融机构德尔塔·劳埃德银行、伦敦金丝雀码头10 UpperBankStreet办公楼、澳大利亚悉尼的喜来登公园酒店等悉数被收入我国保险公司囊中。这些吸引眼球的海外投资表现出我国保险公司资产海外配置步伐的加快:截至2014年12月末,保险资金境外投资余额为239.55亿美元(折合人民币1465.8亿元),占保险业总资产的1.44%,比2012年末增加142.55亿美元,增幅为146.96%。

随着保险机构更多地关注和参与资产海外配置,随着保险资金海外投资的不断增加,对我国保险资金境外投资监管制度的分析与梳理就有了现实的价值和历史的意义。

一、我国保险资金境外投资监管制度的演进

(一)保险资金境外投资监管制度的四个发展阶段

对我国保险资金境外投资监管制度的分析,应该以制度演进历史的实证研究作为起点。根据制度内容和特点的不同,我们将中国保险资金境外投资监管制度的历史发展大致划分为四个阶段:

1. 制度初创阶段——对保险外汇资金投资境外的规制

我国保险资金境外投资运用的监管制度,始于中国保监会与人民银行在2004年8月颁布实施的《保险外汇资金境外运用管理暂行办法》(以下简称《办法》)。该《办法》首次允许保险公司在接受严格监管的前提下到境外运用外汇资金,但可投资的主要品种是银行存款、银行票据和债券等。2005年6月,保监会下发《关于保险外汇资金投资境外股票有关问题的通知》,首次认可保险外汇资金可投资境外股票,但限于中国企业在境外成熟资本市场发行的

---

[*] 法学博士,高级经济师,现供职于中华联合保险控股股份有限公司风险合规部。

股票。2005年9月,《保险外汇资金境外运用管理暂行办法实施细则》(以下简称《实施细则》)的实施拓宽了保险外汇资金境外运用的渠道,增加了相关的制度内容,为后续的监管制度奠定了重要基础。与之前的规定相比,该《实施细则》扩大了保险外汇资金运用的范围和比例,首次规定投资单一股票最高可达该股票发行总额的5%;同时将结构性存款、住房抵押贷款证券(MBS)、货币市场基金等列入投资范围,且严格规定了其投资比例。在投资管理方式方面,该《实施细则》对《保险外汇资金境外运用管理暂行办法》所明确的委托人、受托人、托管人三方共管的框架进行了补充和细化,对委托、托管相关具体操作程序,托管银行、受托人的资质条件及投资过程中的监督管理都进行了更具操作性的规定。另外,为适应新的人民币汇率形成机制,明确规定境外投资币种配置为美元、欧元、日元、英镑、加元、瑞士法郎、澳元、新加坡元、港币及保监会批准的其他币种。这使保险机构可以投资全球主要成熟金融市场,构建多种货币投资组合,分散投资风险。

当时规范的保险外汇资金,主要是保险公司从事境外保险业务和海外上市获取的外汇资金,因此保险公司还不是QDII(合格境内机构投资者)。虽然,目前这些规定都已经废止,但它们为保险资金海外投资迈出了制度规范的第一步,具有"破冰"和"试水"的价值。

2. 制度形成阶段——《保险资金境外投资管理暂行办法》的出台

2007年7月,保监会与中国人民银行、国家外汇管理局共同发布《保险资金境外投资管理暂行办法》(以下简称《暂行办法》),标志着保险资金境外投资监管制度系统的正式确立,保险机构作为QDII身份的正式确立。❶《暂行办法》规定,符合资质条件的保险企业均可通过购汇来进行境外投资,投资总额上限为上年末总资产的15%,而对单一投资品种的比例不作逐一规定。在投资范围方面,从银行存款、大额可转让存单、债券、股票等传统产品,向回购和逆回购协议、基金、证券化产品、信托型产品等新产品延伸,还可运用远期、掉期、期权、期货等金融衍生品作为风险对冲的安排。

3. 制度变革阶段——2012年新政下的境外投资监管制度变革

2012年保险资金运用监管新政是我国保险资金运用历史上的一个大事件。新政的核心是推进保险资金运用的市场化改革,通过颁布一系列资金运用监管新制度,为保险资金运用松绑,给保险公司更多的投资自主权。保险资金境外投资监管制度的重大改革也是这次新政的重要内容,其具体表现是《保险资金境外投资管理暂行办法实施细则》(以下简称《细则》)的出台。新政主要从三方面对保险资金的境外投资监管进行了大幅度调整:一是扩大投资地区,从纽

---

❶ 张传良:"我国保险资金境外运用效率问题研究",载《海南金融》2007年第11期。

约、伦敦、法兰克福、东京、新加坡和中国香港等少数几个成熟资本市场,拓展至25个发达市场及20个新兴市场;二是明确投资资质及投资范围,境外投资余额不超过上年末总资产的15%（2014年调整为上季度末总资产的15%）,对新兴市场余额不超过上年末总资产的10%;三是扩大并细化投资品种,首次提出保险资金可以直接投资不动产等品种,对保险资金投资的境外基金的条件作出了具体规定。

4. 持续发展阶段——2015年保监会和外管局分别进行的深入改革

2015年3月,中国保监会下发《关于调整保险资金境外投资有关政策的通知》,进一步扩大保险资产的国际配置空间,优化配置结构,防范资金运用风险。新的监管制度主要包括以下内容：一是明确开展境外投资的专业人员数量和资质的要求方面,增加"应当配备至少2名境外投资风险责任人"。二是拓展保险资产管理机构受托投资范围,其受托集团内保险资金投资境外的市场,由香港扩展到《细则》允许的45个国家或地区市场。三是扩大境外债券投资范围,将债券等固定收益类产品应具备的信用评级由发行人和债项均获得BBB级以上的评级调整为债项获得BBB-级以上的评级。四是投资境外股票由上述发达市场、新兴市场的主板市场,扩展了香港创业板市场。五是保险机构申请境外投资委托人资格由"具有经营外汇业务许可证"条件,调整为"具有经营外汇保险业务的相关资格",要求范围有所收窄。

在2015年年初,作为保险资金境外投资的外汇监管机构,国家外汇管理局也下发《保险业务外汇管理指引》,完善了相关外汇监管制度。这一指引主要包括了以下几方面的内容：一是简政放权。下放法人保险机构外汇保险业务市场准入、退出以及资金本外币转换的审核权限,取消省级及以下保险机构外汇保险业务市场准入和退出事前核准,取消保险机构外汇保险业务资格每三年重新核准的要求。二是规范管理。明确跨境保险、外汇资金运用、受托管理外汇资金等业务规则,规范保险机构外汇账户的使用。三是整合法规。废止涉及保险业务的8个外汇管理法规,便于市场主体理解和执行。四是简化手续。经办金融机构在"了解客户""了解业务"和"尽职审查"原则的基础上,可简化外汇保险业务审核材料。允许同一法人保险机构内部集中收付保险项下外汇资金。五是完善监管。明确数据报送要求,加强对外汇保险业务及相关外汇收支的事后监测和核查。

（二）现有的监管制度内容

经过十余年的演进,我国保险资金境外投资监管制度形成了比较全面和完备的体系内容：

1. 监管体制和现行监管规范体系

我国目前的保险资金境外投资监管体制属于行政监管,由相关行政机关负责。虽然在资金运用监管改革中，强调行业自律的作用；但目前，保险资产管理协会等行业组织并不是境外投资监管的参与者。由于涉及外汇收支，保险资金境外投资的监管主体除中国保监会之外，还有国家外汇管理局。保监会主要负责对投资主体和投资活动本身的监管，而国家外汇管理局主要负责对外汇额度、资金收付等外汇事项的监管。由于监管主体上的复数性，我们可将保险资金境外投资监管称其为"双重监管"。

现行的监管制度体系由层级较低的法律规范组成，主要是保监会、外管局等国家行政机关发布的部门规章和规范性文件。在《保险法》的保险业法部分，还没有关于保险资金境外投资的一般性规定。

2. 监管制度的具体内容

（1）委托投资的结构模式

现行监管规定认可的境外投资，采取委托人、受托人、托管人的三方结构模式。委托人是指保险资金拥有者，即保险公司；受托人是指接受保险公司投资委托的专业资产管理机构或专业投资管理机构；托管人是指接受保险公司委托保管投资资金的商业银行和其他金融机构。这种委托投资的模式，因为符合专业化要求，又形成了三方的相互制衡和监督，可以大大降低保险资金境外投资的风险。保险公司必须严格按照保监会规定的条件选好受托人和托管人，并且要签订相关协议，确定相关权利、义务。❶

（2）资质与准入审批要求

相关规定对保险资金境外投资的当事人有着详细的资质要求。对委托人的资质要求，主要包括公司治理和内部管理完善、具备相当的投资管理能力、具有符合要求的管理团队和人员、偿付能力和风险监控指标符合监管要求、具有外汇业务资格等，同时保险机构的分支机构不得从事境外投资业务。对受托人的资质要求，除了公司治理和内部管理、投资管理能力和团队人员、风险监控指标等要求外，还包括实收资本与净资产、资本规模和受托管理的资产规模等要求。对托管人的资质要求，除了上述关于公司治理、内部管理、风险管理、人员团队等方面的要求外，还要求资本充足率、结售汇业务资格等。与此同时，在保险机构要从事境外投资，必须向保监会提出申请，由保监会进行审批。保险资管公司以外的受托人、托管人也应当在开展相关业务前向保监会提交材料，由保监会经过审慎评估后出具意见。

（3）地域、渠道和比例监管

从地域来看，目前允许投资美国等25个发达市场和印度等20个新兴市场。从渠道来看，目前对货币市场类、固定收益类、权益类和不动产类资产均

---

❶ 张帆："论我国保险资金境外投资的风险及防范"，对外经济贸易大学2012年硕士论文，第29页。

可进行投资,但不得投资实物商品、贵重金属或者代表贵重金属的凭证和商品类衍生工具;进行重大股权投资的,应报经中国保监会批准;投资金融衍生产品的,仅用于规避投资风险,不得用于投资或者放大交易。就投资比例要求而言,境外投资余额合计不高于本公司上季度末总资产的15%,投资新兴市场月不超过上年末总资产的10%;当保险公司境外投资的账面余额合计占本公司上季末总资产的比例高于10%时,应当向中国保监会报告,并列入重点监测。对具体投资品种的比例,要求保险机构应合并计算境内和境外各类投资品种比例,单项投资比例参照境内同类品种执行。

(4) 风险管理和操作要求

为防范操作等方面的风险,保险机构应当建立与境外投资相适应的信息管理系统,根据偿付能力调整投资品种,有效管理受托人和托管人,合理选择交易对手和交易产品,做好衍生品交易和管理。监管制度对这方面进行了严格规定,甚至要求境外投资的委托协议、托管协议必须适用中国法或中国香港法,并明确如发生争议必须在中国境内或中国香港仲裁。

(5) 账户和投资额度管理

由于保险资金境外投资涉及本外币的兑换和收支,因此应符合国家有关外汇管理的规定。境外投资的当事人应按照外汇管理规定,开设境外投资的有关账户,相关当事人因此接受外汇管理局对账户使用情况的监管。最为要紧的是,保险机构必须向国家外汇管理局申请境外投资付汇额度,在额度范围内从事投资活动。保险机构仅有保监会批准的境外投资资格而没有外管局批准的付汇额度,是无法开展保险资金境外直接投资的。

(6) 信息披露与报告

保险资金境外投资当事人应真实、准确、完整地向有关主体披露投资有关的信息。同时,委托人、受托人、托管人在发生重大诉讼、组织重大变更等事项的时候应按照规定向保监会和外管局报告。委托人和托管人还应按要求向保监会提交有关投资情况、托管情况等内容的定期报告。

(三) 制度演进的基本逻辑:放松管制、改进监管

考察中国保险资金境外投资监管制度十余年的发展演进,我们发现一条非常清晰的逻辑主线:放松管制、改进监管。

在制度初创时期,由于市场主体投资和风险管理能力的不足,基于审慎监管的原则,监管者对境外投资的管制较严,无论是渠道还是地域,境外投资的限制都非常多。随着保险业自身投资和风险管理能力的提升,也随着监管机构对保险资金运用和境外投资的认识不断深化,管制逐渐放松,渠道的增多、地域的放宽、比例的提高,都体现了监管者回应行业需求、不断修正完善制度的积极态度。从10年前制度建立伊始对资金来源、渠道的严格限制,到2007年

《保险资金境外投资管理暂行办法》对保险机构 QDII 身份的确认，再到 2012 年保险资金运用监管新政后对境外投资监管尺度的进一步放宽。制度发展的脉络充分体现了放松管制的基本精神。

在放松管制的同时，监管手段和方法的改进、监管水平和能力的提升，也是境外投资监管制度演进的突出特点。从以现场检查、行为监管为主到运用偿付能力规范、以能力监管为主，监管制度经历了质的变化。早期，监管手段主要是资格审批、外汇额度控制、当事人报告等。经过十余年的发展，现在的监管方法已经变得十分丰富，也更加有效。比如，偿付能力监管指标中对境外投资风险的量化分析、对委托人相关信息管理系统建设的要求、强制投资主体在内部设置境外投资风险责任人、对委托协议和托管协议的法律适用和争议条款进行要求等。

二、保险资金境外投资监管制度变迁的原因分析

通常认为，为了克服市场失灵、维护保险公司稳健经营进而保护保险消费者，必须对保险机构开展的境外投资在内的保险资金运用行为进行监管。但这种监管出现以后，其制度为什么会不断演化发展，就需要寻找更为具体而现实的原因。制度经济学在研究制度演进时提出，制度演进是制度需求和制度供给实现均衡的过程。❶ 因此，我们试着从我国保险资金境外投资监管的制度需求和制度供给两个层面，去分析这种制度演进的主要原因。我们认为，正是我国社会经济和保险行业发展的现实需求与监管者不断改进的制度供给，才促成了保险资金境外投资监管制度的变迁。

（一）制度需求的变化

1. 保险资金运用的现实压力

随着保险业市场化程度的不断提高，效率不高、收益不足日益成为我国保险资金运用面临的突出问题。这一问题直接影响到我国保险公司的偿付能力和保险产品的价格和质量。在保险资金运用新政之前的 10 年，保险资金的平均投资收益率为 4.9%，未能达到寿险公司精算假设中普遍采用的 5.5%，无法有效覆盖保险资金 5%~6% 的负债成本。这其中很重要的一个原因就是保险资金配置地域的单一。从国外保险业的发展经验来看，保险公司进行全球化的资产配置，可以较好地避免集中投资于单一市场可能导致的风险积聚，有助于形成较好的整体投资收益。因为对于同一类资产而言，其不同时期的价格在不同经济体呈现出很大的差异。❷ 比如，国内市场股、债收益水平远低于美国市

---

❶ 韩笑：《均衡之路——中国商业保险监管制度研究》，人民出版社 2006 年版，第 48 页。
❷ 凌秀丽、姚丹："保险资金海外投资研究及启示"，载《中国保险》2014 年第 12 期。

场,但是波动性几乎是美国的2倍多,低收益、高波动的国内投资市场环境,对于强调安全性、流动性的保险投资而言,是比较不利的。资产的全球化配置,化解单一市场风险引发的配置收益大幅波动,是当前保险公司改善资产配置的重要驱动。[1]保险机构有在国内国际两个市场配置资金的迫切需求,监管制度必然就应当对这种需求进行回应。

2. 对外投资国家战略的需求

入世后,我国面临着更加开放和更为复杂的国际竞争环境。为适应激烈竞争的国际环境,我国适时提出了"走出去"的对外开放战略,以充分利用国际国内两个市场,充分利用国际国内两种资源。当前,国家在对外关系中力推"一带一路"和人民币国际化,"一带一路"建设需要保险资金更多的海外布局,人民币国际化给保险资金境外运用带来了更多的机会、提出了更多的要求。在此形势下,调整保险资金境外投资的监管规定以促进保险资金在海外安全有效的运用,不仅是保险机构分散投资风险、获取稳定收益的需要,也是服务国家对外开放战略、提升保险业社会地位的需要。

(二)制度供给的变化

1. 市场化背景下的政府职能变革

当代中国的经济体制改革,始终围绕着政府和市场关系这一核心问题展开。我国改革开放以来取得的经济发展成就,主要得益于市场化改革释放出的巨大发展活力。多年来,国家一直在强调发挥市场在资源配置中的基础性和决定性作用,强调转变政府职能,从全能政府向有限政府转型。新一届政府主政以来,特别强调简政放权、放管结合、优化服务。中国的保险监管属于行政监管,作为监管机构的中国保监会在履行监管职责过程中,必然会受到政府职能转变的大趋势影响,其监管政策的变化也体现了国家基本政策。保险资金运用中境外投资监管政策制度的变化,就是对保险资金境外运用减少行政干预、激发市场主体活力的过程。这种变化,与国家层面放松政府管制、推动市场化的整体进程是一致的,甚至应该说是整体进程中的一部分。

2. 监管理念的变化

在我国保险监管发展的初期,为了防范风险、促进行业发展,监管机构比较注重对风险的封堵,在市场准入、行政审批等方面采取多种措施,以杜绝风险事件的发生。但是,这样严格监管的结果是保险机构市场竞争能力不足、市场活力不够,进而影响了保险行业的发展。近期,保监会提出"放开前端,管住后端"的监管改革总体思路。"放开前端"就是要减少行政审批等事前监管方式,把风险责任和投资权交给市场主体。"管住后端"就是指事后的偿付能

---

[1] 缪建民等:《保险资产管理的理论与实践》,中国经济出版社2014年版,第263页。

力监管,运用资本手段,实现对资金运用的约束。按照"放开前端、管住后端"的思路,保监会力推保险资金运用市场化改革,把更多投资选择权和风险责任交还给市场主体,切实转变监管方式,强化事中事后监管,守住不发生系统性、区域性风险的底线。从"不出事"到"不出大事",理念的变化带来了监管制度的相应变化。

3. 监管能力的提升

监管能力的不断提升、方法的不断改进,使保险资金境外投资监管在内的保险监管能够得到持续的发展。比如,高新技术在保险监管领域中得到进一步的推广和运用,保险信息化、网络化建设逐步构建并完善,这使更加及时、准确地传递各种监管数据成为可能,提高了非现场监管的时效性和连续追踪的动态分析能力。❶ 再比如,我国的偿付能力监管从抄袭欧美发达国家建立粗放的第一代偿付能力监管体系开始,已经发展到自己原创具有世界先进水平的以风险为导向的第二代偿付能力监管指标体系。新体系对风险的精确识别、计量和"打击",将更有利于"放开前端",实现保险资产的多元配置。监管能力的提升,让监管制度更加科学合理,监管效率更高、效果更好。

三、现行保险资金境外投资监管制度的不足

(一)相关保险监管制度还不完善

1. 对投资规范的要求有待细化

在实际操作过程中,不少保险机构感到境外投资规范部分的规定还不够具体,让保险机构开展相关业务无所适从。比如,境外投资的监管规定中另类投资规定不够细致,而这类投资在境外市场非常活跃,这使得境内保险机构如进行相关投资,面临较大的合规风险。私募股权(Private Equity)、风险投资(Venture Capital)、杠杆并购(Leveraged Buyout)、基金的基金(Fund of Funds)这些投资品种在境外能不能投?比例、风险管理等要求和限制境内外是否一样?再比如,境内外投资规范的协调也值得深入研究。除了投资比例要求之外,境内投资品种上的要求还有哪些适用于境外投资,是否需要明确?境外有而境内没有的投资产品能不能投?境内投资管理、投资规范方面的监管规定是否适用于境外投资?

2. 对风险管理的要求有待提高

目前的监管规定对保险资金境外投资的风险控制和管理作出了诸多规定,但由于海外投资风险的特殊性和复杂性,这些规定仍可以持续完善:首先,可

---

❶ 孙祁祥、郑伟等:《保险制度与市场经济——历史、理论与实证考察》,经济科学出版社 2009 年版,第 89 页。

以对投资决策机制和授权管理制度作出内外有别的要求。目前只是要求保险机构依据《保险资金运用风险控制指引（试行）》的规定，建立集中决策制度，确定岗位职责，规范投资运作流程。但是，海外投资的风险与境内投资并不一样，相应的风险控制要求也应有所区别。从防控风险的需要出发，监管规定应作出对投资决策和授权管理上明确的要求。其次，应强调对投资项目的事前尽职调查和可行性研究，并作出强制性要求。为防范法律等风险，目前的监管规定甚至作出了委托、托管协议必须适用中国法或香港特别行政区法规、在中国境内或香港仲裁的要求。但是，对于控制风险十分重要的法律、财务等专业尽职调查等工作，却没有明确规定，这不能不说是目前监管规定的缺憾。

3. 监管手段方法有待丰富

目前我国的监管手段和方法还有进一步丰富的空间。一是偿付能力监管要求应该更细致一些。新近实施的"中国以风险为导向的偿付能力监管体系"（China Risk Oriented Solvency System（C-ROSS），简称"偿二代"）将具体投资风险量化后与公司资本要求挂钩，是一套能够识别境外投资风险大小、提出差异化资本要求的监管机制。但是，我们认为"偿二代"中《市场风险最低资本》部分对境外投资类型划分并不够细致，可能导致对境外投资风险的计量不够精准，进而影响到保险机构的风险管理。二是现有监管规定对保险资金来源、保险机构不做分类要求，有失科学性。保险资金来源的不同、保险机构境外投资能力的差别应该合理地反映到监管规定中去。但是，目前的保险监管规则在保险资金境外投资方面没有对同种投资行为进行差别化的监管，这不利于监管资源的合理分配和风险的有效防范。

（二）相关外汇管理制度存在缺陷

虽然这几年与保险资金境外投资相关的外汇管理制度在鼓励"走出去"、简政放权的大背景下改进和简化不少，但相关外汇管理制度规范化程度不够且较为严苛，与保险监管制度的协调性不够。这主要表现在两个方面：

1. 境外证券投资额度管理制度不够规范。按照《合格境内机构投资者境外证券投资外汇管理规定》的要求，保险机构进行境外证券投资，必须向国家外汇管理局申请投资额度，在额度范围内进行境外投资。但是，国家外汇管理局批准额度依据什么标准、如何确定额度具体金额等问题却没有明确的规定。我们只能理解为国家外汇管理局根据保持国际收支平衡和本外币汇率稳定、维护货币政策实施等宏观考量来进行具体额度的判断。这使得保险机构在保监会认可的投资比例限额内实际可以展开境外投资的规模存在着制度层面的不确定性。这种不确定性给保险机构境外投资带来了巨大的困难和不便，是一个明显的监管制度缺陷。

2. 保险机构境外直接投资的外汇管制过严。近年来，虽然国家外汇管理局多次下文放松和改进对境外直接投资的外汇管理,但现有规定仍然对保险机构境外直接投资的外汇管理存在着诸多程序上的限制,使得这类投资的外汇管制过严。比如,按照刚刚实施的《直接投资外汇业务操作指引》的要求,进行境外直接投资的保险机构必须向办理相关外汇业务的银行提供保险监管部门对该项投资的批准文件或无异议函。这意味着保险机构必须就具体的境外直接投资项目取得保监会的批准或者监管意见;而根据保险监管规定,在符合比例监管等要求的情况下,保险机构是无须就每一个具体投资事项申请保监会审批的。

四、保险资金境外投资监管制度的完善建议

针对监管制度存在的上述不足,参考境外保险监管制度的有关经验,结合我国目前保险业发展和保险资金运用的实际情况,我们对保险资金境外投资监管制度的未来发展提出一些建议,供相关人士参考。

(一)进一步放松行政管制

根据对保险公司资产配置现实压力和市场化改革趋势的研判,我们认为在未来相当长一段时期内,我国保险资金境外投资监管制度的发展基调仍然是放松管制。因此,在境外投资的行政审批、投资渠道和比例等方面,监管制度还应进一步放松和发展。

1. 相关行政审批的完善

保监会根据保险机构能力发展和投资市场风险变化情况,可以对从事境外投资的相关行政审批进一步简化。当然,这种行政审批的简化也应该与保险资金境外投资的实际情况相吻合。如果未来发生保险资金海外投资重大失败的案例,不排除保监会收紧监管政策的可能性。在外汇管制方面,外管局也应对各种相关的行政审批进行权力下放、简化流程材料甚至取消部分审批的改革,在实施好国家货币政策的同时适应市场化改革的需要。

2. 进一步调整投资比例要求

从域外保险资金境外投资监管的情况来看,英国、法国、日本没有具体比例的限制,美国、我国台湾地区分别将这一项的投资比例限定为 10%～45%不等。随着时间的推移,各国对保险资金境外投资的限制呈现出逐步减少的趋势。[1] 保险监管机构可以根据境内外投资市场和我国保险机构境外投资能力的变化,在未来适时调整比例等限制。

(二)持续改进保险监管手段方法

1. 发挥好"偿二代"的核心作用

在保险资金运用监管中以偿付能力监管为核心,对不同的投资资产采用不

---

[1] 凌秀丽、姚丹:"保险资金海外投资研究及启示",载《中国保险》2014 年第 12 期。

同的风险权数折算认可资产来控制投资风险,是比较科学和有效的方法,因此各国都把对保险资金运用监管的主要精力放在了偿付能力监管上。❶ 刚刚进入试运行过渡期的"偿二代",是我国保险监管的一项重大制度创新。随着偿二代的完全实施,境外投资的监管应该比现在更加科学,对投资风险的防控将更加有效。未来,应该发挥好"偿二代"在保险机构风险管理上的作用,通过严格实施和不断完善"偿二代"加强和改进保险资金境外投资监管。

2. 区分保险资金、加强分类监管

由于保险资金的来源、所属主体不同,对保险资金运用的监管也应区别对待。比如,具有负债性的保险资金和自有资金,其在性质上就有差别,因此需要区别运用和监管;寿险公司与非寿险公司的保险合同的期限不同,保险资金的可使用期限也就不同,其投资的重点应当不同;对不同的保险机构,可考虑公司治理、内部控制、偿付能力、资产规模、资产质量、管理经验、人员素质、评估能力、投资业绩等多方面因素来分类监管;对传统型与新型保险产品的保险资金予以区别对待,按照传统产品、新型产品的不同进行分类监管。

3. 进一步细化投资品种和渠道方面的监管规定

针对若干重点投资品种、重要投资流程作出更加具体的操作规定,以规范保险机构的投资行为。比如,可以对境外另类投资、海外不动产投资、海外投资决策和授权的基本要求做出明确而具有可操作性的规定。特别应该对作为海外投资标的物的金融产品或者不动产的法律、风险等方面的基本属性作出比较细致和科学的规定。再比如,针对风险性高的衍生品投资,做出更细致的投资规范,以约束部分保险机构的激进投资行为。对衍生品投资应作出不同于一般金融产品的程序要求。

(三) 不断提高对保险机构的风险管理要求

保险资金境外投资的风险管控是监管的重点,因为投资失败会给保险公司带来巨大的偿付能力风险。比如,1997~2001年,日本先后倒闭了7家寿险公司,原因之一就是投资风险过于集中或投资运用不当,造成大量不良资产。❷ 2012年保险资金运用监管新政后,包括境外投资在内的风险随着渠道的放开而明显增加,可以说保险资金运用面临的风险挑战"前所未有"。为守住不发生系统性、区域性风险的底线,监管机构在放开渠道、调整比例的同时,在现有要求基础上,应对保险机构的风险管理作出更为严格的要求。

---

❶ 陈元燮:"保险业偿付能力并监管的意义和方法",载《财经问题研究》2003年第1期。
❷ 李秀芳:《中国寿险业资产负债管理研究》,中国社会科学出版社2002年版,第2~4页。

1. 建立更加有效的风险预警系统

有效的风险预警系统可以使保险监管机构能在风险发生早期提前介入，将风险造成的损失、特别是系统性损失降到最低。我国目前险资境外投资的风险预警系统还不够健全，监管部门应加强对这方面的研究建设，为保险公司内部风险管理体系提供统一的标准，同时也能改进自身的监管手段。比如，建设境外投资风险预警指标和实施指南，通过指标对保险公司是否稳健经营作出衡量和评价；用实施指南规定保险公司如何根据预警指标建立本公司的预警体系以及如何向监管部门披露报告。

2. 健全信息披露机制。实施有效的信息披露，让市场和社会对投资主体进行有效的监督，是保险监管的一种有效方法。监管部门要提高自己的监管能力，必须加强对保险公司的信息披露制度建设，利用先进的风险资本评估、保险监管信息指标等技术，完善保险资金境外投资的信息披露机制和信息披露具体要求，同时确保披露数据真实、公开、透明，用市场约束机制来提高对保险资金运用的监管水平。❶

3. 加强法律风险等操作风险的防控。目前，保险机构和监管部门对境外投资相关的资产负债风险、偿付能力风险、配置比例风险等比较关心，但对法律风险等操作风险认识不足。由于法律、社会环境的不同，境外投资所面临的法律等操作风险远高于境内投资。我们建议应该将境外投资项目的事前尽职调查作为强制性要求，明确规定在监管规范中，以加强风险防控。

（四）进一步改进相关的外汇监管

目前仍比较烦琐的外汇管理措施在一定程度上已成为保险资金境外投资的制度障碍。但是，要破除外汇监管中的制度障碍，并不意味着就要马上放松外汇管制，更不是激进地推进外汇管理的自由化，而是不断改进外汇监管措施。我们建议可以从以下几方面尝试着对相关外汇监管制度予以改进：

1. 外汇额度管理应与保险监管规定协调一致

外管局对境外投资额度的审批，应该与保监会有关境外投资的比例监管要求结合起来。外管局可以根据保监会确定的境外投资资金比例要求和保险机构自身资产实力状况，制度化地确定保险机构境外投资的付汇额度，而不是像现在这样没有一个明确的额度确定标准。同时，额度可以根据保险机构自身资产状况，进行动态的调整。这样，额度管理就更为科学、合理，有针对性。

2. 改进对境外投资主体的监管方法

比如，积极拓展对境外投资主体非现场监管的信息源。充分利用外管局和

---

❶ 罗欢："保险资金投资风险管理研究"，财政部财政科学研究所 2014 年硕士论文。

人民银行内部已建立的各类信息监测系统,了解投资主体的外汇收支等方面的情况。再比如,探索建立境外投资外汇收支的预警体系,建立预警指标,结合必要的现场检查,以实现对保险机构等投资主体的有效监管。[1] 另外,外管局可以对作为托管人的银行等金融机构的外汇业务流程作出明确的规定,以非行政化的手段改进外汇监管。

---

[1] 卢志强:"加强境外投资的外汇管理",《金融时报》2014年11月3日。

比较法视阈下的保险广告监管：
宗旨、制度构成与启示
——以美国保险广告监管制度为重点[*]

李青武[**]　于海纯[***]

一、问题的提出

如果保险市场功能完善，则保险市场监管制度的作用就会淡化，保险消费者也会准确地知道其需要什么，能理解保险公司向其提供的保险产品；保险公司能准确知道每类保险应收取的保费。然而，这种理想化的、完善的保险市场功能，在实践中是不存在的。原因之一是信息不对称，保险消费者与保险公司在不同方面，各自存在一定的信息优势。相较而言，保险市场无法如同保护保险公司那样，有效地保护保险消费者，保险产品复杂，投保人常常因经验不足，无法正确理解其购买的"产品"质量。[❶] 保险广告，既是商事主体间市场竞争的手段，也是保险消费者获取商业信息的重要途径之一，对保险消费者权益有潜在的甚至是直接的影响。因此，加强保险广告监管，有助于弥补保险市场功能的缺陷，保障保险消费者获得正确的保险信息，从而做出正确选择。

为了加强对保险消费者保护，1972 年，美国保险监督官协会颁布了《意外与健康保险消费者保护示范法》（《Accident and Health Insurance Consumer Protection》），该法第 40—1 条《意外与健康险广告示范监管示范规则》（《Advertisement of Accident and Sickness Insurance Model Regulation》，以下简称《示范规则》），将保险公司的产品宣传册、产品说明会等形式，定性为保险广告，对保险公司或其代理人的保险广告行为进行监管。该监管示范规则后来不

---

[*] 本文系作者主持的教育部人文社科研究基金规划项目"保险消费者保护制度及实施研究"（项目编号：13YJA820060）的阶段性成果。该文原已刊发在《大连理工大学学报（社会科学版）》2014 年第 4 期。

[**] 对外经济贸易大学副教授，法学博士，北京大学博士后研究人员。

[***] 对外经济贸易大学法学院副教授、副院长、分党委书记，法学博士。

[❶] Kenneth S. Abraham：*Insurance Law and Regulation: Cases and materials*，5th Ed.，New York: Thomson Reuters/Foundation Press，2010，P6—114.

断得到修正,经各州保险监管机构采用,成为有效的政府监管法,目前,美国除了3个州外,❶ 美国本土的其他州均已采纳该示范规则,使其成为州监管法的有机组成部分。

我国保险领域存在诸多的销售误导现象。保险公司通过保险宣传册、产品说明会、银行业务员在营业窗口的口头推介等形式,对保险产品进行误导性宣传,例如,《分红险基础知识》宣传分红保险产品的卖点是:"累积生息,终身存款,不是银行胜似银行""年年分红,不是股票胜似股票,只能多分,不能少分""保障+分红=保证赢,抵御通胀,水涨船高,抵御风险,稳赚不赔";还有"全球理赔";"保单移民"("保单跟着移民走");"快要停售的产品赶快来买"。通过产品说明会宣传投资连结险:"像储蓄一样没风险——安全性强;像证券一样高回报——收益高;像保险一样能安心——保障好;还要免税——颗粒归仓"。保险消费者在无法正确理解保单条款的前提下,轻信保险宣传,由此引发了很多的保险纠纷。据2011年年报显示,中国人寿、中国平安、太保寿险、新华保险,在2011年的退保金额共计655.15亿,这不仅降低了公众对保险公司的信赖度,而且损害了保险消费者利益。如何对销售误导行为进行事前监管,从而预防保险合同纠纷泛滥,保护保险消费者合法权益,这是我国保险监管制度构建过程中亟待解决的问题。

我国《广告法》第2条将广告界定为:"本法所称广告,是指商品经营者或者服务提供者承担费用,通过一定媒介和形式直接或者间接地介绍自己所推销的商品或者所提供的服务的商业广告。"根据该界定,工商、保险监管机构能否将保险公司前述的宣传保险的行为,纳入广告行为,进行监管?如果纳入,如何判断保险广告是否构成销售误导?美国在保险广告领域的监管制度构成,充分体现了社会公共利益优先保护的市场监管理念,对我国监管机构治理保险广告行为,具有重要借鉴意义。

二、何谓"保险广告"

保险广告的界定及其形式,涉及保险广告监管的对象与范围,如果过于宽泛,不利于监管权力的正当行使与保险消费者权益的保护。因此,立法有必要对此作出明确规定。

(一)保险广告的构成要素

保险广告,是指保险人、代理人、经纪人、招募人所使用的,与公众或公众中的特定人进行交流的所有媒介。根据该法定解释,保险广告的构成要素有三个:(1)广告主为保险人或其代理人、经纪人、招募人。(2)广告的受众为

---

❶ 阿拉斯加州、明尼苏达州和蒙大拿州。

公众或公众中的特定人,如果宣传的对象不具有公众性,则不属于广告。因此,下列材料不属于保险广告:(a) 仅用来培训保险公司的雇员、代理人或经纪人的材料。(b) 在保险人组织内部使用,不是用来分发给公众的交流材料。(c) 与现有的保单持有人间进行单独交流而使用的个人材料,但不是用来督促保单持有人增加或扩大保险承保范围的宣传资料。(d) 保险人与潜在的团体险保单持有人之间,为签署团体险合同,协商过程中所使用的交流材料。❶ (e) 法院裁定许可的,由法院送达给保单持有人的材料。(f) 团体险保单持有人,为了向团体险成员说明保险合同已签署而进行的公告,如果该公告明确说明这是获得保险单的前期工作,并且,该公告没有描述特定保险合同的保险金,或者,没有描述购买保险的好处。该规定不禁止由团体险发起人签署的团体险批单。(3) 具有信息交流的各种媒介,这种媒介实为保险广告的形式。为了加强对保险消费者权益保护,防止保险公司或其代理人,利用内容虚假或表达模糊的广告,对潜在的保险消费者构成误导,示范规则对保险广告的形式做出非常广泛的规定,以便将更多的保险宣传纳入广告监管的范围:(a) 印刷材料、视听材料、通过直接邮寄方式介绍保险人的文字广告、报纸、杂志、广播、电视、网络及其他互联网媒体、其他电子媒体、户外广告牌和类似的展示。(b) 保险人、经纪人、代理人、生产商、招揽人,为了向公众推销保险,使用的各种介绍性文字和销售辅助材料,例如,街招通知、传单、小册子、描述型图表、格式信、各种获得客户信息的设备。(3) 由保险人、代理人、经纪人或招募人通过预先准备的销售座谈、宣讲和材料,推介保险,无论这些活动是否由其准备。上述广告形式同样适用于下列情形:送达保单时附送的广告材料,或在保险合同续期和复效时使用的材料。❷

(二) 保险广告的格式规则

保险广告格式是指广告文本与标题的安排。为了防止消费者误认为广告推荐的保险产品是银行存款、信托、基金等金融产品,保险人应清晰地说明其宣传的意外与疾病保险是一种保险单,保单名称应标注"保险单"或类似的用语,应清晰地告知广告受众,他们提供的是保险产品。

涉及保单的所有信息,包括除外责任、承保范围限定条件、免赔额、依据该规定应被披露的其他限制条件,应在广告中与相关信息或标题紧密联系的位置,显著地披露出来,不可以淡化该内容,进行模棱两可的表述,以至于误导公众或产生误解。示范规则要求信息披露方式包括但不限于下列两种:(1) 以描述的方式披露有关的保险收益,应在与描述保险收益紧密联系的位置,进行阐述。(2) 虽然没有

---

❶ 如果保险公司在该过程中提供虚假信息,其行为违反明确说明义务。其行为应受明确说明义务、弃权与禁反言等规则约束,不受广告监管规则规范。

❷ *Advertisement of Accident and Sickness Insurance Model Regulation* § 40-1-2B (4)、3B.

在投保人签名的位置进行阐述,但在适当的标题下阐述该内容。所谓"适当的标题下",是指在与该标题紧密联系的位置,准确地阐述。"适当的标题"包括下列情形:免责条款、除外情形、不予承保的情形、免责条款与免赔额。下列标题禁止使用,因为其没有准确的内容:"仅此除外情形""最少限制的承保范围"。❶

(三)保险广告真实性的举证要求与虚假广告的识别规则

关于保险广告内容真实性的证明责任,20 世纪 70 年代以前,美国裁判机构从未要求保险公司(广告商)证明其宣传内容具有真实性,而由广告异议者承担证明责任,证明广告存在虚假信息,除非广告本身承诺广告商有证明的义务。但是,自 20 世纪 70 年代早期,联邦贸易委员会要求广告商提供合理的根据,证明其广告宣传的正当性。联邦贸易委员会的要求,得到了美国司法部等组织的支持。❷ 这种举证要求,也体现在示范规则中,大大增加了保险消费者权益保护力度。保险广告是否存在误导或欺诈,由保险监督官根据保险广告的形式与表述,判断该广告对其受众的合理期待而产生的全部影响,综合分析后做出裁定。❸ 美国联邦贸易委员会判断广告是否构成销售误导,一般从三个方面考虑:(1)通过解释,官方认定广告是否发布给消费者。(2)如果广告被认定为错误,消费者是否因该广告受欺骗,其因误导信息产生的购买心理,与其获得正确信息而产生的购买心理是否不同。(3)是否有合理的证据佐证上述推断,判断的方式是联邦贸易委员会对受访的消费者进行测试,只要有 25% 以上的消费者受广告误导,则判定该广告属于误导性广告。

美国监管广告的途径,主要有行业自我约束、政府监管与民事诉讼。行业自律的处罚形式是禁止违法广告的广告人加入行业协会;禁止发布或修改有争议的广告。美国联邦贸易委员会是法定的广告监管机构,近年来,美国司法部也开始监管广告。公权力机构对违法广告的处罚,最常见的形式是发布禁令,禁止播放诉争广告的部分或全部内容,或者当诉争广告遗漏某些信息时,联邦贸易委员会在行政诉讼后,要求被告方披露隐瞒的信息。民事诉讼的原告主要是广告主的竞争对手,有时由消费者或消费者组织提起,他们常对发布虚假广告或误导广告的竞争对手提起诉讼,起诉的法律依据是蓝哈姆法(the Lanham Act),美国消费者很少因广告向法院正式提起诉讼,即使提起诉讼,其法律依据是州法,而不是联邦法律。❹ 各州制定保险广告监管法后,该法成为保险消费者诉讼的法律依据之一。

---

❶ *Advertisement of Accident and Sickness Insurance Model Regulation* §40-1-4.
❷ Ross D. Petty: Advertising Law in the United States and European Union. Vol. 16, No. 1 *Journal of Public Policy & Marketing*, *International Issues in Law and Public Policy* (1997), P7.
❸ *Advertisement of Accident and Sickness Insurance Model Regulation* §40-1-5.
❹ Ross D. Petty: Advertising Law in the United States and European Union. Vol. 16, No. 1 *Journal of Public Policy & Marketing*, *International Issues in Law and Public Policy* (1997), 第 3 页以下。

三、保险广告在保险保障方面应遵守的监管规则[1]

美国监管保险广告的宗旨是：通过建立最低监管标准，确保广告对保险产品进行准确的描述，借此保护受保险广告影响的潜在保险购买者权益。该宗旨实现的路径之一是，涉及保险合同内容的广告必须客观、真实。保险合同的内容是保险合同当事人享有权利和承担义务的基础，是保险合同关系人享有保险合同权益的依据。[2] 投保人投保的直接动机和目的，是通过支付其认为合理的保费，获得保险公司承诺的保险保障或保险收益。如果保险公司在保险保障范围、保险金额、分红率、保费支付方式和支付额等方面，进行误导或欺诈性宣传，将使保险消费者的合理预见因失去客观基础而落空。因此，示范规则对广告中涉及的保险保障范围、保险金额、保险费、保险保障效果、除外责任、限制承保条件、续保或保险合同的解除、引用的统计数字和比较广告等方面，作出明确规定，禁止不公平的、欺骗性的或误导性的广告。

（一）保险保障范围宣传的监管规则

保险保障范围，通过承保范围、除外条款、免责条款、免赔额等方式，进行表述。广告必须谨慎表述，禁止广告使用欺骗性词语或例证，禁止夸大保险保障、误导公众。广告如果没有清晰地说明保险承保范围的种类，或者遗漏信息、使用的词语、声明、例证、保险收益证明人等，可能造成人们在可支付的保险收益性质或额度、承保的损失、应支付的保费等方面，被误导或欺诈，该广告被禁止。即使保险公司采取下列补救措施，均不能补救广告中的误导性陈述：如果投保人不满意，保险公司可以退还保费；或者，为了让潜在的投保人检验保单条款，在签发保单前，保险公司向其提供保单阅览。

由于夸大了保单实际提供的保障，误导保险消费者，因此，禁止保险广告使用下列词语或表述来说明保险保障范围："所有的""充分的""彻底的""广泛的""无限的""多达""高达""该保单将承保您现有的保险不能保障的医疗支出""该保险将有助于替代你的收入"等。任何保险广告不得宣称，或者通过词语或例证暗示，其提供的保险保障，将补充任何其他的保险、健康福利计划、或政府提供的保障方案，除非该宣称或暗示符合事实。广告如果宣称家庭保险在保险金额内，承保家庭每位成员，如果这与事实不符，该广告应被禁止。如果保险只承保一种疾病或列明的疾病一览表，那么，广告不得暗示其承保范围超过实际承保的疾病，也不得运用术语表述其承保任何疾病，以此暗示其承保的范围超过实际承保的疾病。承保特定疾病的保险，如果同时附加承保其他

---

[1] 本部分关于美国保险广告监管的规定，以美国保险广告监管示范法（《Advertisement of Accident and Sickness Insurance Model Regulation》§40-1）为依据。

[2] 常敏：《保险法学》，法律出版社2012年，第49页。

疾病，只是后者的保险金额比前者的低，那么，涉及这类保险的广告，应披露附加承保的疾病及其保险金额，但是，该规定不适用促销性质的广告。

（二）保险金额宣传的监管规则

保险金额是指保险事故发生时，保险公司向被保险人或受益人支付保险金的基准额。鉴于保险合同是射幸合同和格式合同，保险消费者大多不愿意或不能阅读保单，如果保险广告虚假宣传其保险金额，且在保险合同有效期内被保险人没有发生保险事故，那么，保险消费者可能不会意识到保险公司在保险金额方面存在误导或欺诈，为此，政府应加强广告在保险金额方面的宣传。

在保险金额方面，示范规则对保险广告做出如下规定：（1）禁止广告仅强调其向受益人支付住院、内科或外科费用的总额或者保单中其他收益的总额，广告应如实说明被保险人接受治疗时，保险公司每天向受益人支付保险金的数额。如果承保的住院天数存在最高天数限制的，广告应明确说明该限制。（2）通过实例宣传"保单将来支付保险金数额"的广告，如果保险公司依据宣传的保单，实际平均支付的保险金数额，低于广告中宣传的最高支付额，则该实例不得使用该最高支付额。广告宣传其保单提供多种不同保障水平的收益，为了防止保险消费者误认为其可以获得多种保障，该广告应明确说明：被保险人仅能获得其在保单签发时选择的并记载在书面保单中的保险收益。如果广告暗示被保险人在索赔时可以选择保险保障水平，因该广告存在欺诈，应被禁止。

（三）保险费宣传的监管规则

支付保险费是投保人的基本义务，是保险公司承担保险责任的对价。投保人如果不能按期支付保费，宽限期届满后，会导致保险合同中止，自合同效力中止之日起满2年双方没有达成复效协议的，保险人有权解除保险合同。❶ 如果保险广告对保费进行虚假或模糊性宣传，会误导保险消费者购买其将来无力支付后期保费的保险，这将造成保险消费者的损失。

示范规则禁止广告在保费前使用下列限制词：（1）"低""低费用"等类似用语；（2）在保费可以商定的情形下，广告在保费总额前使用"仅仅""只是"等词语，导致潜在的投保人误认为该保费不可以商量。禁止广告宣称或暗示其保费将来不发生变化，除非广告涉及的保单明确约定保费将来不发生变化。保单即使不要求投保时交付保费，广告也不能强调该事实，而应明确说明该保险具备何种条件时（如支付保费），保险责任开始生效。❷ 如果只是普通保险的

---

❶ 《中华人民共和国保险法》第36、37条。
❷ 保险合同生效日期与保险责任开始日期未必一致。例如，追溯型保险合同的保险责任开始日期要早于保险合同生效日期；对于非追溯型保险合同，其保险责任开始日期可能迟于保险合同生效日期。如果保险合同约定保险责任于投保人支付保费时开始生效，那么，只要整个保险责任期间不短于合同约定的期间（如1年），该保险责任生效日期的约定有效。司法实务常混淆了保险合同有效期与保险责任有效期。

保费支付方法存在创新，广告不得宣传该保险为"新型"保险。禁止广告把这类普通保险或普通保险的保障进行组合的保险，宣称为"新型的""独特的""红利""突破性保障"或其他类似的词语。对于直销的意外与疾病险，广告不得宣传公司因直销而无须支付代理佣金，其保费低于通过代理人销售的保费。这种广告存在欺诈，应被禁止，因为直销广告与服务成本也很高。广告使用"无年龄限制"表述时，但实质上，保险金或保费因不同年龄而各异，或者年龄是保险公司决定是否承保的重要因素，那么，保险广告应披露该事实。

为了防止饥饿式销售方法对保险消费者产生误导，该示范规则禁止保险广告进行下列宣传：（1）由于某保单具有特殊优惠，所以销售数量有限，或者宣传停止销售该类保单的时间，除非该表述的优惠是事实。（2）对初始保险合同与续保间的保费进行比较。如果保险的初期保费不同于续保的保费，广告不得比宣传续保的保费更频繁或更突出地宣传初期保费减少的数量。在广告涉及初期保费减少的地方，必须并列宣传初期保费减少的数量与续保的保费。保险公司有时会通过广告宣传具有特定身份的人，可以享受保费优惠，但实际上并没有体现或者通过虚假的身份甄别，让被承保的人有尊荣感，这类广告具有欺诈或误导性，应予以禁止。

（四）保险保障效果宣传的监管规则

为了防止保险广告夸大保险给付对被保险人整体福祉的影响，例如，"无忧储蓄计划""保障性储蓄""家庭财务安宁""你无须再为医院账单而担忧"，监管机构禁止保险广告进行下列表述，因为该广告对其潜在的受众群体心理产生过度恐惧或焦虑：（1）未考虑统计数据来源的全部人口，就宣称"癌症每2分钟夺走人的生命"与"意外事故的总数"。（2）夸大某些罕见群体患有疾病的严重性。（3）使用"最好的处置办法"，借此暗示没有保险将无法获得这种治疗。（4）广告复制来自其他媒体上的文章、信息，但这些均与保险的事实和数据无关。（5）使用图片，不当夸大下列情形的效果：机动车事故、明显处于困境的残疾人或卧床患者、正在接受医院账单的人们、因医院账单而被驱出家门的人们。（6）广告宣称：如果没有保险，将面临"家庭财务灾难、家庭财务窘迫、财务打击和其他含有家庭财务崩溃类的表述"。但是，这类术语可以在下列情形下使用：承保大额医疗费用的保险、个人基本医疗费保险或残疾收入损失保险等广告中，且该类术语未构成广告内容的主体部分。（7）使用这类术语或图片，让人们对亲戚或慈善机构的依赖产生不合理的恐惧感。

禁止广告使用下列表述："免税""附加现金""附加收入""额外赔付"等类似的表述，因为这类词语可能误导公众，导致其相信广告宣传的保险，可以让其因住院而获益。尽管示范规则禁止广告使用"免税"一词，但是，不禁止广告使用很准确的专业术语，解释美国税务局关于意外与疾病保险免税的规定。

（五）除外责任、限制承保条件、免赔额等方面的监管规则

保单中的除外责任、免赔额和限制承保条件的条款，直接关系到保险消费者能否获得保险保障，保险广告如果对这些条款进行虚假宣传，容易对保险消费者产生误导或欺诈，因此，有必要制定监管规则。

示范规则对这类条款宣传作出明确规定。(1) 关于保单的除外责任、免赔额和限制性条款，广告应准确地表达其对保险消费者权利的负面影响，不得用具有积极效果的语言来掩饰该负面影响。例如，将"保险责任等待期"描述成"收益积累"。(2) 如果保单的生效日期与保险责任生效日期不一致，或者，损失发生日期与保单开始对该损失承担保险责任的日期不一致，这类保险广告应在其首段，以醒目方式说明保单存在这类期限。(3) 保险广告不得使用"仅仅、至少、只有、或者、必要的"等类词语，描述保单的除外责任、免赔额、条件限制性条款。例如，不得做出下列表述："本保单'至少'受下列除外情形或免赔额约束。"(4) 对于构成要约邀请的保险广告，如果没有说明共保情形下的扣除额或免赔比例，将被禁止。(5) 如果保单不承保某些疾病或伤害，那么，禁止保险广告将保险事故做如下表述："因伤害或疾病而住院"，因为该表述将"伤害或疾病"前的限定词"承保"省略掉；或者表述为"无论何时，只要你住院"，或者"你住院时"，这种表述省略了"因承保的疾病或伤害"。这些表述容易使潜在的保险消费者误认为：无论何种伤害或疾病，只要住院就获得保险保障。在讨论1972年示范规则起草稿时，保险公司代表曾要求起草者区分"要约"与"邀请询价"，❶他督促监督官应区分保险合同的本质是要约还是邀请询价。他认为保险广告只涉及保险合同的某些方面，例如，宣传只涉及保险金数额，那么，广告就无需对保险合同限制承保范围的条款、除外责任、免赔额进行说明。但该建议没有被接受。

非追溯型保险合同，对于被保险人或保险标的在合同生效前存在的情形，不予以承保，这类条款简称为合同前条款。保险广告宣传合同前情形时，应遵守如下规定：(1) 保险广告可以用否定句式表述其不承保合同前情形，但是，广告如果没有对"合同前情形"进行精确界定或描述，禁止使用。(2) 如果保单对合同前情形及其引发的意外事故或损失不予以承保，则广告不得明示或暗示被保险人的体质或既往病史，不影响保险合同或依据保险合同进行的保险索赔。如果保险公司要求特定保单的被保险人需要进行体检，则保险广告应说明需要体检的特定情形。(3) 为了防止保险广告销售误导，强制保险公司使用下

---

❶ 邀请询价是指这类保险广告只告知保单的收益或承保期限等保险待遇，但不说明保费数额、免赔额、免责条款等具体信息，关于这些信息，保险公司邀请投保人进一步询问保险人或其代理人。

列警示提醒投保人：某些情形无法获得保险保障。

（六）续保、保险合同解除或终止条款宣传的监管规则

保单中关于保险合同续保、解除或终止的条件及其法律效果的约定，涉及保险消费者保险权益的期待与保护，保险广告应遵守下列监管规则：（1）构成要约邀请的保险广告，涉及保险合同续保、解除或终止的条款，或者涉及因年龄或其他原因而变更受益、承保的损失、保费等，应进行明确说明，不得将合格的承保条件最小化或模糊化。（2）对于可解除的意外事故与疾病保险合同，保险广告应说明保险公司有权根据实际情况，解除保险合同或续保。（3）如果保单约定其永久有效的限制性条件是"被保险人符合承保条件"，保险广告应对此加以说明。这些符合承保的条件包括：（a）年龄限制。广告应对被保险人达到指定年龄时降低保险金的条款进行说明。例如，有的保单表明，被保险人于60岁以后，其保险金减半，尽管保险合同可以延期到65岁。（b）保险公司保留增加保费的权利。如果保单依据合同年限或被保险人达到的年龄，实施累进费率，广告应说明增加的费率、增加的次数或年龄。（c）复合性限制条件。如果保单含有一个以上限制条件的，保险广告应分别做出说明。如果保单含有组合保险金额且无其他给付的，保险广告应显著地表述："组合给付的最高金额为×万美金"或类似表述。此外，如果保单对被保险人达到特定年龄，或者保单生效后已届满特定期间，取消保单原承保的特定风险，保险广告应对此进行说明。

（七）使用统计数字的监管规则

为了防止保险广告误导或欺诈保险消费者，示范规则禁止保险广告使用欺骗或引人误导的统计数字，只有当这些数据可信时，才可以使用。（1）保险赔付的美元数额、被保险人数量，或其他类似涉及保险人或保单的统计信息中，广告禁止使用与事实无关的信息，除非这些信息真实地反映了当下相关的事实。广告不得暗示其数字来源于其宣传的保险，除非这些信息是事实，如果这些广告适用于其他保险，应做同样的特别说明。（2）广告应特别指出引用的统计数字适用于意外与疾病险，如果这些数字适用于非广告宣传的保险合同，广告应指明这些数字不适用于其宣传的保险。（3）对于使用统计数字描述保险公司的广告，下列信息可能与保险产品无关：保险公司的资产、公司结构、财务状况、经营历史、保险种类、在保险业中的影响力。如果必须要使用这些信息，应非常谨慎地使用，不得含有虚假或误导性的叙述。例如，广告提到保险公司已生效的寿险总额，或保险公司已赔付的总额，这类表述是禁止的，除非该广告明确地表明保险公司为每类保险业务支付的总额。如果引用某州的统计数字，应说明是哪个州的数字，因为不同州之间的医院收费差别很大。统计数据使用的范围超出了保险的承保范围，禁止使用。此外，保险广告不得含有任何商业评级机构的推荐,除非该广告明确表明推荐的目的、限制范围与程度。

(八)保险比较广告的监管规则

20世纪70年代早期,美国联邦贸易委员会游说议会接受电视媒体传播的比较广告,认为其向消费者提供了有用的信息,游说的结果是比较广告获得政策支持。尽管如此,比较广告经常成为蓝哈姆法与国家广告部质疑的对象,虽然联邦贸易委员会很少质疑该类广告。如果比较广告让消费者混淆视听,或者对竞争对手的产品进行毁谤,受害人可以依据普通法提起诉讼。保险公司通过保险广告,将其保险产品与其他公司提供的保险产品进行不当比较,突出其自己提供的保险保障,这是误导保险消费者的重要手段之一,因此,应加强对保险比较广告的规制。

保险广告不得直接或间接地将其保险产品与其他公司的保险产品或收益进行不公正或不全面的比较,或者与其他公司的没有可比较的产品进行比较。不得贬低或污蔑竞争对手或其保单、服务或经营方法,不得污蔑或不公正地极力贬低对方保险营销的竞争方法,以免欺诈公众或对其产生误导。但是,该规定不禁止保健组织、预付款健康计划和其他直接服务组织,将它们的预付款健康收益保险与补偿性保险进行比较。禁止保险广告含有下列类似的表述:(1)"无烦琐的程序"(no red tape)或者"你所获得的全部收益就在这里";(2)通过比较广告,突出宣传其竞争对手保险产品中的除外情形、免赔额或限制条件,明示或暗示其自身的保险产品没有这些情形,除非竞争对手的绝大部分保险产品中含有这些情形;(3)广告明示或暗示其因管理结构不同于其竞争对手,因此其保费低于竞争对手的保费,或者其损失赔付率高。

四、美国保险广告监管示范规则述评

(一)彰显出社会整体利益优先保护的监管理念

美国属于成熟的市场经济国家,这是不争的事实。其监管机构在市场经济领域所采取的一系列监管措施,佐证了市场经济背景下的政府,不是"无为而治"的政府,而是积极调控的政府。监管机构一方面对体现社会公共利益的个体权益诉求,进行强有力保护;另一方面对侵害市场经济法治秩序的商事行为,进行严厉查处。每个公民都是消费者,消费者共同的利益需求是社会公共利益的体现,加强消费者权益保护,是监管机构在市场经济背景下最基本的职责之一,也是社会公共利益优先保护的应有之义。美国监管机构在市场经济领域的实践,为"意思自治"诠释了新的内容:实质性的意思自治,不仅需要法律地位平等,更需要"谈判能力"平等。为实现"谈判能力"平等,国家在消费者权益保护方面,通过制定体现其共同利益诉求的监管政策,替弱者"立言",提高消费者的谈判能力,要求作为强势主体的生产者、经营者必须接受法定的"谈判条件"。同时,国家通过制定体现消费者整体利益的竞争规则,要求生产商、经销商必须遵守,政府为其"立德立行",鼓励公平、正当竞争,提高生产效率,创造更多的社会财富,从而实现社会公共利益保护与生产效率提升的有机统一——生产效率提升不得以牺牲社会公共利益为代价,优先保护社会公共利益。这些监管措施,体现了监管机构"为了满足特定社会协调的要求,对私法本身进行某种变更和修改"。❶ 这种理念在保险业体现为:不得以牺牲保险消费者权益为代价增加保费规模。

美国非常重视保险监管,美国法院支持立法关于保险监管的规定,他们经常援引的一句名言是,保险应受公共政策影响,否则将成为垄断行业。❷ 在联合保险公司诉里维斯案中,❸ 美国最高法院支持了堪萨斯州的立法,同意保险监督官制定火灾险保费上限的权力。麦克纳(McKenna)法官表示:我们可能冒险地观察到,保险产品的价格不是在保险公司的柜台上,经过如同亚当·斯密所言的讨价还价而确定的,而是由保险公司确定的,投保人几乎没有权利对保险公司公布的价格表提出反对意见,这就导致了人们普遍认为保险业具有垄断特征,缔约自由在保险业简直是幻觉。为此,美国采取了一系列保险监管措施,保险广告监管示范规则是其中的措施之一。

(二)保险广告监管示范规则增加了保险监管的确定性

立法规制误导性或不公平的广告,有助于消费者在获取充分、准确信息的基础上作出正确决策,也有助于更有效的市场交易。尽管消费者期待在各种情形下,获得充分且准确的广告信息,但是,从本质上,这不仅无法实现,也不可取,因为广告总是宣传选择性信息,消费者因其财力、时间和处理信息的能力限制,无法准确地判断这些信息产生的效果。在自由社会里,尊重表达自由的表现之一是,容忍商人宣传其认为最有效的信息,即商人认为对特定的消费群体最有吸引力的信息。规制广告制度应遵守潜在的、核心的前提是,法律应接纳这种实践,除非其违反了关于公正与准确的基本原则。因此,规制广告的困难之一是,依据何种标准来判定哪些广告是被允许的,哪些是被禁止的。

制定规范误导与不公正广告的可行性准则,虽然很困难,但又是必要的。因为,一方面决策者(法官、政府调控者等)必须依据特定的法律标准,判断特定情形下的广告行为是否违法。没有可行的标准,判定结论不一致的风险就非常大。对于商人及其代理机构而言,可行性标准同样具有重要意义,因为该

---

❶ [日]金泽良雄:《经济法概论》,满达人译,中国法制出版社2005年版,第52页。
❷ Reuben Hasson: The Special Nature of the Insurance Contract: A Comparison of the American and English Law of Insurance, Vol. 47, No. 5 *The Modern Law Review* (1984), P505.
❸ German Alliance Insurance Co. v. Lewis 233 U.S. 389 (1914).

标准让其行为有法可依。该标准既要具体，能满足裁判的需要，同时，又要具有灵活性，能适应商人通过不同媒体推销其商品或服务的多样化方式需要。标准如果模糊将难以发挥这样的指导作用。❶

美国联邦贸易委员会为界定"对消费者不公平广告"，做出了长期努力。最高法院在联邦贸易委员会诉斯佩瑞公司案中，❷ 提出了认定"不公平广告"的三要素：(1) 违反了公共政策；(2) 不道德的 (immoral, unethical, oppressive, or unscrupulous)；(3) 给消费者造成的实质性伤害。美国保险广告监管示范规则，是上述三要素的具体化。英国为了保护保险消费者权益，金融服务局规定保险公司必须遵守适当的销售行为准则，保险公司对保险消费者需要的信息，尽到合理注意义务，保险公司应明确、公正地向消费者提供信息，不得误导。❸ 该规定过于概括，难以有效执行，相较而言，美国在监管保险广告方面，可谓"无微不至"，从保险广告的形式、内容与信息披露方式，到保险保障及其对价、保险人法律地位等方面，凡是影响保险消费者权益保护的信息，监管示范规则都作出了强制性规定，保险公司及其代理人必须遵守，否则，监管机构有权进行处罚。正是由于监管机构的积极作为，大大减少了保险广告误导或欺诈保险消费者的现象，增强了保险消费者权益保护的确定性。

五、对我国保险消费者权益保护制度构建的启示

我国商业保险，在保障公民权利方面的作用，远逊于社会保险，因此，完善我国商业保险法律制度建设的紧迫性，仍没有得到充分的重视。这种境况，非常类似于英国商业保险法律制度曾面临的形势。英国保险业发展的实践表明，仅依赖社会保障制度，无法满足公民多样性的权利保障需求，需要完善商业保险制度，发挥商业保险在管理公民风险方面的积极作用。

鉴于我国商业保险从业人员的整体专业修养，无法满足我国保险业快速发展的需求，这个矛盾也无法在短时间内解决，因此，保险消费者权益保护的制度构建，需要借鉴美国保险监管的成功经验，即充分发挥保险监管机构的监管职责与职能，让保险监管机构成为保险消费者权益的代表。目前，我国保险公司通过广告进行销售误导的行为泛滥，夸大保险的投资理财功能，虚假宣传投资连结险或分红险的收益率。投资连结险，一方面向被保险人提供传统的保险保障，另一方面具有投资理财功能，如同一枚硬币的两面，保险广告虚假宣传

---

❶ James P. Nehf: Misleading and Unfair Advertising, [EB/OL]. http://ssrn.com/abstract = 1924527, 2014-03-10.

❷ FTC v. Sperry & Hutchinson Co. (1972), 405 U. S. 233.

❸ Peter J Tyldesley: *Consumer Insurance law: Disclosure, Representations and Basics*, West Sussex: Bloomsbury Professional Ltd, 2013, P. 120-121.

这类保险方式，主要有两种：低估保费或高估投资回报率。❶ 故意夸大保单的不确定收益，淡化保单与存单的区别，误导存款人购买保险。尽管我国《广告法》规定，广告不得含有虚假的内容，不得欺骗和误导消费者；从事广告活动，应当遵守法律、行政法规，遵循公平、诚实信用的原则。❷ 但是，该规定过于概括，无法发挥有效的引导作用与规制功能。因此，我国保险监管机构应通过调研，借鉴美国保险广告监管的上述经验，制定我国保险广告监管制度，规范保险广告行为，迫使保险广告真实、完整、准确地宣传保单，对保险公司通过保险广告进行销售误导或欺诈的行为进行查处。

我国保险公司通过电视、广播媒体宣传具体保险产品的现象很少，网络宣传保险的方式普遍。此外，保险公司广泛通过银行等代理人、保险产品推介会等形式，宣传保险产品，广告的形式主要是口头形式，这大大增加了保险消费者举证证明保险广告欺诈的难度。因此，在加强保险广告监管的同时，应辅之以不同险种的法定最低保障条款制度，体现保险消费者的最基本利益期待。保险公司设计的保单条款的保障水平，不得低于法定最低保障条款的保障水平，从而体现公权力监管与经营自主权的统一，实现保险公司盈利与保险消费者权益保护协调发展。如能此，保险业大兴与消费者万福不远矣！

---

❶ Joseph M. Belth: Deceptive Sales Practices in the Life Insurance Business, *The Journal of Risk and Insurance*, Vol. 41, No. 2 (Jun., 1974), P305—326.

❷ 我国《广告法》第 4、5 条。

论我国保险中介的发展与监管规制

骆 杰[*]

保险中介是保险业市场化的产物,是保险市场走向成熟的重要标志。随着我国保险业的发展,保险中介的作用也逐渐加强,活动范围也日益扩大,在保险产业链中发挥着越来越大的作用。伴随着我国经济的结构转型、保险业的改革发展、互联网时代的冲击,保险中介的监管规制面临着前所未有的挑战,已成为影响未来保险业发展的重要因素。本文就从梳理保险中介发展和监管规制的历史演进入手,对中介发展和监管规制面临的挑战进行分析思考,以期从中获得一些有益的启示。

一、保险中介发展与监管规制的历史演进

(一) 我国保险中介的历史演进

保险复业30多年来,特别是《保险法》颁布后的20年,我国保险中介快速发展,业已形成由1700多家保险代理机构、400多家保险经纪机构、300多家保险公估机构、20多万家保险兼业代理机构、300余万保险营销员组成的产业集群,成为保险市场不可或缺的重要组成部分和不可忽视的重要市场力量。一方面,中介的改革和发展极大地推动了保险业的变革和进步;另一方面,保险中介极强的渗透率也带来了巨大的社会影响力,如郝演苏教授曾在2007年进行过估计:按照行业每年70%的人员淘汰率,寿险业在中国发展的15年,总计有2500万人做过或正在做保险营销,相当于每50个人中就有一个参与过保险营销。[❶]

回顾我国保险中介发展之路,可以概括为五个主要阶段:一是1992年以前的萌芽起步期,主要标志是人保公司主导的以相关行业和基层组织为主体的保险代办点的广泛铺开;二是1992~1999年的快速成长期,主要标志是友邦上海引入个人营销体制,并得到行业广泛效仿推广;三是1999~2004年的制度突破期,主要标志是准入审批制度常态化,专业中介机构快速发展;四是

---

[*] 中国保险监督管理委员会北京监管局,北京航空航天大学博士生。
[❶] 陈恳:《迷失的盛宴:中国保险史1978-2014》,浙江大学出版社2014年版。

2004~2009 年的创新扩张期，主要标志是车商、银行等资源型渠道大量崛起；五是 2009 年以来的转型期，主要标志是增长速度趋缓，市场创新探索步伐加快。

（二）保险中介监管规制的历史演进

监管规制对保险中介的发展意义十分重大。30 多年间，监管主体上经历了由中国人民银行到中国保监会的转变，相关法律制度经历了从无到有，监管手段经历了从单一到多样，逐渐形成了目前以《保险法》为基础、监管制度为主体、行业自律规定为补充的保险中介监管规制体系。正是法律法规对保险中介的持续规制才推动了中介市场持续的高速发展。与保险中介发展相适应，总体上保险中介的监管规制经历了三个历史时期：

一是法律制度框架搭建期。以 1995 年《保险法》的颁布和人民银行相关监管规定的出台为标志。1995 年《保险法》专设"保险代理人和保险经纪人"一章对保险中介进行规定，规定了保险代理人和保险经纪人的概念、执业准则等，明确了金融监管者对其的监管权限。1996~1998 年，人民银行依据《保险法》，陆续出台了《保险代理人管理暂行规定》《保险代理人管理规定（试行）》《保险经纪人管理规定（试行）》等规定，将保险代理人分为专业代理人、兼业代理人、个人代理人，对代理人和经纪人市场准入、执业守则、法律责任等作出了明确规定。集中体现了 10 多年保险中介探索的成果，具有浓厚的计划经济向市场经济过度的色彩。

二是法律制度体系形成期，主要标志是中国保监会成立后系列监管制度的出台及 2002 年《保险法》的修订。2000~2006 年，保监会陆续出台了《保险公估机构管理规定（试行）》《保险代理机构管理规定》《保险经纪公司管理规定》《保险公估机构管理规定》《保险兼业代理管理暂行办法》《保险营销员管理规定》，下发了《关于下发〈保险兼业代理机构管理试点办法〉及开展试点工作的通知》《关于实施农村保险营销员资格授予制度有关问题的通知》。中国保监会成立后专司保险业的监管，这一时期的立法，一方面放松了一些不符合市场规律的限制规定，有效推动了专兼代理机构的发展；另一方面确立了市场准入、市场行为监管为主导的中介监管模式。

三是法律制度巩固转型期，主要标志是 2009 年和 2015 年《保险法》的两次修订及配套监管规定的出台。伴随《保险法》的修订，2009 年保监会出台了《保险专业代理机构监管规定》《保险经纪机构监管规定》《保险公估机构监管规定》《保险公司中介业务违法行为处罚办法》，并陆续进行了修订。2013 年连续出台了《保险销售从业人员管理办法》《保险经纪从业人员、保险公估从业人员监管办法》。2015 年《保险法》再次修订，取消了中介从业人员的法定审批制。这一时期的立法显示监管者逐步明确了自身在市场经济条件下如何定位自身职责，尊重市场规律，同时加大对销售误导、费用违规、失信经营等问题的规范力度，做到有进有退，更好地发挥市场和行业的力量监管保险中介市场。

(三) 保险中介及监管规制历史演进的启示

聚焦历史演进，保险中介发展和监管规制在博弈中互相推动，虽然规范赶不上实践的脚步，但这正描绘出发展改革期保险市场应有的风貌。一方面，保险中介顺应保险业向上的势头不断前进；另一方面，监管者在规制规范市场失灵、确立主体地位的同时，也不断通过法律法规的颁布释放改革红利，从二者的演进不难看出，历次新政出台后，都会在一定时期内推动保险中介的发展。

与保险业相伴而生的保险中介萌发于计划经济时期，发展于市场经济时期，不断进行着自我变革，适应行业的特点。实现监管规制从计划体制转向市场体制的过渡直接关系着行业的未来。监管规制的演进是一个渐进的过程，涉及保险监管的实质性法律修改在很大程度上集中反映了过去一段时间保险监管思路的演进路径及监管思路的未来发展方向。

反思保险中介的发展和监管规制，我们发现保险中介监管规制似乎一直在追赶行业的步伐，但始终未找到一条有效的路径，屡屡陷入一放就乱、一管就死的怪圈。监管者总是试图找到问题症结所在，历史上进行的两次全行业清理整顿即属此列。思考法律制度短期有效、容易失灵的原因。既有市场本身情况复杂，主体结构多样的原因，也有监管者未充分了解和把握行业运行的规律，未从市场经济的角度定位，仍以高度管制的监管理念立法的因素。正视发展中的问题，尊重市场运行的客观规律，逐步转变监管理念，才能有效规制保险中介的活动，保护保险消费者的合法权益。

二、当前我国保险中介发展面临的现实挑战

在保险市场高歌猛进下，保险中介机构误导销售、违规套现、欺诈理赔等顽疾长期困扰着行业发展，而这些问题正是保险市场野蛮生长后遗症的表现。受宏观经济和政策影响，自 2009 年起，保险中介增速下滑，许多高速发展期不被人关注的问题集中暴露，大案频发，保险中介市场进入以防范化解风险为标志的艰难转型期，中介渠道保费年均增速仅 11.7%，大大低于以往的增速，其中银邮渠道业务在 2011 年、2012 年连续出现负增长。思考未来保险中介的发展，主要将面临来自三个方面的挑战。❶

(一) 保险中介行业自身的问题

从保险中介自身而言，一是人海战术难以为继。我国保险中介发展仍处于

---

❶ 根据中国保监会外网披露数据。

初级阶段,专业化水平不高,规模效益型增长模式仍是行业的主流。该模式高度依赖人力投入,伴随着劳动力成本的持续上升,保险中介的职业吸引力大大降低。近年来,全社会的工资水平持续上升,而营销员平均收入水平远远赶不上同期社会平均水平的提高,出现收入下降。加之人口结构出现拐点,近年来我国15~59岁劳动年龄人口呈现整体下降趋势,人口红利正在迅速收窄,在这种趋势下,保险中介依靠低成本劳动力的人海战术将难以为继。二是行业缺乏创新动力。目前中介行业的发展仍主要是斯密增长,各机构乐于低层次成本竞争,普遍缺乏创新动力。同时我国保险中介服务的定价机制还未完全实现市场化,手续费率或佣金率趋于一致,在费率趋同、产品趋同的大环境下,不可避免地造成了市场上"劣币驱逐良币"现象的出现。在技术难度较大,对专业的要求较高的高科技、高风险类的保险方案设计、风险管理、定损理算等保险中介发展的蓝海鲜有作为。三是内控水平普遍偏低。在长期粗放的发展模式下,中介行业普遍存在着公司治理缺位、内控制度缺失、信息化建设滞后等问题。而在保险中介转型升级的浪潮下,内控水平已经成为其生存能力的重要表现,也是监管者关注的重点。

(二)宏观经济和市场化变革等带来的外部挑战

2008年经济危机导致世界经济整体衰退,在经历强经济刺激短暂高速的增长后,中国经济逐渐进入"新常态",宏观经济中存在的各方面问题也逐渐暴露出来,经济增长速度换挡期、结构调整阵痛期、前期刺激政策消化期三期叠加的基本面,国内外的复杂形势使得保险中介等行业难免在经济波动震荡中受到冲击。从保险中介发展历史来看,保险中介市场化改革发展是一个渐进的过程,既受宏观环境、市场机制体制等影响,也受微观经营方式和行为的制约。保险中介市场作为市场经济的参与主体,其发展必然受制于我国经济体制改革的路径和速度,不可能逾越历史阶段和发展规律。

(三)互联网金融浪潮对保险中介商业理念和运行模式的冲击

互联网、云计算、大数据等现代信息技术正日益改变着人们的生活,与外部环境相适应,传统商品交易模式也在发生着深刻的变革,有人曾预言,互联网将使传统市场交易中的中介商最终消亡,事实上,互联网金融浪潮已使得许多金融中介在发展中遭遇瓶颈。传统上,保险业交易活动高度依赖中介的参与,这种交易惯性还将持续存在。但互联网的移动性、实时性、便捷性缩短了商品供需双方之间的距离,低成本优势吞噬着传统中介的营利空间,金融脱媒趋势冲击着传统中介的运营模式,保险中介无疑需要在与新兴技术和模式的碰撞中探寻出路,经历黄金期的保险中介必将面临着更加严峻的挑战。

三、未来保险中介监管规制的政策建议

(一)"新常态"背景下监管规制路径的重塑

"新常态"是我国今后中长期经济发展的基调,十八届三中全会提出让市场在资源配置中起决定作用。这意味着保险中介的发展将从政府、市场双轮驱动逐步转入市场驱动。立足保险中介,监管者的简政放权影响深远,最近的《保险法》修订取消了保险中介从业人员资格审批,简化了保险中介机构的相关行政审批,将市场能够完成的交还市场,这成为未来保险中介监管规制的基本导向。如何适应"新常态",传统监管规制的路径应着力于以下两个转变:

一是监管规制理念从政府高度管制向政府管制与行业自律并重转变。理念指引行动,过去在监管理念上一直强调加强监管,政府监管承担无限责任。在保险中介发展初期,中介机构的自我约束和行业自律尚未形成,监管者此时采用高度管制的规制理念是符合市场实际情况的,符合"建设性政府"的历史要求,彼时的监管理念是对市场准入实行严格的行政审批,通过该方式引导社会资源合理地配置。伴随着市场的成熟,市场有效配置资源的能力增强,促使资源配置模式发生分化,市场在资源配置中应起到决定性作用。基于审慎原则,关系行业稳定和改革方向的事项由监管者规制适合我国目前的市场情况,其他领域则可以充分发挥行业自律的作用。监管规制在理念上应是有进有退,该管的管,该放松的放松,做到放松限制与加强监管的统一,政府监管与行业自律的并重。❶

二是监管规制重点从事前审批向事中、事后行为监管转变。与规制的理念转变相适应,规制的重点也须进行相应调整。放开保险中介从业人员市场准入后,应更多地关注保险中介机构市场准入的规制,以提升中介机构的整体水平。同时,监管重点应集中在保险中介机构市场行为、内部控制等事中、事后事项上。在市场经济环境下,监管规制的重点应以维持市场稳定、保护消费者合法权益为出发点和落脚点。因此,既要通过制度设计降低中介机构违规、造假的可能性,又要加大对违规行为的发现力度与惩罚成本,重新定位监管者在保险市场监管体系中的角色。

(二)"互联网"金融背景下监管规制模式的重构

"互联网"金融对保险中介最大的冲击就在于"去中介化",即金融脱媒。互联网金融作为运用互联网技术、移动通信技术提供金融服务的一种新型金融形式,对传统金融业及其运行模式带来了空前的挑战。在此背景下,监管规制

---

❶ 孙祁祥、郑伟:"保险监管思路演进的经济学思考——兼论《保险法》的修改",载《经济评论》2004年第3期。

模式应从以下两个方面予以重构：

一是坚持市场导向，完善信息披露机制。互联网带来了信息的革命，但海量的信息给市场各交易方，如消费者、保险机构、中介机构自己的信息的选择带来了困扰，叠加的信息不对称，要求监管者出台相应制度，保证市场中信息披露的有效性。

首先，行业标准信息的披露，互联网改变了传统中介服务的结构，原来全流程的保险中介服务可能演变为扁平化、碎片化的功能性服务。中介服务以功能进行定位的趋势，迫切要求监管者应对各项功能的具体执行标准进行定义，并建立机制对相关标准及监管政策予以充分披露，保证监管信息传达的有效性，引导市场良性发展。

其次，服务适当性信息的披露，服务适当性的目的在于保证交易主体真实的意思表示，使服务与客户需求相匹配。针对互联网推动下保险中介服务的网络化和远程化，传统信赖原则基础上的委托代理关系将逐渐淡化，代之以网络交易为表现形式的主动消费模式，这就需要监管者制定一整套服务适当性标准，并在交易时充分予以披露，保证服务的适当性，并规定不适当服务的法律责任。相应民事责任、行政责任相匹配，构建消费者、保险机构等市场交易主体受侵害时的救济机制。

最后，市场价格信息的披露、健全的市场环境、合理的定价是基础，这就要求监管者建立价格透明度披露机制，通过对当前各种费率和价格的披露使客户充分了解其交易成本，监管者定期对市场中的价格情况进行统计，并通过公众渠道向社会公布，用市场手段防止中介市场的恶性价格竞争。

二是锁定重点领域，建立保险中介功能监管体系。目前，我国的保险中介监管主要是机构监管，重点放在了市场准入上，但这已无法适应当前的客观形势。应适应监管理念的转变和《保险法》的导向，保险中介的监管应立足市场规律，提高监管的效能，符合市场需求。在这样的大背景下，为更好地适应互联网金融背景下保险中介的新趋势，满足中介业务扁平化和功能化的要求，应建立我国保险中介的功能监管体系。

对此，可借鉴欧盟《金融工具市场指令（MIFID）》❶ 的经验采取以下措施：一是规范中介业务操作和管理流程。要求中介机构针对客户的资产和信息的处理要有明确、高效和标准的操作和管理流程，避免客户与中介因选择倾向和产品利益造成的冲突。监管者可针对流程出台原则性规则，中介机构操作流程中必须包含该原则性规则，并建立相应的系统，以及内部审计、身份识别和风险管理相关业务规范。二是对中介市场的运行管理。建立相应市场规则和系

---

❶ Markets in the Financial Instruments Directive.

统使客户在交易中能够清晰地了解其交易过程，防范保险中介滥用信息优势，保证市场的平稳运行。三是对远程交易的规制。针对保险中介在网上服务中客户与中介往往处于地理、时空的不对称状态，制定相应规则弥补该不对称状态，防止不公平操作行为的发生。四是客户信息安全的保障。功能性的中介服务必然导致客户信息的高度碎片化，共享的网络平台可能导致客户信息泄露的风险成倍加剧，因此，必须要求中介机构建立起适应互联网环境的客户信息安全保障措施，并与行政责任挂钩，保证交易的安全进行。

综上所述，遵循市场经济规律，符合互联网时代特征的保险中介监管规制正朝着良好的方向发展。展望我国未来《保险法》的修订和监管规则的出台，做到行业发展和监管规制的良性互动，实现市场调节、政府调节和道德调节三者的平衡，保险监管必将发挥更大的作用。

论保险销售公司的市场定位和业务运营方式

孙慧珍[*]

应当说,保险销售公司是中国保险市场上近年来出现的新事物[❶],当然,这也是落实中国保监会在2010年10月下发的《关于改革保险营销员管理体制的意见》中提出的鼓励保险公司进行保险营销模式创新、实现产销分离目标的具体内容。2009年9月,由浙商财产保险股份有限公司投资设立的第一家全国性保险销售公司——浙商保险销售有限公司正式获准成立。此后,相继出现了10余家全国性保险销售公司。

因为,保险销售公司就是由保险公司单独出资或者由保险公司与其他投资者共同出资以及全部由社会力量出资所组建的专门从事保险销售业务的公司实体,实现专业化的保险销售服务。由此可见,是我国保险中介领域出现的新现象,这种经营模式更加接近于美国的分公司制度[❷]。姑且不论这些保险销售公司的经营效果,只就其对保险营销员管理体制改革的影响而言,笔者认为其具有重要的适用价值。因为,保险销售公司作为专门的保险营销实体,不仅有利于实践保险领域的产销分离,改变保险公司现有的保险产品设计和保险营销两头忙而疲于应付的局面;也可以创新性地运用专业化保险销售公司的管理机制来实现其对保险营销员的员工式管理,将分散的、各自为战的保险营销员吸纳为公司员工,对其实施有计划的、统一的组织管理。

不过,由于我国的保险销售公司尚处于试点阶段,并未形成统一的法定制度,则其适用规则有待建设。笔者立足于保险销售公司的制度建设,提出如下的看法。

---

[*] 中国妇女活动中心副主任。
[❶] 最早是由新华人寿保险公司于2004年成立云南新华保险代理有限责任公司、重庆保险代理有限责任公司等专属销售公司。2006年,民生人寿保险公司开始与地方工商联和重点企业合办保险代理公司,相继成立中企民生保险代理有限公司、石家庄商汇民生保险代理有限责任公司,不过,其效果均不太理想。
[❷] 美国的分公司制度,就是由保险公司在各地设置分支机构,分公司经理由保险公司总公司直接委派,依照保险公司总公司的命令处理日常事务。至于保险代理人虽然直接与保险公司总公司订立代理合同,但要受各分公司的管辖,实际上是由分公司经理指派,并接受其监督和管理。分公司制度被适用于寿险和非寿险领域。

一、保险销售公司应有明确的、科学的市场定位,以利于充分发挥其在我国保险市场上的独特作用

由于保险销售公司是我国保险市场出现的新情况,尚无明确的法律来规定其市场地位,理论界和实务界一般公认其属于保险中介,进而确认其属于保险代理人的范畴。然而,笔者提出,虽然"保险业是使用代理人最多的一个行业"❶,但从我国保险营销体制改革和创新保险销售方式的需要角度出发,不宜将保险销售公司简单地等同于保险代理人,而应当确认其为全新的保险中介类型。这意味着赋予了保险销售公司有别于保险代理公司的保险市场主体类型,即保险承销商地位。

第一,保险销售公司是不同于保险公司的专业营销实体。也就是说,法律应当确认保险销售公司在我国保险市场上具有独立的市场主体地位。首先,各家保险销售公司都是以独立法人身份出现在保险市场上,各自独立决策、独立经营、独立地享有权利、独立地承担义务和责任。保险销售公司拥有的独立法人地位使其"具有区别于其成员利益的个人利益的团体利益"❷,这一地位并不因其是某家保险公司全额投资的子公司,或者保险公司与其他投资者共同投资,甚至全部是由社会力量投资而有所区别。其次,保险销售公司是专门从事保险营销业务的市场主体。因此,需要将其与保险公司加以区别,即保险销售公司是基于现代保险市场的产销分离的需要,而与保险公司相互分工,就是肩负参与保险市场活动的特定使命,专司保险产品的经营销售工作,至于保险产品的设计则是保险公司的任务。明确了这一点,也就能够促进我国保险产业向产销分离发展,可以让保险公司集中其人力、物力、财力于保险市场的开发,从事保险产品的研发创新,从而,提升保险资金的经济效用,促进保险行业的常态化发展。

第二,保险销售公司是有别于保险代理公司和保险经纪公司的新型保险中介类型。相较而言,保险销售公司作为独立的保险市场主体类型,其市场价值在于借助其销售保险产品的专职业务活动,将保险公司设计保险产品的预期目的转变成现实的保险法律关系,实现保险商品具有的使用价值和交换价值。显然,保险销售公司的存在是完成保险市场经营活动、形成保险保障效果的一种中介桥梁。所以,应当确认保险销售公司是新型的保险中介类型,成为我国保险中介领域发展的新生力量,扩展了保险中介的市场空间。

同时,确立保险销售公司的独立地位,也为其预设了专业化发展方向,即

---

❶ 陈欣:《保险法》,北京大学出版社 2000 年版,第 231 页。
❷ 王利明主编:《民法(第四版)》,中国人民大学出版社 2008 年版,第 85 页。

专门从事保险产品的销售服务。显然,这不仅符合我国保险产业的产销分离发展趋势,利于实现保险行业的专业化分工;也是落实保险销售方式创新,丰富我国保险中介市场的服务模式,实现保险营销多样化和保险中介多元化的具体内容。这意味着保险销售公司所提供的保险中介服务——保险产品的营销——完全不能够为《保险法》关于保险代理人和保险经纪人的条文所定义的业务内容❶,应当有别于保险代理公司和保险经纪公司的业务内容,而不是保险代理业务或者保险经纪业务的复制和扩展。否则,也就无须另行确立保险销售公司的存在。

第三,保险销售公司是从事保险承销活动的保险承销商。

保险销售公司的业务内容就体现在其作为保险承销商的身份来参与保险产品的营销,实现其保险中介的作用。这显然是将证券市场上的证券承销制度和证券承销商的经验用于我国保险市场的保险营销环节,将保险销售公司定位为保险承销商的身份。借鉴证券市场的经验,证券承销作为证券发行的主要方式,是指证券"发行人委托证券公司向证券市场上不特定的投资人公开销售股票、债券及其他投资证券的活动"❷。而负责销售工作的证券公司就是承销商,它"在证券发行过程中承担着顾问、购买、分销和保护等功能"❸,显然属于证券发行领域的中介商"必须具备法律规定的证券承销主体资格"❹。出于赋予保险销售公司有别于保险代理公司和保险经纪公司的法律地位的考量,不妨将证券承销模式引入保险中介市场,将其以保险承销商的身份参与到保险营销环节之中,发挥其从事保险营销的经验和营销手段来增大保险产品的市场规模,并借此扩大保险公司的影响,分担保险公司的保险产品的销售风险。

之所以说,确认保险销售公司的保险承销商地位是保险中介市场的创新,并与保险代理业务和保险经纪业务相区别而独立于保险中介市场领域,集中表现在其作为保险承销商,是以自己的独立名义来专业化地从事保险产品的销售。其与保险公司之间基于签订保险承销合同来建立保险公司与保险承销公司之间的保险销售法律关系,彼此依据承销合同的约定来行使各自权利,履行各自的义务以及在承担相应的保险产品承销过程中形成的法律责任。这当然不同于只能以作为被代理人的保险公司名义营销保险产品,并由保险公司承担法律后果的保险代理业务。而与接受委托的范围涵盖保险活动各方当事人,业务内容包括风险评估、风险防范方案设计和代表委托人与保险公司洽商投保事宜等诸环节的保险经纪业务相比较的话,保险销售公司的业务内容单一。它限于承

---

❶ 《中华人民共和国保险法》第 117 条、第 118 条。
❷ 范健主编:《商法学》,高等教育出版社、北京大学出版社 2000 年版,第 268 页。
❸ 赵中孚主编:《商法总论(第三版)》,中国人民大学出版社 2007 年版,第 326 页。
❹ 王建文:《商法教程》,中国人民大学出版社 2009 年版,第 233 页。

销保险公司的保险产品，为保险公司销售其所承销的保险产品。正是在此意义上，保险销售公司是在我国保险中介市场上，继保险代理公司和保险经纪公司之后的又一种保险中介商。其中介职能就是作为专业的保险营销人来参与保险产品的营销活动，这不仅能够丰富保险中介市场的服务形式，扩展保险中介市场范围，也为实现保险市场的产销分离提供了条件。

二、保险销售公司的业务运营方式，就是按照承销合同开展承销活动

目前，我国保险市场上的保险销售公司大多是保险公司投资，使其成为保险公司旗下的子公司，并以专门销售作为投资者的母公司一家的保险产品为其服务内容和服务范围的依据。正是在此意义上，实务界将保险营销公司称为专属保险营销公司。这符合我国保险市场现阶段的发展需求，保险公司按照各自的市场发展战略，可以"根据保险资金的特点，正确认识保险与其他金融行业的竞争与合作关系，在实践中发展各种形式的中长期投资，增强灵活性、提升投资回报，切实增强市场活力、促进行业发展"❶，不过，笔者认为，随着我国保险市场的逐步发展和保险营销环境的不断完善以及对保险营销公司制度的认识，对于保险营销公司的投资来源势必不断扩大，有可能被视为保险公司以外的社会公众参与投资的热点区域，使保险营销公司的投资来源呈现多样化也就是顺理成章的。与此相适应，保险营销公司营销的保险产品当然就必须超出专属某一家保险公司的局面，故而，保险立法着眼于促进和保护保险营销公司制度的发展，应当允许保险销售公司基于其独立的法人人格和独立的经济利益而与多家保险公司签订保险产品承销合同，使其销售保险产品的范围不限于某一家保险公司。

而就保险销售公司从事保险承销的运营方式来讲，笔者认为，可以参照证券承销商的销售模式，将保险承销活动建立在保险承销合同的基础上。即保险销售公司与保险公司基于协商一致而签订保险承销合同，用以约定双方之间的保险承销关系。从保险销售公司的角度讲，其据此而开展具体的保险产品承销活动，行使保险承销商的权利，履行相应的业务，并承担相应的责任。

仅就保险承销的类型而言，双方可以根据保险产品营销的实际需要，在保险承销合同中约定所应采取的具体承销方式。参考国内外开展证券承销的经验，我国的保险承销商从事保险承销的方式亦可以分为代销、包销和联合承销等类型。其中，代销就是保险公司与保险销售公司之间建立委托代理性质的保

---

❶ 胡磊、省文杰："'大资产管理'视角下保险资金投资运用问题浅析"，载贾林青主编《海商法保险法评论（第6卷）》，知识产权出版社 2014 年版。

险承销关系。保险销售公司是代为销售保险产品，对未能销售出去的保险产品不负责任，销售风险是由保险公司自己承担的，故而，代销应当居于次要的地位。与此不同的是，包销就是双方针对全部或者部分的保险产品来建立具体的包销关系，由保险销售公司按照保险承销合同约定的价格购入相应的保险产品，而当双方约定的承销期结束的时候，保险销售公司手中尚未销售出去的保险产品，由保险公司按照双方约定的价格予以回购。至于联合承销方式，则是由两个或者更多的保险销售公司共同接受保险公司的委托来向社会公众销售相应保险产品的方式。联合承销方式的突出优点，在于参与保险销售的各个公司形成一个承销团，共同完成保险产品的销售任务，共同分摊销售费用，并共同分担销售风险。

客观地讲，无论采取哪种承销方式，均应按照保险承销合同有关承销标的、承销方式、承销范围、承销价格、承销期限、承销责任等方面的约定，双方行使各自权利、履行各自义务。并且，由于采取不同的保险承销方式，可以形成不同的承销关系。在代销模式下，保险销售公司代为销售的保险产品归属于被代理的保险公司，保险销售公司只是按照约定收取代理报酬。而采取保险包销或者联合承销方式的，则是分别形成保险销售公司与保险公司之间、保险销售公司与保险消费者之间双重的保险产品买卖关系。两者相互独立存在，但又相互关联，是缺一不可的完整营销过程。

其中，保险销售公司与保险公司之间的承销买卖关系是必要的前提。即保险销售公司作为承销商按照保险承销合同约定价格向保险公司购买其所设计并推向保险市场的全部或者部分保险产品后，成为相应保险单的持有人[1]（并非投保人或者被保险人）。然后，才能基于保险销售公司的保险营销活动而在保险销售公司与保险消费者之间产生另一个保险产品的买卖关系。应当说，这一保险产品买卖关系的建立和完成标志着保险营销过程的结束，并直接体现出保险销售公司具有的保险中介职能，即保险销售公司以保单持有人的身份，再行将其手中持有的保险产品向社会公众进行销售。如果保险消费者从保险销售公司处购买了保险产品，意味着保险销售公司的保险中介职能完成。余下的只是保险消费者与保险公司之间的保险权利义务关系，该保险产品的购买者成为投保人，保险单随之产生法律约束力，而接受保险保障的当事人则取得被保险人的身份地位。如果保险承销合同约定的承销期限届满时，保险销售公司作为保险承销商有权将手中仍然持有的、尚未销售出去的保险产品，要求保险公司按照保险承销合同的回购条款所约定的条件和价格予以回购。

---

[1] 笔者认为，保险销售公司持有的保险单，因其不具备保险利益而在其持有期间处于效力待定状态而并未产生效力，只有在销售给保险消费者之后才因符合法定条件而生效。

因此,保险销售公司作为新型市场主体进入我国保险中介市场领域的法律价值由此可见一斑。它能够向社会公众在保险代理和保险经纪以外提供一种全新的保险中介服务,无疑是为保险中介市场注入了新的活力,扩大了保险消费者在保险市场上行使选择权的内容范围,有利于保护保险消费者的权益。

当然,保险销售公司的作用远不局限于此,它预示着我国保险市场格局所出现的变革,逐步走向产销分离的趋势,这对保险公司的影响更是十分重大的。它意味着保险公司将由传统意义上的产销一条龙服务,转而将经营重点置于保险产品的设计和生产和向保险消费者提供全面周到的保险服务上。至于保险产品的销售环节则由保险销售公司凭借保险承销合同的约定来专职负责。其结果是保险公司减少在保险产品营销环节上的投入,其拥有的人、财、物等社会资源集中用于保险市场调研、风险评估、产品设计等领域,根源在于,保险销售公司作为保险中介的出现和发展,可以"使保险经营者从繁重的展业、检验等工作中解脱出来,集中精力致力于市场调研、险种开发、偿付能力管理、保险资金运用以及管理制度建设等方面"[1]。它既能提高保险资金的利用效率,又切实加强了保险公司的经营管理水平,有利于保险行业持续稳定地发展。

此外,就我国当前保险营销员管理模式的改革来讲,面对"个人寿险营销体制改革的呼声不断"[2],保险销售公司可以为处于发展"瓶颈期"的拥有289.9万人的保险营销员队伍[3]的管理制度进行改革并提供一个新的思路。即将现有的由各家保险公司施加管理的保险营销员群体转由保险销售公司的管理范围之下,故而,发展保险销售公司对其也是意义重大的。因为,保险销售公司作为专门从事保险产品销售业务的保险中介主体,需要大量具有保险产品销售经验的专业人员,而目前分散于各家保险公司名下的保险营销员当然是不可小觑的力量。保险销售公司可以吸纳一定数量的保险营销员为其员工并与其签订劳动合同,或者由其与保险营销员之间签订代理合同。从而,将这些保险营销员纳入其公司管理的体系范围之内,取代保险公司现有的管理者角色地位,对其旗下的保险营销员负担必要的管理职责,提供职场、进行业务培训,并为此制定有关的规章制度,建立全面完善的公司管理制度,要求保险营销员履行员工的义务和责任,以保险销售公司的名义为公司的利益而从事保险产品的营销活动。

同时,由保险销售公司统一为保险营销员购买相应的社会保险,以公司的

---

[1] 朱铭来主编:《保险法学》,南开大学出版社2006年版,第349页。
[2] 李祝用、鲍为民、胡凌斌:"2009—2012年中国保险市场法制报告",载中国保险法学研究会主办,尹田、任自力主编:《保险法前沿》2012年第1辑,法律出版社2012年版。
[3] 截至2013年存在于中国保险市场的保险营销员队伍的总人数为289.9万人左右,其中,人身保险领域的为250.9万人,财产保险领域的约为39万人。参见中国保险协会编:《保险营销员现状调查报告》,中国金融出版社2014年版,第6页。

名义承担各类纳税义务。这不仅可以让保险营销员有一种归属感，提升其开展保险产品营销的自信心和责任心，并从保险销售公司层面就建立统一的保险营销员的入职标准，提高保险营销员的从业素质和营销水平，并借助保险销售公司的资本实力和销售平台，开展网销、电销、交叉销售等多种新型销售方式。最关键的是，处于保险销售公司管理模式之下的保险营销员以该公司名义开展的保险产品营销活动，也就应当由保险销售公司承担管理责任，从而，有利于强化保险销售公司对于保险营销员实施行之有效的管理。

而对于保险监管机构来讲，可以将监管的重点由对广大分散的保险营销员的直接监督管理转变为对保险销售公司的经营管理、规章制度的建立与运用的监督管理和提供相关的服务上。而作为监管的主要内容，保险监管机构应当尽快对保险销售公司的制度建设进行设计，明确规定保险销售公司所应具备的资格条件、所能从事的业务范围、其销售保险产品是否有地域和险种范围的限制。并且，保险销售公司购买保险产品的价格、保险公司的回购价格、保险销售公司所得报酬等是完全市场化，还是执行指导价等都需要有明确的规则标准，以维持保险销售公司范围内正常的经营关系，建立公平竞争的保险中介市场上的保险承销秩序。

保险公司风险处置中保险合同移转制度的建构

——以保单持有人的保护为视角

薄燕娜[*]

我国 2009 年施行的《保险法》新增加的第 134 条明确了保险监管机构实施保险监管所应遵循的原则及其基本任务：保险监管机构应该"对保险业实施监督管理，维护保险市场秩序，保护投保人、被保险人和受益人的合法权益。"保护保单持有人的合法权益作为保险监管的基本任务之一已通过法律的形式予以确立。就目前保险监管的实践而言，对保单持有人的保护经常被置于保险合同签订前至保险合同被履行完毕这一阶段的监管之中，表现于适当的信息披露、规制保险代理、防止消费者资产被欺诈或者滥用、保护消费者隐私、投诉与司法救济等方面。诚然，保单持有人所期待的保险保障权益的实现取决于保险合同的履行，同时，不可否认的是，保险合同能否存续直至被履行在一定程度上却依赖于保险公司的营业可否持续。当保险公司陷入经营危机时为保单持有人权益保护考量，在保险公司风险处置中首要考虑的问题就是如何维系保险合同的存续以使其得到适当履行。

2015 年 4 月 24 日修订的《保险法》虽然仅对有关行政审批、工商登记前置审批等事项作出了修改，但是由此开启了《保险法》修改工作的大幕。就目前《保险法》的修改建议稿来看，此次《保险法》的修改主要针对了保险业法部分，在保险公司风险处置中如何保护保单持有人的权益是此次保险业法修改中应当审视的内容。

---

[*] 中国政法大学比较法学研究院副教授。

一、保险公司风险处置中保单持有人的权益保护

(一)以保单持有人权益保护为保险公司风险处置的核心目标

1. 保单持有人权益保护是保险公司风险处置首要考量的因素

作为金融机构,保险公司与银行、证券公司一样需要接受相应金融监管部门的强监管,其市场准入、经营行为、资金运用、财务状况、破产处理等都会受到大量强制性法律规范的调整。这是因为金融机构的经营具有信息的不对称性、金融机构经营的高负债性、金融机构作为一般企业的营利性、金融机构经营风险的传递性和强大的外部性等特征。

另外,保险业相较银行、证券业也有自己的特性。例如,保险商品是根据复杂的数理计算而设计的金融商品,即使有充分的信息公开,也不能期待消费者对其有深入的了解;保险条款的复杂性也是"一般人"所难以充分理解的;消费者购买保险商品是为了填补保险事故发生时产生的经济损失,这使得保险产品的价值与消费者的生活状况息息相关。还有,对人寿保险以及一部分的财产保险来说,保险合同的持续关系着消费者的权益。随着年龄的增长,死亡以及伤病的风险也在增加,消费者一旦失去现有的保险合同,将无法以同等的条件获得同样的保险保障,这可以当然地理解为消费者权益因此遭受了侵害。另外,保险公司的存续有赖于人们对保险公司以及保险业界的信心,保险公司陷入经营危机甚至因破产出现赔付(给付)不能,不仅作为缔约相对方的消费者因此遭受损失,还会影响到消费者对保险公司和保险业界的信任,从而导致保险业无法持续的结果。由此,当保险公司出现业务、财产状况恶化以及出现危及保单持有人权益的事态时,为维持公众对保险业界乃至金融业界的信赖,保险公司风险处置必须以保护保单持有人的权益为出发点和落脚点。

2. 以保护保单持有人权益为保险监管核心目标的国际经验

曾经是美国第四大投资银行的雷曼兄弟控股公司(Lehman Brothers Holdings)在2008年9月15日的倒闭消息颠覆了消费者惯常的金融机构"大而不倒"的认知与信念,对处于经营危机中的金融机构进行有效处置及监管成为近年来许多国家、区域性组织乃至国际组织所讨论的一项重要议题。

目前,国际保险监管官协会(International Association of Insurance Supervisors)于2013年10月19日更新了《保险监管核心原则、标准指引及评估方法》(以下简称《核心原则与方法》)。《核心原则和方法》ICP1"监管目标、权力与责任"1.3规定,"监管的主要目标是为了保单持有者的利益和保护而促进一个公正、安全、稳定的保险市场的维持。"1.3.1明确,"尽管明确的保险监管的目标因立法而有不同,但是重要的是所有保险监管者应当对保护保单持有者的利益这一目标负责。"并赋予了"必要时,监管者有权采取紧

急措施，以达到其监管目标，尤其是为保护保单持有者的利益。"在金融稳定委员会（Financial Stability Board）于 2014 年 10 月 15 日更新的《有效的金融机构处置机制核心要素》（以下简称《核心要素》）中规定行政处置的目标之一就是为保单持有者等人提供适当程度的保障。《核心要素》2.1（Ⅱ）规定，"储户、保险保单持有者、投资者如果通过相关的保险制度和安排可能获得的保护，通过行政处置的制度安排也能够获得同等的保护"。在美国，为保护保单持有人、债权人及公众利益，保险监管官可以对存在潜在危险状况的保险公司采取改正措施，对接管及重整的保险公司进行改良❶。正是基于保险消费者权益保护的目的，州保险监管官经常表明他们根据《破产法》在保险公司还没有破产但已经处于不利于保单持有人和其他债权人的情况下具有准监管权力的力量。法院也稍微退让于曾因行使这些自由裁量权而受到挑战的保险监管官。❷ 日本《保险业法》开宗明义于第 1 条明确了保险业法的立法目的在于"保护投保人的合法权益"。保护投保人的合法权益是否是保险业法唯一、绝对的目的另当别论，但它是保险业法的核心目的是毋庸置疑❸。为保护投保人的利益，日本《保险业法》第十章专章规定了"保护投保人等的特别措施"，设立该制度的原因之一是保险公司的债权人即投保人的数量大幅增加，陷入经营困难的保险公司仅采用一般的解决方法，难以确保投保人等的利益及其公平性；原因之二是对处于破产状态的保险公司若置之不理，则可能会损害社会各界对保险业的信赖，也会阻碍对国民生活而言非常重要的保险业的健全发展；原因之三是根据保险合同的性质，希望尽可能迅速地采取相应措施以维持保险合同的有效性。

3. 保护保单持有人权益的法律途径与方式选择

我国《保险法》采用二元立法体例，即保险业法和保险合同法合并立法，前者对保险经营规则、保险公司组织管理等方面作出规定，从保险行业监管的角度保护保单持有人的权益；后者规定合同订立、履行以及合同当事人的权利、义务、责任等，从规范合同行为的角度保护保险合同缔约者。当保险公司出现经营风险而面临破产危机时，对保单持有人的保护需依赖于保险业法的相关规定，保险公司风险处置制度应集中体现于保险业法的规定之中。

---

❶ 美国保险监管官协会（NAIC）制定的《保险监管官协会示范法》第 555－1 卷 "保险公司破产管理示范法"第 104、301、401、501 条规定，监管官及其公务继任人通过法院的接管、重整、清算等指令被任命为接管官、重整官、清算人等破产管理人。他们可以享有解除保单、保险合同、再保险合同（不包括人寿健康险或养老险）或保证债券，或者将保单、保险合同、再保险合同、保证债券转让给有偿债能力的受让保险公司，他们也可以处置保险公司的财产及业务或者暂停保险公司董事、管理人员以及经理人的全部职权等。

❷ "《NAIC 卷》外方评述 美国保险监管官协会"，载孟昭亿主编：《国际保险监管文献汇编》NAIC 卷（上），中国金融出版社 2008 年版，第 24 页。

❸ 山下友信「保険業法と消費者保護」，『民商法雑誌』第 84 卷（《特集・業法と消費者保護》）。

为保护保单持有人的权益，对出现经营危机濒临破产的保险公司进行风险处置，可选择的方式是：首先，应当努力维持保险公司营业的继续。通过采取合同缔约条件的变更，包括缩减债务、变更权利、削减普通债权、削减责任准备金、降低预订利率等处理措施维持保险公司的存续，以挽救保险公司的经营达到延续保险合同有效性的目的，从而保护保单持有人的权益；当穷尽了诸种确保保险公司存续的监管手段仍不能奏效时，将保险公司与保险合同区分开来，通过实施概括移转保险合同等监管手段保持保险合同的存续。与此同时启动停止保险公司全部或一部分业务、保险公司合并、破产等保险公司退出市场的程序，重在保护保单持有人的权益以及公众对保险业的信赖。在保险公司退出市场时，为了更好地实现保险合同的存续，还需要依赖保险保障基金的资金救助，因此，完善的保险保障基金制度也是保单持有人权益保护所必不能少的。

二、保险合同移转的立法现状及问题

我国《保险法》第 92 条[1]明确了经营人寿保险业务的保险公司在依法被撤销或被宣告破产情形下保险合同指定移转制度。该条所规定的人寿保险合同转移的方式包括了自愿转让和指定转让。在保险公司被依法撤销或被依法宣告破产的情况下，由该保险公司与其他经营有人寿业务的保险公司进行协商，签订转让和接受未到期人寿保险合同的协议。如果通过这种市场行为，不能找到自愿接受这些人寿保险合同的保险公司，则由保险监管机构根据法律规定指定经营人寿保险业务的保险公司予以接受。[2] 除此之外，适用于人寿保险的还有《保险法》第 89 条的经营有人寿保险业务的保险公司除因分立、合并或者被依法撤销外不得解散的规定。虽然为了保护保单持有人的权益，国家对寿险业起到了信用担保的作用，但是，法律规定的"必须转让"以及"指定接受转让"的行政命令既没有考虑投保人对合同移转的意思表示，也无视其他保险人的接受意愿。

在寿险业务中，投保人随着年龄的增加被解除保险合同后再缔结新的保险合同获得同等的保险保障是比较困难的，在可能的范围内最大限度地实现保险合同的存续对保护保单持有人的利益非常重要。尽管如此，维系寿险保险合同存续的保险合同移转是否唯有依赖于行政的强制力？通常，保险合同的移转是

---

[1] 《保险法》第 92 条规定："经营有人寿保险业务的保险公司被依法撤销或者被依法宣告破产的，其持有的人寿保险合同及责任准备金，必须转让给其他经营有人寿保险业务的保险公司；不能同其他保险公司达成转让协议的，由国务院保险监督管理机构指定经营有人寿保险业务的保险公司接受转让。转让或者由国务院保险监督管理机构指定接受转让前款规定的人寿保险合同及责任准备金的，应当维护被保险人、受益人的合法权益。"

[2] 吴定富主编：《中华人民共和国保险法释义》，中国财政经济出版社 2009 年版，第 207 页。

通过当事人之间所形成的让渡债权债务的合意来实现的,是债的主体享有的自治性的权利,只有在为了达至特定目的时才可以设定保险合同移转的法定事项。当保险公司陷入经营危机而无法自主地进行保险合同移转时,为了延续保险合同以保护保单持有人的权益,作为保险公司风险处置手段的保险合同的强制移转就有了存在的必要。然而,保险监管机构移转保险合同的权利被法定后,行政权介入了私法领域中债的处分,保险合同强制移转的合理性就会被质疑。

另一方面,我国《保险法》并未对保险公司破产时非寿险保险合同的转让及效力做出特别规定。虽然与寿险不同,财产险合同多数是短期的,且不存在再加入保险困难的情形,因此关于财产险合同,与其说是强制性地要求保险合同存续,还不如把保险保障切换到其他更加稳健的保险公司的做法对保护保单持有人的权益更加有利❶。但毋庸置疑,在保险公司行将破产时,如果切断保险合同的延续使财产险保单持有人直接获得保险金的赔付,即便要确保保单持有人债权的优先受偿,其能够获得保险合同所约定的保险赔偿额度也实属不易。因此,财产险保险合同保单持有人也存在因保险公司破产保险合同终止而遭受损失的情形。财产险保险合同能够移转处置可为其保单持有人提供更多救济手段的选择。

三、保险公司风险处置中保险合同强制移转制度的改造

(一) 日本保险合同移转的立法沿革及启示

当保险公司出现重大经营风险时,保险监管机构会优先选择行政救助来帮助保险公司化解风险,保险合同的强制移转成为保险公司风险处置的手段之一。因为陷入经营危机的保险公司行使自治权移转保险合同的程序就其本质而言属于自救程序,由保险监管机构在保险公司风险处置中行使保险合同移转处置权而因此遭受了批判。在日本保险业立法中,保险合同移转经历了市场自由与强制监管相互博弈的立法变迁过程。

1912(明治45)年,日本为了让经营状况恶化、保险业继续有困难但尚未达至破产状态的保险公司迅速地完成营业转让,在保险业法修订中首次引入了保险合同概括移转的规定。《保险业法》(1912)规定,基于保险公司间的合意进行保险的概括移转(第20条之2)。在进行保险合同的概括移转时,必须同时移转保险公司的财产。此时,转移保险合同的公司必须留足财产,以确保所转移保险合同的投保人以外的公司债权人利益不受损害。若出现移转保险合

---

❶ 稻田行祐著:"日本保险公司市场退出系列报告之第三篇——日本保险公司破产程序的概要",马强译,载《中国保险报》2011年4月2日,第6版。

同的责任准备金不足的情形，生命险保险合同全部移转时，可以削减移转保险合同的保险金额（第 20 条之 6）。1912 年《保险业法》实现了投保人、保险公司一般债权人之间的利益平衡，同时又为投保人保护之考量、基于损害险和生命权性质之不同区分了保险合同不同的处理方式。❶

1939 年经济危机后，保险公司的业绩显著恶化，为了应对新的经济形势，政府加强了对保险业的监管。作为强化保险监管的措施之一，新设了根据大藏大臣的命令强制移转保险合同的制度。当时日本出现了多起保险公司破产重整的案例，为了解决保险公司破产程序所需时间长、费用高、保险金支付经常迟延这些问题，将保险公司的破产程序完全置于政府的监管之下是可以替代的有效率的处置方法。与 1912 年《保险业法》所规定的保险合同任意移转、区分生命险与损害险区别进行保险合同的处理不同，强制移转制度适用于处于破产状态的所有的保险公司，旨在为他们提供比破产重整更为有效的破产处理方法。❷ 根据《保险业法》（1939 年）的规定，如果移转保险公司与其他保险公司达成了保险合同概括移转的合意，那么根据该合意进行保险合同移转将实现投保人保护之目的。如果没有出现保险合同概括移转的受让方时，大藏大臣可以发出行政命令指定保险合同概括移转的受让方（第 100 条第 1 款）。为了使其他保险公司更容易继受保险合同的概括移转，大藏大臣在认为有必要时可以命令变更保险合同计算的基础、削减保险金、削减未来的保险费、变更保险合同的条款（第 104 条第 1 款）。被指定的保险公司负有与移转保险公司就保险合同移转的相关问题进行协商的义务。在双方不进行协商或者协商达不成一致时，大藏大臣可以发出指定保险合同移转的命令。基于该命令所进行的保险合同移转根据大藏大臣的批准或决定而生效（第 121 条第 1 款、第 124 条、第 125 条）。因大藏大臣的行政处分强制性地变更了具有私法属性的契约内容，因此，这些行政处置措施被称为"强制管理"，这种制度也因为有侵犯宪法所保障的财产权利之嫌而受到质疑。❸

1995（平成 7）年在保险业法改革中废止了由保险监管机构决定保险合同移转和保险金额削减的制度。在保险公司继续保险营业确有困难的，或认为其运营明显不合理、有损害投保人利益之虞时，由内阁总理大臣向该保险公司下达必要措施的命令，其中包括了进行合并、移转保险合同或者协商由其他保险公司取得保险公司的股份以及其他必要处置措施（第 241 条第 1 款）。当保险

---

❶ 井代岳志「損害保険会社の破綻処理における保険契約者保護のあり方」、『保険学雑誌』第 567 号、142 页参照。

❷ 井代岳志「損害保険会社の破綻処理における保険契約者保護のあり方」、『保険学雑誌』第 567 号、144 页参照。

❸ 山本弘「保険会社の経営破綻の処理手続き——保険業法上の業務及び財産の管理と商法上の整理・会社更生と関係を中心として」、『ジュリスト』（No. 1080）1995.12.1、15－17 页。

公司在经营陷入困境时，该保险公司（或保险管理人）将寻求可对其进行救济的保险公司为合并相对人，在这种情况下要寻找到妥当的相对人保险公司具有相当大的难度并且在谈判时也常会发生不顺利的情形。因此，内阁总理大臣可以指定与该保险公司进行协议的合并相对方，建议双方就此展开磋商（第256条）。当双方无法达成合并协议，内阁总理大臣可以进行必要的斡旋（第257条）。因为考虑到行政命令无法忽略接受保险合同保险公司的立场，因此《保险业法》（1995）规定，内阁总理大臣发出命令的内容仅为移转保险公司和被指定保险公司展开相关协商的建议。

保险合同的移转是基于移转保险公司与受让保险公司之间的合意而进行的，保险合同缔约条件的变更除移转保险公司与受让保险公司的合意而决定外，还要服从于保险合同的投保人对保险合同移转所提出的异议请求。从宪法所规定的财产权保护的角度来看，强制管理的合宪性是被质疑的。日本1995年《保险业法》修正了之前大藏大臣对破绽保险公司的业务及财产实施"强制管理"的规定，废止了保险合同强制移转以及通过行政处分命令强制变更私法契约内容的制度，基本上消除了强制管理有违法理的诟病。❶

（二）保险合同指定移转去强制化的改造

依据《保险法》第92条人寿保险合同的强制移转是以保险公司充分自力救济为前提的，也就是以"不能同其他保险公司达成转让协议"为要件的。只有不能自主转让保险合同，保险合同才被强制移转至指定的受让者。即便寿险保险合同的强制移转尊重了保险公司保险合同移转自治权的行使，"指定接受转让"仍构成对于具有私法契约内容的合同移转的行政干预，保险合同的指定移转必须进行去强制化的改造。

1. 保险合同指定移转去强制化需要澄清的问题
（1）保险合同指定移转去强制化不意味着保险监管机构失权

保险监管部门享有保险合同移转的处置权是保险公司风险处置的有效手段，在域外保险监管的法律乃至国际性文件中都明确规定保险监管机构享有保险合同移转的处置权。

如上所述，在日本，当内阁总理大臣认为保险公司继续经营保险确有困难的，或认为其运营明显不合理、有损害投保人利益之虞时，可下达保险合同移转的命令；在美国"结构化早期介入与解决"的金融监管中，为矫正保险公司违法行为保险监管官可以启动行政监督程序，在行政监督期间内，保险公司若要实施"终止、解除、取消、转化或放弃保单、保险凭证或保险合同的行为"，

---

❶ 山下友信「保険会社の経営破綻処理と現行法制度の概要・課題」，「ジュリスト」（No.1080），1995.12.1，10頁；山本弘「保険会社の経営破綻の処理手続き——保険業法上の業務及び財産の管理と商法上の整理・会社更生と関係を中心として」，「ジュリスト」（No.1080）1995.12.1，17頁。

需由保险监管官或其指定的人员事先批准❶。对于出现重大风险的保险公司，为了恢复保险公司的自主经营与正常经营，在启动的接管与重整程序中，接管官与重整官认为必要或适当时可以采取包括将保单、保险合同等转让给有偿债能力的受让保险公司等以改革与振兴保险公司为目的的措施❷；《核心要素》3.2（Ⅲ）中规定处置当局应当拥有"经营和清算金融机构的权力，包括取消合同、继续或转让合同、购买或变卖资产、削减负债以及采取必要措施重建或处置金融机构的业务"等广泛的处置权利；《核心原则》ICP11"强制措施"11.2.1规定监管机构拥有"将出现问题的保险公司的保单责任转到另一家愿意接受的保险公司"等权力。

在保险公司风险处置中赋予监管机构行使保险合同移转的处置权，其合理性在于：一方面，合理约束保险公司移转保险合同的权利。"为了保护保单持有人的利益，法规应当限制保险公司转让其保单责任的能力。监管机构应当确保在转让责任后，保单持有人预期的合理利益与保单的现实价值通常不会变少。"❸因此，《核心原则》要求"必须经监管部门批准"的声明被适用于保险公司的业务转移之中。声明被视为最高级别的核心原则，旨在促进保险行业的财务稳健，并给予保单持有人充分的保护❹。与之相关联的基本标准要求"6.10保险公司所有或部分业务的转让需要得到监管机构的批准，在审批时需要考虑受让者和转让者的财务状况等因素。监管机构需确保受让者和转让者的保单持有人的利益将受到保护。"另一方面，确保保险监管机构在应对风险危机时能够及时、尽快地采取处置措施。"监管机构的决策体系应保证其在紧急情况下能够及时地采取措施"，而监管机构在必要时采取补救措施以及紧急情况发生时采取紧急措施的本意在于保护所有保单持有者的利益和遵守所有的要求。通过监管措施的有效实施，避免保险公司陷入破产困境，从而促进保险业公平、安全、稳定的发展，保护保单持有人的权益。

鉴于此，在保险合同指定移转去强制化的改造中并不否认保险监管机构在保险公司风险处置中享有保险合同移转的处置权。

（2）保险监管机构的保险合同移转处置权应当依法行使

为了应对处理问题金融机构时立法者无法预见所有情形的不足，确保权责机关的充足授权已被实践证明是必须的❺，因此，在处置保险公司风险时保险监管机构也往往被赋予较大的自由裁量权。虽然监管机构在发现保险公司存在

---

❶ NAIC558－1《行政监督示范法》第5条。
❷ NAIC555－1《保险公司破产管理示范法》第302条C、第402条A。
❸ 《核心原则》6.10.1
❹ 《核心原则》6。
❺ 刘俊：《各国问题金融机构处理的比较法研究》，上海人民出版社2008年版，第160页。

问题时可以及时的采取一系列措施以应对复杂的风险问题,但也可能由此引发行政不当行为,权力行使中的权力制衡就变得更为重要,而法律制度构建本身可为保险监管机构自由裁量权的合理限制提供很好的解决方案。

  为了适当限制保险监管机构保险合同移转处置权,该权力的介入事由和评价标准应当被明确地规定于立法之中。在日本,内阁总理大臣发布移转保险合同的命令作为保护投保人的特别措施被详细地规定于《保险业法》中。在美国,虽然触发行政监督程序以及接管、重整等破产管理程序的事由多达数项,但是都无一例外地被明确于保险监管官协会示范法之中,美国绝大多数州又都部分或全部地接受或遵循了示范法中的条款。在《核心要素》中,保险合同移转的处置与保险公司实施自救的恢复程序相对应,只有当金融机构的经营不可持续、没有可能持续或者无合理预期持续的,即金融机构无法自主生存、采取其他措施又被证明无效时才可启动处置程序。具体的情形表现为:保险公司违反了最低资本、资产支持的技术性规定以及其他审慎性监管的要求且没有满足这些要求的合理预期;有极大的可能保单持有人、债权人不能得到已到期的赔付;恢复措施已经失败或者有极大的可能所计划的恢复措施对于恢复保险公司经营并不充分或者不能够得到及时的执行。❶ 在《核心原则与方法》中,保险监管机构保险合同移转的处置权是一项强制措施,监管机构在必要时只有根据公开的明确客观的标准才可实施制裁。❷

  由于保险公司合同移转的自治权的属性虽然不会因保险监管部门行政权的介入而改变,但其权利行使却会因此受限,因此,保险监管机构保险合同移转处置权应当依法行使。

  2. 保险合同指定移转去强制化后的补救机制

  保险合同移转时其责任准备金一并移转,即合同的权利与义务发生了概括移转,但是当保险公司陷入经营危机以至于出现破产风险时,其所移转的保险合同根本没有足够的责任准备金担保未来的保险赔付,自然也就没有保险公司自愿接受这样的保险合同。虽然保险监管机构享有合同移转的处置权,但是保险合同移转去强制化后,若不能通过行政权行使强行指定保险合同受让人,通过保险合同延续以保护保单持有人的目的就会落空。既避免保险合同移转被强制管理又使得合同移转可以达到化解风险的目的,构建保险合同移转去强制化后的补救机制尤为重要。

  我国《保险法》第92条并未为如何实现受让保险公司的指定提供具体的制度规则,但被视为保单持有人最后安全网的保险保障基金制度在一定程度上

---

❶ 《核心要素》3.1;附件2《保险处置》4.1。
❷ 《核心原则与方法》ICP11"声明"及标准11.2.1。

弥补了这一制度缺憾:《保险法》第 100 条第 3 款规定:"保险保障基金应当集中管理,并在下列情形下统筹使用:……(二)在保险公司被撤销或被宣告破产时,向依法接受其人寿保险合同的保险公司提供救济。"《保险保障基金管理办法》(以下简称《办法》)第 18 条第 2、3 款规定,"财产保险保障基金仅用于向财产保险公司的保单持有人提供救助,以及在根据本办法第十六条第(二)项认定存在重大风险的情形下,对财产保险公司进行风险处置。人身保险保障基金仅用于向人身保险公司的保单持有人和接受人寿保险合同的保单受让公司提供救助,以及在根据本办法第十六条第(二)项认定存在重大风险的情形下,对人身保险公司进行风险处置。"从上述规定看,保险保障基金可用于对保单持有人以及寿险保险合同保单受让公司提供资金救助。

具有短期性的财产保险合同是否可以因其投保人更易获得可替代的保险保障而不需要延续?在保险保障基金的救助中是否应当区别财产保险与人身保险的不同而采取不同的合同处理的方式?关于这一问题的回答体现于不同的立法例以及学术主张之中。

(1) 立法例

在日本,强制管理被废止后不能强行指定保险公司受让保险合同,为了实现保险合同的存续从而保护保单持有人的权益,引入了为实现保险合同移转等实施资金援助的投保人保护基金制度。① 1996 年日本金融体制改革放宽监管限制和实施自由化,在此进程中,根据 1995 年《保险业法》的修改,1996 年 4 月 1 日创设了投保人保护基金制度,作为替代制度对受让概括移转保险合同的保险公司提供资金救助。② 作为金融系统改革的重要环节之一,随着 1998 年《保险业法》的修订,1998 年 12 月 1 日设立了损害险和生命险投保人保护机构,同时取消了投保人保护基金制度。投保人保护机构设立后,不仅对受让保险合同的救济保险公司提供资金援助,而且可以在无任何公司愿意出手救济的情况下,由投保人保护机构接管破产保险公司的保险合同。③ 2000 年 6 月 30 日,随着《保险业法》的修订及《关于金融机构等的更生程序特例法》的颁布,投保人保护机构业务进一步扩大,且成立了"接管保险公司"作为本机构的子公司,从而能够接管破产保险公司的保险合同、赔付被保障的保险金、从破产保险公司的投保人收购索赔权、应对破产公司重组程序等业务,进一步扩大了对投保人保护的力度。在日本,不区分生命险与损害险保险合同,投保人保护机构都可以对破绽保险公司的转让提供资金援助、承继保险公司进行经营管理、受让保险合同、为支付补偿对象保险金提供资金援助、受让保险金请求权等。❶

为了应对保险公司偿付不能的后果,美国各州都成立了以保护受偿付不能

---

❶ 日本《保险业法》第 259 条。

影响的保单持有人、索赔权利人与保险受益人为目的的"保障基金"。❶ 在美国，一直以来不论人身保险合同还是财产保险合同，经营失败保险公司的所有保险合同都会成为失效的对象。因为当保险公司进入清算程序❷后，保险公司的支付不能已经构成事实上的合同违反，保险合同通常会失效。只是为了使投保人缔结可替代的保险合同，会规定有必要的宽展期，在此期间内保险合同持续有效❸。之后因为充分认识到人寿和健康保险（主要是人寿保险、伤残收入损失险、长期护理或健康医疗保险、养老险，以下简称人寿和健康保险）的失效会对投保人产生不利益，1970 年美国保险监管官协会制定的《人寿和健康保险保证协会示范法》以"与财产和责任保险行业不同，人寿和健康保险合同是需要获得长期保障的合同，当被保险人的健康受损或者达至高龄时，他从其他保险人处获得新的同样的保障将可能面临困难，而仅靠解约返还金的支付（保单现金价值的返还）又无法获得充分的保障，因此人寿和健康保险合同的存续是必要的"❹ 为理由规定了人寿和健康保险合同的存续。由此，即使保险公司处于清算程序，基于保险保证协会所规定的期间和条件，人寿和健康保险合同得以有效存续。因为人寿和健康保险保证协会所提供的基金是限额救助❺，人寿和健康保险合同是否有效存续取决于保证协会是否对破产保险人的全部或部分保单及保险合同进行了承担：由保证协会承担的人寿和健康保险合同应当继续有效，便于保证协会履行法定职责范围内仍采用原保单的条款；保证协会并未承担的部分或全部的人身保险合同应当予以终止❻。与人寿和健康保险合同的救助不同，财产和意外保险保证协会并不受让保险合同，但为了允许保单持有人有序地从破产保险公司转移到其他保险公司，减少保险消费者由于保险人破产而迅速终止保单、未有任何赔付的预收保费的损失，保证协会对保险人破产前的未支付索赔、在破产 30 日之后发生的索赔、保单失效或被保险人退保或替换保单之前（取较早的日期）的索赔予以受理并赔偿。如此，保证协会因为继续持有在几年内有效的保单而成为保险合同的受让者。❼ 在美国，受损或破产保险公司的保险合同因为履行不能当然地终止，但是为了保护

---

❶ ［美］肯尼斯·S·亚伯拉罕：《美国保险法原理与实务》，韩长印等译，中国政法大学出版社 2012 年版，第 108 页。
❷ 当重整人认为对重整保险公司所做的努力将会扩大债权人、保单持有人或公众的损失风险，或者认为采取措施将无济于事时可以进入清算程序（NAIC555－1《保险公司破产管理示范法》第 404 条）。
❸ NAIC555－1《保险公司破产管理示范法》第 502B。
❹ 《人寿和健康保险保证协会示范法》第 2 条 "宗旨"。参考孟昭亿主编：《国际保险监管文献汇编：NAIC 卷（下）》，中国金融出版社 2008 年版，第 953 页。
❺ 《人寿和健康保险保证协会示范法》第 3 条 "提供基金所覆盖的范围及限制"、第 8 条 "担保协会的权利与义务"。参考孟昭亿主编：《国际保险监管文献汇编：NAIC 卷（下）》，中国金融出版社 2008 年版，第 953～961 页。
❻ 《保险公司破产管理示范法》第 502D。
❼ 《财产和责任保险保证协会示范法》第 8 条 A（1）。参考孟昭亿主编：《国际保险监管文献汇编：NAIC 卷（下）》，中国金融出版社 2008 年版，第 1020 页。

保险消费者的权益，借助于保证协会对不同类型保险合同做出不同的处理：财产和意外保险保单持有人可获得保险保障基金的赔付，而人寿和健康险则确保了保险合同的延续。

(2) 学术观点

对于财产险保险合同是否也应被延续并获得保险保障基金的救助，学界有不同的主张：

有主张认为"延续保险合同、使保单持有人按照原来约定的条款无间隙地继续享有保险服务，是保险公司在市场退出过程中保障保单持有人利益最大化的处理方式之一。因此，从理论上说，保险保障基金为所有的保险合同的延续提供支持就是对保单持有人的最好的救济。但这种支持并非无限制、不加区别的"。"如果某些财产保险保单较有特色或者份额较大，签发保单的公司一旦不能继续经营时，需要该类保险服务的人或者不能继续获得保障或者因该类服务价格上涨而影响投保能力。另外，保险经营涉及面非常广，大量财产保险合同突然终止也容易造成经济社会不稳定。故当财产保险公司经营出现困难或者不能偿还债务时，保险合同的延续也有一定的意义。"❶

与之相反，有主张批判了日本立法中有关损害险保险合同移转的规定。其理由之一是按照保险合同缔约条件支付保险金对投保人保护而言至关重要。保险营业的最大目的是对于因保险事故受害的保单持有人给付保险赔偿，即使在保险公司破产时，保险金赔付最大限度的优先满足也应当是首要考虑的事情；理由之二是生命保险和损害险因为代替保障获得的可能性不同而具有性质上的不同，损害保险在保险公司破产清算起至一定期间经过后归于失效，而生命险保险合同却应当确保存续；理由之三是支付不能保险公司对其保单持有人的赔付义务由保险保障基金替代，实质上是将保险公司的负担转嫁给其他保险公司及投保人，因此为保护后者的权益并减轻其他保险公司的负担，应将保险保障基金的支出控制在最小的限度。对于损害险保险保障基金仅应用于保单持有人的保险金的赔付，生命健康险保险保障基金除了满足保单持有人的保险金赔付外，还应当保障保险合同的存续。❷

(3) 保险保障基金救助范围的确定以实现保单持有人权益保护为目的

如果单从保险保障基金的道德风险来考虑保险保障基金救助这一问题，即便是如美国保险保障基金的缴纳采事后征集制、对财产险保险合同以受理索赔请求并予以赔付而非受让移转保险合同的方式进行救济，也仍有在保险保障基金体系下，偿付不能的保险公司对其保单持有人的赔付义务将会得到其他保

---

❶ 龙翔："保险保障基金保单持有人救济制度的完善"，载《保险研究》2011年第3期，第97页。

❷ 井代岳志「損害保険会社の破綻処理における保険契約者保護のあり方」，『保険学雑誌』第567号、154页参照。

人提供的有限财务保障。那么,这种基金将如何造成保单持有人一方的道德风险?对于保险人一方又如何?❶因此,关于保险保障基金的救助范围中应否包括为财产险保险合同受让人提供资金救助或者由保险保障基金公司直接受让财产险保险合同,应视保险公司风险处置中财产险保险合同保单持有人可否通过保险赔付实现合同债权而作出论断。

仅就日本已经进行破产处理的财产险保险公司来看,第一火灾海上保险股份公司、大成火灾保险股份公司保险经营陷入困境都存在严重的"利差损"的问题(如存在合同期限为5~10年的中长期储蓄型保险产品,即"全额退还保费保险"),无论是依照《保险业法》进行的行政破产的处理还是根据《金融机构等的更生程序特例法》进行的司法破产的处理,都采用了合同条件变更的处理方式,破产保险公司的保险合同才最终被成功受让❷。事实上,在保险公司破产时,保单持有人根本无法按照保险合同缔约条件获得保险金赔付。即使保险债务(包括保险金请求权、保险费返还请求权、保单现金价值返还请求权等索赔请求权)在保险公司破产清偿顺序中处于优先受偿的顺位,因为受限于"有限偿付"或"债权打折"原则❸,保单持有人难以获得全额赔付。因此,在保险公司风险处置中延续财产险保险合同存续、为保单持有人提供一种可选择的救济途径,也是保单持有人的权益保护所必要的。

四、构建体系化的保险合同移转制度

(一) 完善保险保障基金的救助

1. 强化保险保障基金公司在救助中的自主权

保险保障基金救助制度可以解决保险合同指定移转去强制化后合同移转的难题,但是,我国的保险保障基金制度仍然渗透着行政权行使的强制力。虽然《办法》并未明确保险保障基金使用的决定程序,但操作中是由保监会拟定风险处置方案和使用办法,会商有关部门后,由国务院批准,再由保险保障基金公司具体实施。❹就我国保险保障基金救助的实践看,保险保障基金公司在一定时期会成为保险合同的受让者❺,基金公司不能参与救助的决策过程仍然摆

---

❶ [美] 肯尼斯·S·亚伯拉罕:《美国保险法原理与实务》,韩长印等译,中国政法大学出版社2012年版,第108页。

❷ 深尾光洋+日本経済研究センター著『生保危機は終わらない』東洋経済新報社2002年;植村信保著『経営なき破綻　平成生保危機の真実』,日本経済新聞社2008年;千代田生命更正管財人団著『生保再建』東洋経済新報社2002年。

❸ 李曙光:"论建立金融机构破产机制",载《财经》2004年第9期,第23页。

❹ 《办法》第17、24条。

❺ 在2007年中国保监会处置新华人寿保险公司事件中,保险保障基金公司于2007年5月受让了新华人寿问题股东(关国亮的关联公司,即隆鑫集团、海南格林岛、东方集团)所持有的股权,于2009年12月,保险保障基金公司所持有的新华人寿保险公司的股份一次性整体转让给汇金。

脱不了合同移转强制管理的弊病。

在日本，投保人保护机构资金援助制度的实施是必须征得接受方保险公司的同意的[1]，是为解决保险公司破产的时效问题对合同移转采取强制管理的替代性措施。破绽保险公司可以寻找保险合同受让的救济保险公司并一同向投保人保护机构就保险合同的移转等提出资金援助的申请；当保险合同无人受让时，破产保险公司可以申请投保人保护机构承继或受让保险合同。投保人保护机构是否对保险合同移转提供资金援助或者承继保险合同，由其运营委员会作出决定[2]，内阁总理大臣只需要对保险合同移转的适格性作出认定[3]、接受投保人保护机构所作决定决议的报告[4]、经投保人保护机构的申请对该破产保险公司指定合并相对方，并对该被指定公司实施劝告[5]。

在日本，投保人保护机构是民间组织，投保人保护基金来源于会员保险公司，是否对破产保险公司进行救助取决于投保人保护机构，政府无权利要求支配资金的使用。由投保人保护机构决定是否对破产保险公司提供资金救助，也可以防止道德风险，避免保险公司依赖于机构的救助而进行冒险经营。我国保险保障基金公司也应积极地参与保险保障基金的运作，增强其在救助中的话语权。

2. 拓展保险保障基金来源

保险保障基金的救助可以实现保险合同的延续，但是，一旦需要连续动用基金时，基金是否可以充足地用于救助就值得商榷了。在日本，因投保人保护基金在日产生命相互保险公司的破产处理中提供了 1990 亿日元的资金援助而使其资金枯竭；即使在 1998 年成立了投保人保护机构，动用 3600 亿日元的资金对东邦生命相互保险公司进行资金救助后，投保人保护资金仍陷入了紧张状态。[6] 根据日本保险公司市场退出时投保人保护机构进行资金救助的实践可见，丰富保险保障基金的资金来源非常重要，日本也为此做出了保险公司破产处理的改革。

在日本，"投保人保护资金"的来源主要有：① 保险公司必须加入由拥有同类保险执照的保险公司组成的机构之一并成为其会员。会员在本机构的每个业务年度中，必须缴纳分摊会费，用作投保人保护资金（投保人保护资金的余

---

[1] 山本裕子「保険会社の経営危機時の保険契約者保護の方策（1）」、『横浜国際経済法学』第 8 卷、第 3 号（2000 年 3 月）、36 页。

[2] 日本《保险业法》第 270 条之 3、270 条之 3 之 2。

[3] 日本《保险业法》第 268 条。

[4] 日本《保险业法》第 273 条之 3 第 3 款。

[5] 日本《保险业法》第 270 条之 3 之 2、第 256 条第 1 款。

[6] 数据来源于『生保危機は終わらない』、深尾光洋/日本経済研究センター著、東洋経済新報社 2002 年、『経営なき破綻　平成生保危機の真実』、植村信保著、日本経済新聞社 2008 年、『生保再建』、千代田生命更正管財人団著、東洋経済新報社 2002 年。

额已经达到章程规定的限额即 4000 亿日元时除外)(《保险业法》第 265 之 33);② 投保人保护机构在进行资金援助等业务时如认为有必要,经金融厅及财务省批准,可以在 4600 亿日元范围内从保险公司或银行等取得贷款。对于投保人保护机构进行的贷款,在经过国会批准的金额范围内,政府可以提供债务担保。(《保险业法》第 265 条第 42-42 款第 2 项、《保险业法实施细则》第 37 条第 4 款、《关于保护投保人特别措施的命令》第 43-44 条)"关于该借款的上限额度,因日本出现过寿险公司的接连破产而被一度提升为 9600 亿日元,目前被调整为机构设立当初时规定的借款上限,即 4600 亿日元。该制度在适用之初是作为临时性制度被制定的,因为日本保险界发生了前述的寿险公司接连破产的情况,因此,在特定适用于寿险投保人保护机构的前提下,该制度已作为长期性制度得以保留。"❶;③ 再者,针对寿险投保人保护机构,截止到 2017 年 3 月 31 日,在对破产企业提供资金援助等费用时,如仅由本机构会员企业负担将导致会员企业财务状况的显著恶化,从而危及保险行业的信用,乃至对国民生活或金融市场造成极大影响的情况下(仅限于金额超过〔4600 亿日元-贷款余额〕的情况下),日本政府在预算规定的金额范围内,可以对有关费用的全部或部分提供补贴。(《保险业法》附则第 1 条第 2 款第 14 项、《保险业法实施细则》附则第 8 条 5-8 第 9 项);④ 调整了寿险投保人保护机构的资金来源对策,可以向保险行业追加负担、获得政府的财政补贴作为一种临时的措施。这一政策在 2005 年进行了部分修订。迄今为止被延长适用了 4 次,应对截至 2017 年 3 月前的破产处理。根据 2012 年 3 月 31 日施行的《保险业法修正案》附则第 14 条的规定,日本政府将在 2017 年 3 月 31 日前,就资金援助等相关费用的负担方法、政府继续提供补贴的必要性等进行研究,并对其进行适当的修订。③④两项资金来源只适用于寿险投保人保护机构。

日本的相关规定为我国拓展保险保障基金的来源提供了一种可以参鉴的思路。

(二) 引入保险合同变更制度

保险公司破产前保险合同缔约条件的变更制度于平成 15 (2003) 年《保险业法》修订时被立法确认。因为日本长期持续低迷的银行利率导致了贴现率差额(保险公司分期收取保费的业务特点因银行利率下降导致保险公司的收益率低于保险合同缔约时向投保人承诺的分配率的差额),给保险公司的经营环境造成了挤压,❷ 对苦于利差损的生命保险公司在其财务上出现重大问题之

---

❶ [日] 稻田行祐:"日本保险公司市场退出机制系列报道之四:投保人保护机构如何运作的",马强译,载《中国保险报》2011 年 5 月 9 日,第 6 版。

❷ [日] 稻田行祐:"日本保险公司市场退出系列报告之第三篇——日本保险公司破产程序的概要",马强译,载《中国保险报》2011 年 4 月 2 日,第 6 版。

前，如若采取降低预定利率等合同缔约条件变更等措施利差损的问题可以得到改善，那么对投保人来说可以获得长期的利益。因此，立法规定保险公司与投保人之间通过自治程序变更保险合同可以为实现投保人保护目的提供新的选择。❶ 当保险公司在可能出现经营危机时，保险公司经批准可以与投保人之间通过自我协商变更合同条件，自主地实施削减保险金额等措施的程序。

出于保护投保人利益的考虑，合同缔约条件的变更应当受到严格的限制。日本《保险业法》第240条之2～13对合同条件变更的要件及程序作出了规定：

其实质性要件有：① 保险业务具有无法继续的或然性是导入保险合同缔约条件变更的前提。② 合同条件变更应当遵循法定的限度。合同条件的变更不得影响截至变更之日所提存的责任准备金相对应的合同债权。虽然只认可针对变更基准日以后的保险合同变更，但实践中在保险公司破产的情况下，破产前提存的责任准备金会减少。❷ 为保护投保人利益，合同变更后的保险金、返还金以及其他给付金的计算基准的预订利率，不得低于基于保险公司的资产运用状况等政令所规定的水平（第240条之4）。关于降低原定利率的变更，依保险合同剩余期间的不同将可能产生大幅度限制保险金额的情况，为了保护投保人的利益，该降低率限定为单年度不得超过3％（《保险业法施行令》第36条之3）。

合同缔约条件的变更还应有缜密的程序设计：① 保险公司自主提起合同缔约条件变更的申请。保险公司提出合同变更申请时，必须在申请文书中阐述不进行保险合同条件变更保险业务就有继续经营困难的可能，为保护投保人的利益不得不进行合同条件变更的意图和理由（第240条之2）。② 由股东大会做出决议。合同条件变更要依据《公司法》第309条第2款的规定经股东大会的特别多数决通过，即要有拥有决议权过半数的股东参加，并且要有超过参加股东持有的决议权三分之二的赞成。未经股东大会决议通过，合同变更不得生效（第240条之5第1款）。③ 保险监管机构予以必要的监管。保险公司提出的合同变更申请需经由内阁总理大臣的批准后才可以削减保险金额或变更保险合同条款，如削减责任准备金、下调预定利率等。合同变更时，出于保护投保人利益的考虑，内阁总理大臣可以命令该保险公司限期停止与解除保险合同相关的业务或采取其他必要措施（第240条之3）。在必要情况下，内阁总理大臣可选任保险调查人调查合同变更的内容和相关事项（第240条之8第1款）。虽然保险公司与投保人之间可以自主、自治地变更保险合同缔约条件，但是为

---

❶ 谷田贝泰之「保険業法の一部を改正する法律の概要」『ジュリスト』（No.1261）2004.2.1、6页。
❷ 稻田行祐著："日本保险公司市场退出系列报告之第三篇——日本保险公司破产程序的概要"，马强译，载《中国保险报》2011年4月2日，第6版。

了保护投保人的利益,保险监管机构如果放任保险公司的自主权,其因放弃保险监管责任而难逃责难。❶ 因此,保险公司在就合同缔结条件变更做出股东大会决议后,应立即将保险合同变更事宜向内阁总理大臣报告,并获得其批准(第240条之11第1款)。④ 公告与通知。保险公司自获得内阁总理大臣批准之日起两周内,保险公司须公告并书面通知相关投保人合同变更的主要内容。投保人在不得少于一个月的异议期间内有权提出异议,若提出异议的投保人人数超过投保人总数的1/10,且所持债权金额超过投保人债权总数的1/10,合同不得变更(第240条之12)。合同变更后保险公司须立即公告变更事实以及行政法规规定的其他事项,并在合同变更后的三个月内向投保人通知变更后的权利义务(第240条之13)。虽然保险合同变更制度规定得如此之周全,但是诸多"公告"的强制性规定无异于向社会公开了某保险公司经营陷入困境的情况,必然会对该保险公司新业务的承保和交易关系的稳定造成不良影响,因此有观点认为该制度的适用当慎重。❷

在日本,伴随着保险合同的移转也会发生保险合同缔约条件的变更。为了顺利实现保险合同的转让,日本创设了通过削减保险金额或变更保险合同条件,以降低其他保险公司承继的保险债务金额的制度。当基于《保险业法》第241条"合并协议的命令"进行保险合同的概括移转,或者依据第247条保险管理人做出的合并计划转移全部或部分保险合同,或者破产保险公司向救济保险公司转移全部或部分保险合同时,除了可以进行非经营破绽时所实施的在不影响投保人利益情况下对所转移的保险合同的条款做轻微的变更(第135条第4款)外,还可以削减被转让的保险合同的保险金额或变更其他合同条款(第250条第1款)。

除此之外,在国际性法律文件《核心要素》中,为了恢复处于压力状态下保险公司的自我生存能力,其附件2"保险公司的处置程序"9.6(Ⅷ)中将变更保险条款和缔约条件;变更费率水平、费用、退保金纳入保险公司恢复计划措施之中。保险合同缔约条件的变更是处于经营危机的保险公司的自救措施,以保险公司持续经营为途径来实现保单持有人权益的保护。

当然,即使在推行合同缔约条件变更制度的日本,也认为确保保险公司偿付能力、提取责任准备金等制度是保险公司破产处理前投保人保护的最本质的问题,即使导入合同条件变更制度,也应当考虑这些既有制度的完善问题。❸

---

❶ 宇野典明「保険会社の破綻前における契約条件の変更規制生命保険会社の場合を中心として」、「ジュリスト」(No.1261) 2004.2.1、26页。

❷ 稻田行祐著:"日本保险公司市场退出系列报告之第三篇——日本保险公司破产程序的概要",马强译,载《中国保险报》2011年4月2日,第6版。

❸ 宇野典明「保険会社の破綻前における契約条件の変更規制生命保険会社の場合を中心として」、「ジュリスト」(No.1261) 2004.2.1、30—31页。

五、保险公司风险处置中保险合同移转制度的样态

1. 保险公司风险处置中保险合同移转需经由法律而确立

虽然保险公司风险处置中的保险合同移转不适用《合同法》第88条[1]有关合同意定移转的规定,属于合同移转的法定事项,因此,保险合同移转不需经投保人同意,但是,保险公司不能随意将保险合同进行单方面移转从而将保单责任转移于其他保险公司。为保护保单持有者的权益,法律应当严格限制保险公司移转其保险责任的行为,保险监管机构有责任确保保单持有者的合理预期利益和保单的现实价值不会因为保险责任的移转而减少。基于此,保险公司移转保险合同应当作为保险公司风险处置的手段之一规定于保险监管的基本立法之中。由法律明确规定这一处置手段,可以将保险公司移转保险合同的情形严格限定于适格的法定条件之内,同时,通过立法赋予保险监管机构对此自救式处置手段的监管权,既能够做到监管的公开与透明,也有利于公众基于对保险监管的期待而作出评价。

基于合同自治设置保险公司保险合同移转的处置措施,是通过维持保险公司的财务健全性,以挽救保险公司的经营,达到延续保险合同的有效性从而保护保单持有人的权益。这属于防止保险公司市场退出的早期纠偏措施。事实上,保护保单持有人最好的办法是在保险公司不得已退出市场之前及早地采取措施进行挽救,避免其最终破产关闭的结果。建立保险公司移转保险合同的制度能够实现放松管制与加强监管的有机统一、行政干预与私力救济的有效制衡,是发挥保险公司自救自主权,同时又有助于救助目标实现的最优的制度选择。

在保险公司可自主将其保险合同概括移转的规定中,为了保护保单持有人的权益,法律应当对保险合同概括移转进行限制:如保险合同移转时需要责任准备金一并转移;保险合同移转应当履行决议程序;保险合同转移应当进行公告;投保人可以行使异议权;保险合同转移协议经保险监管部门认可方可生效。

2. 在保险公司自力救济不能时,法律可为保险合同移转提供可替代的救助手段

在立法中明确保险监管机构享有保险合同移转的处置权以便在紧急情况下能够适时地采取处置措施,该处置权表现为非强制性的磋商建议及斡旋。在保险合同指定移转去强制化后,保险保障基金成为保护保单持有人权益、促成保险合同受让的有效保障,完善保险保障基金制度成为构建体系化保险合同移转

---

[1] 《合同法》第88条规定,"当事人一方经对方同意,可以将自己在合同中的权利义务一并转移给第三人。"

制度的重要内容。首先,《保险法》有关保险保障基金使用情形的列举性规定不能限定于保险公司被撤销或者被宣告破产,国务院制定的《办法》中"保险公司存在重大风险可能严重危及社会公共利益和金融稳定"的情形也应明确于《保险法》中;其次,保险保障基金的救助范围不区分人寿保险合同和非人寿保险合同,都可以向受让保险合同的保险公司提供救济;再次,保险保障基金公司作为保险合同受让者应在救助程序中享有自主权,保险监管机构可以依法定程序行使监管权力并履行监管职责。为了保护保单持有人的权益,确保程序实现救助的时效性,保险监管机构有权力要求保险保障基金公司采取相应的救助措施,如美国纽约州《寿险保险公司保证公司法案》§7708 (d) 规定,"如果保证公司能够却并没有在规定的合理的时间内对受损或破产的保险公司采取法定的救助措施,保险监管官享有本法所规定的保证公司对于受损或破产的保险公司的权力与义务"。"保证公司根据保险监管官的要求,向其提供关于恢复、赔偿支付、继续承保、履行受损或破产保险人其他保险责任的协助或建议"。[1]

此外,我国可参照日本《保险业法》的规定引入合同缔约条件变更制度。当保险公司陷入经营困境,为了确保投保人对于保险合同的期待利益,由保险公司和投保人依据自治性程序进行合同变更成为延续保险合同、实现保险公司自救的最简便且有效的手段。保险合同是保险公司和投保人之间缔结的具有法律强制力的合同,合同当事人本可以依合意变更合同内容,但是,鉴于保险合同是典型的附和合同,对投保人而言只享有接受或走开的选择权,因此,立法应当对保险合同变更做出诸多限制。

---

[1] The Life Insurance Company Guaranty Corporation of New York Act § 7708 (d) — (e)。